중국 서사문학의 갈래와 둘레

- 상고上古 시기 ~ 명나라明 시기 -

중국 서사문학의 갈래와 둘레

발행일 1쇄 2024년 7월 26일

저 자 김명구
발 행 인 유병진
펴낸 곳 명지대학교 출판부

주 소 서울특별시 서대문구 거북골로 34
전 화 (02) 300-1740 팩 스 (02) 300-1723
홈페이지 http://press.mju.ac.kr
등 록 제 9-25호, 1969.10.15.
제 작 네오프린텍(주)
ISBN 978-89-7335-409-2 93820

중국 서사문학의 갈래와 둘레

상고上古 시기 ~ 명나라明 시기

김명구 지음

명지대학교출판부

| 일러두기 |

본 책에서는 독자의 이해를 돕기 위해 일부 어휘는 한글과 한자를 함께 적었고, 지명과 인명 등은 통일성과 가독성을 위하여 모두 한자 독음으로 표기하였습니다.

처음으로 엮는 이야기

나무를 알면, 인내의 의미를 이해할 수 있고, 풀을 알면, 끈기에 감사할 수 있다.

- 할 볼랜드Hal Borland, 1900~1978 -

새벽부터 집 앞 소나무에 앉은 박새 한 마리가 연신 울어대며 잠을 깨운다. 이제는 새벽 6시 알람을 맞춰놓지 않더라도 저절로 눈이 뜨여 자리에서 일어난다. 한낮에는 30도에 가까운 한여름 같은 날씨지만, 아침저녁으로는 그래도 선선한 바람이 불어온다. 이 시간만큼은 누구에게도 방해받지 않고 오직 나만을 위해서 여유를 부릴 수 있다. 커피포트에 물을 끓이고 차 티백을 유리잔에 담그며, 가슴 깊이 허브향을 한 번 들이켠다. 드디어 오늘, 오랜 숙제 하나를 해결해야겠다.

이 책은 20여 년 전부터 중국 고전소설의 흐름을 쉽고 체계적으로 써 보자는 거대한 바람에서 시작되었다. 그 당시 우리나라에서는 중국 고전소설의 발전에 대해 개괄적으로 소개한 책들이 있었지만, 각 대학의 중국문학 관련 연구자들이 한 분야를 맡아서 작성하였거나, 대학원생을 위해 중국 소설의 개념과 특징을 자세히 논의하듯 고찰한 연구서와 중국을 비롯한 외국의 저서를 우리말로 옮긴 책이 대부분이었다. 이러한 책들은 그 자체로 이미 충분한 지식을 제공해주었지만 어떤 특정한 학습대상에 국한되어 기술되었거나 중국 학자의 시각이나 관념이 지나치게 강조되었다. 또한, 이와 같은 책은 실제 교육현장에서 적용하기 어렵고 지나치게 자세하고 복잡한 내용으로 일반 대학생들이 중국 고전소설에 대해 배우고 그 흐름을 이해하기에는 여전히 어려움이 따랐다. 더더군다나 중국 고전소설에 흥미를 지니고 서사의 변화 과정을 한번 알아보고자 하는 일반인들에게 있어서 이러한 책은 너무나 멀게 느껴지곤 했다. 최근에는 고전문학, 특히 고전 서사의 콘텐츠contents를 새롭게 오늘날의 실정에 맞게 다시 쓰거나 리텔링retelling, 모티브motive와 에피소드episode를 활용하거나 다른 문화예술 분야로 재창작하는 논의가 활발하게 이루어지고 있다. 그뿐만 아니라 실제로 다양한 콘텐츠로 생산하고 있기도 하다. 문학과 문화, 예술이 장르의 경계를 허물고 서로 소통하며 넘나드는 상황에서 우리나라 대학생이나 관련 분야의 연구자, 중국 서사에 관심이 있는 일반인 등을 위한 책은 아직 요원遼遠한 것이 현실이었다.

중국 서사에 대한 변화의 흐름에서 늘 마음속에는 학습자의 눈높이에 맞춰 쉽게 이해할 수 있으며 꼭 필요한 내용을 효과적으로 기술하고, 더불어 소설 작품에 있어 새롭게 생각해 볼 수 있는 시각을 길러주는 책이 절실했다. 이러한 간절함에는 대학생을 위한 중국 고전 소설사를 꼭 한번 써봐야겠다는 욕구와 우리의 시각에 맞는 중국 고전 소설사를 써야 한다는 사명감도 크게 한몫했다. 더불어 대학교 강단에서 20여 년을 넘게 가르쳐 온 중국 고전소설 강의 노트를 제대로 정리하고 싶은 개인적인 열망도 적잖이 작용했다.

그러나 이런 일은 언제나 그렇듯 수시로 생기는 여러 사정에 밀려 점차 멀어지게 되었다. 그동안 우리말과 중국어로 된 전공 도서, 그리고 여러 편의 학술 논문을 쓰느라 나의 순수한 저술 계획은 차일피일 미뤄졌다. 게다가 몇 년 전부터는 이러한 저술과 연구로 너무 많은 시간과 노력을 소모하여 몸과 마음이 지쳐가 더는 무언가를 새로 쓰고픈 생각이 사라졌다. 그러다 보니 중국 고전소설에 관한 책을 쓰고자 한 계획도 또다시 저만치 멀어져 갔다. 휴식의 시간을 1년이나 보내고 나서야 다시 마음을 다잡을 수 있었지만, 다시 시작된 수업 준비와 강의로 정신이 없었고, 학교 행정과 업무도 물밀듯이 들어왔다. 그동안 미뤄왔던 학술회의 참가와 해외 출장으로 바쁜 시간을 보냈다. 중국 고전소설 책을 쓰고자 한 생각은 전혀 엄두도 내지 못하고 있었다. 가끔 머릿속에서 스쳐 가듯 나의 오랜 숙제를 생각해내기는 했지만, 다시 눈앞에 펼쳐진 일상에 집중하며 하루하루를 숨이 가쁘게 살아갔다. 이렇게 오랫동안 늘 마음속 한 곳에서 아쉬움과 부담으로 남아있던 이 책의 출간은 정말 우연한 계기로 탄력을 받게 되었다.

그날에 무슨 일이 있었는지 기억은 잘 나지 않았지만, 학교 연구실로 출근하면서도 줄곧 이 책의 완성을 생각하게 되었다. 굳이 그 이유를 찾자면 그날 아침 거실 창문으로 본 고령의 느티나무 때문인지도 모르겠다. 이 느티나무는 아파트 단지가 새로 생기고 난 다음 멀리 충북忠北 단양丹陽에서 직접 옮겨 심은 700살 하고도 열세 살이 넘는 나무이다. 내가 사는 이곳에는 500살이 넘는 느티나무가 세 그루나 있었지만, 모두 고사枯死했고 제일 고령의, 제일 건강한 이 느티나무만 살아남았다. 사실 해마다 늦봄이 되면 가슴 한쪽에 스멀스멀 불안감이 밀려온다. '올해도 이 느티나무가 잎을 피울 수 있을까?' 걱정과 기대가 뒤엉켜 한동안 마음이 영 불편하다. 분수 정원 옆의 열 그루나 되는 키 큰 단풍나무는 제일 먼저 새잎을 틔우고 무성히 여름을 맞이한다. 그런데 올해 이 느티나무는 어찌 된 일인지 3월이 다 지나가도 잎을 틔우지 못했다. 나는 창밖으로 매일 느티나무를 보면서 '언제쯤 잎을 피울까?', '지난겨울 잘 견뎌냈을까?', '혹시 죽은 것은 아닐까?' 등등 나름대로 온갖 생각의 잔가지를 뻗으며 애처로운 눈으로 바라보았다.

사실 고등학교 시절 처음으로 아파트란 곳으로 이사 왔을 때, 아파트 정문 앞에는 몇 백 년이나 됨직한 아주 큰 느티나무 한 그루가 있었다. 그 나무는 마을을 지키는 당산나무처럼 웅장하게 턱 버티고 있는 것이 신령스러웠다. 나는 새로 지은 높다란 콘크리트 건물보다 이 느티나무가 신기하기도 하고 성스럽기도 해서 학교 수업을 마치고 집으로 올 때마다 일부러 여러 번 돌면서 둘러보았다. 얼마 지나지 않아 아파트 앞으로 큰 도로가 나서 이 나무를 베거나 옮겨야 했다. 만약 이곳 토박이가 여럿 살고 있었다면 이 거대한 이주공사를 결사반대했을 것 같은데, 이미 이곳의 원래 주민들은 모두 토지보상을 받고 떠난 뒤여서 아무도 반대하는 이가 없었다. 그러다가 우리 아파트 주민들이 나서서 이 수백 살의 느티나무를 아파트 안으로 옮겨 심게 되었다. 하지만 옮겨 심고 나서 상태가 나빠졌다. 수액을 놓고, 영양제를 뿌리고, 심지어 잔가지를 자르고 거름을 주어도 시름시름 앓다가 결국 그 이듬해 고사枯死하고 말았다. 주민들은 아쉬워 한동안 이 나무를 뽑지 않고 있다가 능소화를 심어서 받침복으로 삼았다. 나는 이후 수령이 높은 나무, 심지어 수천 년을 살아온 노목老木을 경외하였고, 나무의 줄기와 가지를 볼 때마다 그 숱한 세월을 조용히 견딘 인내심에 저절로 탄복하곤 했다. 가끔 시간을 거스르는 듯한 오래된 나무를 볼 때마다 이전의 기억이 떠올라 긴 시간 동안 살아온 그 생명력에 감동하면서도 한편으로는 죽음에 보다 가까워진 것 같은 불안감이 동시에 밀려온다.

나는 아름답고 가지런하게 잘 다듬어진 정원의 나무보다 이런 나무에 더욱 애착이 간다. 미국의 작가이자 자연주의자인 할 볼랜드Hal Borland, 1900~1978가 '나무를 알면, 인내의 의미를 이해할 수 있다.Knowing trees, I understand the meaning of patience'라고 말한 것처럼, 700여 년 동안 세상을 오롯이 참고 견디었을 이 나무가 더욱 존경스럽고 경이롭다. 그러다가 어제 아침 우연히 거실 창밖을 보니, 느티나무가 드디어 잎을 피워냈다. 촘촘하게 뻗은 가지 사이로 작고 여린 잎사귀. 아, 얼마나 놀라운 순간인가! 나도 모르게 안도감이 밀려와 저절로 크게 소리쳤다. 이 나무가 오랜 시간 동안 묵묵히 견디며 했던 일, 오직 자신만이 할 수 있는 일처럼, 겨우내 잠들어 있던 생명을 일깨워 밖으로 힘차게 밀어내는 그 모습이 눈물겨웠다. 그때 나도 가슴속 깊은 곳에서 뭔가 나에게 주어진 그 어떤 일을 해야겠다는 격앙된 충동이 일었다. 드디어 이 책의 출간에 집중할 원동력을 얻게 된 것이다.

700살이 넘은 고령의 느티나무가 오늘따라 세찬 바람에 크게 흔들린다. 하지만 꿋

꿋하게 자신의 뿌리와 가지를 뻗고 있는 그 자태가 더욱 우람차다. 이 나무가 긴 인고忍苦의 시간을 말없이 견디며 해마다 새로운 잎을 완성하듯, 나 또한 학문에 대한 열정과 노력, 이해와 성찰, 겸손과 포용을 가지고 내가 할 수 있는 일, 내가 해야만 하는 일에 최선을 다하려고 한다.

오늘은 이 느티나무 아래에서 오랫동안 서 있고 싶어진다.

- 저서 『인물과 서사 : 중국 화본소설의 인물 관계와 인물 변화』의 「끝내며」에서 일부 내용 발췌 -

2023년 입추立秋 즈음 가재울에서

지은이 씀

흘깃보기

3장 우언寓言, 사실事實 그리고 전설傳說: 중국 소설의 다른 기원과 특징

6장 중국 소설의 확장과 변화: 송宋과 원나라元의 화본소설話本小說

7장 중국 소설의 발전과 흥성: 명나라明의 장회소설章回小說과 의화본소설擬話本小說

I

훑어보기

소설가小說家 무리에 대해서 말하자면,
그들은 잡다하고 자질구레한 작은 말들을 모아
가까이에서 비유를 취해 짧은 글을 짓는다.
그 속에는 몸을 수양하고 집안을 다스리는 데 볼만한 말이 있다.

- 환담桓譚, BC 24~AD 56 · 『신론新論』 -

고구려高句麗 시대 중국中國 길림성吉林省 집안시集安市 고분 벽화의 여와女媧 ⓒ wikimedia

인류 문화의 발달과 사회의 분화로 인하여 복잡하고 다양한 사회 현상들이 나타나게 되었다. 문학에는 민족 집단 내부에서 나타나는 실질적인 행동 양식이나 규범뿐 아니라 잠재적인 집단의식과 경험들이 고스란히 반영된다. 특히 문학은 다양한 민족의식 및 사고방식의 패턴pattern을 구체적으로 구현한 서사 형식이다. 중국 문학도 이러한 점에서 예외가 아니다. 중국 문학의 서사는 개인, 사회, 민족이라는 명확한 체계를 기반으로 대중을 교화, 순화시켜 사회질서를 유지하는 '상부체계'의 역할을 수행한다. 또한, 오락적, 유희적 속성을 갖추고 대중을 인도하고 감화시키는 '하부체계'의 기능을 지니기도 한다. 만약 문학 작품에 의두된 '정치성'과 '목적성'을 제외하고 문학 본연의 가치 부여에 주목한다면, 작품에 구현되는 대중적인 '오락성'과 타자 간의 '소통성'은 문학을 깊이 이해하는 데 중요한 요소로 작용할 수 있다.

이처럼 '위'와 '아래'가 서로 포용하는 상상적 공간에서 자유롭게 예술적 감흥과 즐거움을 누릴 수 있는 것이 바로 중국 문학이다. 그렇다면 중국 문학을 어떻게 살펴보는 것이 좋을 것인가? 중국 문학의 흐름을 종합적으로 살펴보는 방법은 여러 가지이다. 그중에서 가장 대표적인 방법은 시간의 흐름에 따라 시대별로 그 특징을 파악해 보는 '종적인 고찰 방법통시적通時的 고찰 방법'과 중요한 형식을 중심으로 시대별로 어떻게 생성과 소멸, 변화를 겪으며 진화하였는지 그 과정을 살펴보는 '횡적인 고찰 방법공시적公示的 고찰 방법'이 있다. 중국 문학의 역사를 고찰하는 과정에서 시가詩歌나 산문散文, 소설小說이나 희곡戲曲 등은 시대별로 나타나는 양상을 구분하기가 쉽지 않지만, 특히 소설은 이러한 구분이 더욱 어렵다. 소설의 경우에는 표현해내는 세부적 형식과 체제가 다른 문학 양식과 매우 달라서 다른 문학 양식과의 차이를 분명하게 구별해낼 수 있지만, 소설의 형식 안에서 드러나는 미세한 차이점을 밝혀내는 것은 여전히 큰 노력을 들여야 한다. 서사 문학의 큰 틀에서 본다면, 겉으로 비슷한 모습을 가지고 있어서 시대별로 조금씩 다르게 나타나는 형태가 별다른 차이가 없다고 느낄 수 있지만, 자세히 들어가 살펴보면 시대나 대상에 따라 분명 다른 점이 존재하고, 어떤 때는 그 시대에만 나타나거나 다른 시대와는 다른 좀 더 확연하게 구별되는 특징들이 나타난다.

중국 소설의 흐름을 광범위하면서 세부적으로 이해하는 가장 적절한 방법은 시대별 변천 과정에서 어떻게 소

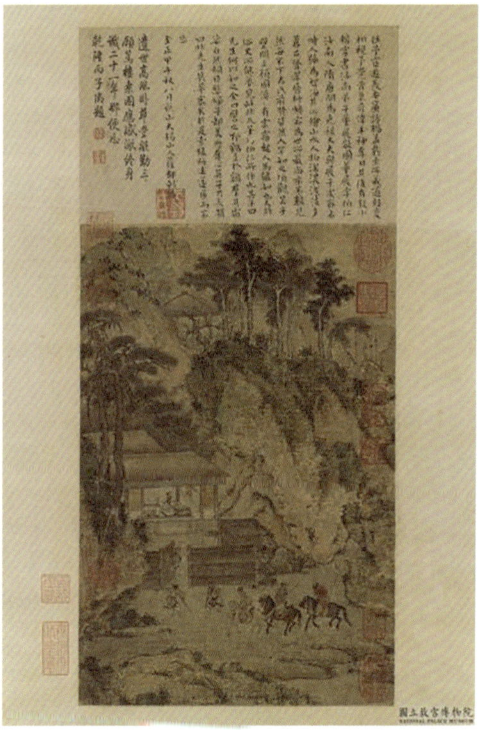

명나라明 대진戴進, 1388~1462 「삼고초려도三顧茅廬圖」

설의 내용과 형식이 변화를 일으키고 나아가서 발전을 이루는지를 구체적으로 살펴보는 것이다. 중국의 서사가 시간적 순서로 발전하는 과정에서 각 시대의 서사 형식의 다양한 특징을 자세히 고찰한다면, 시간적 순서로 탐색하는 방법에서 오는 한계와 오류를 어느 정도 보완할 수 있을 것으로 생각한다. 따라서 본서에서는 중국 소설의 흐름의 전체적인 틀과 내용을 살펴보기 위하여 시대별과 장르별 갈래를 나누고, 이어서 각 소설 형식에 대한 세부적 내용을 동시에 검토함으로써 전체적인 서사 문학의 둘레를 살펴 중국 서사문학의 내용과 특징을 다방면으로 이해하고자 한다.

중국 소설의 흐름을 탐색하기에 앞서 중국 역사의 흐름에 대해서 살펴볼 필요가 있다. 중국 역사의 흐름을 대략 살펴보면 진秦과 한漢, 그리고 삼국三國의 위魏, 촉蜀, 오吳가 있다. 이후 진晉과 남북조南北朝, 수隋, 당唐, 송宋, 금金, 원元, 명明, 청淸의 순서이다.

| 중국 역사의 흐름 |

<table>
<tr><th colspan="2">국 가</th><th>시 대</th></tr>
<tr><td colspan="2">하夏</td><td>약 BC 21세기 ~ 약 BC 16세기</td></tr>
<tr><td colspan="2">상商</td><td>약 BC 16세기 ~ 약 BC 1066년</td></tr>
<tr><td rowspan="4">주周</td><td>서주西周</td><td>약 BC 1066년 ~ 약 BC 771년</td></tr>
<tr><td>동주東周</td><td>BC 770년 ~ BC 256년</td></tr>
<tr><td>춘추春秋</td><td>BC 770년 ~ BC 476년</td></tr>
<tr><td>전국戰國</td><td>BC 475년 ~ BC 221년</td></tr>
<tr><td colspan="2">진秦</td><td>BC 221년 ~ BC 206년</td></tr>
<tr><td rowspan="2">한漢</td><td>서한西漢</td><td>BC 206년 ~ AD 23년</td></tr>
<tr><td>동한東漢</td><td>AD 25년 ~ 220년</td></tr>
<tr><td rowspan="3">삼국三國</td><td>위魏</td><td>220년 ~ 265년</td></tr>
<tr><td>촉蜀</td><td>221년 ~ 263년</td></tr>
<tr><td>오吳</td><td>222년 ~ 280년</td></tr>
<tr><td rowspan="3">진晉
16국十六國</td><td>서진西晉</td><td>265년 ~ 316년</td></tr>
<tr><td>동진東晉</td><td>317년 ~ 420년</td></tr>
<tr><td>16국十六國</td><td>304년 ~ 439년</td></tr>
</table>

<table>
<tr><th colspan="3">국 가</th><th>시 대</th></tr>
<tr><td rowspan="9">남북조
南北朝</td><td rowspan="4">남조
南朝</td><td>송宋</td><td>420년 ~ 479년</td></tr>
<tr><td>제齊</td><td>479년 ~ 502년</td></tr>
<tr><td>양梁</td><td>502년 ~ 557년</td></tr>
<tr><td>진陳</td><td>557년 ~ 589년</td></tr>
<tr><td rowspan="5">북조
北朝</td><td>북위北魏</td><td>386년 ~ 534년</td></tr>
<tr><td>동위東魏</td><td>534년 ~ 550년</td></tr>
<tr><td>북제北齊</td><td>550년 ~ 577년</td></tr>
<tr><td>서위西魏</td><td>535년 ~ 557년</td></tr>
<tr><td>북주北周</td><td>557년 ~ 581년</td></tr>
<tr><td colspan="3">수隋</td><td>581년 ~ 618년</td></tr>
<tr><td colspan="3">당唐</td><td>618년 ~ 907년</td></tr>
<tr><td rowspan="6">오대십국
五代十國</td><td colspan="2">후양后梁</td><td>907년 ~ 923년</td></tr>
<tr><td colspan="2">후당后唐</td><td>923년 ~ 936년</td></tr>
<tr><td colspan="2">후진后晉</td><td>936년 ~ 946년</td></tr>
<tr><td colspan="2">후한后漢</td><td>947년 ~ 950년</td></tr>
<tr><td colspan="2">후주后周</td><td>951년 ~ 960년</td></tr>
<tr><td colspan="2">십국十國</td><td>902년 ~ 979년</td></tr>
<tr><td rowspan="2">송宋</td><td colspan="2">북송北宋</td><td>960년 ~ 1127년</td></tr>
<tr><td colspan="2">남송南宋</td><td>1127년 ~ 1279년</td></tr>
<tr><td colspan="3">요遼</td><td>907년 ~ 1125년</td></tr>
<tr><td colspan="3">서하西夏</td><td>1032년 ~ 1227년</td></tr>
<tr><td colspan="3">금金</td><td>1115년 ~ 1234년</td></tr>
<tr><td colspan="3">원元</td><td>1279년 ~ 1368년</td></tr>
<tr><td colspan="3">명明</td><td>1368년 ~ 1644년</td></tr>
<tr><td colspan="3">청淸</td><td>1644년 ~ 1911년</td></tr>
<tr><td colspan="3">중화민국中華民國</td><td>1912년 ~ 1949년</td></tr>
<tr><td colspan="3">중화인민공화국中華人民共和國</td><td>1949년 10월 1일 성립</td></tr>
</table>

* 중국 고전소설에서 중요하게 다루는 시대는 음영으로 표시

수나라隋 전자건展子虔, 545~618「유춘도遊春圖」ⓒ 국립고궁박물원國立故宮博物院

중국 역사의 흐름을 살펴보면, 왕조 성립의 시간적 순서에 의해 시대별로 구분하고 있다. 그러나 역사 연대표에 나와 있는 각 국가 및 역사적 특징과 중국 문학에서 중요하게 다뤄지는 국가 및 역사적 특징 그리고 중국 소설에서 중요하게 다뤄지는 국가 및 역사적 특징은 사뭇 다르다. 특히 '역사'와 '문학'으로 구분되는 부분에서의 이러한 차이는 더욱 뚜렷하다. 일반적으로 중국 역사의 흐름에서 보이는 국가의 형성과 소멸은 모두 역사와 정치, 문화와 예술적인 측면에서 평가받은 것이고, 문학에서는 시대별로 분명하게 나타난 다양한 문학 양식의 흥성과 발전, 그리고 이후의 영향을 그대로 반영하는 것이다.

중국 문학의 한 영역에 편성되는 중국 소설의 경우에도 중국 문학의 흐름과 다른 부분이 있지만, 전체적으로 비슷하게 흘러간다. 다만, 중국 서사의 특징에 좀 더 초점이 맞추어져 연구되고 있다. 이처럼 중국의 역사와 중국의 문학, 그리고 중국 소설에서는 국가와 중요한 시대적 특징은 다르게 나타나며, 각 시대나 국가를 보는 시각이나 평가 역시 분명한 차이가 나타난다. 예를 들어, 한국 역사에서 중국의 수나라隋는 '을지문덕乙支文德'의 살수대첩薩水大捷으로 마음속 깊이 새겨져 있다. 하지만 중국 문학사에서 수나라隋는 다른 나라에 비해서 역사도 짧을뿐더러 이렇다 할 만한 문학적 성과가 보이지 않는다. 수나라隋에는 뛰어난 문인이나 문학 작품이 거의 나타나지 않아 일반적인 중국 문학사에서는 거의 언급조차 되지 않기도 한다. 수나라隋는 인접 국가에 대한 잦은 전쟁으로 인하여 국가 내부적으로나 외부적으로 문학적 성과를 끌어낼 충분한 여력이 없었다. 수나라隋에 이어서 등장한 당나라唐는 수나라隋의 문학적 경향을 흡수하여 자신들의 문학 영역 안으로 편입시켰다. 중국 소설의 흐름에서도 수나라隋에 대한 이러한 평가는 중국 문학사와 크게 다르지 않다.

중국 문학사에서의 다른 시대와 달리 비교적 드물게 다뤄지는 나라에는 수나라隋 이외에도 원나라元가 있다. 원나라元는 수나라隋가 당나라唐에 완전히 편입되어 그 흔적을 찾을 수 없는 경우와는 달리, 희곡이나 민간문학 분야에서 중요하게 언급되기도 하지만 다른 시대나 국가의 문학적 성과에 비해서는 여전히 미흡하다.

수나라隋는 경제적, 정치적 원인으로 인하여 문학에서 자체적으로 생성, 성숙할 만한 여유가 없었다면, 원나라元는 통일된 시기에서 비교적 안정된 국면을 맞이하였지만, 내부적으로 한족漢族의 문학 양식을 계승하고 새로운 문학 양식을 이끌어나가며 문학을 고도로 성숙하도록 하는 데에는 여전히 한계를 지녔다. 원나라元가 역사적으로는 몽고족이 처음으로 중원을 지배하게 되었다는 중요한 의미를 지녔지만, 문학사에서는 다른 시대에 비해서 일부 문학 양식을 제외하고 중요한 문학적 성과와 발전에서는 다소 미약하다. 중국 소설사에서는 주로 원나라元 희곡을 서민문학으로 간주하고, 서민문학이 크게 대두되기 시작한 송나라宋와 더불어 하나로 묶어서 다루는 경우가 많다. 수隋와 당唐, 송宋과 원元을 하나의 문학 범위로 연결 지어 다루는 일이 빈번하다. 이처럼 역사 흐름에서의 중요한 나라와 역사적 특징, 그리고 중국 문학사 및 중국 소설사에서 중요하게 여겨지는 나라와 그 특징에는 분명한 차이가 보인다.

중국의 역사적 흐름과 더불어 서사 문학의 변화 과정을 살펴보면, 시대에 따라 중국 소설에 있어서 새롭게 나타났거나 혹은 이전 시대를 계승하여 계속해서 발전하였던 형식과 제재가 보인다. 중국 소설의 흐름을 살펴보면, 크게 두 부분으로 나뉠 수 있다. 먼저, 상고上古 시기부터 명나라明 시기, 그리고 청나라淸 시기부터 근대近代 시기이다. 이 두 시기는 출판된 작품의 수와 서술 경향, 문학 형식과 특징에 따라 구분된다. 첫 번째 시기라고 할 수 있는 상고上古 시기부터 명나라明 시기는 당나라唐를 중심으로

| 중국 고전서사의 흐름 |

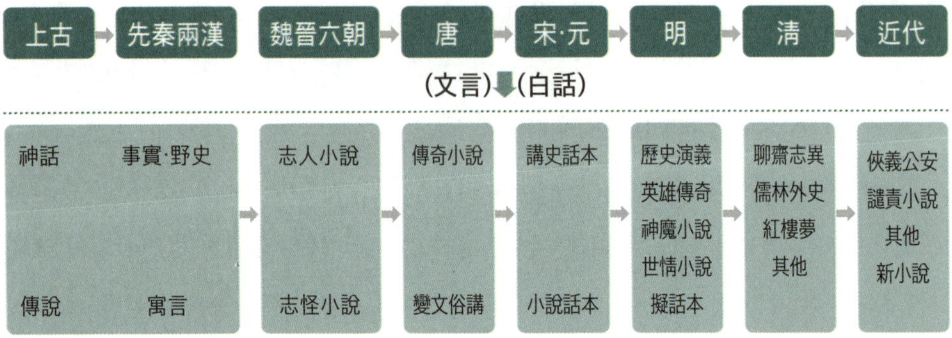

당나라唐를 포함한 이전 시기, 송나라宋를 포함한 이후 시기로 나눌 수 있다. 두 번째 시기인 청나라清 시기부터 근대近代 시기는 이전 시기인 청나라清 시기와 이후 시기인 근대近代 시기로 구분할 수 있다.[1]

중국 고전소설의 흐름에 있어서 첫 번째 시기에 해당하는 상고上古 시기부터 명나라明 시기는 문학 작품이 당나라唐와 송나라宋, 명나라明에 집중적으로 창작되었다. 중국 소설의 원류를 살펴보면, '상고上古 시기'라는 말이 등장하는데, 중국 문학에서 '상고上古 시기'라고 하는 것은 막연하게 아주 오래전의 시대를 뜻한다. 이러한 단어를 사용하는 이유는 이 시기에 '전설傳說', '우언寓言', '신화神話', '사실事實과 야사野史' 등 소설의 원류가 되는 다양한 서사 형태가 등장하지만, 이러한 문학 양식이 언제, 어떻게 생겨났는지는 정확히 알 수 없기 때문이다. 이러한 형태는 '어느 시대 또는 어느 시대 이전에 생겼을 것이다.' 혹은 '어느 시대와 어느 시대 사이에 생겨났을 것이다.' 정도로 추측할 뿐이다. 그 시대를 분명하게 단정할 수 없기에 일반적으로 '상고上古 시기'라고 부르고 있다.

1 본 저서는 중국 고전서사의 흐름을 상고上古 시기부터 근대近代 시기까지 전 시기를 통시적通時的 시각으로 탐색해보고자 하는 의도로 기획되었다. 이러한 계획에 따라 상고上古 시기부터 명나라明 시기, 그리고 청나라清 시기부터 근대近代 시기까지 두 부분으로 나누어 저술하고자 한다. 이 책은 그중 첫 번째 부분에 해당하는데, 상고上古 시기부터 명나라明 시기까지 중국 고전서사의 흐름을 자세히 살펴보려고 한다.

「후예사일后羿射日」 ⓒ wikipedia

「대우치수大禹治水」 ⓒ wikipedia

이러한 원시적 서사 형태는 한나라漢 때에 와서야 본격적으로 기록된다. 한나라漢 때 이르러 기록되었다는 말은 다른 의미로는 이전에 이미 지식인 계층에서 전해져 그 존재를 어느 정도 인식하고 있었다는 것을 방증하는 것이다. 서사 형태나 표현 양식은 그 내용과 모습이 어느 정도 다듬어져야지만 비로소 기록으로 남겨지기 때문이다. 한나라漢 때에 이르러 사관史官이나 전문적으로 문자로 기록하고 관리하는 관리들에 의해서 구두로 전승되었던 다양한 서사가 일정한 형태를 갖추게 되었다.

선진先秦[2]과 양한兩漢 시대[3]로 넘어오면 신화神話, 전설傳說, 우언寓言, 사실事實과 야

2 '선진先秦' 시기는 일반적으로 진나라秦 통일 이전의 시기를 한데 묶어 말하는데, 중국 문명이 발생한 이래로 하나라夏, 상나라商, 주나라周의 3개 왕조와 춘추전국春秋戰國 시대까지를 포함한다.

3 '양한兩漢' 시기는 한나라漢의 서한西漢 시기와 동한東漢 시기를 합해서 이르는 말이다. 한나라漢는 기원전 206

「여와보천女媧補天」 © wikipedia

사野史와 같은 기록들이 쏟아진다. '우언寓言'의 경우는 진나라秦 이전에 이미 등장하기 시작하고, '전설傳說'은 그보다 훨씬 이전부터 부분적으로 문헌에 보이지만, 대부분의 서사 형태는 한나라漢 시기에 들어와서 본격적으로 기록된다. 하지만 비교적 완전한 서사 형태는 당나라唐와 송나라宋를 거치면서 완성된다.

이후 이어지는 시대는 위진남북조魏晉南北朝 시대[4]라고 이른다. 이 시기에는 문인들의 손을 거쳐서 구체적인 소설 양식과 작품이 나타난다. 그 가운데 대표적인 유형이 '지괴소설志怪小說'과 '지인소설志人小說'이다. '지괴소설志怪小說'에서 '지괴志怪'라는 말은, 말 그대로 '현실 세계에서 일어나기 힘든 괴이한 사건과 신령스러운 인물, 환상적인 내용과 신기한 주제 등을 기록한다.'라는 의미를 담고 있다. '지인소설志人小說'의 '지인志人'은 '사람에 대한 여러 가지 일을 살펴 기술하고, 또한 현실 세계 속 사람에 얽힌 다양한 사건을 묘사한다.'라는 의미를 내포하고 있다. '지괴志怪'에서 '괴怪'는 즉, 주로 귀신鬼神이나 요괴妖怪, 이물異物, 신선神仙 등과 관련된 내용을 말한다. '지인志人'의 '인人'은 즉, 당시 사회의 저명한 인사人士나 관리 등과 엮인 여러 가지 사건과 세상에 널리 알려지지 않

년 고조高祖 유방劉邦이 세운 왕조이며, 서기 9년에 왕망王莽이 정변을 일으켜 신나라新를 건립할 때까지 유지되었다. 이때를 서한西漢이라고 한다. 서기 25년에 한나라漢 왕조의 후예인 유수劉秀가 신나라新를 무너뜨리고 다시 한나라漢를 건립했는데, 이 시기를 동한東漢이라고 한다.

4 '위진남북조魏晉南北朝' 시기는 동한東漢이 220년 멸망하고 수나라隋가 589년에 다시 중국을 통일할 때까지 약 370년221~589 간의 기간을 말한다. 이 시기에는 위魏, 촉蜀, 오吳로 분열된 삼국三國, 220~280 시기, 위魏의 촉蜀 병합 후에 진晉이 중국을 통일한 시기280, 다시 흉노匈奴에 멸망하여 5호胡 16국國으로 흥망316~439한 시기, 그 후 진晉의 일족이 동진東晉을 세우며 남조南朝를 이루고, 5호胡 16국國이 선비족이 세운 북위北魏에 의해 수습되어 북조北朝를 이룬 남북조南北朝, 439~589 시기가 포함된다.

청나라清 사수謝遂, ?~?「방당인대우치수도仿唐人大禹治水圖」ⓒ 국립고궁박물원國立故宮博物院

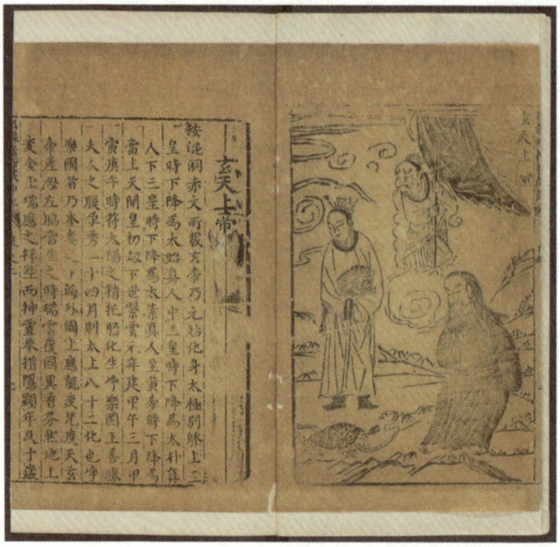

간보干寶의 『수신기搜神記』 ⓒ wikipedia

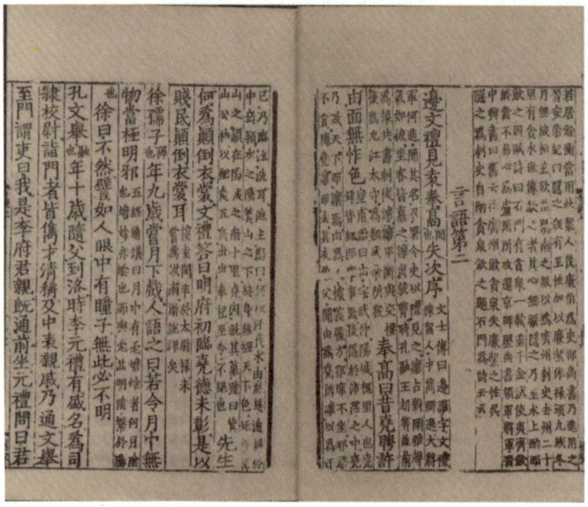

유의경劉義慶의 『세설신어世說新語』
ⓒ 일본국립국회도서관日本國立國會圖書館

은 다양한 이야기를 말한다.

'지괴소설志怪小說'의 가장 대표적인 작품으로는 간보干寶의 『수신기搜神記』가 있다. 『수신기搜神記』는 '신기하고 기이한 일을 수집하여 기록한 책'인데, 이 책에는 신神과 사람 간의 교통交通, 감응感應 및 요괴妖怪, 은혜恩惠와 원한怨恨 등 약 470편의 짧은 글이 실려 있다. '지인소설志人小說'의 대표적인 작품으로는 유의경劉義慶의 『세설신어世說新語』가 있다. 『세설신어世說新語』에는 당시의 제왕帝王과 귀족貴族을 비롯한 유명한 문인文人이나 관리들의 개인적인 언행言行이나 일화逸話 등이 수록되어 있는데, 역사에 기록되지 않은 사소한 사생활까지 모두 다 적혀 있다.

위진남북조魏晉南北朝 시기가 지나면 당나라唐 시대에 이른다. 당나라唐는 중국문화가 크게 발전한 시기인데, 특히 이 시기는 이전과는 확연히 다르게 문학예술 다방면에 있어서 화려하면서도 풍성하게 꽃을 피웠다. 중국 소설도 다른 문학 양식과 마찬가지로 이전의 시기와는 다르게 눈에 띄는 성과를 드러냈다. 당나라唐 이전 시기에는 길거리나 사람들 사이에 떠도는 잡다한 이야기들 혹은 역사 관련 서삭에 흩어져 있던 다양한 사건들, 도사道士나 방사方士에 의해 지어진 황당무계한 이야기들을 모아서 나름대로 정리하고 첨삭하는 정도에 불과했다. 이전의 기록을 그대로 옮겨

적거나 약간의 가공을 통하여 독자들에게 보여주었던 것과 다르게, 당나라唐 들어서면서부터 본격적으로 작품을 창작하기 시작했다. 작품마다 저자의 이름이 분명히 드러나고, 내용은 환상적인 내용보다는 비교적 현실 세계에 바탕을 둔 현세적인 내용으로 채워지게 되었다. 위진남북조魏晉南北朝 시기까지는 난편 이야기의 대부분이 '~라고 전해진다.' 혹은 '~에 기록되어 있다.' 등의 전언傳言 방식을 채택했고, 그 수준이 과거의 사건 또는 이야기를 전달하는 정도에 머물렀다. 그러나 당나라唐 때부터는 본격적으로 저자가 창의적 생각을 동원하여 작품에 적극적으로 운용하였고 더불어 자신의 문학적 재능을 드러내고자 아름다운 언어로 각색한 작품들을 세상에 선보이게 되었다.

당나라唐의 가장 대표적인 소설의 형태는 '전기소설傳奇小說'이다. 당나라唐 소설을 일반적으로 '당대전기唐代傳奇' 혹은 '당전기唐傳奇'라고 한다. '전기소설傳奇小說'의 '전傳'은 개인의 평생 사적을 기록하여 후세에 전하는 내용의 문체를 말하는데, 개인 일생의 사적인 기록이나 글의 형식을 일컫는다. 누군가의 삶의 과정이나 일생의 업적을 묘사하는 문장 형식을 빌려 적었기에 '전傳'이라는 용어가 사용되었다. 실제로 당나라唐에 등장하는 대부분의 소설 작품명에는 '전傳'이 붙는다. 예를 들어, 「앵앵전鶯鶯傳」, 「이와전李娃傳」, 「곽소옥전霍小玉傳」, 「남가태수전南柯太守傳」 등이다. '전기소설傳奇小說'의 '기奇'는 기이하고 이상한 일 즉, 일상적으로 일어날 수 없는 일들을 지칭한다. '지괴소설志怪小說'의 '괴怪'는 초현실적인 기괴함에 바탕을 두고 있다면, '전기소설傳奇小說'의 '기奇'는 현실적인 기이함에 바탕을 두고 있다. 현실 생활 속에서 결코 이루어질 수 없는 내용이거나, 비현실적이거나 환상적인 내용을 모두 담고 있다. 예를 들어, 혼인과 애정에 관한 주제를 살펴보면, 기녀妓女와 선비가 사랑을 나누다 나중에는 신분의 격차를 뛰어넘어 기녀妓女가 정실正室부인이 되는 일, 두 남녀가 한때 서로 사랑하여 결혼까지 약속했지만, 이후 헤어져 원한怨恨을 가지는 불행한 이야기 등이다.

또한, 이때에는 '변문變文'이라는 민간문학이 흥성하게 되는데, 변문變文은 불교 신사들의 교회敎化를 위하여 불경佛經의 이야기를 구어口語나 속어俗語로 알아듣기 쉽게 풀이해 준 통속적인 설법說法을 말한다. 일반적으로 불교에서는 정토淨土의 여러 부처

모습을 그린 그림인 '정토변상淨土變相'을 걸어놓고 대중이 알아듣기 쉽게 설명했기 때문에 설법說法의 대본을 '변문變文'이라고 했다. 변문變文의 작가는 원래 소재를 각색하고, 중국의 전통적인 사상을 엮어 일반 대중이 더욱 효과적으로 그 의미를 이해할 수 있도록 만들었다. 「왕소군王昭君 변문變文」, 「목련구모目連求母 변문變文」이 대표적이다. 이야기의 형식은 다양하지만, 대부분은 '속강俗講'과 '강창講唱'의 예술 형식을 살려 운문과 산문을 섞은 것이며, 당시 민중들이 알아듣기 쉽도록 창작되었다.

1900년대까지는 이미 알려진 변문變文이 많지 않고, 그 특징 또한 민간예술의 일종인 강창講唱에 가까웠다. 1900년대 이후에는 새롭게 발견된 변문變文에 소설의 내용과 형식이 보이면서 변문變文이 민간예술의 표현 형태에서 민간문학의 서사 형식으로 자리 잡게 되었다. 변문變文은 1900년에 도사 왕원록王圓籙, 1851~1931이 돈황敦煌 지역의

9~10세기 돈황敦煌 「항마변도降魔變圖」 프랑스국립도서관Bibliothèque nationale de France 소장 ⓒ wikimedia

폴 펠리오Paul Pelliot, 1878~1945 발견 당시의 돈황敦煌 막고굴莫高窟
『폴 펠리오 중앙아시아 탐험 사진집Photographies de la Mission Pelliot en Asie centrale』 ⓒ 書格shuge

막고굴莫高窟을 청소하다 발견했으며, 굴 안에는 그 당시 당나라唐 때 유행했던 수많은 자료가 숨겨져 있었다. 돈황敦煌 지역 변문變文의 발견 이후 변문變文에 대한 자료 발굴과 후속 연구로 인하여 지속해서 그 중요성을 인정받고 있다.

당나라唐 다음으로 송宋과 원나라元의 시대가 이어지는데, 중국 소설사에서는 주로 이 두 시기를 하나로 묶어 다루고 있다. 송나라宋 때부터 소설의 문체에 따라 소설 형식이 두 가지로 구분되어 나타난다. 하나는 '문언문文言文' 소설이며, 다른 하나는 '백화문白話文' 소설이다. '문언문文言文'은 그 당시의 글말, 즉 '문어文語'로 쓰인 것이며, 당시의 입말, 즉 '구어口語'로 쓰인 것을 '백화문白話文'이라고 한다. 따라서 이 시기 이후의 소설을 '문언소설文言小說'과 '백화소설白話小說'로 구분한다. 당나라唐 전성기를 포함한 그 이전 시기까지 소설의 문체는 '문언문文言文'으로 된 '문언소설文言小說'이 전부였지만, 당나라唐 말엽부터 시작하여 '백화문白話文'으로 쓰인 작품이 생겨나면서 송宋, 원나라元에는

장경동藏經洞의 문서를 조사하는 폴 펠리오Paul Pelliot, 1878~1945 1908
『폴 펠리오 중앙아시아 탐험 사진집Photographies de la Mission Pelliot en Asie centrale』 ⓒ 書格shuge

'백화소설白話小說' 작품이 매우 증가하였다. 이후 시기의 중국 소설은 '문언문文言文' 소설 작품이 일부 창작되기는 하였지만, 대부분 '백화문白話文' 위주로 쓰였고, 주제와 내용 역시 대중의 흥미를 이끄는 것으로 채워지게 되었다.

송나라宋 때에는 당나라唐 시기에 이어 경제가 부흥하고 수공업과 인쇄술 등이 발전하면서, 소상공업을 통해 부富를 축적하는 계층들이 다수 등장하였다. 이러한 계층들은 커다란 부富를 바탕으로 나름대로 문화예술 방면에서 오락적인 것을 추구하고자 하였는데, 이 계층들에게 글말로 쓰인 '문언문文言文' 작품은 감상하기에 너무 어려웠다. 그래서 이것을 쉬운 입말로 풀어쓴 '백화문白話文' 작품과 이 작품을 기반으로 한 공연 예술이 대거 등장하게 되었다. 문언소설文言小說과 백화소설白話小說은 형식뿐만 아니라 내용에서도 차이가 분명했다. 문언소설文言小說은 관료에 얽힌 이야기나 지식계층과 관련된 과거제도 혹은 양반집이나 권문세가權門勢家들의 이야기들로, 평민들을 소재로 한 이야기와는 거리가 있었다. 또한, 문언소설文言小說은 일반 독자를 위한 것보다는 글쓴이 자신의 문학적 재능을 드러내려고 일부러 온갖 수사 기법을 발휘하여 쓴 작품들도 많아서 일반 대중이 받아들이기에는 여전히 한계가 있었다. 예를 들어, 줄거리 전개 과정에서 중요하지 않은 부분에서조차 시를 대량 삽입하거나 서사 기교를 여과 없이 남용하거나, 내용을 덧붙여서 줄거리를 확대하여 자신의 필력을 드러내는 경우가 많았다. 그러나 백화소설白話小說은 내용이나 문체가 대단히 진솔하고 소박하며 등장인물 대부분이 일반 소상공인들, 하인, 기녀妓女, 점원, 뱃사공, 실업자 등으로 출연하는 계층이 매우 다양했다. 백화문白話文의 성행으로 인해 문언문文言文 작품이 완전히 사라진 것은 아니지만, 백화소설白話小說이 소설 작품의 수와 독자의 흥미를 끄는 데 있어서 주도적인 위치를 차지하였다. 문언소설文言小說은 작품의 수도 많지 않고, 일부 지식계층에 의해 창작되었는데, 백화소설白話小說의 흥성에 결코 비할 바가 못 되었다. 문언소설文言小說은 시대가 지날수록 백화소설白話小說과의 격차가 더욱 커져 이후에는 그 명맥을 이어가는 정도에 그치게 되었다.

송나라宋와 원나라元에서 가장 흥성한 백화소설白話小說의 종류는 '화본話本'과 '강사講史'이다. 전통시대에 저잣거리에서 직업적인 이야기꾼인 설화인說話人이 사람들 앞에서 이야기를 구연口演할 때, 처음에는 대본 없이 즉흥적으로 상황이나 관중의 수준에 맞게 이야기를 이어나갔다. 그러다가 대본을 만들기 시작했는데, 초기의 대본은 아주 적은 분량으로 중요한 이야기만 간략하게 기록된 것이었으나, 이것을 제자들에게 물려주면서 여러 부분에서 첨삭과 수정이 더해져 어느 정도 내용과 형식이 갖추어진 작품으로 발전하게 되었고, 이를 출판한 것이 '화본話本'이다. 이러한 '화본話本'은 구성이나 내용 면에서 매우 생동감이 있는데, '화본話本' 속에는 '다음 이야기가 궁금하죠?', '다음 이야기를 기대하시라!' 등의 마무리 말이 있어서 실제 공연에서 이루어졌던 어투와 형식이 모두 포함되어 있다. 공연 현장에서 연행演行할 수 있는 일종의 연극 대본과 비슷한 특성을 가진다고 말할 수 있다. '화본話本'의 내용은 대부분 그 당시 남녀 간의 만남이나 이별, 원한이나 복수 등과 같은 세정世情에 관한 소설 이야기가 주류를 이루었다. 또한, 그 당시에는 '강사講史'와 '설경說經', '설참청說參請' 등이 유행했는데, 강사講史는 역사와 관련된 내용으로 주로 전쟁, 영웅, 의리, 충정忠情과 관련된 이야기가 중심을 이루고 있고, 설경說經과 설참청說參請은 불교와 관련된 이야기로 구성되어 있다.

이후 명나라明 시기에는 중국의 4대 기서奇書라고 일컫는 『삼국지연의三國志演義』, 『수호전水滸傳』, 『서유기西遊記』, 『금병매金瓶梅』가 나타나 중국의 소설을 한층 더 발전시켰다. 특히 명나라明 말기에는 중국의 유명한 단편 소설 작품이 다수 등장하며, '의화본擬話本'이라는 화본소설話本小說의 형태를 그대로 가져온 『삼언三言』과 『이박二拍』이 출현한다. 『삼언三言』은 『유세명언喩世明言』일명 고금소설古今小說, 『경세통언驚世通言』, 『성세항언醒世恒言』이며, 『이박二拍』은 『박안경기拍案驚奇』, 『이각박안경기二刻拍案驚奇』로 『삼언三言』과 『이박二拍』의 작품을 모두 합하면 거의 200편에 달한다. 이러한 작품은 모두 명나라明 말에 이르러 완성되어 출판된다.

명나라明 말기 장편 소설 가운데에서 '역사연의歷史演義'에 해당하는 작품에는 『삼국지연의三國志演義』가 있고, '영웅전기英雄傳記'에 해당하는 작품에는 『수호전水滸傳』, '신마소설神魔小說'에 해당하는 작품으로는 『서유기西遊記』, '세정소설世情小說'에 해당하는 작품으로는 『금병매金瓶梅』가 있다. 중국 고전소설의 발전 형태를 살펴보면 일부 작품을 제외하고 이러한 장편 소설 작품들은 작가의 허구나 상상에서 일순간 만들어진 것은 아니다. 작품과 관련된 역사歷史, 전설傳說, 일화逸話, 잡언雜言 등에서 비롯된 초기의 서사 형태가 반드시 있었고, 그 밑바탕이 되는 '저본底本'에 오랫동안 여러 작가의 수정과 첨삭을 거치고 최종적인 보충을 거쳐 오늘날 우리가 알고 있는 작품으로 탄생하게 되었다.

나관중羅貫中의 『삼국지연의三國志演義』는 현재 120회 본本으로 알려져 있는데, 명나라明 이전 시기에는 일부 인물에 관해 일화逸話나 간략한 사건 위주의 이야기들이 유행했고, 이러한 단편적인 이야기들을 모아서 하나의 장편 소설 작품으로 완성한 것이다.

시내암施耐庵의 『수호전水滸傳』과 관련된 서사는 송나라宋, 원나라元 시기에 이미 존재했으며 일반 대중들이 평이하게 쓰인 독서물과 전문적인 이야기꾼을 통해 즐겨 읽고 들었다. 오늘날 우리가 볼 수 있는 완전한 『수호전水滸傳』은 120회로 구성되어 있

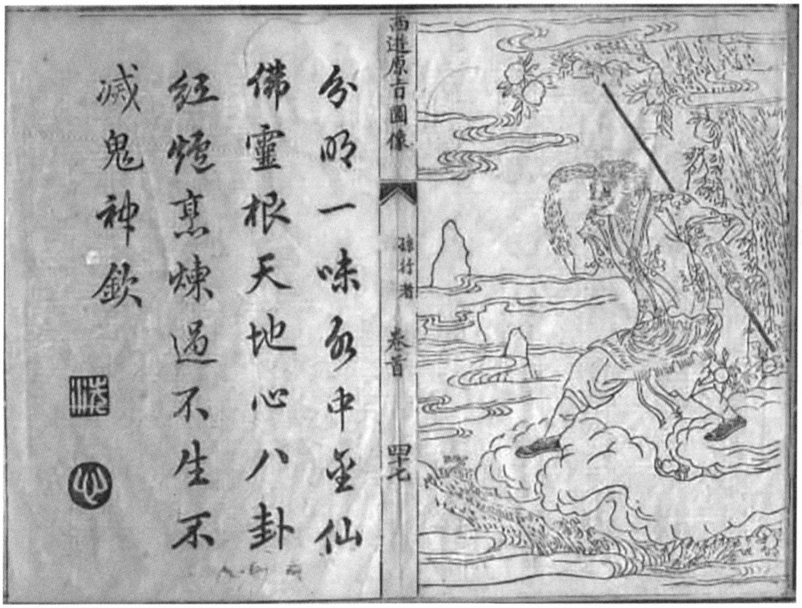

오승은吳承恩의 『서유기西遊記』 ⓒ wikipedia

다. 여기에서 주목할 점은 『수호전水滸傳』에 등장하는 영웅 인물은 모두 108명인데, 송나라宋 시기에 유행했던 이야기의 인물은 총 36명으로 구성되었다. 송나라宋 이후 시대를 거치면서 등장인물이 점차 증가하였으며 명나라明 시기에 출간된 작품에는 총 108명으로 구성되었다.

오승은吳承恩의 『서유기西遊記』의 경우에도 민간에서는 원숭이가 등장하는 이야기가 많았는데, 이러한 이야기에 인도印度의 설화와 중국 민간전설, 당나라唐의 단편 서사 작품, 현장법사玄奘法師의 서역西域 취경取經 역사와 합쳐져 오늘날의 『서유기西遊記』가 완성되었다.

작자 미상 혹은 난릉蘭陵의 소소생笑笑生이 지었다고 알려진 『금병매金甁梅』는 창작 과정에서 다른 세 장편 소설과 차이가 있다. 『금병매金甁梅』의 소재는 『수호전水滸傳』의 120회 중 16회~17회판본에 따라 다름에 등장하는 서문경西門慶, 반금련潘金蓮, 이병아李甁兒, 춘매春梅 등 4명의 주인공과 관련된 이야기에서 비롯되었다. 『금병매金甁梅』는

『수호전水滸傳』에서 잠시 등장하는 주인공들과 단편 이야기를 늘려서 총 100회로 만들었다. 남녀 간의 정사情事와 명나라明 사회의 상인과 관료, 그리고 시정市井 무뢰한의 악행과 행태를 사실적으로 드러내고 있다. 민간에서 내려오는 전설이나 역사적 배경을 바탕으로 하지 않은 첫 번째 중국 소설이며, 다른 작품의 일부 내용을 가져와 확대하여 만든 것으로, 창작 경향에 있어서 명나라明의 다른 장편 소설의 완성과는 확연히 다르다고 할 수 있다.

난릉소소생蘭陵笑笑生의 『금병매金瓶梅』 ⓒ wikipedia

중국 소설의 흐름에 있어서 두 번째 시기에 해당하는 청나라淸에서 근대近代 시기까지는 청나라淸 시기와 근대近代 시기로 구분할 수 있다. 중국 고전소설의 형태는 청나라淸와 청나라淸에서 근대近代로 넘어가는 시기에 집중적으로 창작되었다.

청나라淸 시기에 이르러서는 『홍루몽紅樓夢』, 『유림외사儒林外史』, 『요재지이聊齋志異』 등을 비롯하여 수많은 소설 작품이 등장한다. 송나라宋와 원나라元 및 명나라明 시기에는 청나라淸 시기와 비교하면 소설 작품이 그다지 많지 않았다. 특히, 화본話本에서 소설小說의 경우에는 송나라宋와 원나라元 시기를 모두 합해도 수십여 편,

강사講史의 경우에는 그보다 훨씬 못 미치는 정도에 불과했다. 그러나 명나라明 말엽에 이르러 수많은 작품이 등장하고, 청나라清에는 이러한 수가 더욱 급증하였다. 많은 작품이 한꺼번에 쏟아지면서 지나치게 외설적이거나 반역을 부추기거나 혹은 사회적 풍토를 저해하고 전통적 관념에 크게 어긋나는 작품들이 대량으로 나타나면서 명나라明와 청나라清에 '금서령禁書令'이 내려지기도 했다. '금서령禁書令'에 해당하는 작품 대부분이 소설이었으며, 특히 『수호전水滸傳』은 조정에 대한 저항을 조장한다는 이유로 크게 억압당했다. 『금병매金瓶梅』 역시 선정적인 성적 묘사로 인해 출판과 유통을 금지당했다.

청나라清 심겸沈謙, ?~? 부賦, 성욱盛昱, 1850~1900 기록錄 『홍루몽부도紅樓夢賦圖』

청나라清에 이르러 소설 창작이 대규모로 이루어지면서 민중의 다양한 취향에 맞게 여러 부류의 소설 작품이 창작되었다. 이러한 가운데 문학적 성과가 뛰어난 작품도 많이 탄생하였지만, 반대로 외설적이고 퇴폐적이며, 폭력적이고 자극적인 내용의 소설 작품들도 많이 등장했다. 비록 당시 조정에서는 정치적이나 도덕적 이념의 잣대를 가지고 소설의 금서禁書 여부를 결정했지만, 이미 민간에서는 이러한 조정의 통제를 피해 관련 서적의 유통流通과 열독閱讀이 교묘히 이루어졌고, 금서령禁書令은 결국 형식적인 견제 수단으로 전락해버리고 말았다.

청나라清의 수많은 소설 작품 가운데 비교적 중요한 작품으로는『홍루몽紅樓夢』,『유림외사儒林外史』,『요재지이聊齋志異』등이 있다.『홍루몽紅樓夢』은 조설근曹雪芹, 1715?~1763?과 고악高鶚, 1738?~1815?이 썼다고 알려져 있으며, 청나라清 중엽에 출간된 중국 소설로 중국인을 비롯한 전 세계의 수많은 독자를 확보한 중국에서 가장 유명한 문학 작품이다. 우리나라에서는『삼국지연의三國志演義』나『수호전水滸傳』보다 덜 알려졌지만, 중국을 비롯한 전 세계에서는 뛰어난 중국 문학 작품으로 평가받는다. 많은 중국학자들도『홍루몽紅樓夢』에 대해 집중적으로 연구해서 '홍학紅學'이란 학문연구 영역을 개척하였다.『홍루몽紅樓夢』은 문학적 가치, 예술적 가치가 매우 높은 중국 고전소설의 정점으로 여겨지고 있다. 비록 화려하거나 장대한 전쟁 장면이나, 국가 간의 다

청나라清 손온孙温, 1818~1904「홍루몽도紅樓夢圖」ⓒ wikipedia

양한 계책과 첨예한 대립, 현명한 군주와 출중한 영웅의 출현, 신기한 술법이나 기이한 환상 등의 내용은 존재하지 않으나, 한 명의 미소년과 열두 명의 아름다운 소녀들이 주인공으로 등장하여, 한 귀족 가문의 흥망성쇠의 과정을 세밀하면서도 자연스러운 필치로 그려냈다. 당시 북경北京 지역의 입말에 기초하여 순수하고 세련된 문학 언어를 사용하였으며, 간결하고 소박하면서도 생동감 있게 묘사했다. 또한 『홍루몽紅樓夢』은 700명이 넘는 각양각색의 인물을 등장시켜 다양하면서도 풍부한 표현력으로 인물을 그려내고 있어 작품을 읽을수록 그 흡입력이 대단하다.

『요재지이聊齋志異』는 포송령蒲松齡, 1640~1715의 저작이다. 이 당시의 다른 작품들은 이미 '문언문文言文'에서 '백화문白話文'으로 바뀌고, 내용이 당시 사회의 현실적인 이야기나 실제로 대중의 세속적인 이야기와 관련이 깊지만, 『요재지이聊齋志異』는 오히려 역행하여 '문언문文言文' 형식으로 다시 돌아가 위진남북조魏晉南北朝 시기에 유행했던 귀신이나 요괴 이야기를 주로 다루었다. 『요재지이聊齋志異』는 청나라清 문학에서 크게 일었던 복고復古의 영향을 그대로 보여 주고 있는데, 시간이 지나자 점차 이러한 복고復古의 추

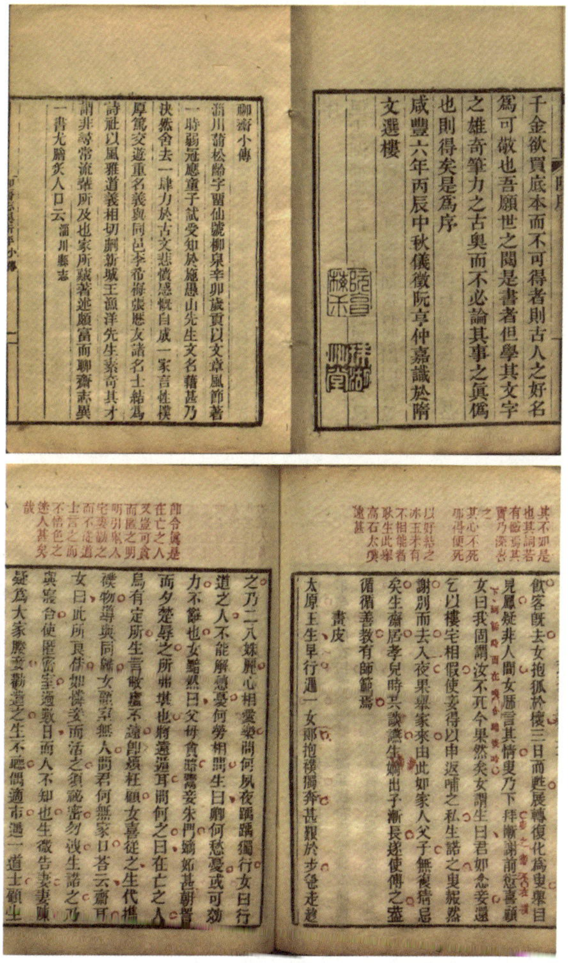
千金欲買底本而不可得者則古人之好名爲可敬也吾願世之閱是書者但學其文字之雄奇筆力之古奥而不必論其事之眞僞也則得矣是爲序

咸豐六年丙辰中秋儀徵阮亨仲嘉識於脩文選樓

聊齋小傳

淄川蒲松齡字留仙號柳泉辛卯歲貢以文章風節著一時弱冠應童子試受知於施愚山先生文名藉甚乃決然舍去一肆力於古文悲憤感慨自成一家言性樸厚篤交遊重名義與同邑李希梅張歷友諸名士結爲詩社以風雅道義相切劘新城王漁洋先生素奇其才謂非尋常流輩所及也家所藏著述頗富而聊齋志異一書尤膾炙人口云 淄川縣志

청나라清 『요재지이신평聊齋志異新評』

세는 점차 시들해졌고, 더불어 『요재지이聊齋志異』에 대한 민중의 반응도 차츰 사그라들었다. 그렇지만 이후의 문학 작품과 문화예술 부분에 많은 소재와 영감을 주었고, 오늘날에도 문화예술 영역에서 미치는 영향력이 결코 작지 않다. 최근에 대중의 사랑을 받는 판타지 영화들은 청나라淸의 『요재지이聊齋志異』에서 소재를 가져온 것이 많다. 『요재지이聊齋志異』에는 450여 편에 달하는 이야기가 수록되어 있는데, 이 가운데 귀신이나 요괴와 관련된 작품이 많은 부분을 차지하고 있다. 중국의 많은 영화나 미디어, 광고와 이미지 등과 같은 영상 예술 분야에서 『요재지이聊齋志異』로부터 제재를 가져왔다. 예를 들어, 고전 판타지 영화의 유행을 일으켰던 『천녀유혼倩女幽魂』은 『요재지이聊齋志異』 속 「섭소천聶小倩」이라는 작품에서 그 제재를 가져와서 만든 것이다.

『유림외사儒林外史』는 오경재吳敬梓, 1701~1754가 썼으며 중국의 6대 고전소설 중의 하나로 평가받고 있다. 6대 고전소설 가운데 가장 분량이 적은 55회로 구성되어 있다. 주된 내용은 과거시험과 관련된 당시 지식인들의 세태를 풍자하였다. 『유림외사儒林外史』는 특히 그 구성이 매우 독특한데 전체 작품을 관통하는 일관된 주제나 같은 인물이 등장하지 않는다. 각각의 단편들은 과거제도의 부조리와 형식적 폐해, 그리고 그것

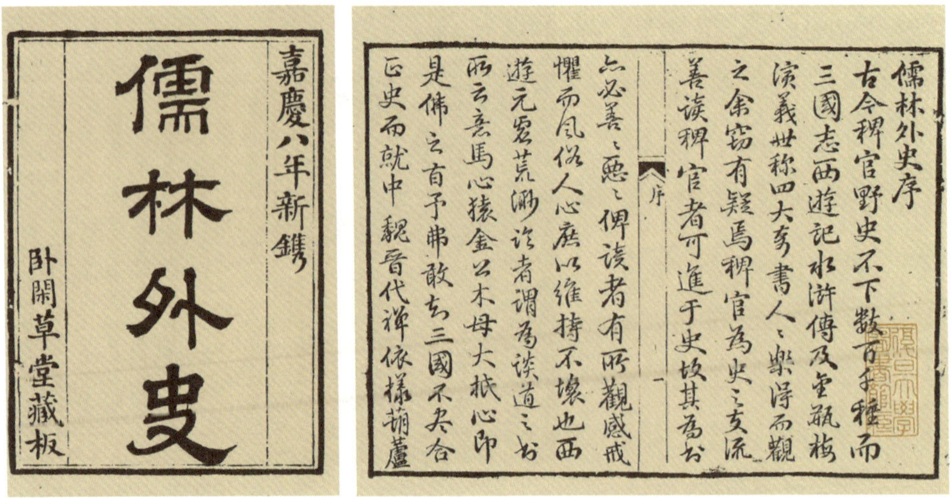
嘉慶八年新鐫
儒林外史
臥閑草堂藏板

儒林外史序
古今稗官野史不下數百千種而
三國志西遊記水滸傳及金瓶梅
演義世稱四大奇書人人樂得而觀
之余竊有疑焉稗官為史之支流
善讀稗官者可進于史故其為書
序
亦必善善惡惡俾讀者有所觀感戒
懼而風俗人心庶以維持不壞也西
遊元虛荒渺談者謂為談道之書
而所言者馬心猿金公木母大抵心即
是佛之旨予弗敢知三國不必合
正史而就中魏晉代禪依樣葫蘆

청나라淸 오경재吳敬梓, 1701~1754 가경팔년와한초당각본嘉慶八年臥閑草堂刻本 『유림외사儒林外史』 ⓒ wikimedia

을 추종하는 지식인들, 관리들과 부자들의 부정부패와 그로 인해 고통받는 민중의 현실에 대한 비판이라는 강한 주제를 갖고 있다.

소설 작품 전체는 매회 독립된 이야기로 구성되었으며, 다양한 계층의 인물이 차례로 등장하여 이야기를 이끌어 간다. 각 회의 주인공들은 서로 스승과 제자, 친구와 동료 등의 관계를 맺고 있어서 매회가 마치 구슬을 꿰듯이 이어지는 구조를 지니고 있다. 예를 들어, 이번 회의 등장인물 중 한 명이 다음 회의 주요 인물이나 보조 인물이 되고, 이번 회의 주요 인물의 친구가 다음 회의 주요 인물이 되고 하는 식이다. 매회가 각각 독립적인 이야기 같지만 서로 긴밀하게 엮어져 있다. 비록 그 구성이 다소 산만해 보일 수 있지만, 이런 구성이 하나의 고정된 틀에 얽매이지 않고 오히려 인물의 성격을 자유롭게 창조할 기회를 만들어 주었다.

청나라淸 중·후기에 이르러서는 '협의공안소설俠義公案小說'이 유행하였다. 협의공안소설俠義公案小說은 '협의소설俠義小說'과 '공안소설公案小說'을 합한 것을 말한다. '협의俠義'는 협객俠客이나 의인義人의 숭고한 인품과 의로운 행동, 뛰어난 재능과 탁월한 능력을 말하는데, 협의소설俠義小說은 이를 통한 사건의 해결 및 대립과 갈등에 대한 묘사를 주된 내용으로 한다. '공안公案'은 '관공서의 문서'라는 뜻인데, 주로 공사公事의 안문案文, 관청의 조서調書, 명에 의하여 결정한 안건案件이라는 의미를 지닌다. 이후 재판裁判과 소송訴訟의 안건案件이라는 의미로 전용專用되면서, 공안소설公案小說은 관청에서 일어나는 송사訟事, 분쟁 및 판결과 관련된 내용을 주로 하는 소설 작품을 칭하는 것으로 쓰이게 되었다. '협의공안소설俠義公案小說'은 주로 '공안公案'을 담당하는 청관清官과 '협의俠義'를 드러내는 협객俠客이 등장하여 사건을 명쾌하게 해결해 나가는 과정을 묘사했다. '협의공안소설俠義公案小說' 중 가장 유명한 작품은 판관 '포증包拯'과 여러 명의 협객俠客을 중심으로 이야기를 펼쳐나가는 『삼협오의三俠五義』이다. 이외에도 『칠협오의七俠五義』, 『소오의小五義』, 『시공안施公案』, 『팽공안彭公案』 등이 있다.

또한, 청나라淸 말엽에는 '견책소설譴責小說'이 등장하는데, '견책譴責'이라는 말은 잘못을 꾸짖고 나무란다는 의미이다. 따라서 견책소설譴責小說은 사회개혁을 목적으

명나라明 장거정張居正, 1525~1582 편찬 프랑스어 채색본
『제감도설帝鑒圖說: Recueil Historique des Principaux Traits de la Vie des Empereurs Chinois』 중
「사봉제관斜封除官」 © 書格shuge

이보가李寶嘉의 『관장현형기官場現形記』 © wikipedia

유악劉鶚의 『노잔유기老殘遊記 © wikipedia

로 정치와 사회 폐단의 폭로와 그에 대한 풍자적인 묘사가 두드러진다. 당시 사회의 부패상을 드러내고 질책한 작품으로 사회 비판의 특징이 강하다. 대표적인 작품으로는 이보가李寶嘉, 1867~1906의 『관장현형기官場現形記』, 오옥요吳沃堯, 1867~1910의 『이십년목도지괴현상二十年目睹之怪現狀』, 유악劉鶚, 1857~1909의 『노잔유기老殘遊記 등이 있다.

II

톺아보기

도덕을 새롭게 하려면 반드시 소설을 새롭게 하여야 하고,
풍속을 새롭게 하려면 반드시 소설을 새롭게 해야 한다. 어째서 그러한가?
소설에는 불가사의한 힘이 있어서 사람의 도리를 지배하기 때문이다.

— 양계초梁啓超, 1873~1929 ·「소설과 대중사회의 관계를 논함論小說與群治之關係」 —

1장

이야기의 시작과 인식 : 중국 소설의 개념과 특징

예부터 지금에 이르기까지 잡다하고 자질구레한 일들 가운데 새롭게 들어볼 만하고 우스갯소리에 도움이 될 만한 것을 풀어서 펼쳐내었다. 글에는 증거가 충분하지 않고, 의미도 뜻하는 바가 다르다. 무릇 눈과 귀 앞에 일어나는 기이한 일들은 모두 기록해놓았는데, 이 또한 없는 것이 없다. 결국, 말하는 사람도 죄가 없고 듣는 사람도 충분히 경계할 만하다고 할 수 있을 것이다.

— 능몽초凌濛初, 1580~1644 · 『박안경기拍案驚奇』 —

1장 이야기의 시작과 인식 : 중국 소설의 개념과 특징

| 1 | 중국 소설의 개념과 시작

중국의 소설은 서양의 소설novel과는 다르다.[1] 서양의 관점에서 본다면 중국의 소설은 당나라唐 때 이르러서야 본격적으로 나타났다고 볼 수 있다. 소설의 구성에서 가장 중요한 요소는 허구虛構인데, 허구虛構는 '픽션fiction' 이라고도 하며, 현실에 없는 일을 작가의 상상력으로 사실처럼 꾸며 만들어 낸 것을 말한다. 중국에서는 당나라唐 때에 이르러 비로소 소설의 의도적인 창작이 이루어진다. 소설의 창작에서 허구虛構의 특징 못지않게 중요한 부분은 바로 작가의 출현이다. 중국의 소설은 당나라唐 때에 작품의 저자가 분명하게 등장하기 시작했다. 이러한 관점에서 볼 때 진정한 중국 소설의 탄생은 당나라唐 때부터 시작된다고 할 수 있다. 실제로 대부분 서양 학자들은 이 점을 들어 당나라唐 때부터 중국 소설이 본격적으로 탄생했다고 주장하고 있다. 그러나 우리는 이러한 서양의 문학 관점으로 중국 소설의 시작을 정하기보다는 중국 문학을 아우르는 폭넓은 시각으로 중국 소설의 시원始原을 살펴볼 필요가 있다.

먼저, 서양의 소설 관념에서 중요하게 여겨지는 '허구虛構의 창작創作'이라는 시각에

---

1 소설을 인생의 표현이면서 인간성의 탐구로서 보는 태도가 있다. 장편을 뜻하는 'novel'이라는 말이 'new'의 뜻을 가진 이탈리아어 'novella'와 라틴어 'novellus'에서 나왔는데, 그것은 소설이 새로운 이야기, 즉 인간에 대한 새로운 탐구이면서 표현임을 뜻하기도 한다.

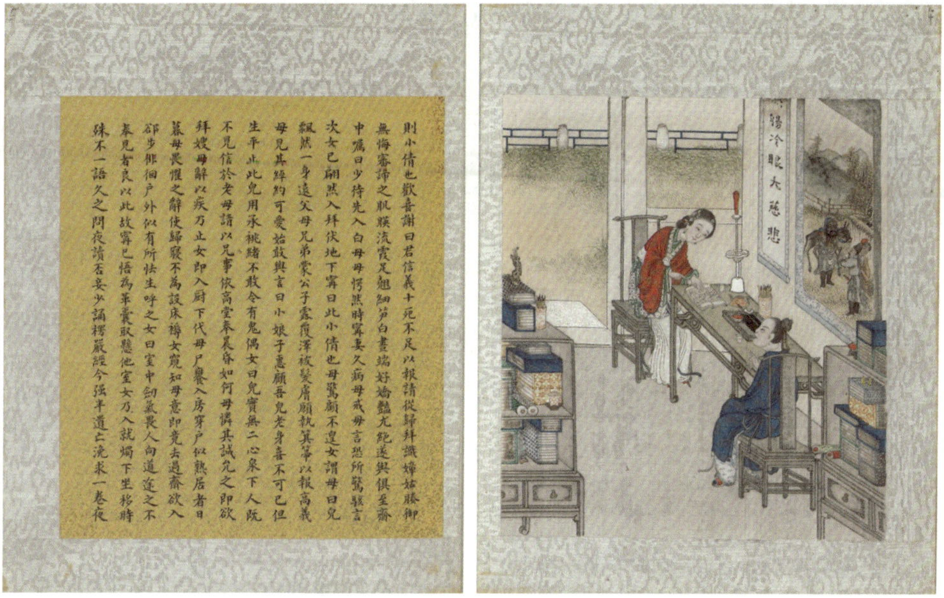

則小倩也歡喜謝曰君信義十死不足以報請從歸拜識嫜姑媵御
無悔審諦之肌映流霞足翹細笋白晝端好嬌豔尤絕遂與俱至齋
中囑曰少待先入白母母愕然時寗妻久病母戒毋言恐所驚駭言
次女已翩然入拜伏地下寗曰此小倩也母驚顧不遑女謂母曰兒
飄然一身遠父母兄弟蒙公子露覆澤被髮膚願執箕箒以報高義
母見其綽約可愛始敢與言曰小娘子惠顧吾兒老身喜不可已但
生平止此兒用承祧緒不敢令有鬼偶女曰兒實無二心泉下人既
不見信於老母請以兄事依高堂奉晨昏如何母憐其誠允之即欲
拜嫂母辭以疾乃止女即入厨下代母尸饔入房穿户似熟居者日
暮母畏懼之辭使歸寢不為設床褥女窺知母意即竟去過齋欲入
卻步徘徊户外似有所怯生呼之女曰室中劍氣畏人向道途之不
奉見者良以此故寗已悟為革囊取懸他室女乃入就燭下坐移時
殊不一語久之問夜讀否妾少誦楞嚴經今強半遺忘浼求一卷夜

청나라清 작자 미상 『요재전도聊齋全圖』 중 「섭소천聶小倩」 ⓒ 오스트리아국립도서관Österreichische Nationalbibliothek

서 살펴보면, 당나라唐 이전의 경우에도 전해 내려오는 이야기를 기록한 작품에 약간의 허구虛構가 포함되어 있으며, 이러한 이야기가 여러 시대에 거쳐 후대로 전해지는 과정에서도 일정한 재창작다시 쓰기과 수정이 가미된다. 그렇기에 당나라唐에 이르러서 허구虛構적인 창작이 비롯되었다는 견해는 여전히 한계를 지닌다.

둘째, 작품을 창작하는 '전문 작가의 등장'이라는 시각에서 살펴보면, 비록 당나라唐 이전에는 소설 창작을 주로 하는 전문 작가가 분명히 드러나지 않지만, 이야기를 기록하거나 재창작하는 과정에서 작가는 여전히 존재했었다. 문인과 그들이 생산한 글이 문학의 반열에 오르면서 모든 이들에게 인정과 존중을 받을 때, 소설이 가지는 사회문화적 인식은 이에 비해서 매우 낮았다. 주로 구술이나 대중문화 예술 형태로 이루어지면서 작가는 대부분 무명이거나 하층 문인, 이야기꾼, 예인藝人 등이었다. 또한, 소설 작품을 스스로 창작하였다고 하더라도 전통적인 문학 관념의 제한과 억압으로 인해 자신의 이름을 분명히 밝힐 수 없는 경우가 대부분이었다.

1) 중국 소설의 기원과 소설에 대한 인식

중국 소설은 언제부터 시작된 것일까? 중국 소설의 기원과 더불어 시대에 따른 인식의 과정을 살펴보면, 중국 신화神話와 전설傳說, 역사歷史, 철학哲學을 언급한 부분까지 거슬러 올라갈 수 있다.

'소설小說'이라는 어휘를 가장 먼저 사용한 사람은 선진先秦 시대의 '장자莊子'이다. 『장자莊子』의 「외물편外物篇」을 보면 '작은 이야기를 꾸며서 높은 벼슬을 구하는 것은 큰 깨달음에 이르는 것과는 먼일이다.'라고 하였다.[2] 여기서 중요한 점은 소설을 쓸데없는 말 혹은 꾸미는 말로 여긴 것인데, 즉 소설에는 이미 허구虛構, 수식修飾, 가공加工, 윤색潤色 등의 의미가 내포되어 있다는 것이다. 이렇게 허무맹랑한 말들을 꾸며서 자신의 벼슬을 얻는 것은 이미 큰 도리와는 멀다는 점을 분명하게 드러내고 있다. 소설이라는 말과 그 특징을 이야기한 점으로 유추해 보면, 이미 이 시기부터 항간에는 이

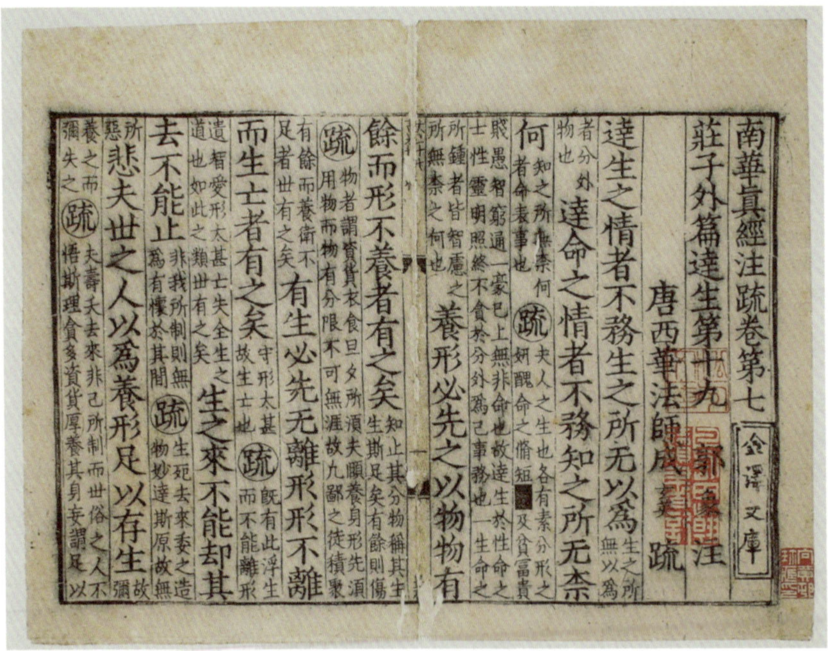
南華眞經注疏卷第七
莊子外篇達生第十九　郭象注
唐西華法師成玄英疏
達生之情者不務生之所无以爲
達命之情者不務知之所无柰何
養形必先之以物物有
餘而形不養者有之矣
有生必先无離形形不離
而生亡者有之矣
生之來不能却其
去不能止
悲夫世之人以爲養形足以存生

『장자莊子』의 「달생편達生篇」 © wikimedia

2　飾小說以干縣令, 其於大達亦遠矣. 『장자莊子』「외물편外物篇」

런 방식으로 벼슬을 얻는 사람들이 있었다는 사실을 방증傍證하는 것일 수도 있다. 따라서 이야기를 꾸며서 벼슬을 구하고자 한 사람들이 쓴 '허구虛構적인 글'을 중국 소설의 시작으로 볼 수 있겠다.

또한, 『순자荀子』의 「정명편正名篇」을 살펴보면, '그러므로 지혜가 있는 사람은 도道를 논할 따름이니, 하찮은 무리가 자질구레한 이야기를 지어내어, 바라는 바는 모두 쇠퇴할 것이다.'[3]라고 말하고 있다. 이때 '하찮은 무리가 자질구레한 이야기를 지어내다.'라는 의미의 '소가진설小家珍說'은 서툴고 어설픈 이들의 신기하고 재미있는 잡다한 이야기를 뜻한다. 이 말에서 가장 중심이 되는 부분은 바로 '소가小家'에 있다. '소가小家'라는 것은 글솜씨가 설고 어색한 이들을 말하는데, 그들이 말을 재밌게 꾸며서 벼슬을 구하고 도리를 이야기하려고 하지만, 결국 그들이 지어낸 이야기는 큰 깨달음과는 사뭇 거리가 있다는 것이다. 그러나 그렇다고 그냥 내버리기에는 아깝다고 여겨, '볼만한 것이 있는 가벼운 이야기'라는 의미에서 '진설珍說'이라는 말을 덧붙였다. 그렇기에 '소가진설小家珍說'은, 마치 닭의 갈비뼈라는 뜻인 '계륵鷄肋'[4]의 효용과 비슷하다고 볼 수 있는데, 이야기 속에는 백성을 교화하는 교훈적인 면도 있기에 버리기에는 아깝지만, 그렇다고 이 이야기를 성현의 가르침이나 큰 깨달음을 구하는 글과 대등하게 보기에는 어려움이 있다고 본 것이다.

『논어論語』의 「자장편子張篇」을 살펴보면, 소설을 '비록 작은 도라고 할지라도 반드시 볼만한 것이 있다. 그렇지만 원대한 뜻을 이루는 데 방해가 될 수 있으므로, 군자君子는 그것을 도모하지 않는다.'라고 말하고 있다.[5] 「자장편子張篇」에서도 소설을 '하찮은 무리의 잡다한 이야기'라는 의미의 '소가진설小家珍說'이나, '작은 도라도 볼 만은 하다'는 소도가관小道可觀'의 의미를 담고 있는 것으로 보았다.

---

3 故智者論道而已矣, 小家珍說之所願皆衰矣. 『순자荀子』「정명편正名篇」

4 계륵鷄肋이란 『후한서後漢書』「양수전楊修傳」과 『진서晉書』「유령전劉伶傳」에 나오는 말로, '닭의 갈비뼈'라는 뜻이다. 살이 없어서 먹기는 귀찮아도 맛이 좋아서 버리기 아까운 닭의 갈비뼈처럼, 자신에게 별로 이득은 안 되지만 놓치고 싶지 않은 무언가를 의미할 때 사용하는 용어이다.

5 雖小道, 必有可觀者焉. 致遠恐泥, 是以君子不爲也. 『논어論語』「자장편子張篇」

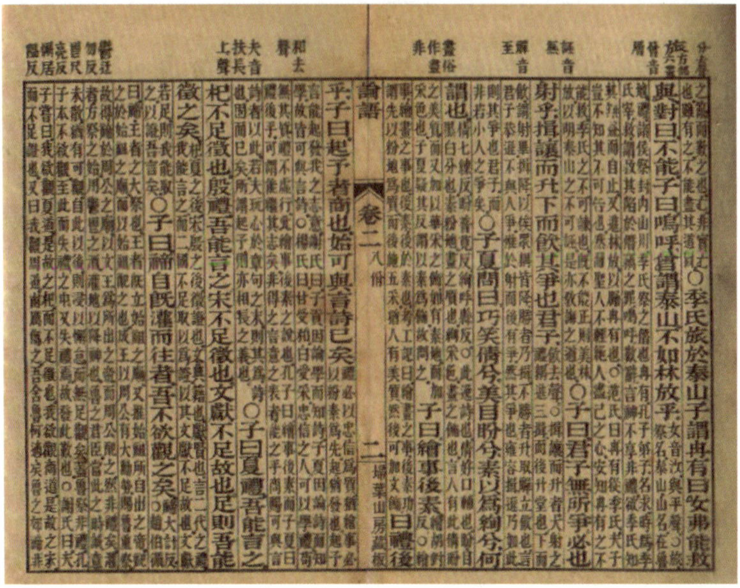

『논어論語』의 「팔일편八佾篇」 ⓒ wikipedia

중국 소설사를 살펴보면, 본격적인 중국 소설은 한나라漢 때부터 시작되고 있지만, 한나라漢 사람들의 소설에 대한 개념은 별로 달라지지 않았다. 동한東漢의 유학자儒學者인 환담桓譚이 쓴 『신론新論』이라는 저서에서 '소설가小說家'가 구체적으로 등장하는데, 이에 대해서는 이전의 문인들과 비슷한 견해를 보여 주고 있다. 그는 '소설가는 자질구레한 말들을 모아 가까운 곳에서 비유를 취하여 짤막한 글을 지어냈는데, 자신의 몸가짐을 바르게 하고 집안을 다스리는 데에 볼만한 말이 들어있다.'[6]고 했다. 그는 소설가小說家 무리가 흩어져 있는 자질구레한 말들을 모으고 이것을 책에 기록하는 사람들이라고 여겼다. 즉 소설가는 수집가 정도에 불과하고, 그들에 의해 기록된 소설은 전체적으로 큰 도리를 내포하고 있지는 않다고 보았다.

그 뒤 반고班固의 『한서漢書』 「예문지藝文志」 '제자략諸子略'을 살펴보면, '소설가의 무리는 대개가 패관稗官에게서 나왔는데,[7] 저잣거리나 골목에서 떠도는 이야기나 길에

6 小說家合殘叢小語, 近取譬喩, 以作短書, 治身理家, 有可觀之辭. 『신론(新論)』

7 '패관'의 패稗는 본래 속粟의 일종이지만 그 크기가 매우 작다. 그러므로 '패'는 소小의 뜻을 지니고 있다. 따라서 패

서 주워듣고 지껄이는 자질구레한 일들을 가지고 꾸며 낸 것들이다.'라고 말하고 있다. 이어서 '그러나 또한 없어지지도 않는 것이다. 마을의 작은 지혜를 지닌 자들이나 할 짓이지만, 그래도 적어 놓아 잊지 않도록 하려는 것이다. 혹시 한마디라도 취할 만한 게 있다 해도 이것 역시 풀을 베고 땔 나무를 하는 어리석은 이들의 의론일 뿐이다.[8]'라고 했다.

또한, 그는 선진先秦 시기 열 개의 학술 유파流派라고 할 수 있는 '십가十家'에 대해 언급하고 있는데, 유가儒家, 도가道家, 음가陰家, 양가陽家, 법가法家, 명가名家, 묵가墨家, 종횡가縱橫家, 잡가雜家, 농가農家, 소설가小說家 등의 유파를 열거하면서, '십가十家 중에서 볼만한 것은 구가九家 뿐이다.'[9] 라고 하였다. 그는 십가十家의 학파 중에서 소설가를 제외한 나머지 구가九家만을 학술적으로 인정했다. 하지만 소설가小說家에게는 비록 작은 말이라도 볼만한 것은 있다고 여겼고, 너무 그것에 몰입하지 않

청나라清 상관주上官周, 1665~?
『만소당화전晩笑堂畵傳』의 반고班固 ⓒ wikipedia

반고班固의 『한서漢書』 ⓒ wikipedia

관은 곧 소관小官을 뜻한다. 『한국민족문화대백과사전_인터넷』의 '패관稗官' 표제어 참고.

8 小說家者流, 蓋出於稗官. 街談巷語, 道聽途說者之所造也, ……然亦弗滅也. 閭里小知者之所及, 亦使綴而不忘. 如或一言可采, 此亦芻蕘狂夫之議也. 『한서漢書』「예문지藝文志」

9 諸子凡十家, 可觀者九家而已. 『한서漢書』「예문지藝文志」

게 스스로 삼가야 한다고 주장했다.

『한서漢書』「예문지藝文志」의 「이윤설伊尹說」 27편에서는 '그 말이 천박하여 의탁依託한 듯하다.其語淺薄, 似依托也.'라고 하였고, 「육자설鬻子說」 18편에서는 '후세 사람들이 가필加筆한 것이다.後世所加'라고 했다. 그뿐만 아니라 「예문지藝文志」의 '소설가小說家' 아래 15편의 소설 편명을 열거하고 여기에 주注를 달아 설명하고 있다. 이 주注에서 보이는 '옛 사관史官이 사실을 기록한 것이다.古史官記事'라는 말은 역사적 사실의 기록을 일컫는 것이고, '사리에 맞지 않고 황당무계한 것은 의탁依託한 것이다.迂誕依托'라고 한 것은 신괴神怪의 작품이나 글을 가리킨다. 또한, 이 설명에는 사물의 이치를 밝힌 의론議論도 포함되어 있고, 세간의 풍속이나 세상에 알려지지 않은 소문이나 내용도 보인다. 소설의 편명으로 미루어 보면, 대개 야사野史나 전설傳說을 바탕으로 한 잡다한 이야기를 기록한 정도에 불과하다고 할 수 있다. '소설가小說家' 아래 기록되어 있는 구체적인 편명과 주해註解를 통해 살펴보면, '소설가小說家'에 수록된 내용이 여러 가지로 뒤섞여 있고, 그 범위가 넓은 것을 알 수 있는데, 당시 사람들의 소설에 대한 이해와 인식이 분명하게 드러나 있다.

기윤紀昀의 초상화 ⓒ wikipedia

명나라明 호응린胡應麟, 1551~1602의 『소실산방필총少室山房筆叢』에도 비슷한 내용이 기록되어 있는데, 이전에 언급되었던 작품들을 나름대로 분류했다는 점에서 의의가 있다. 그는 소설을 지괴志怪, 전기傳奇, 잡록雜錄, 총담叢談, 변정辨訂, 잠규箴規 등 6가지로 분류하였다. 청나라淸의 기윤紀昀, 1724~1805은 『사고전서총목제요四庫全書總目提要』를 황제의 명을 받아서 편찬하면서, 소설을 서술잡사敍述雜史, 기록이문記錄異聞, 철편쇄어綴編鎖語 등 3가지로 구분하였다.

한나라漢부터 청淸나라에 이르기까지 여러 시대를 거치는 동안에도 소설에 대한 이러한 관점은 크게 바뀌지 않았다. 비록 송나라宋에 이르러 민간문학이 크게 대두됨으로 인해서 소설에 대한 인식에 조금이나마 변화가 있었고, 명나라明에 이르러 문인들이 소설의 교화적 측면과 예술적 가치에 대한 긍정적인 면을 들어 소설의 중요성을 주장하기는 했다. 하지만 이러한 견해는 선진적 사상을 가진 일부 문인들 사이에서만 공유되었고, 대부분의 전통적인 문인들은 이러한 문학 풍조를 단지 부차적인 현상으로만 여겼다. 이처럼 중국 문학의 발전 과정에서 소설을 긍정적으로 평가하고자 하는 노력에도 불구하고 대부분의 전통적인 지식인들은 소설에 대해 경직된 문학관과 낡은 가치관으로 깎아내리고자 하는 의도가 다분히 많았다. 그렇기에 전통 문인들이 평가하는 중국 소설에 대한 가치는 그다지 높지 않았다. 이러한 태도는 이후 여러 시대를 거치면서 선구적이고 개방적인 일부 문학가들의 인식과 판단을 통해 조금씩 달라졌다.

오랜 시간 동안 확고한 전통문학 관념의 구속과 제한 속에서도 일부 작가들은 끊임없이 새로운 작품을 창작해 내고, 나름대로 자신만의 개성을 발휘하여 새로운 소재와 주제를 끌어내려고 노력했다. 하지만 늘 사회적 압박과 정치적 한계에 부딪혔다. 심지어 명나라明와 청나라淸 황실에서 대대적인 금서령琴書令이 내려져 일정 기간에 소설이 위축되는 시련도 겪었으며, 황당한 이유로 사대부 집안의 자제들에게 절대로 소설을 읽지 못하게 하는 수모를 당하기도 했다. 결국, 소설은 여전히 정통적인 문학의 한 분야로 인정받지 못했고, 당시 문학예술 분야에서도 그 가치와 의미에 대해 크게 주목받지 못했다.

중국의 역사 과정을 살펴보면, 중국이 송나라宋를 거쳐 청나라淸에 이르기까지 일만 대중들의 사회적 위치와 경제적 지위가 지속해서 상승하면서 나름대로 부를 축적하였지만, 한 국가를 이끌고 문학과 예술을 통제하는 주체는 여전히 권력계층과 지식계층들이었다. 이들이 지어내고 유통하는 대부분 저작물은 전통적인 도덕관과 가치관에 근거하여 평가하였으며, 정통적인 문학관과 예술관의 척도에서 그 존속과 폐지를 판단했다. 그 당시 지식문화를 주도하는 지식계층의 관점에서는 소설이 정통문학의 테두리 안에서 중요한 부분을 담당한다고 볼 수 없었다. 또한, 지식계층인 문인들은 전통적 문학관이라는 잣대로 문자나 기록, 서적이나 예술 등, 모든 분야를 재단하거나 아우르곤 했기 때문에 기왕의 소설에 대한 관념을 새롭게 개혁하고자 하는 태도는 보여주지 못했다. 소설에 대한 이러한 관념은 청나라清 말에 이르러서도 커다란 변화를 보이지 못했다. 중국 문인의 소설에 대한 이러한 시각은 근대에 이르러 신소설이 등장하게 되면서 비로소 바뀌게 되었다.

2) 중국 소설의 또 다른 형태 : '강창講唱'과 '강설講說'

중국 소설의 원류가 신화神話, 전설傳說, 야사野史, 우언寓言 등에서 비롯해 점차 발전해 나가면서 또 다른 형태의 소설이 등장하게 되는데, 이것이 바로 '강창講唱'이다. '강창講唱'이라는 것은 말 그대로 '강講, 이야기하다'와 '창唱, 노래하다'의 뜻이다. 즉, 동작이나 소리의 높낮이가 첨가된 말講과 노래唱로써 줄거리를 묘사하고 인물형상을 구현하는 공연 양식이다. '강창講唱' 예술의 기원은 당나라唐의 '변문變文'으로부터 유래하였다고 보는 것이 학자들의 공통적인 견해이다. 당나라唐 불교 사원에서는 어려운 경전經典이나 불교 교리를 풀어서 설명할 때, 일반 대중의 이해를 돕기 위하여 운문韻文과 산문散文을 결합하고 불교 설화를 엮어서 전달하는 형식을 취했는데, 이것을 '속강俗講' 혹은 '전변轉變'이라고 했다. 이후 대중들이 널리 이와 같은 형식을 좋아하게 되자, '속강俗講'이 일반 시정市井으로 진출하였고 운문韻文과 산문散文을 섞어 쓰는 형식에 중국 전통의 이야기들이 담기기 시작했다. 강창講唱 예술 작품들은 대부분 역사 인물이나 사건, 그리고 문학 작품 등에서 소재를 가져와 예인藝人들의 구두口頭로 전승傳承되는 과정을 겪으며 유지되었다. 이후 '변문變文'의 형식은 송나라宋의 '백화소설白話

청나라清 불교 사원 소묘小錨 1693년 ⓒ pxhere

小說'과 '곡자사鼓子詞' 등에 의하여 계승되었다. 오늘날 중국의 지역마다 다양한 '강창講唱' 형태의 민간예술이 존재하는데, '탄사彈詞', '금서琴書', '쾌판快板', '평화評話', '상성相聲' 등이 있다. 우리나라에서도 소리꾼이 고수鼓手의 장단에 맞추어 노래창, 말아니리, 몸짓발림을 섞어가며 서사적인 이야기를 엮어내는 '판소리'가 '강창講唱'의 형식과 상당히 유사한데, 이야기가 주로 귀로 듣는 연예演藝로 발전한 경향을 보여 주고 있다.

송나라宋의 설화인說話人은 '강창講唱'을 '소설小說'로도 불렀는데, 이는 보통 작거나 하찮은 이야기를 구연口演하는 것을 말한다. 송나라宋 내득옹耐得翁, ?~?의 『도성기승都城紀勝』에는 그 당시 인기 있던 설화인說話人에 대한 기록이 있다. 비록 설화인說話人들이 구체적으로 어떤 이야기를 연행演行했는지 나와 있지는 않지만, 유명한 설화인說話人의 이름은 일부 남아있다. 이러한 단편적인 기록을 통해 볼 때, 이미 송나라宋 때 저잣거리나 사람이 많이 모인 장소에서는 유명한 이야기꾼들이 등장했고, 일반 대중들은 그들의 이야기를 듣고 즐겼던 것을 알 수 있다.

명나라明 구영仇英, 1498~1552「청명상하도淸明上河圖」 ⓒ 국립고궁박물원國立故宮博物院

설화인說話人들의 공연 예술에는 다양한 주제와 그것을 전문적으로 공연하는 형태가 나타나는데, 이를 두고 '설화사가說話四家'라고 말한다. '설화사가說話四家'란 말은 남송南宋 때 내득옹耐得翁이 편찬한 『도성기승都城紀勝』이라는 책에서 처음으로 등장한다. '설화說話'는 주제에 따라 4개의 전문 공연 분야로 나뉘는데, 이 '설화사가說話四家'가 구체적으로 어떤 것을 말하는지는 학자마다 견해가 조금씩 다르다. 하지만 대체로 첫째로는 '소설小說', 즉 연분煙粉, 영괴靈怪, 전기傳奇, 설공안說公案, 박도搏刀, 간봉杆棒[10] 등의

10 '연분煙粉'은 대개 속세의 남녀가 서로 사랑하는 내용이 주를 이루는데, 여기에는 사람과 귀신이 이승과 저승을 오가면서 연애하는 이야기도 포함된다. '영괴靈怪'는 귀신과 요물, 이물들이 요술을 부리는 이야기다. '전기傳奇'는 살아가면서 겪는 슬픔과 기쁨, 헤어지며 만나는 기이하면서 특별한 이야기들이고, '설공안說公案'은 간악한 무리를 제거하면서 소송과 재판의 불합리를 해결하는 이야기다. '박도搏刀'와 '간봉杆棒'은 사내들의 대결과 시합, 도박과 무력, 정의와 의리에 관련된 일들을 주로 묘사한다. 임종욱, 『동양문학비평용어사전-중국편』, 서울: 범우사, 1997년 참고.

단편 이야기를 가리킨다. 둘째로는 전대前代의 역사 이야기를 연행演行하는 '강사講史'를 말하며, 주로 장편 역사 이야기를 뜻한다. 셋째로는 불경佛經 이야기를 연행演行하는 '설경說經'과 참선에 들어 도를 깨치는 문답식의 이야기인 '설참청說參請'이 있다. 넷째로는 전쟁 이야기를 주로 공연하는 '설철기아說鐵騎兒'가 있다. 이 밖에도 합생合生이 있는데, 시詩, 사詞, 곡曲의 방식을 통해 즉흥적으로 만들어낸 짧은 이야기를 일컫는다.

'설화사가說話四家' 중에서 가장 크게 번성한 것은 '소설小說'이다. 이러한 '소설小說'의 대본을 '화본話本'이라고도 부르는데, 모두 단편적인 이야기를 한 번 또는 여러 번에 걸쳐서 공연한다. 역사 이야기나, 신화 및 전설을 제외하고, 대부분 주제는 현실 생활과 밀접한 관련이 있다. '소설小說'을 설화說話의 일종인 '은자아銀字兒'라고도 부르는데, '은자銀字'는 『신당서新唐書』 22권卷 『예악지禮樂志』에서 처음 등장한다. '은자銀字'는 전대前代에서 전해 내려온 선율을 조율하면서 곡조를 맞추었던 악기의 일종이었다. 이후 일종의 피리를 가리키기도 했으며, 다른 관악기처럼 단독으로 쓰였을 뿐만 아니라, 다른 관악기와의 음률을 조절하는 과정에 사용되었던 수법의 명칭이기도 하였다.

『신간교정고본대자음석삼국지통속연의新刊校正古本大字音釋三國志通俗演義』 ⓒ wikipedia

'은자銀字'가 '음악성'에 중점을 둔 명칭이기는 하나, 설화說話의 일종으로 사용되면서 '가창歌唱'보다는 '강설講說'에 중점을 두게 되었다.

'강사講史'는 『삼국지연의三國志演義』, 『수호전水滸傳』 등과 같은 역사적 사실을 바탕으로 가공한 이야기가 담겨 있으며, 단편 형식으로 공연되는 것이 아니라 장편 형식으로 공연되었다. 이러한 역사 관련 이야기는 이후 수정과 보충을 거쳐 명나라明 말엽에는 우리가 익히 알고 있는 연의소설演義小說이나 영웅전기소설英雄傳記小說 작품들로 재탄생하게 된다.

'설경說經'은 불교 경전과 불교 교리에 관련된 이야기이다. 불교는 동한東漢 명제明帝 때 중국에 들어왔다고 알려져 있다. 당나라唐 때에는 왕실의 중시를 받게 되면서 저잣거리에서도 불교를 믿고 따르는 행위가 성행하게 되었다. 불교 경전 속의 교리를 일반 대중들에게 그대로 전달하기에는 사실 매우 어려웠다. 따라서 경전에 담겨있는 일

중국 고대 불교 벽화와 불상 ⓒ pixabay

화逸話나 주제를 가지고 관련 이야기로 만들어 대중들에게 설교하는 방식을 선택하게 되었다. '설경說經'의 초창기 형태는 이야기가 아닌 '강창講唱'과 같은 공연의 형식을 띠고 있었다. 그 결과 일반 대중들이 쉽게 불교의 교리를 이해할 수 있었고, 승려들은 더욱 불교를 널리 전파할 수 있었다. '설참청說參請'은 '설경說經'과 비슷한 주제와 내용으로 되어있는 것으로 여겨지는데 이 둘의 구분이 아직은 명확하지 않다. 다만 '설경說經'은 주로 불교 이야기에 관련된 내용을 담고 있고, '설참청說參請'은 참선에 관한 내용이 문답식으로 구성되어 있다고 알려져 있다.

설화인說話人들의 공연예술인 '설화사가說話四家'를 종합적으로 살펴볼 때, '설화說話'는 오락성이 매우 중시되었음을 알 수 있다. 전통적으로 중국 소설이 하찮은 것으로 여겨지고 문인들의 관심을 받지 못했던 주된 이유는 바로 소설이 이러한 오락성을 크게 내포하고 있었기 때문이라고 할 수 있다. '오락성'은 사람의 감정을 자극하여 흥미를 불러일으키는 점을 중요한 기반으로 삼는다. 중국 고대에는 인간의 생리적이면서 본능적인 감정과 느낌을 유도하는 문화예술 형태를 깎아내리는 문학 관념이 팽배했다. 그렇기에 이러한 대중적 예술을 다루는 것 역시 당연히 전통적 가치와 기준과는 상당히 거리가 있었다. 당시 소설 작품 속에 오락적이고 대중적인 특징이 매우 짙게 녹아 있었지만, 그러한 특징을 겉으로 분명하게 드러내는 일은 쉽지 않았다. 소설의 이러한 면은 이후 여러 세대를 거치면서 조금씩 밖으로 표출되었고, 문화예술 방면에서 점차 대중적 관심과 주목을 받기 시작했다.

3) 중국 소설의 수난과 통제 : '금서禁書'와 '비판批判'

전통적 문학 관념이 매우 견고해서 그 이외의 어떤 관념도 쉽게 용납되지 않았던 시대적인 상황에도 불구하고, 한편으로는 여전히 다양한 창의적 소재를 가진 소설 작품이 등장하기 시작했다. 소설은 나름내로 그 명맥과 특성을 유지해 가면서 독자층을 조심스럽게 이어가고 있었다. 이처럼 하찮은 소일거리에 불과한 이야기가 크게 유행하게 되자, 예교禮教를 중시하는 지식계층에서의 반발은 상당했다. 본래 소설의 주된 독자 계층 중의 하나는 명문가의 규수와 아녀자들이었다. 그 당시에는 고위 관리층 집안의 여성들이 소설책을 읽는 것이 철저하게 통제되었다. 집안에서의 어떤 일도 할 수 없었을 정도로 억압받았던 생활과 바깥의 출입이 자유롭지 못했던 상황 속에서 그녀들은 책을 통해 무료함을 달래고 재미를 느끼며 간접적인 체험을 했기에 이러한 전통적인 문학 관념에 반하는 소설의 유행에 대한 제재制裁와 비판批判은 대단했다.

명나라明 신종神宗 만력萬歷 30년 12월에 황제에게 상주하는 글에 소위 '작고 하찮으며 속된 말小說俚語'을 인용하면 안 된다는 금령禁令이 내려졌다. 그 당시 상소하는 글이나 공문을 살펴보면 소설에 나온 글귀나 내용을 인용하는 글들이 적지 않았다. 그리고 신종神宗 만력萬歷 15년 6월에는 『수호전水滸傳』의 민간 장서藏書나 원판을 숨기지 말고 모두 태워 버리라는 명령이 내려졌다. 이는 『수호전水滸傳』이 반역을 꾀하는 내용이 담겨있다고 여겼기 때문이다.

『수호전水滸傳』의 동평董平 © wikipedia

명나라明 '전여성田汝成'의 『서호유람지여西湖遊覽志餘』에 보면 '남송南宋의 나관중羅貫中은 소설 수십 종을 편찬하였는데, 특히 송강宋江 등의 이야기를 쓴 『수호전水滸傳』은 온갖 거짓 변화를 통하여 사람들의 마음 쓰임을 무너뜨렸으므로 그의 자손은 3대가 모두 벙어리였으니, 하늘의 도에 따른 응보에 의하여 그렇게 되었다.'고 쓰고 있다. 전통의 지배층에서는 나관중羅貫中이 이러한 나쁜 책을 썼기 때문에 가문에 좋지 못한 결과를 얻었다고 헐뜯으며 비방했다.

청나라淸에 들어와서도 소설에 대한 평가는 나아지지 않았고 오히려 더욱 심각해졌다. 전통 문인들은 거듭 소설의 폐단을 지적하면서 열독閱讀과 소지所持를 금지하는 명령이 내려지도록 사회 분위기를 조성했다. 청나라淸의 모경진毛慶臻은 『홍루몽紅樓夢』을 비판하면서, '저승에 다녀온 이들이 모두 전하기를, 조설근曹雪芹이 지옥에서 심한 벌을 받고 있는데, 그가 다른 사람들의 몸과 마음을 꾀어 망가뜨린 죄업이 무척 크기 때문이다. 그 후손이 임청林淸의 역모 사건에 연루되어 능지처참당하고 일족이 몰살당했는데, 이것이 모두 조상이 책을 잘못 쓴 결과이다.'라고 모함했다.

또 청나라淸의 전대흔錢大昕은 '옛날에는 유儒, 불佛, 도道의 삼도三道가 있었으나 명나라明 이래로 또 한 가지 수가 많아졌으니 바로 소설小說이라는 것이다. 유儒, 불佛, 도道는 사람들에게 선善을 구하지만, 소설小說은 오로지 사람들을 악惡으로 인도한다.'라고 평가했다. 이 당시에 전통 문인들은 소설을 사회의 질서와 규범을 무너뜨리고 사람들에게 해를 끼칠 수 있는 악서惡書로까지 여겼다.

중국 소설은 송나라宋를 거치면서 점차 대중적 특징을 가지게 되었지만, 그 이전까지는 책을 읽고 쓰는 대부분 계층이 전통적 문학관을 가진 문인들이었다. 소설이 예술적 가치를 획득하기 전에는 관직에 있었던 지식인 계층이 소일거리로 이전의 글과는 다른 형태의 글을 쓰는 경우가 많았으나, 이후에는 과거시험에서 낙방한 뒤 생계유지를 위한 수단으로 소설을 창작하는 일이 많았다. 이들의 마음속에는 '언젠가는 과거 급제를 통해 신분과 권력을 획득하여 조정으로 진출하고자 하는 꿈'이 있었다. 이에 그들의 의식 속에는 유교적 교양을 갖추고 백성을 교화시키며 나라를 잘 다스리고자 하

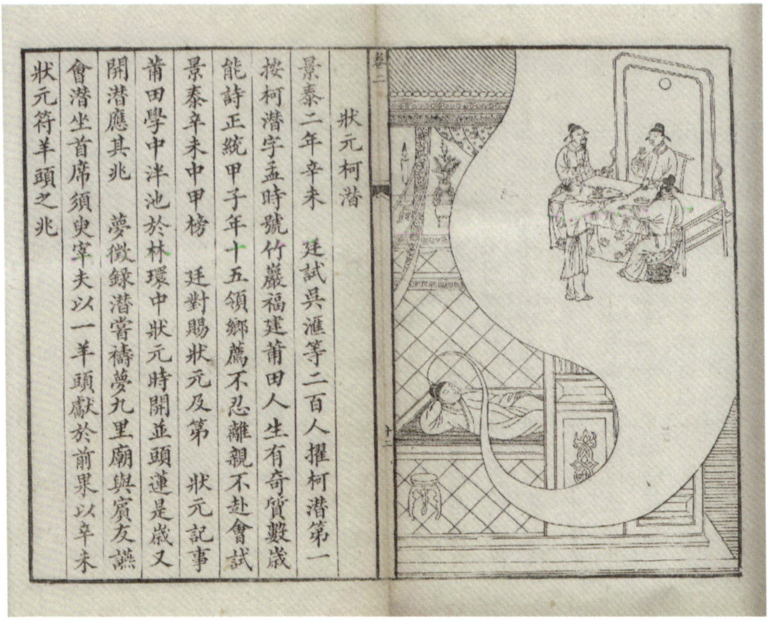

狀元柯潛
景泰二年辛未 廷試吳滙等二百人擢柯潛第一
按柯潛字孟時號竹巖福建莆田人生有奇質數歲
能詩正統甲子年十五領鄉薦不忍離親不赴會試
景泰辛未中甲榜 廷對賜狀元及第 狀元記事
莆田學中泮池於林環中狀元時開並頭蓮是歲又
開潛應其兆 夢徵錄潛嘗禱夢九里廟與賓友讌
會潛坐首席須臾宰夫以一羊頭獻於前果以辛未
狀元符羊頭之兆

명나라明 고조훈顧祖訓, ?~? 등 만력萬曆 간본 『장원도고狀元圖考』 일부 ⓒ 書格shuge

는 '사대부 정신' 혹은 '엘리트 정신'을 가지고 있어서 소설은 대부분 교화와 도덕을 강조하는 권선징악勸善懲惡과 도덕과 규범을 선양하는 내용으로 끝맺는 경우가 많았다.

이러한 특징은 소설 작가 중에서 상당히 진보적인 의식을 지니고 있다고 여겨지는 풍몽룡馮夢龍조차도 예외가 아니었다. 풍몽룡馮夢龍, 1574~1646은 명나라明 말엽, 백화문白話文 단편 소설인 『삼언三言』의 편찬자이다. 그는 이전의 문인들과 달리 소설의 내용과 가치에 대해 매우 긍정적 평가를 내렸으며, 남녀 간의 애정을 다룬 작품은 인간 본연의 정서인 정情에 가장 잘 부합하는 것이라고 주장했다. 하지만 그는 「성세항언醒世恒言」의 서문序文에서 『삼언三言』의 제목을 설명했는데, 『유세명언喩世明言』의 '명明', 『경세통언驚世通言』 '통通', 그리고 『성세항언醒世恒言』의 '항恒'을 풀이하면서 소설을 통해 백성을 교화시키면서 감화하고자 했던 제 생각을 드러냈다. 비록 그는 다른 전통 문인들과는 달리 선구적인 소설관을 가지고 있었지만, 전통적인 문학적 인식과 관점에서 완전히 벗어날 수는 없었던 것이다.

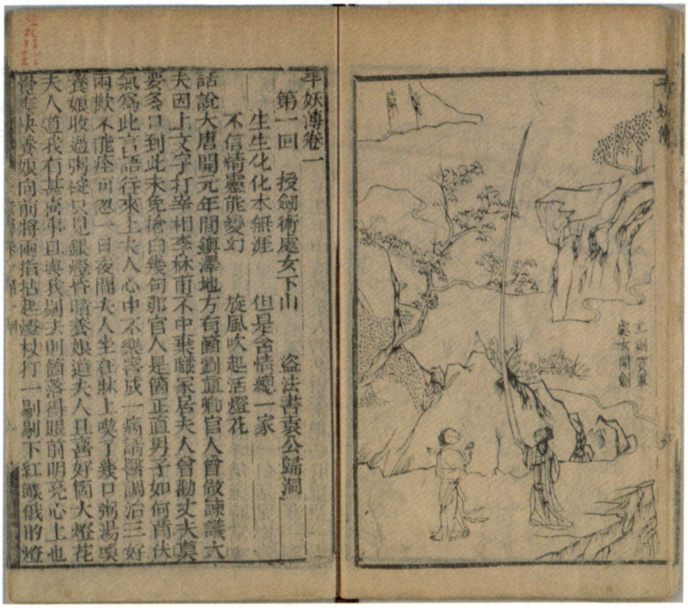

풍몽룡馮夢龍의 『삼수평요전三遂平妖傳』 일부 ⓒ wikipedia

| 2 | 중국 소설의 특징과 인식의 한계

전통적으로 중국 소설은 유희적인 소일거리에 불과하다는 인식이 크게 자리 잡고 있었다. 이러한 문학적 가치관 아래 중국 소설은 나름대로 소재와 형식에 있어서 시대적 추세에 따른 수용과 변화를 도모하며 그 영역을 점차 넓혀 갔다. 소설의 점진적 변화 과정에서 전통적 문학 관념과는 다른 다양한 특징들이 나타나게 되었는데, 그 특징을 구체적으로 살펴보면 다음과 같다.

첫째, 소설 본연의 속성은 도덕적 규범이나 가치를 틀에 박힌 방식으로 구현하지 않으며, 오락적이고 유희적인 성격을 띠고 있다. 특히 민간에서 비롯한 백화소설白話小說의 경우에는 이러한 특징이 매우 강해서 자극적이거나 흥미 위주의 소재와 내용이 가득했다. 특히 남녀 간의 애정과 연애에 관한 이야기에는 식실적인 표현과 극적인 묘사가 많았다. 역사적인 소재를 취한 경우에도 실제 사실의 기록보다는 재미를 유발할 수 있는 부분을 의도적으로 부각하거나 과장하여 묘사하는 경우가 허다했고, 주제 역시 역사서에서 보여 주는 것과는 사뭇 달랐다. 소설은 언제나 재미있는 이야기를 포함하고 있어야 했고, 현실 세계나 이상 세계에서 그럴듯하게 포장되어 관심과 흥미를 이끌 수 있는 소재를 담고 있어야 했다. 귀신이나 요괴, 신선이나 이물異物 이야기가 주요 부분을 차지하고, 그렇지 않으면 경험하기 어려운 기괴한 사건이나 전쟁과 호걸豪傑들의 이야기, 혹은 세태와 인정의 부패와 타락, 아름다운 사랑과 연애 이야기들이 주요 줄거리로 등장한 것도 모두 독자의 흥미를 강하게 끌어낼 수 있는 소재이기 때문이다. 『삼국지연의三國志演義』, 『수호전水滸傳』, 『서유기西遊記』, 『금병매金瓶梅』, 『요재지이聊齋志异』 등이 모두 그러하다.

둘째, 소설의 내용은 대개 일부러 지어내었거나 비현실적인 것이 대부분이고, 주로 가치 없다고 판단되는 허무맹랑한 이야기가 주를 이룬다. 이러한 내용은 '기사紀事'와 '입언立言'이라는 중국 문학의 전통적 이념에 어긋난다. '기사紀事'란 과장 없이 있는 사실을 그대로 기록하는 것을 뜻하며, 반고班固의 『한서漢書』나 사마천司馬遷의 『사기史記』 등이 이에 해당한다. '입언立言'이란 설득력 있게 논리와 근거를 내세워 자신의 학설을 세우는 것을 말하며, 『논어論語』, 『맹자孟子』, 『순자荀子』, 『한비자韓非子』 등이 이에 해당한다. '기사紀事'의 글은 '역사서歷史書'와 비슷하며, '입언立言'의 글은 '철학서哲學書'와

청나라淸 『서유기西遊記』의 주요 장면을 묘사한 접시
ⓒ 암스테르담국립미술관Rijksmuseum

유사하다. 당시에는 실제로 일어난 일을 기록하는 글이나, 자신의 학설을 논리적으로 주장하는 글을 제외한 나머지 글들은 폄하와 비판의 대상이 되었다. 그리고 중국 소설은 재미 위주의 내용이 대부분이었기 때문에 자연스럽게 우연이나 기괴함 또는 초인적인 요소가 많아질 수밖에 없었다. 결과적으로 중국 전통의 지식계층은 문장에는 반드시 성현의 도리나 숭고한 정신이 담겨야 한다고 믿었기 때문에, 소설은 당연히 그런 저작과는 아주 거리가 먼, 의미가 없는 글로 치부해 버렸다.

셋째, 소설의 문체는 전통적인 '기사紀事'와 '입언立言'의 문장과 매우 달랐다. 특히 백화소설白話小說의 경우에는 그 내용이 어떻든 문체 자체가 이미 우아함과는 거리가 있는 속된 글체였다. 소설은 내용에 따라 다양한 인물이 등장하는데, 인물의 성격이나 신분, 지위와 성별에 따라 사용하는 언어와 표현은 각각 달랐다. 작가는 작품 속에서 이러한 인물들을 어떻게 설정하고 효과적으로 구현하는가를 작품 성공의 관건으로 여겼기 때문에, 이 점에 대해서 상당한 노력을 기울였다. 그렇기에 작품 속에서 각 인물의 개성에 걸맞게 사용하는 언어와 표현을 효과적으로 조절하며 묘사해 내었다. 또한, 작가는 소설의 주요 독자들이 일반 대중이라는 점을 고려하여 그들이 쉽게 이해할 수 있는 어투와 표현 방식을 채택하였다. 특히 송宋과 원나라元를 거치면서 일반 대중의 문화예술 생활이 확대되고 독서물로서 소설이 보편적으로 인식되면서 이들의 이해를 돕기 위하여 대량의 구어체를 운용하여 소설을 창작했다.

넷째, 소설의 주제는 사회 윤리적인 시각에서 효孝와 충忠, 절개와 지조, 의리와 신념과 같은 도덕적 관념을 제시할 때도 있지만, 성性과 욕慾, 살인과 강탈, 부패와 반역 등과 같이 전통적 윤리 관념과 어긋나는 내용도 상당하다. 예를 들면, 『금병매金甁梅』에는 음란한 언어와 과도한 성적 묘사가 대담하게 그려지고 있는데, 유가儒家의 측면에서 보면 이러한 표현이 유교적 도덕관념에 크게 어긋난다고 보았다. 비록 전통적 도덕관념에서는 인간의 가장 본연적인 속성인 '성性'을 강압적으로 억제했었으나, 『금병매金甁梅』를 통해 그동안 억압해 왔던 본성을 밖으로 드러내면서 '성性'이나 '정情'도 인간 감정의 한 부분으로, 강제로 속박할 수 없다는 인식을 보여주었다. 또한, 『수호전水滸

傳』은 나라를 전복시키고 대중을 선동하는 반역적 행위나 가혹하게 세금을 거두고 백성의 재물을 억지로 빼앗는 관리를 처벌하는 내용이 중심을 이룬다. 이때 등장한 108명의 호걸豪傑은 백성을 수탈하고 온갖 부정부패를 저지르는 벼슬아치들을 골탕 먹이는 영웅으로 묘사되었다. 지배계층의 측면에서 볼 때, 유가儒家의 도덕관념을 거스르는 반역의 내용이 일반 대중에게 권장할 만한 부분은 아니었다. 이처럼 소설은 일관되게 '선유선보善有善報'와 '악유악보惡有惡報'를 강조하는 교훈적인 주제와 '왕후장상王侯將相'과 '재자가인才子佳人'을 묘사한 전형적인 내용에서 벗어나, 일반 대중의 심리적 요구와 희망을 반영해 줄 주제와 내용을 직접 그려냈다는 점에서 중요한 의의를 지닌다.

이러한 네 가지의 특징은 다른 문학 형식과 다르게 소설의 개성을 드러나게 하는 부분이지만, 다른 한편으로는 이러한 점 때문에 소설이 전통적 문학 관념의 테두리 안에서 그 가치를 인정받지 못했다. 그러나 무엇보다도 소설과 같은 서사 중심의 문학 양식이 가지는 가장 큰 한계점은 '순간적인 재미'에 치중한다는 데에 있다. 독자는 서사 중심의 문학 양식에서 늘 그러하듯 한 번 크게 감명을 받고 나면 그 감흥이 계속해서 이어지거나 또다시 강한 느낌을 받지는 못한다는 것이다. 소설의 작가는 독자의 이러한 특징을 잘 알고 있기에 단편 소설은 비교적 짧은 길이에 큰 재미를 담도록 계획을 세우고, 장편 소설은 매회 새로운 줄거리를 배치하려고 구상한다. 영화의 도입부와 같이 소설 또한 도입부에서 독자들의 시선을 끌어야지만 끊임없이 그들을 작품 속으로 이끌 수 있다. 그렇기에 소설은 문학의 예술적인 가치와 의미에 치중하기보다는 독자의 감흥과 기호에 반응하는 유희적 취향과 오락적 특성을 고려할 수밖에 없었다.

소설의 또 다른 문제점은 일부 작품이기는 하지만, 줄거리의 마지막 부분이 주인공이나 선한 사람이 복을 받는 '행복 결말happy ending'의 구조이거나, 선을 권고하고 악을 응징하는 '권선징악勸善懲惡'의 구조로 이루어져 있다는 점이다. 이러한 점은 전통적인 도덕관념의 영향으로 자연스럽게 형성된 것으로 볼 수 있는데, 이러한 일률적이고 정형화된 서사 구조는 소설의 발전과 지속 가능성을 저하하는 요인이 되었다. 중국소설의 이러한 결함으로 인해 전통적 문학관을 지닌 지식계층은 끊임없이 소설의 문학적 가치와 의의를 깎아내렸고, 새로운 줄거리를 지닌 서사 문학의 출현과 예술적 특색에 대해서도 여전히 회의적 시각으로 바라보았다.

| 3 | 중국 소설에 대한 새로운 인식

명나라明 풍몽룡馮夢龍의 『삼언三言』은 『유세명언喩世明言』, 『경세통언驚世通言』, 『성세항언醒世恒言』으로 구성되어 있다. '유세명언喩世明言'이란 세상의 교훈을 주는 명언을 뜻하고, '경세통언驚世通言'은 세상의 일을 경계하면서 통하는 이야기, '성세항언醒世恒言'은 세상을 일깨우는 영원한 말이라는 뜻이다. 책의 제목에서도 알 수 있듯이 작품의 내용과 주제는 교훈성을 가지고 있고, 사람들에게 나쁜 행실을 경계하도록 하는 교화의 의도가 숨겨져 있다.

『삼언三言』의 하나인 『성세항언醒世恒言』의 서문序文에는 서명의 의미를 더욱 자세히 밝히고 있다. '명明이라는 것은 그것이 어리석음을 인도할 수 있다는 데서 취한 것이고, 통通이라는 것은 그것이 세속에 통용될 수 있다는 데서 취한 것이다. 항恒이라는 것은 그것을 익혀도 싫증이 나지 않고, 그것을 전하면 오래갈 수 있다는 것이다. 세 가지 책

북경北京 이화원頤和園 장랑長廊에 그려져 있는 『성세항언醒世恒言』 중 「양현령경의혼고녀兩縣令競義婚孤女」 일부

의 이름이 다르지만, 그 뜻은 한가지이다.'라고 말하고 있다. 이 글에서도 볼 수 있듯이 그는 소설의 교훈성과 효용성을 주장했는데, 이 효용성은 공용성에 바탕을 두고 있다. 공용성이라는 말은 유가儒家의 핵심적인 사상으로 다수의 이익을 위하여 결의하고 행동하는 원칙과 비슷하다고 볼 수 있다. '유세명언喩世明言', '경세통언驚世通言', '성세항언醒世恒言'의 명명命名만 보더라도 그가 얼마나 교훈성과 효용성을 의식했는지는 쉽게 알 수 있다. 풍몽룡馮夢龍은 비록 선진적이고 진취적인 문학관을 가지고 제 뜻에 따라 소설 작품을 편찬하고 창작해 왔지만, 그 심리적 기저에는 여전히 전통적 문학관에 영향을 받은 '사대부 정신' 혹은 '엘리트 정신'이 그대로 녹아있다.

소설과 희곡의 가치를 인정하는 과정에서 풍몽룡馮夢龍뿐만 아니라, 이지李贄, 1527~1602와 원굉도袁宏道, 1568~1610를 중심으로 한 공안파公安派[11] 문인들이 문학의 시대성을 크게 내세운 공로도 적지 않다. 공안파公安派들은 당시의 복고파復古派 문학에 정면으로 도전했는데, 문학은 동심童心에서 비롯된다는 견해를 가진 이지李贄의 사상적 영향을 크게 받았다. 그들은 과거의 문학 관점을 가지고 지금의 작품을 창작하지 말라고 강조했는데, 특히 남녀 간의 정情을 폄하했던 과거와는 달리, 그것을 새로운 시각으로 봐야 한다는 주장을 펼쳤다. 이러한 문학관은 전통적 문학관과 거세게 충돌하면서 큰 논쟁을 불러일으켰다. 비록 그들의 이러한 문학 관념은 사회적으로 큰 파장을 낳았고, 문학을 새롭게 인식하고 창작하게 하는 계기를 마련했다는 평가를 받았지만, 여전히 그들의 정신적 바탕에 자리 잡은 '사대부 의식'에서 완전히 벗어나지 못했다.

청나라淸에 들어와서 김성탄金聖歎, 1610~1661은 『수호전水滸傳』의 서문序文에서 '천하의 문장에는 『수호전水滸傳』보다 뛰어난 것이 없고, 천하에서 사물의 궁극적 이치를 따지는 군자 중에는 시내암施耐庵보다 뛰어난 이가 없다.'라고 하면서 『수호전水滸傳』을 극

11 중국 명나라明 때의 문학 집단. 만력기萬曆期, 1573~1619에 문학은 동심童心의 소산이라는 견해를 가진 이지李贄의 사상적 영향을 받아, 당시의 복고파復古派 문학에 도전했던 문학 집단의 명칭이다. 이 명칭은 대표 문인이었던 원종도袁宗道, 원굉도袁宏道, 원중도袁中道 3형제의 출신지가 호북성湖北省 공안현公安縣이었던 데서 생겨났다. 이들은 실제 창작에서도 평이하고 명석하며 청순한 필치로 개성적인 자아표현에 힘쓰고, 반면에 옛사람의 낡은 생각을 그대로 답습하는 일을 철저히 거부했다. 『두피디아 두산백과_인터넷』의 '공안파公安派' 표제어 참고.

찬했다. 이지李贄, 원굉도袁宏道, 풍몽룡馮夢龍, 김성탄金聖歎 등과 같이 시대를 앞서가는 이들의 문학 이론과 관념은 당시로서는 상당히 개방적이고 독창적이어서 기존의 다른 문인들과는 확연히 다른 점을 갖고 있었다. 그렇지만 전통문학에 대한 이들의 도전과 반항은 결과적으로는 정통문학이라는 거센 조류와 비교하면 여전히 수면에 이는 물결 정도에 지나지 않았다. 그 당시 문학 전반에 널리 퍼져 있던 소설에 관한 생각을 완전히 바꿀 수 없었고, 문학의 발전 과정에서 소설을 소외하거나 경시하던 태도는 여전했다.

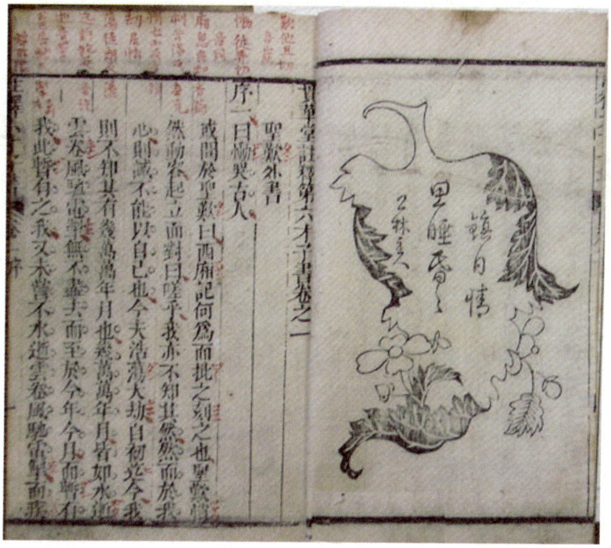

김성탄金聖歎의 『서상기西廂記』 일부 ⓒ wikipedia

청나라淸 말에 이르러 외국 문화와 문학을 배우고 돌아온 지식인들이 외국의 문학 작품을 접하게 되면서 그 영향을 받아 중국 문학에 대한 새로운 인식을 품게 되었다. 여기에 소설도 예외가 아니었다. 이러한 시각을 가장 잘 보여 주는 글이 양계초梁啓超, 1873~1929의 「소설과 대중사회의 관계를 논함論小說與群治之關係」이다. 양계초梁啓超는 1902년 11월 14일 소설잡지인 『신소설新小說』의 창간호에 '과연 소설과 정치의 다스림은 어떤 관계가 있는가?'에 대한 견해를 발표했다. 이 글에서, '일국一國이 백성을 새롭게 하려면 먼저 일국一國의 소설을 새롭게 하지 않으면 안 된다. 그리고 도덕을 새롭게 하려면 반드시 소설을 새롭게 하여야 하고, 종교를 새롭게 하려면 반드시 소설을 새롭게 해야 하고, 정치를 새롭게 하려면 반드시 소설을 새롭게 하여야 하고, 풍속을 새롭게 하려면 반드시 소설을 새롭게 해야 하고, 학예學藝를 새롭게 하려면 반드시 소설을 새롭게 하여야 한다. 그리고 민심을 새롭게 하려면 인격을 새롭게 하려는 것도 반드시 소설을 새롭게 하여야만 한다. 어째서 그러한가? 소설에는 불가사의한 힘이 있어서 인도人道를 지배하기 때문이다.'라고 주장했다.[12] 그는 소설로써 당시의 사람들을 일깨워 줄 필요가 있다고 생각했던 것이다. 청나라清 말에 이르러 서구의 열강세력들이 중국을 침입했을 때, 청나라清 조정은 그들을 막을 수 있는 여력이 없었다. 그뿐만 아니라 당시의 민중들도 전통적인 관념이나 사상에 얽매여 외세에 함께 이겨나갈 만한 의식을 갖추지 못했다. 양계초梁啓超는 이들을 일깨우기 위해서는 반드시 소설이 필요하다고 여겼고, 소설을 바꾸면 생각이 바뀌고 생각이 바뀌면 행동하게 되고, 그러한 행동을 통해서 나라를 새롭게 바꿀 수 있다고 굳게 믿었다. 양계초梁啓超의 이러한 개방적인 소설이론은 사상적 변혁을 갈구하는 지식인들의 절대적 지지를 받았고, 소설의 사회적 효용을 강조하며 소설의 문학적 지위를 크게 향상시켰다. 하지만 이러한 주장은 얼마 지나지 않아 청나라清가 무너지면서 크게 활동을 펼치지 못하게 되자 그 열기가 서서히 식어버리고 말았다.

중국 소설은 이처럼 절대적인 공용성에 힘입어 한때는 '대아지당大雅之堂, 지위가 높고 우아한 자리'에 오를 뻔했다. 그러나 중국의 전통 시기가 종결되고 근현대 시기로 접어들면서 문학의 흐름에도 커다란 변혁이 일어났다. 고전문학은 이러한 변화에 적응하지 못하고 그 생명력을 서서히 다하게 되었다. 양계초梁啓超가 소설을 새롭게 하고자 했던 의식과 노력은 전통문학과 소설 분야에서 이미 이전과는 다른 새로운 시도가 일어났음을 증명하는 것이다. 그뿐만 아니라 이후 근·현대문학에 일정 부분 영향을 미치면서 중국 문학사에서 하나의 큰 흐름을 형성하는 데 중요하게 작용하였다.

중국 소설에서 커다란 두 갈래라고 할 수 있는 '백화소설白話小說'과 '문언소설文言小說'은 각기 스스로 역사적 발전 과정이 있었지만, 소설로서 문학의 본질적 측면에서는 일치한다. 송나라宋부터는 '백화소설白話小說'이 점차 주를 이루게 되고, '문언소

12 양계초梁啓超의 「소설과 대중사회의 관계를 논함論小說與群治之關係」은 크게 세 부분으로 구성되어 있다. 첫째, 소설의 사회적 작용을 이야기하고 있고, 둘째, 소설의 예술적 특징을 밝히고 있다. 셋째, 소설의 작용과 효과를 드러내고 있다. 더 자세한 내용은 이등연李騰淵, 정해리丁海里 역주, 「소설과 대중사회의 관계를 논함論小說與群治之關係」, 『중국소설연구회보中國小說研究會報』 제57호, 한국중국소설학회, 2004년 3월을 참고하기 바란다.

설文言小說'은 점차 쇠퇴하면서 이후 그 명맥만 유지하게 되었다. 근대에 이르러 소설에 대한 가치를 인정하는 분위기가 서서히 조성되었고, 일부 학자들은 소설의 의의에 대해 적극적으로 주장하였지만, 시기적으로나 사회적으로 이미 소설이 성장할 수 있는 때는 끝나 버리고 말았다.

양계초梁啓超 © wikimedia

중국 고전 역사의 흐름을 살펴보면 청나라淸가 마지막 왕조이다. 청나라淸는 이전의 역사 시기를 거치면서 중국의 문화, 문학, 예술 등을 총집약하여 완성하였다. 새로운 예술 형식을 창조하기보다는 누적된 자료를 바탕으로 그것을 집중적으로 탐구하였다. 그래서 청나라淸에 이르면 명나라明보다도 더욱 광범위하고 세밀한 '고증考證'의 풍토가 형성되는데, 이전 시대에 출간되었던 모든 학술 문헌에 대한 전방위적인 고증考證을 진행하였다. 이러한 사회문화적 분위기는 새로운 것의 도입을 갈망하는 소설 분야에서는 최대의 장애물로 여겨졌다. 그래서 청나라淸에 '복고復古'와 '고증考證'의 학문 풍토가 폭넓게 전개되고 이러한 학술적인 분위기가 만연될수록 소설의 창의적 수용과 발전 가능성은 점차 소멸하였다. 만약 청나라淸 '복고復古'와 '고증考證'의 학술 흐름이 조금 더 더뎌지며 그 구속이 느슨해지고, 소설을 새롭게 발전시키고자 하는 학술 분위기가 좀 더 두드러지며 그 추세가 계속되었다면, 현재 중국 소설의 역량과 그 위치가 다르지 않았을까 하는 아쉬움이 남는다.

2장

중국적 상상과 열정 : 중국 신화의 기원과 특징

하늘에 묻습니다.
아주 먼 태고의 처음을 누가 전해주었을까?
하늘과 땅이 이루어지기 전에 어떻게 하늘과 땅을 생각해 냈을까?
밝고 어둠이 나누어지지 않았던 그때 누가 그 근본을 끝까지 살펴보았을까?
오직 공허함만이 있을 뿐인데, 어떻게 이 넓고 넓은 우주를 알겠는가?

— 굴원屈原, BC 340~BC 278 · 「천문天問」 —

2장 | 중국적 상상과 열정: 중국 신화의 기원과 특징

| 1 | 중국 신화의 기원: 현실과 환상

신화神話란 무엇일까? 이 물음에 대해 수많은 학자는 자신들의 연구 분야와 학문 영역의 고유성과 특징에 따라 다양하게 정의해 왔다. 비록 개별적 관점에 따라 약간의 차이는 존재하지만, '인간과 자연', '나와 세계', '개인과 사회', '현실과 상상'의 관계에 집중하여 이해하려는 점은 모두 일치한다. 그래서 신화는 단순히 신성한 이야기에 그치지 않고, 이 이야기가 엮어져 나온 시대, 즉 인간과 자연이 분리되지 않고, '나'와 세계가 같은 고리를 이루던 시대의 여러 모습까지 모두 망라한다고 할 수 있다. 그뿐만 아니라, 신화는 원시사회에서 인류가 환상적인 형식을 통해 자신의 심리와 기호에 따라 자연과 사회관계 등에 대해 표현하는 이야기이다. 그래서 자연을 자기의 나름대로

『산해경山海經』에 나오는 구봉九鳳 ⓒ wikipedia

해석하고, 분석해서 드러낸 결과물이라고 말할 수 있다.

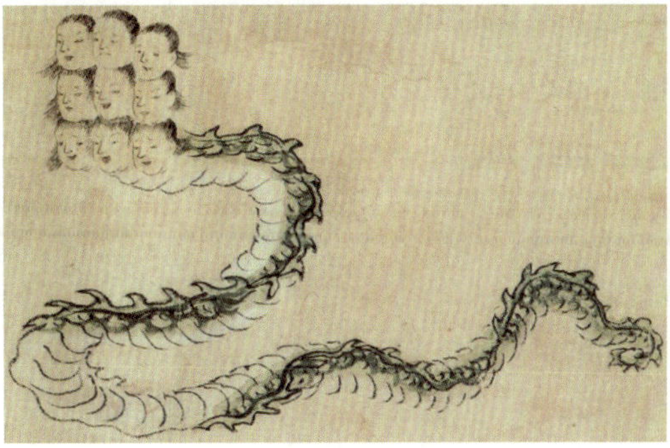

『산해경山海經』에 나오는 상류相柳 © wikipedia

그렇다면 신화는 과연 언제부터 생겨난 것일까? 대체로 신화의 기원은 애니미즘Animism: 생물은 물론 무생물 같은 모든 사물에 생명과 영혼이 존재한다고 믿는 신앙에서 시작됐다고 보는데, 이는 결과적으로 바위나 나무 등 모든 사물에 신이 존재한다는 믿음에서 비롯했다는 것이다. 비록 현재로서는 신화의 기원을 분명하게 파악하기 힘들지만, 신화가 생겨난 과정은 어느 정도 추측할 수 있다.

상고上古시대 때에는 선민先民들의 생산 수준이 상당히 낮았으며, 또한, 자연에 대한 이해도 매우 얕았다. 따라서 그들은 '해는 왜 뜨고 지는가?', '밤과 낮은 왜 바뀌는가?', '달은 왜 둥글었다가 다시 이지러지는가?', '날씨는 왜 더워졌다가 추워지는가?' 등에 대한 문제를 인지적으로 이해하는 것이 불가했다. 그들의 머릿속에는 해가 뜨고 지고, 밤과 낮이 바뀌며, 달이 둥글다가 기울어지고, 계절이 끊임없이 바뀌는지에 대한 의문점이 항상 존재했지만, 우주 자연의 이치와 순환에 대해서 과학적 인식이 동원되지 못했다. 그러다 보니 신神이라는 불가사의한 존재가 있어서, 그 신神에 의해 자연의 순환이나 우주의 법칙이 이루어진다고 굳게 믿게 되었다. 더불어 모든 자연 사물에는 신神이 깃들어 있고, 또한 모든 자연현상을 주재主宰한다는 믿음을 가지게 되었다. 이후 선민先民들의 이러한 지적인 욕구나 무한한 호기심을 충족시켜 주는 내상으로 '신화'가 등장하게 되었다.

선민先民들은 이해되지 않는 자연현상에 대해 수많은 호기심이 생겨났고, 다양한 현상에 대해 풍부한 상상력을 통해 스스로 이해하고자 했는데, 이러한 생각들이 신화 속에 그대로 투영되었다. 당시 선민先民들은 그 누구라도 태어나면서부터 논리적인 사고를 진행하기보다는 어떤 형상이나 그림을 통해서 사유를 진행했기 때문에 생동하는 형상을 통해 의미를 부여하곤 했다. 따라서 '사람은 왜 살아가는가?', '사랑과 외로움이란 무엇인가?' 등과 같은 추상적인 관념이나 생각보다는 구체적인 형상 즉, '바위는 왜 저곳에 있는가?', '천둥과 번개는 왜 생기는가?' 등과 같은 것에 대한 사고를 진행하게 되었다. 그러다가 천상天上의 신神이라는 존재나 선인仙人, 혹은 신령스러운 종족이나 영혼靈魂, 신비로운 이물異物이나 요괴妖怪 등과 같이 인간을 초월하는 존재에 대해 생각할 수밖에 없었다. 그 결과 일체의 자연현상을 신神이나 선인仙人, 영혼靈魂이나 영물靈物의 주관으로 해석하게 되었다.

| 2 | 중국 신화의 발생 순서: 자연에 대한 인식과 이해

중국 신화가 당시 현실 생활을 바탕으로 해서 만들어진 인류 사고방식의 총체적 집합이라는 관점에서 신화의 발생 순서를 유추해 볼 수 있다. 먼저, 선민先民들은 열악한 환경 속에서 수시로 다가오는 자연의 위협에 대한 공포와 경외심을 느꼈을 것이다. 이에 자연계의 사물과 현상에 대한 이해를 추구하면서 신성함을 동시에 부여하고, 의인화한 신화의 구상을 생각해 내었다. 더불어 천지창조와 생명에 대한 기원, 그리고 우주의 탄생과 모습, 자연의 법칙과 순환에 대한 각종 이야기를 몸소 체득하면서 만들어 냈다.

이후 선민先民들은 자연에 대한 저항력이 생기면서 공포에서 벗어나 적극적으로 자연을 극복하려는 의지를 영웅 신화를 통해 표현하였다. 여기에는 각 민족의 시조신始祖神과 천제天帝에 관한 이야기 및 실패한 비극 영웅 이야기도 포함된다. 그리고 선민先民들은 문화적 사회 현상에 주의를 돌리면서 문화 발생의 영웅과 사회적 모순에 관한 이야기를 만들었고, 부족 간의 갈등과 투쟁을 전쟁 신화로 묘사해 냈다. 또한, 인간인 자신을 성찰하면서 영원불멸의 생명관生命觀과 죽음 이후의 세계에도 눈을 돌려 천상天上과 지하地下 세계에 관한 이야기도 만들었다. 그뿐만 아니라 머나먼 이역異域에 대한 상상의 세계를 묘사한 이인異人과 괴물怪物 이야기도 창조해 냈다.

이처럼 당시 선민先民들이 자연에 대한 여러 이해와 인식이 어떠한지 분명히 알기는 어렵지만, 현재 남아있는 고고학적 인 유물이나 그림, 문헌과 기록, 문화와 풍속 등을 통해 다양한 신화에 대한 복잡한 의미와 풍부한 상징을 생각해 볼 수 있다.

3세기~8세기 투루판 아스타나阿斯塔那 출토
「복희여와도伏羲女媧圖」 ⓒ 국립중앙박물관

복희伏羲와 여와女媧를 그린 이 그림은 '복희여와도伏羲女媧圖'라고 하며, 7~8세기 당나라唐 시대의 작품이다. 20세기 초 신장新疆 위구르자치구維吾爾自治區 투루판吐鲁番에 위치한 아스타나阿斯塔那 무덤에서 발견되었다. 이 그림은 중국의 천지창조 신화에 등장하는 복희伏羲와 여와女媧를 소재로 삼고 있으며, 중국과 중앙아시아의 요소가 혼합된 투루판 미술의 특징을 잘 보여준다. 이 그림을 자세히 보면 상체는 사람의 형상을 하고 있고, 하체는 뱀의 모습을 하고 있다. 상반신은 한쪽 팔을 뻗어 서로를 껴안으며 두 눈을 서로 응시하고 있는 자세를 하고 있고, 하반신은 뱀 꼬리로 서로를 감고 있는데 이는 남녀의 결합을 뜻한다.

왼쪽이 여신女神인 여와女媧, 오른쪽이 남신男神인 복희伏羲이다. 두 신은 각각 '컴퍼스規'와 '구부러진 자曲尺'를 들고 있다. 이는 토지개량이나 척도측량 등을 의미하는데, 한편으로는 둥근 하늘과 네모난 땅으로 이루어진 중국의 전통적인 우주관과 관련된 상징물로 보기도 한다. 여와女媧의 어깨에 걸쳐있는 것이 무엇인지 의견이 분분하지만 대체로 길쌈할 때 사용하는 '골무'라고 보는 경우가 많다. 배경에는 해와 달, 별

자리가 그려져 있어 하나의 소우주小宇宙를 재현하고 있다.[1] 하반신에 연속해서 세 번을 휘감고 있는 것이 무엇을 의미하는지는 정확하게 알 수 없으나, 대체로 남녀 간의 지속적인 교합을 상징하며 계속해서 생명을 탄생誕生시키고 육성育成하는 것을 강조한다고 할 수 있겠다. 결국, 복희伏羲와 여와女媧가 인류의 시조신始祖神이란 점으로 미루어 볼 때, 이러한 자세는 그들이 인류의 창조創造, 혼인婚姻, 생육生育, 생명生命의 신이라는 것을 나타내는 것으로 볼 수 있다.

중국 고대신화에서는 복희伏羲와 여와女媧가 오누이 관계였다고 한다. 이 둘은 어느 날 외로운 나머지 합방을 하게 되고 그로 인해 인간이 태어났다는 이야기가 전해진다. 어떻게 보면 복희伏羲와 여와女媧가 인간을 만든 창조주이고, 인간이 살아가는데 길쌈이나 농경 등의 체계를 만들어 준 신神이라는 이야기가 그럴듯해 보인다. 이 그림에서 사람의 모습을 한 상반신과는 달리 하반신은 뱀의 형상으로 꼬여 있다. 이것을 통해 그 당시에 이미 신神이라는 존재는 사람과 같은 완전한 형태를 갖추고 있다기보다는 뱀이나 다른 동물이 인간과 합쳐진 기이한 형상으로 이해됐으리라는 것을 어렵지 않게 추측할 수 있다.

| 3 | 중국 신화의 다양한 특징: 형식과 내용

중국 신화는 여러 가지 특징을 가지고 있는데, 크게 형식적인 부분과 내용적 부분으로 구분하여 설명할 수 있다.

먼저 형식적 부분에서 살펴보면, 첫째, 중국 신화는 다양성을 가지고 있다. 중국 신

1 그림의 가장자리에는 작은 구멍이 여러 개 있는데, 그림을 천장에 걸 때 못을 박았던 흔적이라고 여겨진다. 그림을 그린 천은 실을 여러 번 꼰 후 짠 마麻로, 근래에 보는 마麻보다 두툼한 느낌을 준다. 두 폭을 가로로 이어 직사각형의 화면을 마련했으며, 오른쪽 위와 왼쪽 아랫부분에도 이은 부분이 있다. 바탕천은 원래 파란색이었으나, 현재는 가장자리를 제외한 대부분이 초록색으로 바래있다. 복희伏羲와 여와女媧의 모습은 강한 묵선墨線으로 윤곽선을 그린 후 붉은색과 흰색 안료를 두껍게 발라 완성했다. 투루판 지역은 일찍이 한족漢族 문화가 소개된 곳이었기 때문에 이곳에서 출토된 부장품에서는 중국적인 소재나 특징이 자주 발견된다. 그러나 얼굴과 손에 보이는 음영陰影의 표현, 해와 달의 형상화 등에는 중앙아시아적인 특징이 잘 드러나 있다. 국립중앙박물관 「복희여와도伏羲女媧圖」의 설명 참고.

화에는 천지를 창조한 창세신화創世神話가 있고, 인류를 창조한 인류 창조신화創造神話, 자연신강의 신, 바람의 신 등에 관한 자연신화自然神話가 있고, 인류를 고통에서 구원한 영웅신화英雄神話가 있다. 또한, 신들이 서로 싸우거나 신과 인류가 서로 대적하는 전쟁신화戰爭神話가 있다. 이외에도 문화 탄생을 주관한 영웅의 신화, 재생再生과 불사不死에 관한 신화, 낙원樂園과 명계冥界에 관한 신화, 이인異人과 신괴神怪에 관한 신화 등 매우 폭넓은 주제와 다양한 내용을 담고 있다.

둘째, 중국 신화는 체계성이 부족하다. 중국 신화는 그리스·로마 신화처럼 신들의 탄생과 성장, 서로 간의 관계에 있어서 통일된 질서를 갖고 있지 않다. 중국 신화는 마치 퍼즐의 조각처럼 각기 따로 나누어져 있다. 예를 들면, 천지창조天地創造 신화가 시간적 순서상 가장 이른 시대에 등장하는 것이 논리적으로 합당하겠지만, 오히려 선진先秦과 양한兩漢 시대에 이르러서야 비로소 등장한다. 또한, 천지창조天地創造 신화가 기록되기 전부터 신들끼리 서로 싸우는 신화나 인류와 자연이 대결하고, 인류가 사물에 상상을 투영하는 신화가 등장하고 있다. 이처럼 중국 신화가 어떤 체계를 갖추고 짜임새 있게 구성되었다기보다는 각각 독립적으로 흩어져 있고 부분적으로 존재하고 있어 시간적 순서와 전체를 파악하는 데는 상당한 어려움이 따른다.

이어서 내용적 부분에서 살펴보면, 첫째, 중국 신화는 중심되는 신神이 없다는 특징을 가지고 있다. 그리스나 로마, 이집트, 바빌론, 그리고 북유럽 민족의 신화와는 달리 중국 신화는 완전한 신화 계통을 가지고 있지 않다. 그리스 신화에 나오는 천상의 최고 통치자 제우스와 같은 초월적 존재에 해당하는 천제天帝가 일원적 통일 체계 속에 존재하지 않는다. 여와女媧, 복희伏羲, 황제黃帝, 제준帝俊, 염제炎帝, 전욱顓頊, 서왕모西王母 등 제각기 다른 계통이 자신이 통치하는 지역과 경계의 우두머리로서 자리한다. 그것은 다민족들이 각자 다양한 문화를 꽃피우고 서로 영향을 주고받으며 복합적 문화 체계를 형성하고 있었기 때문이었을 것으로 여겨진다.

둘째, 중국 신화는 신의 원시적 면모를 충분히 반영하고 있다. 그리스, 로마, 이집트 등의 민족 신화에는 지혜의 신, 희열의 신, 질투의 신, 승리의 신, 운명의 신, 사랑의 신, 복수의 신 등 수많은 추상적 개념의 신들이 등장하지만, 중국 신화 속의 신들은 대부분 자연을 신격화하거나 의인화된 인물, 혹은 부족의 시조신始祖神이나 고대문화의 영웅들로 구성되어 있다.

셋째, 중국 신화는 이인異人 형상인 반인반수半人半獸의 특징이 분명하게 나타난다. 그리스나 인도 등의 민족신民族神은 외형으로는 대부분 사람의 모습을 하고 있다. 그러나 중국 신화 속의 신神은 순수한 사람의 모습을 한 경우가 비교적 적다. 대다수가 동물 모습을 하거나 이인異人의 형상을 하고 있기도 하며, 반은 인간이고 반은 짐승인 형태를 보이기도 하다. 예를 들면, 복희伏羲와 여와女媧는 '인면사신人面蛇身'이고, 염제炎帝는 '우수인신牛首人身'이며, 제준帝俊은 '조두인신鳥頭人神'이다. 이 밖에 자연신自然神의 형상은 대부분 반인반수半人半獸이거나 혹은 몇 가지 동물의 혼합체로 묘사되고 있으며, 심지어 영웅신英雄神으로 여겨지는 '곤鯀: 黃龍', '우禹: 蛟龍', '정위精衛: 鳥', '과보夸父: 猿面虎體' 등도 모두 동물 모습을 하고 있다고 알려져 있다. 이것은 토테미즘Totemism과 관련이 깊은데, 서로 다른 부족이나 씨족의 빈번한 접촉으로 인하여 각 부족 고유의 숭배 토템이 부단하게 서로 흡수되거나 변화하면서 마침내 복잡한 외형적 특징을 갖게 된 것으로 보인다.

17세기 이전 『역대제왕반신상歷代帝王半身像』 중 「염제신농씨炎帝神農氏」 ⓒ 국립고궁박물원國立故宮博物院

신화의 특징만 살펴보더라도 동서양의 차이가 분명히 존재함을 발견할 수 있다. 그리스 신화가 시간의 선후 차례와 권력의 위계질서 계통이 잘 갖추어져 있다면, 중국 신화는 시간적 발생 순서를 정의하기 힘들고, 신들 간의 지위와 등급, 서열과 순서를 정리하기가 어렵다. 중국 신화가 여러 문헌에 흩어져 있어서 그리스 신화와 비교하면 상대적으로 산만함을 주지만, 오히려 고정된 시간이나 계층의 틀 안

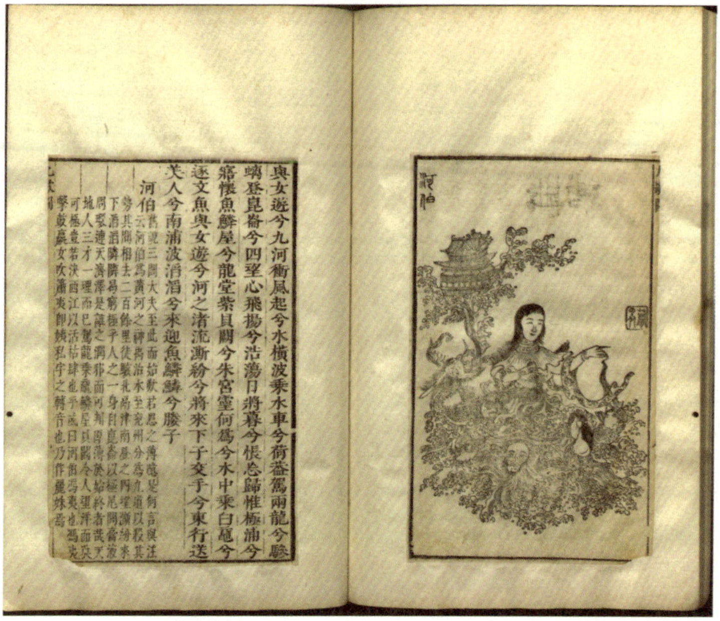

굴원屈原, BC 342~BC 278의 「구가九歌」에 등장하는 강의 신 하백河伯

ⓒ wikipedia

에 갇혀 있지 않기 때문에 그 형태가 다양하고 자유롭다는 장점을 갖고 있다. 중국 신화는 서양 신화 체계에서 보이는 종적인 특징과는 달리 횡적인 특징이 두드러지기 때문에, 중국의 신화에 대해서 하나의 조직과 유형으로 정의하기는 어렵다. 하지만 신화의 다양한 특징을 폭넓게 살펴볼 수 있고 이러한 특징들을 바탕으로 신화에 대한 개방적인 특색과 구성을 자세히 이해할 수 있다.

중국 신화는 자연의 힘에 대한 경외와 숭배를 통해 자연신을 만들어 냈고, 자연과 인류와의 끊임없는 투쟁 속에서 인간을 구원해 주는 영웅신을 만들어 내기도 했다. 그래서 몇몇 학자들은 중국의 신화들이 자연을 정복하기 위한 이야기로 서로 이어져 있다고 주장하기도 한다. 그러나 그 당시의 선민先民들은 자연을 단지 정복이나 대립의 대상으로만 보지 않았고, 또한, 자연에 굴복하거나 순종할 태도로 일관했던 것도 아니었다. 단지 자연과의 조화와 화합을 이루며 적절한 관계를 맺고 살아가기를 희망했는데, 이러한 그들의 생각과 의지는 신화 속에 잘 그려져 있다.

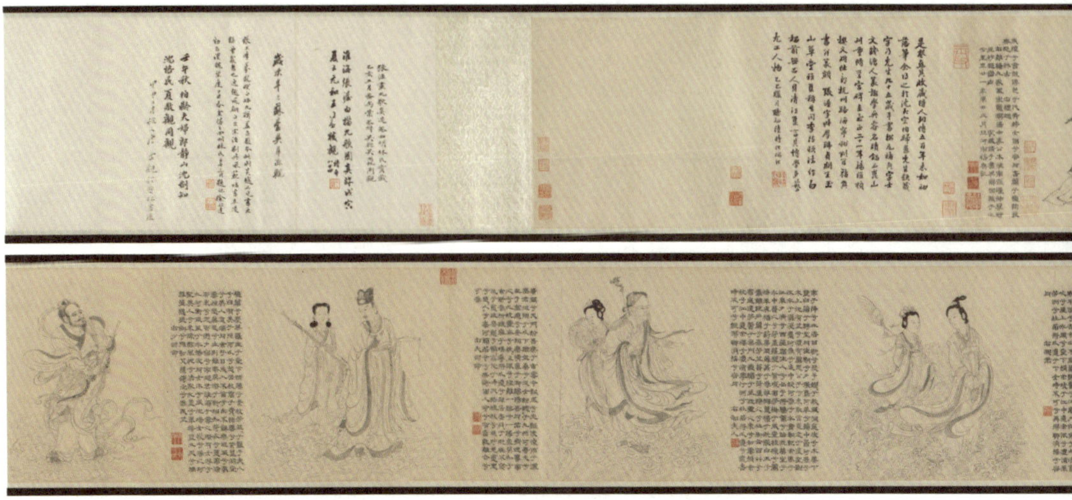

| 4 | 중국 신화와 관련된 기록과 문헌

중국의 유명한 신화는 주로 『산해경山海經』, 『장자莊子』, 『회남자淮南子』, 『열자列子』, 『초사楚辭』 등을 포함한 다양한 문헌에 부분적으로 실려 있다. 중국 신화가 이처럼 여러 문헌에 폭넓게 수록된 현상을 보면, 중국 신화에는 비슷하거나 본래 이야기에서 떨어져 나간 다양한 작품이 존재하고 있고, 이러한 작품들은 여기저기 흩어져 있어 한데 모으기 힘들다는 것을 쉽게 짐작할 수 있다. 중국 신화는 그리스 신화처럼 하나의 체계나 구성으로 묶기가 어렵고, 여러 문헌에 실린 내용을 토대로 그 형태와 구조를 특징지을 수밖에 없다.

중국의 고대 서적 중에서 신화적인 내용이 가장 많이 실려 있는 책은 바로 『산해경山海經』이다. 『산해경山海經』은 진나라晉 곽박郭璞, 276~324이 기존의 자료를 모아 편찬하였다고 알려져 있다. 그러나 곽박郭璞이 혼자서 창작한 결과물이라고 보이지는 않고, 이전에 전해 내려오는 이야기들을 두루 수집해 놓은 것으로 여겨진다. 책 속에 담긴 지리적 내용과 주제가 매우 광범위하여 어느 개인의 힘으로 창작하기에는 무리가 있다

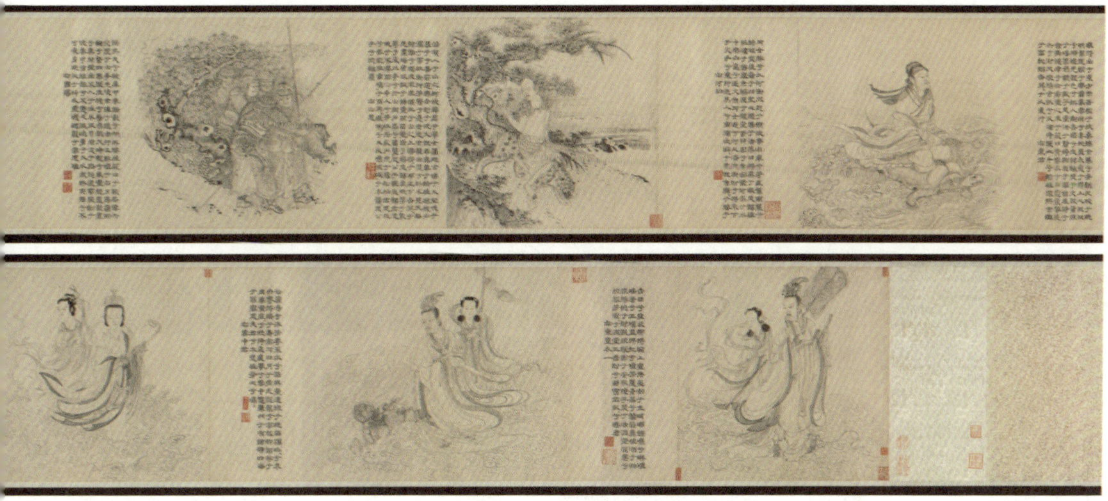

원나라元 장악張渥, ?~1356? 「구가도九歌圖」 ⓒ 클리블랜드미술관The Cleveland Museum of Art

고 보기 때문이다. 그러므로 『산해경山海經』은 어느 시대에 어떤 이가 혼자서 쓴 것이 아니라 여러 사람의 손을 거쳐, 대략 전국시대戰國時代에 만들어져 진나라秦, 한나라漢 때에 증보增補된 것으로 보인다.

『산해경山海經』은 「산경山經」과 「해경海經」으로 나뉘는데, 「남산경南山經」에서 시작하여 「해내경海內經」으로 끝나는 총 18권卷으로 이루어져 있다.[2] 『산해경山海經』에는 중국을 포함한 주변 지역의 산과 바다에 나오는 모든 풍물과 지리, 종교와 생활이 기록되어 있다. 내용 중에는 상상의 지역이나 산물이 있어서 인문지리서라고 분류하기도 하지만, 신령스러운 이야기나 기이하고 싱싱적인 기록을 담고 있어서 신화집神話集의 하나로 분류하기도 한다. 사마천司馬遷, BC 145~BC 87?은 『사기史記』에서 '감히 말할 수 없

2 『산해경山海經』은 「산경山經」 5권卷, 「해경海經」 13권卷으로 모두 18권卷이며, 목차는 다음과 같다.
「산경山經」: 1권卷 「남산경南山經」, 2권卷 「서산경西山經」, 3권卷 「북산경北山經」, 4권卷 「동산경東山經」, 5권卷 「중산경中山經」
「해경海經」: 1권卷 「해외남경海外南經」, 2권卷 「해외서경海外西經」, 3권卷 「해외북경海外北經」, 4권卷 「해외동경海外東經」, 5권卷 「해내남경海內南經」, 6권卷 「해내서경海內西經」, 7권卷 「해내북경海內北經」, 8권卷 「해내동경海內東經」, 9권卷 「대황동경大荒東經」, 10권卷 「대황남경大荒南經」, 11권卷 「대황서경大荒西經」, 12권卷 「대황북경大荒北經」, 13권卷 「해내경海內經」

청나라淸 말엽 목각 판화 「신각산해경전도新刻山海經全圖」 ⓒ 런던대학교동양아프리카연구소SOAS University of London

는 기이한 책'이라고 소개하면서 그 내용을 믿기 어렵다고 하였다. 또한, 『산해경山海經』에는 중국의 역사에 포함되기도 하는 삼황오제三皇五帝인 복희씨伏羲氏, 신농씨神農氏, 여와씨女媧氏 그리고 황제黃帝, 전욱顓頊, 제곡帝嚳, 요堯, 순舜이나 조선朝鮮, 청구靑丘, 천독天毒 등의 실제로 있었던 지명이 등장하기도 한다.

『산해경山海經』은 중국을 중심으로 주변에 있는 지역에 대한 물산이나 풍속을 기록하고 있다. 그뿐만 아니라 그곳에 얽힌 고대신화나 인문지리, 기이한 풍습과 생활을 백과사전식으로 설명하고 있다. 예를 들면, '흑치국黑齒國 북쪽에 탕곡湯谷이 있다. 탕곡湯谷에는 부상扶桑의 나무가 있다. 열 개의 해가 목욕하는 곳인데, 물속에 큰 나무가 있어 아홉 개의 해는 하지下枝에 깃들고 한 개의 해는 상지上枝에 깃든다.'「해외동경海外東經」, '서쪽으로 삼백오십 리를 가면 옥산玉山이란 곳이 있는데, 이는 서왕모西王母가 거처하는 곳이다. 서왕모西王母는 그 모습이 사람 같지만, 호랑이 이빨에 표범 꼬리를 하고 휘파람을 잘 분다.'「서차삼경西次三經」, '황제黃帝가 치우蚩尤와 싸웠을 때, 바람과 비를 진압하기 위해서 왕녀王女인 발魃을 하계下界에 내려보냈는데, 전쟁이 끝난 후에 발魃이 돌아가지 않았기 때문에 비가 오지 않았다. 그래서 전조田祖인 숙균叔均의 권유로, 발魃을 적수赤水의 북쪽으로 쫓아냈다.'「대황북경大荒北經」 등. 이러한 신화는 해와 서왕모西王母에 관련된 이야기를 기록한 것이고, 한발旱魃의 유래에 관해서도 설명한 것이다.

이 밖에 이상한 나라와 기이한 사람들에 관해서도 풍부하게 기술하고 있다. 예를 들면, '장비국長臂國' 사람들은 팔이 길어 땅에 끌릴 정도인데, 긴 팔을 이용해서 물고기를 잘 잡았다. '흑치국黑齒國' 사람들은 치아가 모두 검었

『산해경山海經』 속에 등장하는 서왕모西王母 ⓒ wikipedia

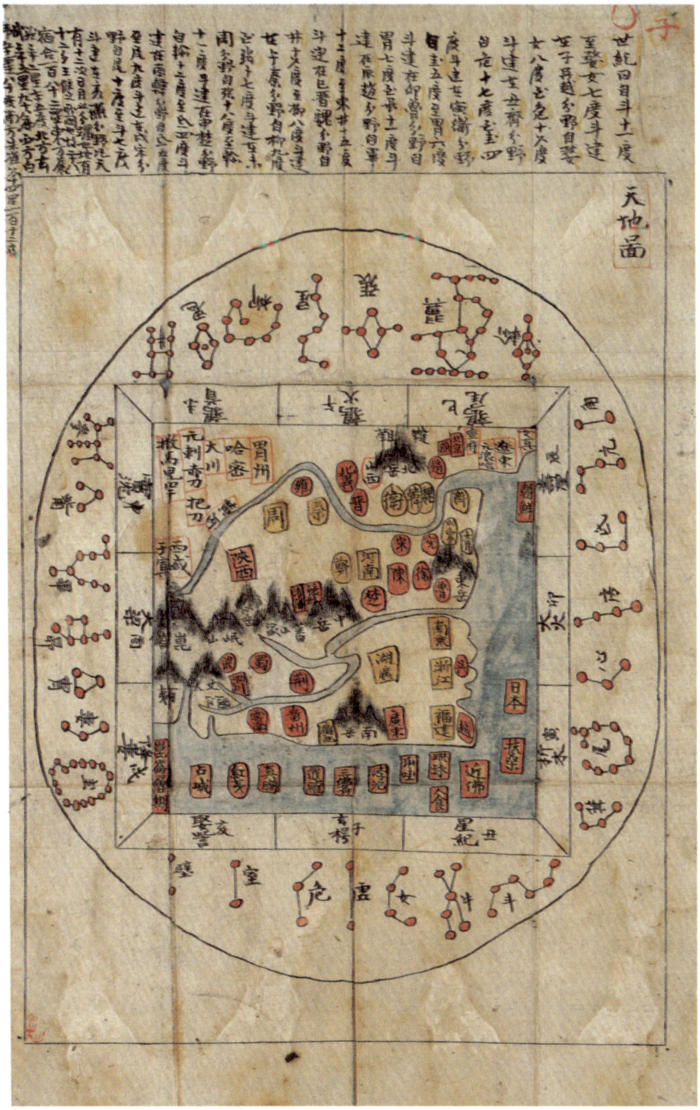

조선朝鮮 시대 18세기 「천지도天地圖」 ⓒ 서울역사박물관

고 쌀을 주식으로 하며 뱀을 먹었다. '관흉국貫胸國' 사람들은 먼 나라 변방邊方에 살았는데, 가슴에 구멍이 뚫려 있다. 뚫린 가슴을 긴 막대기로 꿰어 앞뒤 사람이 어깨에 메고 길을 간다. '현고국玄股國' 사람들은 넓적다리 부분이 검은색이고, 물고기 껍질로 만든 옷을 몸에 두르고 갈매기를 잡아먹는다. '정령국釘靈國' 사람들은 사람의 몸에 말의

다리를 하고 있는데, 다리는 긴 털로 뒤덮여 있었다. 무릎 아래에 긴 털이 나 있고 두 발은 말의 발굽 같아서 날듯이 빨리 달린다. '유리국柔利國' 사람들은 뼈가 없고, 손과 발이 하나씩밖에 없었다. '일목국一目國' 사람들은 눈이 하나뿐인데 그것이 얼굴 한복판에 달려 있었다.

『산해경山海經』은 이처럼 먼 산과 이역異域의 바다에 있는 수많은 나라에 대한 민속과 문화, 그곳에 사는 기묘하고 이상한 사람들의 다양한 형상과 특징을 언급하고 있다. 비록 『산해경山海經』이 오늘날의 지리 백과서와 같은 사전류와 비교하면 수록된 자료가 많지 않은 것처럼 보인다. 겉으로는 해당 지역의 풍속과 특징에 대해서 지리와 문화적으로 상세히 설명하고 있지는 않지만, 당시 선민先民들이 수집한 정보가 많지 않았을 뿐더러 사물에 대한 인식 또한 매우 낮았음에 비춰볼 때, 『산해경山海經』은 이미 상당한 자료를 갖추었다고 할 수 있다.

『산해경山海經』에는 대체로 '저 멀리 몇 백 리를 가게 되면 어떤 섬이 있다. 그 섬에는 어떤 형상의 동물이나 어떤 모습의 사람들이 살고 있고, 그들은 어떤 복장을 하고 있으며, 어떤 것을 먹고, 어떤 행동을 한다.'라는 정도의 간단한 형식으로 기술되어 있다. 이러한 기록들이 중국 고대의 신화나 인문지리를 자세하게 그려냈다고 보기에는 무리가 있지만, 이러한 자료를 통하여 그 속에 담긴 여러 지역의 자연과 환경, 생활과 습관을 폭넓게 이해하는 데는 큰 도움이 된다. 『산해경山海經』에 묘사된 '원국이인遠國異人'에 대한 이야기를 통해서 중국 신화의 다양한 면을 살펴볼 수 있다. 이 책은 상상 속

청나라淸 1763년 「천하전여총도天下全輿總圖」: 1418년 「천하제번식공도天下諸番識貢圖」를 모사模寫 © wikimedia

에 존재하는 여러 지역의 지리 환경에 대해 폭넓게 묘사된 부분들이 있기에 여전히 중국 신화와 인문지리의 내용이 가장 풍부하게 남아있는 자료라고 할 수 있다.

| 5 | 중국 신화의 대표적인 작품

중국 신화는 그 당시 선민先民들이 상상력을 동원하여 만들어 낸 결과물이다. 여기에는 인류를 구원한 영웅 형상이 나타나기도 하고, 자연과 조화를 이루는 역경의 과정을 묘사하기도 했으며, 때로는 이물異物이나 신神들에 관한 내용으로 이야기를 풀어나가기도 했다. 초기의 중국 신화가 수록된 문헌에는 잘 갖추어진 서사구조를 가지고 있지는 않고, 단지 '~에 가면 ~이가 있고, 그곳은 어떠하다.'라는 정도의 간단한 형식으로만 기술되어 있다. 비록 하나의 완전한 서사 구조를 지니고 있지 않지만, 선민先民들의 자연에 대한 인식과 이해가 신화를 통해 드러나 있어서 그들의 사고와 논리를 살펴보는 데 중요한 단서를 제공하고 있다. 중국 신화의 내용을 구체적으로 살펴보면, 여와女媧[3]가 하늘을 메우는 이야기나 후예后羿가 해를 쏘아 떨어뜨리는 이야기, 곤鯀과 우禹가 물을 다스리는 이야기, 정위精衛가 바다를 메우는 이야기, 과보夸父가 해를 쫓아가는 이야기, 그리고 항아嫦娥가 달로 날아가는 이야기 등이 있다.

1) 「여와女媧가 하늘을 메우다女媧補天」

아주 오래전에 이 세상에는 큰 재난이 일어났다. 하늘과 땅이 무너졌고, 홍수가 범람하였으며, 사나운 불길이 온 세상에 타올랐다. 이와 같은 거대한 자연의 재해에 사람들은 큰 피해를 겪었다. 이러한 혼란한 틈에 포악한 맹수들은 저마다 숲에서 뛰쳐나와 선량한 사람들의 목숨을 앗아갔다. 이때 여와女媧가 나타나 오색의 돌을 달구어 구멍 난

3 여와女媧는 여와女娃로 표기하기도 한다.

하늘을 메우고, 거대한 자라의 다리를 잘라 하늘을 떠받드는 네 기둥으로 삼아서 무너진 하늘을 다시 지탱하게 했다. 또한, 온갖 못된 짓을 일삼은 흑룡黑龍을 죽여 기주冀州의 백성들을 구제하고, 갈대를 태워 만든 재를 쌓아 홍수를 막았다. 여와女媧가 이러한 거대한 재난을 수습하자 하늘과 땅은 다시 예전의 모습대로 왕성한 생기를 되찾았으며, 사람들은 다시 생존하게 되었다.

「여와女媧가 하늘을 메우다女媧補天」 중의 여와女媧 ⓒ wikipedia

신화는 단순히 상상의 이야기를 기록한 것뿐만 아니라, 그 속에는 매우 복잡하고 다양한 상징과 의미를 담고 있다. 「여와女媧가 하늘을 메우다女媧補天」의 신화를 살펴볼 때, 가장 먼저 드는 의문은 '왜 멀쩡하던 하늘이 갑자기 무너졌을까?'이다. 이 질문에 대한 대답은 이러하다. 아주 먼 옛날 공공共工이 전욱顓頊과 천제天帝의 지위를 놓고 다투다가 화가 나서 불주산不周山을 들이받았는데, 이때 하늘을 떠받치고 있던 기둥이 부러지고 땅을 잡아매고 있던 그물이 끊어졌다. 하늘이 서북西北쪽으로 기울어져 해와 달, 그리고 별이 그쪽으로 옮겨갔으며, 땅은 동남東南쪽이 꺼져버려서 모든 강물과 진흙이 동남東南쪽으로 향하게 되었다. 이때 여와女媧가 나타나서 하늘의 구멍을 오색의 돌로 메웠다. 그래도 약간 기울어지자 '자라'의 네 다리를 이용해 기둥을 세웠고, 하늘은 다시 안정되었다.

그렇다면 이 신화에서 '왜 하필 자라의 네 다리를 이용했을까?'라는 회의懷疑를 품게 된다. 자라는 자신의 몸집에 비해 짧고 굵은 다리를 이용해 무거운 몸을 굳건히 지탱한다. 이러한 모습은 보는 사람에게 상당한 안정감과 평형감을 느끼게 해준다. 그 당시 선민先民들은 자라의 이러한 형상과 행동을 보고, 만약 자라의 다리를 이용해 하늘을 떠받친다면 어떤 재난이 일어나도 절대로 무너지지 않을 것으로 생각했을 것이다. 또한, 거북이가 아닌 자라를 선택한 이유는 강과 하천의 주변에 정착한 선민들의 생활 형태 및 그에 따른 풍속 습관과 깊이 관련된 듯하다.

「여와女媧가 하늘을 메우다女媧補天」의 신화는 이후 문학 작품에도 큰 영향을 끼치는데, 가장 대표적인 작품이 중국 최고의 소설로 평가받는 『홍루몽紅樓夢』이다. 『홍루몽紅樓夢』은 조설근曹雪芹, 1715?~1763?과 고악高鶚, 1738?~1815?이 지었다고 알려져 있으며, 줄거리는 오늘날의 난징南京인 금릉金陵을 기원으로 한 부유한 가씨賈氏 가문에서 벌어진 여러 이야기를 다루고 있다. 이야기는 영국부榮國府 가정賈政의 차남 가보옥賈寶玉과 영민하지만, 몸이 약한 가보옥賈寶玉의 고종사촌 임대옥林黛玉, 그리고 건강하고 가정적인 이종사촌 설보채薛寶釵, 이 세 명을 중심으로 가씨賈氏 가문의 흥망성쇠興亡盛衰의 과정을 세밀한 필치로 묘사하고 있다. 제1회를 살펴보면,

> 옛날 여와女媧가 돌을 달구어 하늘을 때울 때 36,501개의 돌을 달구어 사용했는데 쓰이지 못한 돌 한 개를 청경봉靑埂峰 아래에 내던졌다. 불에 단련된 돌이라 신통하게 생각을 할 수 있었는데, 자기가 쓰임을 받지 못한 것을 밤낮으로 한탄하고 있었다. 어느 날 스님 한 명과 도사 한 명이 다가와서 돌 옆에서 세상의 이런저런 이야기를 나눈다. 이 이야기를 듣고 이 돌도 온갖 부귀영화를 누리고 싶다는 생각이 들어 세상에 보내 달라고 부탁한다. 스님의 술법으로 옥으로 변신하였고, 몇 글자를 새겨 넣은 후 스님의 수중에 들어가 세상으로 나간다. 다시 시간이 흘러 청경봉靑埂峰 아래에 공공도인空空道人이 지나다 거대한 바위에 새겨진 사연을 보게 되는데 그 내용이 바로 『홍루몽紅樓夢』 소설 내용이다. 공공도인空空道人은 바위에 새겨진 내용을 처음부터 끝까지 베껴 처음에는 『석두기石頭記』라고 불렀으나, 나중에 자신의 이름을 정승情僧으로 바꾸고 그 책의 제목을 『정승록情僧錄』으로 바꾸었다. 『홍루몽紅樓夢』

가씨賈氏 가문의 잘생긴 소년 가보옥賈寶玉은 입에 옥을 하나 물고 태어난다. 이 옥

은 바로 여와女媧가 하늘을 메울 때 만들어진 돌 중에서 쓰임이 없어서 벌려진 돌이다. 이 돌은 시간이 지나자 영성靈性을 갖게 되었고, 한 스님과 도사의 도움으로 인간 세상에 내려와 온갖 부귀영화를 누리게 된다. 『홍루몽紅樓夢』에서 가보옥賈寶玉은 자신이 물고 태어난 그 옥을 생명 줄처럼 여겨 항상 몸에 지니고 다니는데, 그 옥이 없어지자 큰 병에 걸려 목숨이 위태롭게 된다. 그는 이후에 출가해서 스님이 된다. 이처럼 신화 속 「여와女媧가 하늘을 메우다女媧補天」의 이야기는 서한西漢 시기 『회남자淮南子』에 처음 기록된 후, 약 2000년 뒤의 『홍루몽紅樓夢』으로 이어지면서 작품 전개에 있어서 주요한 요소로 작용하고 있다. 신화 속 많은 이야기는 이후 소설 작품 창작의 풍부한 자양분이 되고 있으며, 소재로 적극적으로 활용되고 있다.

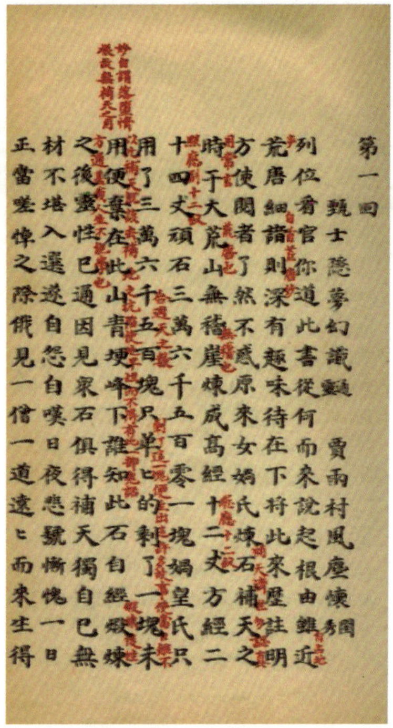
第一回 甄士隱夢幻識通靈 賈雨村風塵懷閨秀
列位看官你道此書從何而來說起根由雖近荒唐細諳則深有趣味待在下將此來歷註明方使閱者了然不惑原來女媧氏煉石補天之時于大荒山無稽崖煉成高經十二丈方經二十四丈頑石三萬六千五百零一塊媧皇氏只用了三萬六千五百塊只單單剩了一塊未用便棄在此山青埂峰下誰知此石自經煅煉之後靈性已通因見衆石俱得補天獨自己無材不堪入選遂自怨自嘆日夜悲號慚愧一日正當嗟悼之際俄見一僧一道遠遠而來生得

청나라清 1754년 『홍루몽紅樓夢』 초기 필사본 『갑술본甲戌本』의 일부 ⓒ wikipedia

「여와女媧가 하늘을 메우다女媧補天」의 신화는 서한西漢 시기 회남왕淮南王 유안劉安, BC 179~BC 122과 그의 문객들이 편찬한 『회남자淮南子』에 보인다. 『회남자淮南子』에는 이외에도 다수의 신화가 보존되어 있다. 또한, 동한東漢 시대의 학자인 응소應劭, 153?~204가 편찬한 『풍속통의風俗通義』에는 당시의 풍속, 장례, 음악, 지리, 종교, 민속, 명물名物, 전례典禮, 악기樂器 등 다양한 분야의 내용이 기술되어 있다. 이 책에는 여와女媧의 '인류 창조' 및 '혼인 제도'[4]와 관련된 신화가 실려 있다.

4 한나라漢 시대에 들어서면서 여와女媧는 단독으로 등장하기보다 복희伏羲라는 남신男神의 배우자로 나타난다. 서한西漢 당시는 유교儒敎가 중요하게 여겨졌던 시기로, 음양陰陽이 조화를 이루어야 세상이 만들어졌다는 생각이 자리 잡게 되었다. 이로 인해 여신女神인 여와女媧와 남신男神인 복희伏羲의 혼인이라는 설정이 추가된 것으로 보인다. 『두피디아 두산백과_인터넷』의 '여와女媧' 표제어 참고.

> **하늘과 땅이 열리고 아직 사람이 생겨나지 않았다. 여와女媧가 황토를 빚어 사람을 만들었다. 있는 힘을 다해 만들어도 다 만들 겨를이 없었다. 이에 밧줄을 가져다가 진흙에 담가 들어 올리니 사람이 되었다. 부귀한 자는 황토로 빚은 사람이고, 빈천한 자는 밧줄로 만든 사람이다. 『풍속통의風俗通義』**

『풍속통의風俗通義』에 나오는 여와女媧가 황토로 인간을 만들었다는 내용을 좀 더 자세히 살펴보면, 여와女媧가 천지를 둘러보니, 대지에는 산과 냇물이 있었고 초목이 우거졌으며 새와 짐승들, 벌레와 물고기들까지 생겨났지만, 아직 인류만은 없었다. 여와女媧는 너무나 고독하다고 생각하며 천지간에 무엇인가 더 만들어야겠다고 생각했다. 여와女媧는 진흙으로 자신을 닮은 작은 모양을 만들고 그것에 입김을 불어 넣기 시작했다. 그것을 땅에 내려놓자 살아 움직였는데, 그것이 곧 인간이었다. 여와女媧는 자신이 만든 창조물을 바라보며 매우 기뻐하며 계속 만들기 시작했다. 연이어 진흙을 반죽하여 수많은 사람을 만들어냈다. 그러나 오랫동안 만들었음에도 넓은 대지를 사람들로 채우기에는 부족했으며, 힘도 많이 들었다. 여와女媧는 생각 끝에 밧줄 하나를 구해다 진흙탕에 담갔고 들어 올려서 그것을 휘둘렀다. 진흙물이 방울방울 떨어졌고, 떨어진 방울들이 모두 사람으로 변하였다. 얼마 지나지 않아 대지는 사람으로 가득해졌다. 이때 여와女媧가 진흙을 빚어서 만든 사람은 귀한 신분이 되었고, 진흙물이 뿌려져서 만들어진 사람은 빈천한 계층이 되었다. 하지만 한 가지 문제가 생겨났다. 여와女媧가 인간을 만들었으나 인간은 시간이 지날수록 그 수가 점점 줄어들었다. 이를 근심하던 여와女媧는 남녀를 짝지어 스스로 자손을 낳고 기르게 했고, 이러한 방식으로 인류는 대를 이어가며 번성하게 되었다.[5]

5 일부 인류 창조신화에 따르면 복희伏羲와 여와女媧의 결합으로 인간이 생겨났다고 한다. 여와女媧가 인간을 만들었으나 인간은 시간이 지날수록 그 수가 점점 줄어들었다. 이를 근심하던 여와女媧는 남녀를 짝지어 스스로 자손을 낳게 했고, 인류는 대를 이어가며 번성하게 되었다. 이러한 점으로 인해 여와女媧는 혼인과 잉태, 출산을 관장하는 신이 되었으며, 생황, 갈대 피리 등 각종 고대 악기도 만들어 냈고, 남편인 복희伏羲와 더불어 세상의 질서를 회복하고, 인간이 살아가는 방식을 만들어 냈다고 전해진다.

2)「후예가 해를 쏘아 떨어뜨리다后羿射日」

후예后羿가 해를 쏘아 떨어뜨리는 신화는 『회남자淮南子』와 『산해경山海經』에 기록되어 있다. 중국의 요순堯舜시대 때 하늘에 열 개의 태양이 동시에 나타났다고 한다.

하늘에 열 개의 태양이 나타났다고 되어 있지만 실제로 열 개의 태양이 동시에 나타나지는 않았을 것이다. 그만큼 대지가 열기로 가득했다는 것을 의미하는 대목이다. 열 개의 태양이 나타난다는 것은 그 당시에 더위로 인한 큰 가뭄이 있었음을 상징하는 것이고, 이 가뭄을 해결하기 위하여 화살로 태양을 쏘아서 떨어뜨리고자 하는 상상이 동원되었다.

사실, 열 개의 태양은 천제天帝인 제준帝俊과 태양의 여신 희화羲和의 아들들이었다. 서쪽 끝에 깨끗한 연못이 있었는데 이곳에 부상扶桑이라는 큰 뽕나무가 한 그루 있었다. 천제天帝의 아내 희화羲和는 열 개의 태양을 한 개씩 연못 위에 있는 부상扶桑에 올려 보내는 일을 했다. 열 개의 태양이 번갈아 가면서 올려 보내졌기 때문에 태양이 자신의 차례를 기다리기 위해서는 십 일을 기다려야 했다. 한번 세상의 하늘로 올라간 태양은 천지를 둘러보니 너무 신기하고 재미있는 일이 많았는데, 자신의 차례를 기다리던 태양들은 너무 지겨웠다. 그래서 어느 날 열 명이 함께 지상으로 올라가기로 합의하고, 함께 올라가자 대지는 작열하는 열기로 끓어올랐다. 이런 혼란한 틈을 타 온갖 괴물들이 나타나 사람들을 해쳤다.

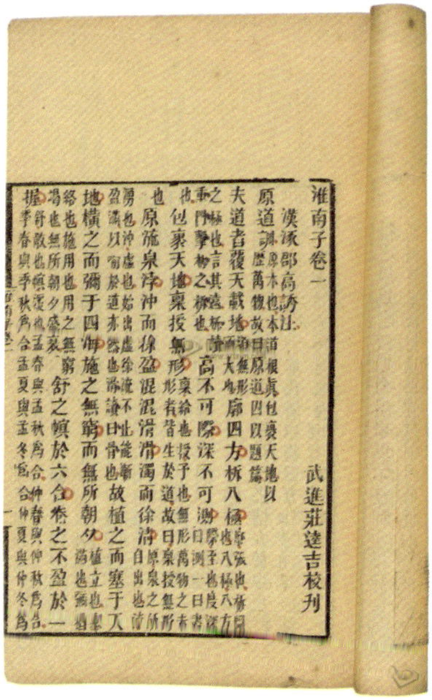

유안劉安의 『회남자淮南子』 ⓒ wikipedia

백성들이 천제天帝에게 지상에 있는 열 개의 태양을 없애 달라고 기도하자, 천제天帝는 예羿라는 하늘의 신을 내려보냈다. 예羿는 화살을 매우 잘 쏘는 신이었다. 천제天帝는 예羿에게 아름다운 붉은 활과 하얀 화살 열 개가 담긴 화살통赤弓白矢을 주어 지상으로 내려보냈다. 예羿가 지상으로 내려가자 백성들은 너무나 좋아했다. 예羿는 열 개의 태양을 설득해서 부상扶桑으로 돌아가라고 했지만, 이들이 말을 듣지 않자, 요堯 임금은 예羿에게 해를 쏘라고 명령했다. 그래서 예羿는 태양을 활로 하나씩 쏘아서 떨어뜨리기 시작했다. 예羿의 활 통에는 열 개의 화살이 있었다. 본래 화살 열 개를 다 쏘려고 했지만 그러면 해가 없어져 암흑의 세상이 될 것이므로 요堯 임금이 신하를 시켜 화살 하나를 몰래 감추었다. 그래서 하늘에 해가 한 개만 남게 되었고, 지상의 열기는 식어서 사람들이 살아갈 수 있게 되었다. 이어서 예羿는 세상에 나왔던 알유猰貐, 착치鑿齒, 구영九嬰, 대풍大風, 봉희封豨, 수사修蛇 등과 같은 괴물들을 모두 없애 주었다.

예羿는 태양을 없애는 자신의 임무를 완성하고 하늘로 올라가고자 천제天帝에게 자신을 올려 보내 달라고 요청했으나 천제天帝는 대답이 없었다. 물론 인간을 사랑했기 때문에 도움을 주고자 천제天帝가 예羿를 내려보내 아들들을 없애 달라고또는 설득해서 돌려보내라고 했지만, 막상 죽은 아들들을 생각하니 심기가 불편했다. 그래서 예羿를 그냥 지상에서 머물도록 하고 하늘로 불러들이지 않았다. 이때 이후로 예羿는 인간 세상에 거주하게 되었고, 예羿라는 이름의 앞에 제후諸侯와 신령神靈을 뜻한 후后를 붙여 후예后羿가 되었다.

예羿에게는 항아嫦娥라는 부인이 있었다. 항아嫦娥는 하늘의 신으로 불로장생不老長生의 삶을 누리다가 남편을 따라서 지상으로 오게 되었는데, 갑자기 인간의 삶을 살게 되자 나이가 들어 죽는 것이 겁이 났다. 그래서 남편인 예羿에게 죽지 않는 불사약을 가져다 달라고 계속 투정했다. 불사약은 서왕모西王母가 가지고 있었는데,[6] 그곳으로 가는 길이 너무나 험난하고 위험해서 어떤 이도 서왕모西王母에게서 불사약을 얻어오지 못했다.

6 도교 전설에 따르면, 서왕모西王母는 곤륜산崑崙山 정상에 있는 궁전에 기거한다. 궁전 왼편에는 요지瑤池라 불리는 아름다운 연못이 있으며 오른쪽에는 취수翠水, 산 밑에는 약수弱水라는 강이 있다. 약수弱水는 용龍이 아닌 이가 건너려 했다가는 빠져 죽고 만다. 서왕모西王母는 먹으면 불로장생不老長生을 가져다준다는 복숭아가 열리는 반도원蟠桃園을 갖고 있었다. 신비한 복숭아인 반도蟠桃가 열릴 때가 되면 요지瑤池에 여러 신선神仙을 불러 모아 반도회蟠桃會를 열고, 복숭아를 나눠 준다고 한다.

서왕모西王母가 거주하고 있는 곤륜산崑崙山은 가는 길이 매우 험준했고, 관문마다 온갖 괴물들이 지키고 있었다. 여러 난관을 통과해야지만 서왕모西王母에게 갈 수 있었기 때문에, 불사약을 구하려는 사람은 그 누구도 성공하지 못했다. 그러나 예羿는 모든 것을 이겨 내고 서왕모西王母 앞으로 간다. 이때 서왕모西王母는 예羿가 쌓은 공로와 질투로 인해 버려진 그의 처지를 가엾게 여겨 마지막으로 남아있던 불사약을 내어주었다. 이렇게 서왕모西王母로부터 불사약을 얻어온 예羿는 항아嫦娥와 더불어 길일을 잡아 함께 먹기로 했다. 이후 항아嫦娥가 점을 보는데, 매우 길한 점괘를 얻고는 예羿가 가져온 불사약을 혼자 모두 먹어버리고 달로 달아나 버린다. 월궁月宮으로 도망간 항아嫦娥는 얼굴이 일그러지면서 갑자기 두꺼비로 변해버렸다. 한순간에 가장 아름다웠던 여인이 가장 추한 동물로 바뀌게 된 것이다. 항아嫦娥는 추하게 변해버린 모습이 너무 부끄러워 월궁月宮에 숨어서 나오지 않았다.

예羿는 자신이 가지고 있는 무예를 요堯 임금에게 이야기해서 훌륭한 장군이 되고자

남송南宋 유송년劉松年, ?~? 항아嫦娥의 월궁月宮을 그린 「산수계화山水界畫」

했다. 장군이 된 후예는 혹독하게 병사들에게 훈련을 시켰고, 병사들은 이에 대해 불만이 많았다. 전쟁에서 승리하고 돌아오는 길에 예羿는 가장 믿었던 부하의 활에 맞아 죽음을 맞는다. 예羿는 활을 쏘는 능력이 뛰어난 신이었고 천제天帝의 아들인 태양을 쏘아서 떨어뜨린 영웅이었지만, 결국, 아랫사람의 배신으로 비참한 죽음을 맞이하게 된다.

지금까지 살펴본 서왕모西王母와 후예后羿, 그리고 항아嫦娥의 신화는 하나의 이야기로 짜임새 있게 맞추어져 있는 것이 아니라, 시대마다 내용이 조금씩 다르고 각각 서로 다른 문헌에 흩어져 있다. 이처럼 중국의 신화는 하나의 체계를 이루어 기록되어 있지 않고, 여러 서적에 부분적으로 나뉘어 실려 있다.

3)「곤鯀과 우禹가 물을 다스리다鯀禹治水」

이 신화는 『산해경山海經』의 「해내경海內經」에 실려 있다. 그 내용을 살펴보면, 요堯 임금 때 한차례 큰 홍수가 발생하여 12년 동안이나 계속되었다. 홍수는 마을을 통째로 삼키고 백성들이 고생하면서 쌓아놓은 모든 성과를 한순간에 쓸어가 버렸다. 홍수가 얼마나 거센지 하늘까지 물이 찼다.

> 홍수가 나서 물이 크게 범람하여 하늘까지 가득 차올랐다. 곤鯀이 천제天帝의 명령을 기다리지 않고 식양息壤을 몰래 훔쳐 와 홍수를 막았다. 천제天帝가 축융祝融에게 명령하여 곤鯀을 우산羽山의 근교에서 죽이게 했다. 곤鯀이 죽고 나서 곤鯀의 배에서 우禹가 나왔다. 천제天帝가 나중에는 우禹에게 땅을 나누어 주어 구주九州[7]가 안정되게 하였다. 『산해경山海經』[8]

세상 사람들이 고통받는 것을 하늘에서 보고 매우 안타까워했던 신神인 '곤鯀'은 천제天帝에게 지금 인간이 홍수 때문에 고생하고 있어서 홍수를 멈춰 달라고 부탁한다.

7 고대 중국의 영토를 의미한다.

8 洪水滔天. 鯀竊帝之息壤以堙洪水, 不待帝命. 帝令祝融殺鯀於羽郊. 鯀復生禹. 帝乃命禹卒布土, 以定九州. 『산해경山海經』

하지만, 천제天帝는 그의 부탁을 들어주지 않았다. 이어서 곤鯀이 천제天帝에게 식양息壤을 빌려 달라고 했지만, 천제天帝는 "식양息壤이라는 흙이 하늘의 보물인데, 어찌 한낱 인간에게 빌려줄 수 있겠는가?" 하면서 곤鯀의 부탁을 단호하게 거절했다. 식양息壤은 막 불어나서 저절로 땅이 되는 신비한 힘을 가진 흙이다. 곤鯀은 이 흙만 있다면 홍수를 잠재울 수 있고, 인간들에게는 평화와 안정을 줄 수 있을 것으로 생각했다. 그래서 곤鯀은 천제天帝의 명령을 기다리지 않고 하늘의 보물 중의 하나인 식양息壤[9]을 몰래 훔쳐 인간 세상으로 가지고 내려간다. 식양息壤은 조금만 떼어 던지면 저절로 불어나서 강물을 막아버리는 덕분에 홍수가 멈추는 듯했다. 하지만 불어나는 흙이 물살을 감당할 수 없었고, 제방은 곧 무너지면서 홍수를 막는 일은 성공하지 못했다. 결국, 그는 식양息壤을 제대로 사용하지 못하고 치수治水는 실패로 끝나버린다.

뒤늦게 곤鯀이 식양息壤을 훔친 일을 알게 된 천제天帝는 크게 노하여, 불의 신神인 축융祝融에게 명령하여 우산羽山의 근교에서 곤鯀을 죽이고 식양息壤을 회수하게 했다. 곤鯀은 그렇게 천제天帝의 명을 어긴 죄로 죽임을 당했다. 곤鯀의 마음속에는 인간을 도와 행복하게 살게 만들어야겠다는 생각뿐이었다. 그의 주검은 3년 동안 썩지 않았고, 뱃속에서 아들인 우禹가 태어났다. 우禹는 아버지의 뜻을 이어 인간세계에서 치수治水를 계속하게 되는데, 그는 아버지 곤鯀이 물길을 막는 방법을 택했던 것과 달리 물길을 트는 방법을 사용했다. 하늘의 보물인 식양息壤을 사용하지 않고도 홍수를 다스리는 방법을 생각해 냈다. 그리하여 우禹는 마침내 치수治水에 성공하게 된다. 이러한 신화 속에서 곤鯀과 우禹는 자기 일을 일절 돌보지 않고 오로지 치수治水를 위해 애썼음을 보여 주고 있다. 이러한 내용은 '프로메테우스 신화'[10]와 비슷하다. 곤鯀의 경우는 인간에게 도움을 주기 위해서 노력했지만, 정작 자신은 죽음과 고통을 맞게 되었다는 것이 '프로메테우스'의 처지와 유사하다고 볼 수 있다.

9 식양息壤은 식토息土라고도 하며, '저절로 불어나면서 증식하는 흙'이라고 한다.

10 프로메테우스는 그리스 신화에 등장하는 장인匠人이다. 그는 인간에게 불을 가져다준 죄로 몸이 쇠사슬에 묶여 매일 독수리에게 끊임없이 다시 회복되는 심장을 쪼아 먹히는 고통을 받는다.

치수治水에 전력을 다하느라 너무 바쁘고 시간이 없어서 우禹는 나이 서른이 되도록 결혼하지 못하다가, 마침내 그 지역에서 여교女嬌라는 아름다운 처녀를 만나 결혼하게 되었다. 우禹는 치수治水를 하느라 신혼 나흘 만에 아내를 두고 일하러 갔다. 그는 10년이라는 긴 시간 동안 자신의 집 앞을 세 번이나 지나가면서도 집에 들른 적이 없었다. 어느 날 우禹가 환원산轘轅山이란 곳에서 산을 허물고 땅을 파헤치는 일을 할 때였다. 우禹는 산 위에서 일하면서 아내에게 북소리가 울리면 밥을 가져오라고 일렀다. 아내가 없을 때, 우禹가 큰 곰으로 변해서 물길을 트고 흙을 옮기는데, 돌이 잘못 굴러와 북에 맞아 소리가 나고 말았다. 우禹의 아내는 밥을 가지고 와 보니, 남편이 곰으로 변해 열심히 일하고 있지 않은가? 우禹의 아내는 놀랍기도 하고 부끄럽기도 해서 그냥 달아나 버렸고, 곰이 된 우禹가 그녀를 급히 쫓아갔다. 그의 아내는 언덕 위에 올라 더는 피할 수 없는 곳에 이르자 그만 돌로 변해버렸다. 이때 우禹가 아내에게 "내 아들을 내놓으시오!"라고 외치자, 돌이 갈라지면서 아들인 '계啓'가 태어났다. 그는 요堯와 순舜임금의 뒤를 이어 새로운 임금이 되었다.

4)「정위精衛가 바다를 메우다精衛塡海」

이 신화 이야기는 『산해경山海經』에 나오는데, 삼황오제三皇五帝의 하나인 염제炎帝 신농씨神農氏에게는 여와女娲라는 막내딸이 있었다.

여와女娲는 동해東海에 가서 헤엄치며 놀기를 좋아했다. 동해東海에 빠져 죽어 다시

남송南宋 조백구趙伯駒, ?~? 「우왕치수도禹王治水圖」 ⓒ 국립고궁박물원國立故宮博物院

돌아오지 못했다. 그녀는 정위精衛새가 되어 항상 서산西山의 나뭇가지와 돌을 물어다가 동해東海를 메웠다. 장수漳水는 이 산에서 발원해서 동쪽으로 향하여 황하黃河로 흘러 들어간다. 『산해경山海經』[11]

여와女媧는 동해東海에서 뱃놀이하다가, 배가 뒤집혀 물에 빠져 죽게 되자 매우 분하고 억울한 마음이 생겼다. 그래서 그녀가 죽고 난 뒤 그녀의 혼은 정위精衛라는 작은 새로 변했다. 이후 여와女媧는 매일 아침 서쪽 산에 있는 돌을 모아다가 바다를 메우는 일을 시작했다. 또 지저귀기를 그치지 않으며, '정위精衛……정위精衛…!'라고 계속 울어댔다. 사람들은 그 작은 새가 바로 여와女媧의 영혼이 변한 것이라고 믿었다. 사

명나라明 왕기王圻, 1530~1615 『삼재도회三才圖會』 중 정위精衛

ⓒ wikipedia

11 有鳥焉……是炎帝之少女, 名曰女娲, 女娲遊於東海, 溺而不返 故爲精衛. 常銜西山之木石, 以堙於東海. 漳水出焉 , 東流注於河. 『산해경山海經』

실 돌을 모아서 바다를 메운다는 것은 불가능한 일이지만, 자신을 이렇게 만든 자연에 대해 강렬하면서도 꺾이지 않는 굳센 저항정신을 그대로 보여 주고 있다.

또 다른 문헌에 의하면, 정위精衛가 바다제비와 짝을 이뤄 수컷과 암컷 제비를 낳았는데, 암컷은 어미와 똑같이 산에서 돌을 물어다가 바다를 메우는 일을 하고, 수컷은 보통 바다제비가 그러하듯 유유사석하며 바다 위를 날아다녔다고 한다. 여기서 정위精衛의 위대한 운명은 여성에게 대물림되고 있음을 확인할 수 있다. 정위精衛가 바다를 메우기 위해 끊임없이 도전하는 모습은 당시 선민先民들이 정위精衛를 통해서 거대한 자연에 관한 생각과 의지를 보여 주는 것이라고 말할 수 있다.

그러나 여기서 우리는 몇 가지 이상한 점을 발견할 수 있다. 먼저, 중국 신화를 살펴보면, 과보夸父라는 신이 있는데, 과보夸父는 굉장히 힘이 세고 엄청나게 큰 거인이다. 그 당시의 선민先民들은 '왜 초자연적인 힘을 가진 과보夸父라는 거인을 통해서 바다나 강을 메우려 하지 않았을까?', '왜 힘없는 작은 새를 통해서 나뭇가지와 돌을 물어다가 바다를 메우려는 소극적인 상상을 했을까?' 지금으로서는 그 이유를 분명하게 알 수 없지만, 여러 부분에서 다양한 추측이 가능할 것이다.

바다와 강이라는 대자연은 당시 선민先民들에게 있어서 두 가지 상반된 의미를 지니고 있다. 바다는 사람들에게 양식과 자원을 아낌없이 주는 식량의 보고寶庫와 같지만, 또 한편으로는 크나큰 재해를 일으켜 한순간에 사람들의 생명을 앗아가는 재앙의 근원이라는 이중적인 모습을 가지고 있다. 강의 경우도 마찬가지이다. 강에 근접한 비옥한 땅에서는 곡식을 풍족하게 거둘 수 있지만, 때로는 홍수와 물의 범람 같은 자연재해를 가져오기도 하는 유익함과 해로움이 공존하는 모순된 특징을 지니고 있다. 선민先民들이 만약 자연을 정복하고자 마음을 먹었다면, 과보夸父처럼 힘이 세고 탁월한 능력을 지닌 신을 통해서 이 일을 시작했겠지만, 작은 새를 통해서 바다를 메우려 했던 것은 궁극적으로 자연에 대한 선민先民들의 '소극적인 저항'을 보여준다고 할 수 있다. 자연을 적극적으로 나서서 완전히 정복하고자 하는 것이 아니고, 작고 보잘것없는 존재를 통해서 소극적으로 자연에 저항하는 것은 결과적으로 자연과의 화합을 도모하는 것이라고 할 수 있다. 정위精衛라는 새가 바다를 메우는 이러한 설정은 당시 선민先民들의 자연에 대한 불굴의 의지를 보여 주는 것으로 자연을 제어하고자 노력했지만, 결과적으로 자연은 정복할 수 있는 대상이 아니라 공존해야 할 수밖에 없는 존재라는 것을 이해했음을 의미한다. 결국, 인간도 자연 일부라고 여겼기 때문이다.

다음으로, 바다를 메우는 거대한 일을 이끌어 가는 주체가 한낱 작은 새인 이유는 무엇일까? 새는 인간과 신의 중간적 위치를 담당하며, '희망'과 '이상'을 상징한다. 이는 새가 하늘을 자유롭게 날면서 하늘에 더욱 가깝게 다가갈 수 있다고 믿기 때문이다. 우리나라 풍속에서도 마을 어귀에 세워 놓은 '솟대'를 흔히 볼 수 있다. 솟대의 맨 위에는 새가 있는데 이것은 땅과 하늘을 연결하는 중간자가 새라는 것을 의미한다. 중국 신화에서도 마찬가지로 새는 인간과 하늘 즉, 신과 인간의 중간에 있는 매개자로 보았다. 따라서 신화에서 보이는 새 역시 신과 인간 사이를 자유롭게 왕래할 수 있고, 인간이 가질 수 있는 희망을 신에게 그대로 전해주는 전달자를 상징한다. 선민先民들은 이러한 상상을 통해서 자신의 꿈을 실현하고자 했다. 이처럼 모든 신화에는 선민先民들 나름의 표현과 방식으로 이상과 희망, 염원과 바람이 드러나 있다.

5)「과보夸父가 해를 쫓아가다夸父追日」

이 신화 이야기는 『산해경山海經』과 『열자列子』 등에 나오는데, 과보夸父는 저승과 토지의 신인 후토后土의 후예로 거인족이었다.

> 과보夸父는 해와 경주를 하여, 해가 떨어지는 곳까지 이르렀다. 그는 목이 너무 말라서 물을 마시고 싶었다. 황하黃河와 위수渭水의 물을 다 마셨으나, 그것으로 부족하였다. 그는 다시 북쪽으로 달려가서 대택大澤의 물을 마시려 하였으나, 채 가지도 못해서 목이 말라 죽고 말았다. 그가 버린 지팡이는 울창한 숲이 되었다. 『산해경山海經』[12]

12 夸父與日逐走, 入日. 渴欲得飮, 飮於河渭, 河渭不足, 北飮大澤. 未至, 道渴而死. 棄其杖, 化爲鄧林. 『산해경山海經』

과보夸父는 자신의 능력을 헤아려 보지도 않은 채, 해의 그림자를 쫓아가려고 했다. 해를 쫓아가 해가 져서 들어가는 우곡隅谷의 끝에 이르렀다. 목이 너무 말라 황하黃河와 위수渭水로 달려가 그 물을 다 마셨지만, 황하黃河와 위수渭水의 물로는 부족했다. 그는 다시 북쪽으로 달려가서 대택大澤의 물을 마시려 하였으나, 그곳에 이르지 못하고 목이 말라 죽고 말았다. 그가 버린 지팡이에 주검의 기름과 살이 스며들어 울창한 숲이 생겨났다. 이 숲은 수천 리에 이르도록 넓어졌다.『열자列子』[13]

과보夸父는 어느 날 하늘의 해를 보고, 갑자기 기발한 생각이 떠올라혹은 해가 자신을 따라온다고 여기자 해와 한번 경주를 해보기로 마음먹는다. 그래서 해와 달리기를 시작하는데 결국 해를 이기지 못했고 오히려 심한 갈증만 생기게 되었다. 황하黃河와 위수渭水의 물을 다 마셨는데도 그 갈증이 없어지지 않자, 북쪽에 있는 대택大澤의 물까지 마시려고 하였다. 그러나 과보夸父는 거기에 이르지 못하고 목이 말라 그만 죽고 말았다. 과보夸父는 항상 가지고 다니던 지팡이가 있었는데, 죽기 전에 이 지팡이를 땅에 꽂아놓았다. 과보夸父가 죽자 그의 육신을 양분 삼아 지팡이가 뿌리와 가지를 뻗어 무성한 숲을 이루었다. 이후 나무에 복숭아가 열리기 시작했고, 길 가던 수많은 나그네가 나무가 드리운 숲에서 휴식을 취하고, 복숭아로 갈증을 없앴다. 이러한 신화는 결국 과보夸父가 해와의 경주에서 실패한 것이 아니라는 것을 보여 주는데, 비록 자신의 육체는 죽음을 맞이했지만, 그의 정신은 실패하지 않았음을 의미한다. 불굴의 의지는 지팡이로 옮겨 와 죽었던 나무에서 꽃이 피고 열매를 맺으며 무성한 숲을 이루게 되면서 과보夸父의 불사不死 정신이 절대 사라지지 않았음을 보여준다. 이처럼 과보夸父를 통해 대자연과 실력을 겨뤄보고자 했던 상고上古시대 인류의 기백과 정신을 잘 알 수 있다.

과보夸父의 지팡이는 울창한 숲등림鄧林이 되었다고 전해지는데, 후대로 갈수록 이 울창한 숲은 복숭아나무 숲으로 변환되었다. 여기에서 우리는 '많은 나무의 종류 가운

13 誇父不量力, 欲追日影, 逐之於隅谷之際. 渴欲得飮, 赴飮河渭. 河謂不足, 將走北飮大澤. 未至道, 渴而死. 棄其杖, 屍膏肉所浸, 生鄧林. 鄧林彌廣數千里焉.『열자列子』

신라新羅 시대 영주榮州 순흥順興 벽화 고분의 과보夸父 ⓒ 영주시

데 왜 하필 복숭아나무일까?'라는 의문을 품게 된다. 복숭아나무는 잎이 풍성하고 열매에는 수분이 많으며 맛은 매우 달다. 복숭아는 향기롭고 감미로우며, 더운 날씨에 갈증을 해소하는 데 최고의 음식으로 알려져 있다. 타는 듯한 갈증에 고통받으며 죽어갔던 과보夸父의 영혼이 길 가는 나그네의 목마름을 해결하기 위한 가장 적합한 음식으로 이 이야기에 자연스럽게 녹아들었다고 생각할 수 있다.

중국의 도교 신화에 따르면 서왕모西王母가 살고 있는 곤륜산崑崙山에는 복숭아나무가 있고, 그곳에서 3,000년에 한 번씩 귀한 복숭아가 열린다. 이 과일을 먹게 되면 늙지 않고 장생한다고 알려졌다. 서왕모西王母는 특별히 손오공孫悟空에게 복숭아밭을 지킬 것을 명령하였는데 손오공孫悟空은 서왕모西王母의 복숭아를 모조리 훔쳐 먹게 된다. 화가 난 그녀는 불로장생不老長生의 생명을 얻은 손오공孫悟空을 벌주기 위해 부처의 힘을 빌려 오행산五行山 아래 가두게 되었다.

또한, 『서유기西遊記』의 「천궁을 크게 떠들썩하게 하다大鬧天宮」 이야기 속에서도 비슷한 내용이 등장하는데, 옥황상제玉皇上帝는 손오공孫悟空이 온 세상을 휘젓고 다니며 사고를 일으키는 것이 못마땅했다. 그래서 손오공孫悟空이 말썽을 부리는 것을 막기 위해서 천상으로 불러들여 반도蟠桃 복숭아나무를 관리하는 직책을 부여한다. 손오공孫悟空은 처음에는 열심히 복숭아나무를 돌보다가 얼마 못 가서 나무에 열려 있는 복숭아를 따 먹어버린다. 그러던 어느 날 서왕모西王母가 천상에서 연회를 열면서 여러 신에게 복숭아를 대접하기 위해 선녀들을 시켜 복숭아를 가져오게 했다. 선녀들은 손오공孫悟空이 보이지 않자 먼저 복숭아를 따가기로 하는데, 손오공孫悟空이 어찌나 많이 따먹었는지 제대로 익은 것이 보이지 않았다. 그사이에 과수원을 지키던 손오공孫悟空이 나타난다. 선녀들이 사정을 설명하자 연회에 자신도 초청되었는지 직접 확인하겠다며 도술로 선녀들의 발을 묶어놓고 연회를 준비하는 곳으로 갔다. 때마침 연회 준비가 거의 끝났고, 지키는 이들도 잠시 자리를 비운 때였다. 손오공孫悟空은 그곳에서 온갖 음식이며 술을 죄다 훔쳐 먹었다. 이렇게 천궁天宮을 발칵 뒤집은 사고를 일으킨 손오공孫悟空은 겁이 나서 화과산花果山으로 도망간다. 옥황상제玉皇上帝는 화가 나서 천

19~20세기 초 「일월반도도日月蟠桃圖」 병풍 ⓒ 국립고궁박물관

북경北京 이화원頤和園 장랑長廊에 그려져 있는 「도화원기桃花源記」 일부 © wikipedia

군天君을 보내 화과산花果山을 불태워 버리라고 하지만 도력道力이 워낙 강한 손오공孫悟空을 제압할 수 없었다. 이때 관음보살觀音菩薩은 지원군으로 이랑진군二郎眞君을 추천하면서 손오공孫悟空은 마침내 붙잡히고 만다.

동진東晉 시대 '소국과민小國寡民'의 이상 세계를 그린 도연명陶淵明, 365?~427의 「도화원기桃花源記」, 『삼국지연의三國志演義』에서 유비劉備, 관우關羽, 장비張飛가 '복숭아나무 숲'에서 의형제를 맺었다는 '도원결의桃園結義'에서도 '복숭아나무'가 등장한다. 이처럼 중국의 고전소설이나 산문, 시 등을 보더라도 중국 문학에서 '복숭아나무'는 중요한 제재로 운용되며, 복숭아나무를 통해 벽사辟邪와 풍요, 불로와 장생, 평화와 행복의 염원을 반영한다고 할 수 있다.

6) 「항아嫦娥가 달로 날아가다嫦娥奔月」

이 신화 이야기의 최초 기록은 전국戰國시대 초기에 만들어진 '역서易書'로 알려진 『귀장歸藏』이라는 책에서 보인다. 서한西漢 초기의 『회남자淮南子』와 동한東漢 시대 장

형張衡, 78~139의 『영헌靈憲』, 그리고 양梁나라 유협劉勰, 465~521의 『문심조룡文心雕龍』, 양나라梁 소명태자昭明太子 소통蕭統, 501~531의 『문선文選』 등에 예羿가 서왕모西王母에게 불사약을 부탁하는 내용이 나오기 시작한다. 당나라唐의 서견徐堅, 660~729 등이 편찬한 유서類書인 『초학기初學記』에서 『회남자淮南子』를 인용하면서 항아嫦娥가 달로 달아난 후에 두꺼비로 변했다는 기록이 있다.

동진東晉 시대 갈홍葛洪, 283~343의 『포박자抱朴子에 따르면, 항아嫦娥[14]는 천상의 신神인 예羿의 아내였지만, 남편인 예羿가 천제天帝 제준帝俊의 아들인 열 개의 해 중에서 아홉 개를 쏘아 떨어뜨린 죄로 하늘로 올라가지 못하자, 그녀는 남편과 함께 지상에 머물게 되었다. 항아嫦娥는 불로장생不老長生을 누리던 신에서 생로병사生老病死를 겪게 되는 인간으로 변하게 되자, 늙음과 죽음을 걱정하게 되었다. 이에 항아嫦娥는 예羿에게 불사약을 구해올 것을 부탁했다. 예羿는 부인 항아嫦娥를 위해 온갖 어려움을 무릅쓰고 곤륜산崑崙山의 서왕모西王母에게서 불사약을 가져왔다. 서왕모西王母는 만약 이 약을 둘이 반씩 나누어 마시면 불로장생不老長生할 수 있고, 한 사람이 다 마시면 신선이 되어 승천할 수 있다고 하였다.

항아嫦娥는 서왕모西王母의 말을 전해 듣고 욕심이 생겼다. 항아嫦娥는 불사약을 먹기 전에 미리 유황有黃이라는 무당에게 점을 치게 했다. 유황有黃이 점을 치고 난 뒤, "점괘가 매우 길하며, 당신은 홀로 서쪽으로 가게 될 터인데 두려워할 것이 없으며 이후로 앞길이 밝을 것입니다."라고 말하였다. 항아嫦娥는 유황有黃의 말만 듣고 예羿가 없는 틈을 타 한 치의 망설임도 없이 불사약을 마시고 하늘로 올라갔다. 하지만 자신이 저지른 일에 큰 벌을 받을까 두려워 감히 천계天界로 돌아가지 못하고 달에 있는 '광한궁廣寒宮'으로 도망쳤다. 그러나 달에 이른 항아嫦娥는 이미 그 아름다운 모습을 잃어버리고 추한 생김새의 두꺼비가 되어버렸다.

14 항아嫦娥는 항아姮娥, 항아恒娥, 상희常羲, 상의常儀로 쓰기도 한다. 항姮과 항恒은 서한西漢 문제文帝 유항劉恒, BC 202~BC 157과 이름이 겹치는 것을 피해 항嫦과 상常으로 바꾸었다. 희羲와 의儀, 아娥는 고음古音이 같다. 항嫦은 월궁에 사는 선녀를 의미하고, 아娥는 미녀를 뜻한다.

항아嫦娥의 신화는 이후 다양한 변화를 거치게 되는데, 또 다른 항아嫦娥의 이야기는 이러하다. 항아嫦娥는 불사약을 혼자 다 마시고 달로 도망쳤지만, 남편을 배신한 죄에 대한 벌로 달에서 벗어날 수 없게 되었다. 영원히 달에서 지내야 하는 처지가 된 항아嫦娥는 비로소 자신의 잘못을 깨달았지만, 돌이키기에는 이미 때가 늦었다. 항아嫦娥는 외롭게 불사약을 찧는 토끼 한 마리와 계수나무 한 그루와 함께 유배 생활을 보내게 되었다.[15]

이 신화는 후대로 전해 내려오는 과정에서 항아嫦娥가 불사약을 예羿에게서 훔치는 부분은 점차 약해졌고, 아름다운 얼굴이 두꺼비로 변한 대목도 차츰 사라져 항아嫦娥는 결국 순결하고 아름다운 여신으로 외롭게 달을 지키는 형상으로 변모하였다.

명나라明 당인唐寅, 1470~1523 「항아분월嫦娥奔月」

ⓒ 국립고궁박물원國立故宮博物院

15 아폴로 11호 우주선은 1969년 처음으로 인간을 우주로 보내 달을 밟았다. 미국 항공우주국에 기록된 '아폴로 11호' 통신 문서에 따르면, 1969년 7월 20일 휴스턴 지휘센터는 우주에서 달 착륙을 준비하는 우주인에게 이렇게 물었다. "옛 중국 전설에 따르면 항아嫦娥라고 불리는 미인이 남편에게서 불사약을 훔쳐서 달로 추방되고, 4,000년이나 살고 있다고 하더군. 그녀의 친구로, 항상 계수나무 밑에서 뒷발로 서서 찾기 쉬운 큰 중국 토끼가 있다고 하는데 찾아봐 주겠나?" 아폴로 11호 우주인은 "그래, 우리는 토끼를 안고 있는 소녀를 면밀하게 주시할 것이다."라고 대답하였다. 달에 최초로 착륙한 사건에 대해 사람들이 알고 있는 중국 신화 이야기와 실제 관련성에서 강한 호기심과 관심을 드러낸 흥미로운 일화逸話이다.

| 6 | 중국 신화의 변화와 영향

중국 신화가 수록된 문헌에서부터 시작하여 이후의 문학 작품에서도 신화의 원형과 이미지는 계속해서 나타난다. 그러나 원래 가지고 있던 신화의 형태는 많이 손실되거나 변형을 가져오게 되었다. 이것은 당시 사람들이 신화를 통해서 거대한 자연에 관한 생각과 의지를 다양한 형태로 투영한 것임을 방증하는 것이라고 할 수 있다. 그뿐만 아니라, 이러한 변화는 당시 사회의 이념이나 관점을 직접 드러내고, 신화에 대한 사람들의 인식과 이해를 폭넓게 반영하면서 주제나 서사 형태를 현실의 추세에 맞게 조정한 결과라고 할 수 있다. 신화는 다양한 변화를 통해 그 모습을 달리하며 후대의 문학에 풍부한 소재를 제공하였다. 또한, 심원深遠한 상징성과 폭넓은 서사성을 가지고 인용이나 변용을 통해 여러 방면에서 문학 작품에 큰 영향을 끼쳤다.

1) 서왕모西王母의 변천

중국 신화 속 서왕모西王母의 변천 과정을 통해 신화가 어떻게 중국 고전소설에 소화되고 흡수되는지 그 과정을 살펴볼 수 있다. 서왕모西王母는 초기에는 야수의 모습이었다. 『산해경山海經』에서 서왕모西王母는 '그 모습이 사람 같지만, 호랑이 이빨에 표범 꼬리를 하고서 휘파람을 잘 분다. 덥수룩한 머리에 장신구를 꽂고 있다.'라고 했다. 서왕모西王母는 사람과 비슷하지만, 다른 한편으로는 짐승과 같은 모습이어서 무섭기 짝이 없는 형상이다. 이 묘사만으로는 서왕모西王母의 성별조차 단정할 수 없다.

서주西周 시기 주나라周 목왕穆王이 황하黃河의 물길을 따라 서쪽으로 여행을 떠나면서 서왕모西王母와의 만남과 사랑을 그린 『목천자전穆天子傳』에서는 온화하고 위엄있으며 모든 신을 제어하고 통제하는 군주의 모습으로 그려지고 있다. 『목천자전穆天子傳』 속의 서왕모西王母는 끔찍하고 무서운 야수의 모습에서 용모가 아름다우면서도 기품이 있는 여신으로 완전히 탈바꿈해 버린다.

서왕모西王母 © wikipedia

한나라漢 때 반고班固, 32~92의 『한무제내전漢武帝內傳』을 보면 서왕모西王母는 지극히 우아하고 아름다운 모습으로 바뀌었다. '나이는 30살 정도, 크지도 작지도 않은 적당한 모습과 타고난 자태는 온화함이 깃들어 있고, 용모는 세상에서 다시 찾을 수 없는 미인이다.'라고 기록되어 있다. 이처럼 『산해경山海經』에서 처음 보였던 야성적이고 중성적인 이미지는 사라지고, 인간의 이상적 미의 동경에 부합하는 여신의 이미지가 형성되었다.

이처럼 어떤 문헌에서는 서왕모西王母를 야수와 같은 형상으로 묘사하고 있고, 다른 문헌에서는 서왕모西王母를 미인으로 기록하고 있다. 야수의 형상에서 인간 여인의 모습으로, 이후에는 절세 미모의 여인으로 바뀌는 과정을 통해 그 당시 사회의 미적 이해와 수용 방식에 따라 신화 속 인물이 어떻게 변했는지 살펴볼 수 있다.

이와 같이 거의 모든 중국 신화는 크고 작은 변천 과정을 겪어왔다. 본래 가지고 있던 신화의 원형은 상당히 소박하고 투박한 형태이거나 상상 속 이미지를 나열하는 정도에 불과했다. 그러다가 시간이 흐름에 따라 시대적 요구와 사람들의 이해가 반영되면서 여러 주제나 형상이 첨가되거나 변형되어 오늘날 우리가 알고 있는 아름다운 신화로 바뀌게 되었다. 또한, 자연을 정복하거나 대항하고자 했던 원초적 본능, 혹은 화합하고 어울리고자 했던 감정은 점차 둔화되었고, 오히려 겉으로 드러나는 아름다운

18~19세기 「요지연도瑤池宴圖」 병풍 ⓒ 국립고궁박물관

형태와 낭만적 정서에만 치중하게 되었다. 도덕적인 교훈이나 인생무상의 이치, 인정세태의 선악에 대한 반응이 조금씩 무디어지면서 이미지만을 강조하여 지금의 형상으로 변화되었다.

2) 중국 문학에 대한 중국 신화의 영향

중국 신화는 신기하면서도 장엄하며, 황홀하면서도 아름다운 이야기를 지니고 있다. 그것만으로도 중국 고대 문학의 한 분야가 되었다. 그뿐만 아니라 중국 신화가 포괄하고 있는 감성과 상상이 가득한 낭만주의 정신과 환상적인 발상과 상징적인 표현수법은 시詩, 소설小說, 희곡戲曲, 산문散文 등의 후대문학에 깊은 영향을 미쳤다.

가장 먼저 신화의 영향을 받은 것은 중국 최초의 시가집인 『시경詩經』인데, 「대동大同」 편에 견우牽牛와 직녀織女가 처음으로 나온다. '베틀의 저 베 짜는 여인, 온종일 일곱 번이나 자리를 옮겨 앉네.跂彼織女, 終日七襄', '밝디밝은 저 견우성牽牛星은 수레를 끌어주려고 하지 않는구나.睆彼牽牛, 不以服箱.' 굴원屈原의 『초사楚辭』에도 신화적 소재가 등장한다. 『초사楚辭』는 하늘 세계와 교류하며 자유로운 상상으로 환상을 표현한 시가詩歌로, 당시 초나라楚의 부패한 정치 상황에 대한 분노와 슬픔, 조국에 대한 사랑과 연민의 감정을 표현하였다. 그중에서 「천문天問」 편에는 신화의 내용과 주제가 가장 두드러지게 나타나고 있다. 이 글은 우주의 탄생, 천지의 개벽, 해와 달의 운행, 신화와 전설, 역사의 흥망성쇠를 비롯한 자연현상에 관하여 묻고 있다. 또한, 「구가九歌」는 귀신에게 제사祭祀를 지낼 때 불리던 악곡樂曲을 가지고 쓴 작품作品으로 초나라楚의 무속신앙의 색채가 짙고, 각종 신에 관한 전설과 내용을 보여 주고 있다. 동진東晉의 도연명陶淵明은 『독산해경讀山海經』에서 『산해경山海經』에 등장하는 과보夸父와 해의 경주, 형천刑天이 방패와 창을 휘두르며 춤을 추는 모습 등을 묘사하고 있다.

당나라唐 시인 이백李白은 「술잔을 잡아 달에게 묻다把酒問月」에서 '옥토끼는 불사약을 봄가을 없이 찧고 있는데, 항아嫦娥는 외로이 지내며 누구와 이웃할까?玉兔搗藥秋復

春, 嫦娥孤棲與誰隣?'라며 항아嫦娥에 관한 신화를 인용하고 있다. 이백李白뿐만 아니라, 당나라唐의 많은 시인은 자신의 감정과 뜻을 표현하기 위해 신화 이야기를 운용하는 경우가 많았다.

또한, 서주西周 시기 목왕穆王이 쓴 『목천자전穆天子傳』은 신화의 영향을 받아 쓰인 기행문 형식의 최초의 소설이다. 『목천자전穆天子傳』은 목왕穆王이 서쪽으로 여행하면서 겪은 이야기를 풍부한 묘사로 표현하고 있는데, 그중에서 목왕穆王이 서왕모西王母를 만난 이야기는 신화적 인물을 문학 작품의 소재로 운용한 좋은 보기가 되고 있다.

송나라宋 때 작품인 『대당삼장취경시화大唐三藏取經詩話』에는 서왕모지西王母池에 반도蟠桃 복숭아나무가 있다는 이야기가 나오는데, 이는 서왕모西王母가 살았다는 요지瑤池와 선도仙桃의 신화에서 비롯한 것이다. 명나라明 때 소설 『서유기西遊記』에서도 서왕모西王母의 반도회蟠桃會가 등장한다. 『봉신연의封神演義』는 주나라周 무왕武王이 상나라商의 주왕紂王을 평정하는 이야기를 다루고 있는데, 신화적 소재와 내용을 적극적으로 활용하고 있다. 청나라淸의 소설인 이여진李汝珍의 『경화연鏡花緣』에는 주인공이 바다 밖 여러 나라를 여행하면서 겪은 이상한 나라의 사람들과 괴상한 동물, 신기한 풍물이 기록되어 있다. 이 부분은 『산해경山海經』의 먼 나라 기이한 사람들에 관한 기록에서 그 제재를 취한 것이다.[16] 그뿐만 아니라, 『홍루몽紅樓夢』의 도입 부분에서도 「여와女媧가 하늘을 메우다女媧補天」 신화를 직접 가져와 서사 전개의 발단으로 운용하고 있다.

이처럼 다양한 문학 작품을 살펴보면, 중국 신화가 후세의 문학 작품에 끊임없이 자양분을 제공하는 원천임을 알 수 있다. 우리는 이러한 중국의 신화를 통해 그 당시 선민先民들의 자연에 관한 가치와 인식을 폭넓게 살펴볼 수 있다. 그뿐만 아니라 중국 신화를 단순히 환상적인 이야기로 생각하고 쉽게 지나쳐 버리는 관점에서 벗어나, 그 속에서 선민先民들이 자연에 대해 어떻게 저항하면서 대립하였는지, 다양한 자연의 현상을 어떻게 상상적 혹은 이성적으로 이해했는지도 깊이 들여다볼 수 있다. 중국 신화

16 위앤커 지음, 전인초, 김선자 옮김, 『중국신화전설1』, 서울: 민음사, 1996년 ; 선정규 지음, 『중국신화연구』, 서울: 고려원, 1996년 참고.

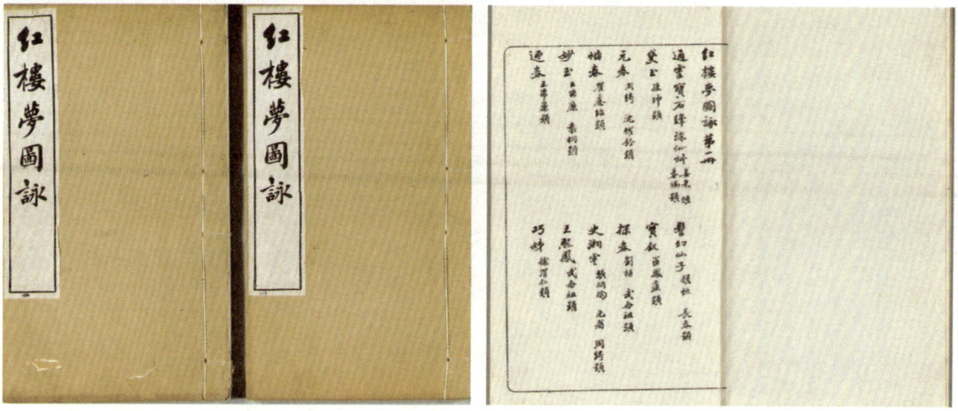

청나라淸 개기改琦, 1774~1829 「홍루몽도영紅樓夢圖詠」 ⓒ 국립중앙박물관

에 대한 분석을 통해서 그들이 어떻게 자연을 탐색하고 인지했는지 다각적으로 해석해 볼 수 있으며, 그 속에서 인류가 자연과의 소통과 화합을 어떻게 이루어 나갔는지도 자세히 알 수 있다.

3장

우언寓言, 사실事實 그리고 전설傳說: 중국 소설의 다른 기원과 특징

내 글에서 우화의 형식을 빌려 한 말인 우언寓言이 열의 아홉 정도이고,
옛사람이 중시하는 인물의 말을 빌려 한 말인 중언重言이 열의 일곱 정도이며,
상황에 맞게 그때마다 쓰는 말인 치언卮言은 매일 새롭게 나타나는데,
우주의 질서와 조화를 이루는 것이다.

-『장자莊子』·「잡편雜篇」-

3장 우언寓言, 사실事實 그리고 전설傳說: 중국 소설의 다른 기원과 특징

중국 소설은 대체로 '신화神話', '우언寓言', '사실事實 또는 야사野史' 그리고 '전설傳說'에서 비롯했다고 여겨진다. '신화神話'는 인간의 상상력이 결합한 이야기이고, '우언寓言'은 자신의 주장을 펼치기 위해서 비유의 대상을 가져와서 쓴 이야기이다. '사실事實'은 『사기史記』나 『전국책戰國策』 등과 같은 역사 기록과 다양한 문헌에 기재되어 있는 내용을 바탕으로 한 이야기이고, 정식 역사서는 아니지만 다양한 역사 관련 저작에 실려 있는 크고 작은 뒷이야기가 '야사野史'이다. '전설傳說'은 이전 시대로부터 계속해서 전해 내려온 서사 원형으로, 본래의 모습을 그대로 유지하며 전승되었거나 이후 시대에 따라 다양한 모습으로 변형된 이야기를 뜻한다. 이 모두가 소설의 원류가 되는 제재이다.

'신화神話'는 『산해경山海經』, 『장자莊子』, 『회남자淮南子』, 『열자列子』, 『초사楚辭』 등에 단편적으로 실려 있다. 여와女媧가 하늘을 메우는 이야기나 후예后羿가 해를 쏘아 떨어뜨리는 이야기, 곤鯀과 우禹가 물을 다스리는 이야기, 정위精衛가 바다를 메우는 이야기, 과보夸父가 해를 쫓아가는 이야기 그리고 항아嫦娥가 달로 날아가는 이야기 등이 있다.

'우언寓言'은 춘추전국春秋戰國 시대[1]에 자신들의 주장을 펼치기 위해서 사물이나

1 BC 770년에 주나라周가 낙양洛陽으로 수도를 옮기기 이전의 시대를 서주西周 시대, 이후를 동주東周 시대라고

명나라明 구영仇英, 1498~1552 『인물고사도人物故事圖』 중 「고산유수高山流水」,
「취소인봉吹簫引鳳」 북경고궁박물원北京古宮博物院 소장
ⓒ wikimedia

현상에 빗대어 만든 이야기이다. 『신서新書』의 '엽공이 용을 좋아한다葉公好龍' 이야기, 『전국책戰國策』의 '수레의 끌채는 남쪽으로, 바퀴는 북쪽으로南轅北轍' 이야기, 『맹자孟子』의 '모를 뽑아 성장을 돕는다揠苗助長' 이야기, 『사기史記』의 「유협열전遊俠列傳」에 등장하는 조말曹沫과 전제專諸의 이야기 등이 있다.

'사실事實'은 역사서에 기재된 사건과 기록 등을 의미하는데, 본기本紀, 표表, 서書, 세가世家, 열전列傳으로 이루어진 『사기史記』나 책사策士들이 온갖 지혜를 끌어모아 쓴 이야기인 '언론言論'을 비롯해 변론辯論이 중심을 이루는 『전국책戰國策』의 내용이 여기에 해당한다. 또한 '야사野史'는 '정사正史'와 상대되는 의미로 주로 풍속風俗이나 풍문風聞을 근거로 하고 있는데, 사실 여부를 확인할 수 없다. 하지만 '정사正史'의 결함을 보완해 주기도 하며, '역사歷史'에 기록되지 않은 다양한 자료를 제공하고 있어서 중국 소설 창작의 풍부한 원천이라고 할 수 있다.

'전설傳說'은 옛날부터 민간에서 전해 내려오는 이야기로, 주로 구두로 전하는 방식으로 전승傳承되며, 어떤 민족이나 씨족, 집단의 생성과 유래, 여러 기이한 사건과 경험 등을 소재로 하고 있다. 중국의 전설傳說은 신화神話와 매우 밀접한 관계를 맺고 있다. 대체로 신화神話는 신神을 중심으로 이야기가 전개되고, 전설傳說은 사람을 중심으로 이야기가 펼쳐진다. 신화神話는 기록된 출처나 문헌 자료가 분명하게 드러나 있지만, 전설傳說은 사람들 사이에서 구전되기 때문에 그 시원始原을 분명하게 알지 못한다. 그렇기에 전설傳說이 문자로 기록되어 남게 된 경우는 훨씬 후대에 이르러 나타난 결과라고 볼 수 있다. 전설傳說은 주로 민간이나 저잣거리에서 널리 퍼져 전해지는 것이 대부분이며, 이러한 이야기의 단서가 이후 소설 창작에 녹아들어 중요한 소재로 작용했다고 볼 수 있다.

한다. 동주東周 시대는 전기인 춘추春秋 시대와 후기인 전국戰國 시대로 나누어진다. 춘추春秋 시대는 주나라周 왕조가 수도를 옮긴 때로부터 BC 403년 진나라晉의 대부大夫인 한韓·위魏·조趙 삼씨가 진나라晉를 나누어 제후로 독립할 때까지의 시대를 말한다. 전국戰國 시대는 그 이후부터 진나라秦가 천하를 통일한 BC 221년까지를 말한다. '춘추春秋'는 공자孔子가 엮은 노나라魯 역사서인 『춘추春秋』에서 유래되었고, '전국戰國'은 한나라漢 유향劉向이 쓴 『전국책戰國策』에서 유래되었다고 한다. 『두피디아 두산백과_인터넷』의 '춘추전국시대春秋戰國時代' 표제어 참고.

|1| 중국 소설의 다른 기원: 우언寓言

'우언寓言'이란 무엇일까? '우寓'는 '기탁하다', '덧붙이다', '비유하다'라는 뜻을 지니고 있다. 따라서 우언寓言이란 원래 내용을 직접 말하지 않고 다른 사물에 빗대어서 이야기하는 것을 뜻한다. 우언寓言을 풍자소설의 원류로 보는 것은 우언寓言이 춘추전국春秋戰國 시대에 많은 사상가가 자신만의 철학과 이념이 각 국가의 제왕이나 군주들의 정책과 책략 결정에 적극적으로 수용되기를 원하는 과정에서 탄생한 문학 양식이기 때문이다. 춘추전국春秋戰國 시대를 '제자백가諸子百家의 시대'라고 말하는 것은 수많은 학파와 정치가들이 자신의 사상과 학문을 자유롭게 펼쳤던 시대적 특징에 기인한다.[2] 이 시대는 여러 정치가의 수많은 학설이 난무하는 시기였다. 이러한 시대적 상황 속에서 자신의 주장이 통치자의 집단에 받아들여지기 위해서는 보다 확실하게 설득할 수 있도록 자신의 사상을 효과적으로 펼쳐야 했다. 상대방을 이해시키는 가장 좋은 방법은 바로 '비유'를 통해서 자신의 견해를 드러내는 것이다. 그 당시 각 지역을 통치하고 있던 제후와 군주들에게 자신의 주장을 받아들이게 하기 위해서는 그들의 이해 정도와 정서 수준에 맞게 설복하는 것이 관건이었다. 제후의 마음을 움직여 자신을 등용시키고 더불어 자신의 정치 이념을 수용하게 되면 재능을 펼칠 기회가 생기기 때문이다. 따라서 이들은 각 지역을 돌아다니며 자기주장에 설득력을 높이기 위해서 다양한 비유를 곁들이고, 통치집단의 정치 이념에 적합한 내용과 구성을 갖추어 그들이 이해하기 쉽게 설명하고자 하는 분위기가 만들어졌다. 이로 인해 '우언寓言'이 생겨났다.

'우언寓言'은 주로 역사적인 사건이나 사물에 빗대어 교훈적 의의나 중요한 주제를 간단한 이야기 구조 속에 드러나도록 만드는 경우가 많았다.[3] 변론의 수요나 이치 전

2 '제자諸子'란 여러 학자라는 뜻이고, '백가百家'란 수많은 학파나 학술적 집단을 의미한다.

3 우언寓言이란 풍자적이거나 교훈적인 의미를 담고 있는 이야기를 뜻한다. 그 구성은 대개 짧고 간단하며, 이야기 구조를 지닌다. 주인공은 사람이나 동물, 혹은 무생물인 경우도 있다. 비유적 수법을 즐겨 사용해서 기술된 이야기와는 다른 진실을 비유하거나 작은 사실을 빌어 큰 사실을 비유하는데, 이를 통해 교훈적 의의 또는 주제가 간단한 이야기

달의 필요성, 주제 의의의 다양성 등의 발전은 우언寓言의 번영을 더욱 촉진하였다. 『장자莊子』, 『맹자孟子』, 『한비자韓非子』, 『좌전左傳』, 『전국책戰國策』 등의 책에는 생동적이고 훌륭한 우언寓言들이 많이 실려 있다.

『장자莊子』의 우언寓言은 낭만적인 색채가 매우 짙은데, 장자莊子는 자신의 견해를 설득력 있게 전달하기 위해 직설적인 담론談論이 아니라, 하나의 서사적인 이야기를 꾸미고 이를 통해 주제를 드러냈다. 『맹자孟子』의 우언은 현실적이고 생동감 있는 표현력이 특징이다. 맹자孟子는 정치와 사회의 폐단을 바로잡아 사회정의를 실현하고, 그의 가치관을 널리 알리는 데 중점을 두었다. 또한, 주로 대비對比의 수법을 활용하여 설득력 있게 변론하였고, 상징적 수법을 통하여 추상적인 사물을 알기 쉽게 설명하였다. 『한비자韓非子』의 경우에는 한비자韓非子가 법가法家를 집대성한 인물이기 때문에 그의 글이 날카롭고 풍자에 힘이 있으며, 사실주의적이고 이치를 설명하고자 하는 성격이 강했다. 또한, 『한비자韓非子』에 실려 있는 수많은 이야기는 서사적 구성의 완결성이나 선명한 인물 묘사로 인해 중국 소설의 원형을 보여준다고 평가받고 있다.

『좌전左傳』은 역사적 사실의 서술에 중점을 두고 있는데, 서사가 상세하고 내용의 인과因果관계가 분명하며 역동적인 줄거리를 갖추고 있다. 그뿐만 아니라, 인물의 언행言行을 통해 인물의 사상과 성격을 표현하는 데도 뛰어났으며, 수많은 역사 인물을 활발하면서도 생동감 있게 묘사하였다. 『전국책戰國策』은 역사서로 활용되는 우언寓言 역시 대부분 '역사적 사실'을 근거로 만들어진 것이며, 문학적 기교가 뛰어나고 매우 심오한 철학적 내용을 담고 있는 경우가 많다. 이처럼 우언寓言은 서술이 간단하고 길이가 짧지만, 가장 이른 시기의 서사문학으로서 사건의 서술, 인물 묘사, 줄거리의 허구화 등 이미 여러 면에서 소설로서의 기본 요소를 갖추고 있다.

구조 속에 풍부하게 드러나도록 만든다. 우언寓言의 주된 목적은 허구적인 이야기를 통해 작가 또는 민중들의 생활상이나 심리, 행동에 대한 비평과 교훈을 표현하는 데 있다. 한국문학평론가협회, 『문학비평용어사전』, 고양: 국학자료원, 2006년 참고.

1) 「엽공葉公이 용을 좋아하다葉公好龍」

춘추전국春秋戰國 시대에 자장子張이라는 사람이 노나라魯의 왕인 노애공魯哀公을 찾아와 만나 뵙기를 청하였다. 그러나 7일이 지나도 노애공魯哀公은 만나주지 않았다. 이에 자장子張은 떠나기 전에 왕궁의 마부에게 부탁해 '엽공호룡葉公好龍'이라는 이야기를 노애공魯哀公에게 전하게 했다.

'엽공葉公'은 사람 이름이고, '호好'는 '좋아하다'라는 뜻이며, '용龍'은 '용龍'을 말한다. 따라서 '엽공호룡葉公好龍'은 '엽공葉公이 용을 좋아하다.'라는 의미이다. 이 이야

명나라明 문숙文俶, 1595~1634 『금석곤충초목상金石昆蟲草木狀』 중 용龍

ⓒ 대북국가도서관臺北國家圖書館

기는 한나라漢 유향劉向의 『신서新書』에 실려 있는데, 다음과 같은 내용을 담고 있다.

초나라楚 때 엽현葉縣의 현령縣令 심제량沈諸梁은 이름이 자고子高였고, 사람들은 그를 엽공葉公이라 불렀다. 엽공葉公은 용을 매우 좋아했다. 그는 용을 좋아하는 정도가 지나쳐서, 가구나 술잔 등에 용을 그렸으며 담장이나 기둥에도 빠지지 않고 용을 그리거나 조각해 넣었다. 엽공葉公의 집을 방문한 사람들은 마치 용의 궁전에 들어온 듯했고 집안 곳곳에서 용의 그림을 볼 수 있었다. 하늘에 살던 용이 이 사실을 듣고 자신을 그토록 좋아한다는 엽공葉公이라는 사람을 만나보고 싶었다. 용이 하늘에서 내려와 엽공葉公의 집에 방문하고 창문에 기대어 방안을 들여다보았다. 그러자 용의 꼬리가 집 밖으로 길게 늘어졌다. 그때 엽공葉公이 이를 보고 혼비백산하여 도망갔다. 엽공葉公은 용의 전체 모습을 본 것도 아니고 용의 일부분인 꼬리 부분만 보았는데도 놀랐다. 이는 엽공葉公이 진심으로 용을 좋아한 것이 아니라, '용의 외양을 갖추었으나 실제로는 용이 아닌 것'을 좋아했음을 말해준다.

자장子張이 이 고사를 전하면서 이런 말도 덧붙였다. "저는 노나라魯 왕께서 선비들을 좋아한다는 말을 듣고 멀리서 길을 걸어 이곳까지 왔으나 왕께서는 소문과는 달리 저를 만나주지 않았습니다. 이는 왕께서 선비들을 진심으로 좋아하는 것이 아니라 그 외양이 선비와 비슷하나 결코 선비가 아닌 자들을 좋아하는 것임을 말해주는 것입니다." 이 우언寓言을 통해 그는 말로만 좋아한다고만 하지 실제로는 본모습을 알아보려고 하는 것이 아닌 겉모습만 알려고 하는 태도를 풍자했다.

2) 「모를 뽑아 성장을 돕다揠苗助長」

이 우언寓言은 맹자孟子의 제자 공손추公孫丑가 맹자孟子에게 '부동심不動心'과 '호연지기浩然之氣'에 관해 묻자, 맹자孟子가 비유를 들어 설명하는 글에 실려 있다.

'알揠'은 뽑는다는 뜻이고, '묘苗'는 싹이라는 말이다. '조助'는 돕는다는 의미이고, '장長'은 성장을 의미한다. '알묘조장揠苗助長'은 '곡식의 싹을 뽑아 올려서 일부러 성장을 돕는다'라는 뜻으로, 성공을 서두르다 도리어 해를 본다는 것을 비유적으로 이르는 말이다. 이 이야기는 『맹자孟子』의 『공손추公孫丑』 상上에 실려 있는데, 다음과 같은 내용을 담고 있다.

"... 반드시 의義를 쌓는 것을 일삼고 그 효과를 미리 짐작하지 말며, 혹 가득 차지 않게 될 경우에는 다만 마땅히 자기가 할 일이 있음을 잊지 말도록 할 일이지, 일을 꾸며서 그것이 자라나도록 도와서는 안 된다." 그러면서 다음과 같은 일화逸話를 소개하였다.

『맹자孟子』 ⓒ wikipedia

> 중국 송나라宋에 어리석은 농부가 있었다. 모내기하고 난 이후 벼가 어느 정도 자랐는지 궁금해서 논에 가 보니 다른 사람의 벼보다 덜 자란 것 같았다. 농부는 궁리 끝에 벼의 순을 잡아 빼보니, 약간 더 자란 것 같았다. 집에 돌아와 식구들에게 온종일 벼의 순을 빼느라 힘이 하나도 없다고 이야기하자 식구들이 기겁하였다. 이튿날 아들이 논에 가 보니 벼는 이미 하얗게 말라 죽어버린 것이다. 이 세상에는 이렇게 싹을 뽑아 올리는 일을 하지 않는 자가 적다. 호연지기浩然之氣 같은 것이 무익하다고 해서 내버리는 자는 곡식을 김매지 않는 자이다. 이를 억지로 자라게 하는 자는 싹을 뽑아 올리는 자이다. 이런 일은 한갓 유익함이 없을 뿐만 아니라, 도리어 해로운 것이다. 『맹자孟子』

'호연지기浩然之氣'는 하늘과 땅 사이에 가득 찬 왕성한 기운으로 의로운 일을 하면 쌓이게 되고 양심에 어긋난 일을 한다면 곧 사라지고 마는 정신을 말한다. 이에 항상

의로운 일을 행하고 바르고 흔들리지 않는 마음을 가지며 조금도 부끄러움이 없이 행동하는 마음가짐을 의미한다. 맹자孟子는 '호연지기浩然之氣'를 기르는 것이 당장 눈에 보이는 이익이 없다고 해서 쉽게 내버리는 행동을 해서는 안 되며, 이 어리석은 농부의 행동처럼 잘 자라도록 돕는다며 싹을 뽑는 것은 오히려 그것을 해친다는 점을 풍자하고 있다. 이 우언寓言을 통해 목표를 버리고 방심하면서 아무 일도 하지 않고 내버려 두거나, 그것을 돕는다며 성급하게 행동해서는 안 되며, 그것이 이루어지도록 계속해서 노력하되 인내를 가지고 기다리는 자세가 필요함을 역설하였다.

3)「수레의 끌채는 남을 향하고 바퀴는 북으로 간다南轅北轍」

천하를 호령했던 위나라魏가 전국戰國 시대 후기에 이르러서는 국력이 쇠퇴했다. 그러나 안리왕安釐王은 여전히 출병하여 조나라趙를 정벌할 뜻을 굽히지 않았다. 대신인 계량季梁은 왕명王命을 받들어 인근 나라에 사절로 가는 도중에 이 소식을 듣고서는 즉시 귀국하여 안리왕安釐王을 뵙고는 조나라趙 정벌을 그만둘 것을 건의했다.

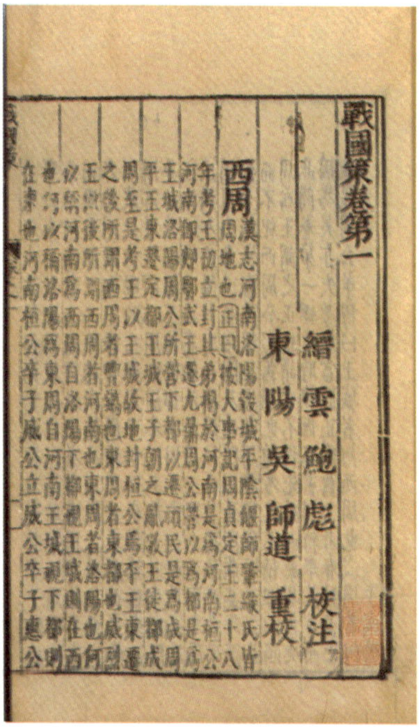
戰國策卷第一
縉雲鮑彪校注
東陽吳師道重校
西周

『전국책戰國策』 ⓒ wikipedia

'남南'은 남쪽을 뜻하고, '원轅'은 끌채수레의 앞 양쪽에 대는 긴 채를 말한다. '북北'은 북쪽을 뜻하고, '철轍'은 바퀴 자국을 말한다. '남원북철南轅北轍'은 '수레의 끌채는 남쪽으로 향하고 바퀴는 북쪽으로 간다.'라는 뜻으로, 마음과 행동이 모순되는 것을 비유하는 말이다. 즉, 남쪽으로 가려고 하는 사람이 수레는 오히려 북쪽으로 몬다는 말이다. 이 이야기는 『전국책戰國策』의 『위책魏策』에 실려 있는데, 다음과 같은 내용을 담고 있다.

전국戰國 시대 위나라衛가 조나라趙를 공격하기 위해 준비를 서두르고 있었는데, 위나라衛의 내신 계량季梁은 외지에 나가 있다가 이 소식을 듣고 깜짝 놀랐다. 그가 생각하기에 이번 전쟁은 무리였기 때문이다. 급히 도성으로 달려온 계량季梁은 왕을 알현하며 말했다.

> 길에서 한 사람을 만났는데 남쪽의 초나라楚를 향해 가고 있다면서 북쪽을 향해 마차를 몰아가고 있었습니다. 북쪽으로 가는 까닭이 무엇이냐고 묻자, 그는 "제 말은 아주 잘 달립니다."라고 대답했습니다. 저는 "말이 잘 달려도 이쪽은 초나라楚로 가는 길이 아닙니다."라고 하자, 그 사람은 "나는 돈을 넉넉히 가지고 있고, 마부의 말 모는 솜씨가 뛰어납니다."라는 엉뚱한 대답을 했습니다. "전하께서는 항상 천하를 다스리겠다는 말씀을 하셨습니다. 하지만 나라가 조금 큰 것만을 믿고 조나라趙의 한단邯鄲을 공격하려 하는데, 그렇게 하면 전하의 영토와 명성을 떨칠 수 있을지라도 패자霸者의 길에서 스스로 멀어지는 것이나 다름없습니다. 이것은 제가 길에서 만난 사람처럼 초나라楚로 간다고 하면서 몸은 북쪽으로 가는 것과 무엇이 다르겠습니까?." 왕은 그 말을 듣고 전쟁 도발을 다시 한번 생각하게 되었다. 『전국책戰國策』

계량季梁은 무력이 아니고, 덕德으로 천하를 다스려야 한다는 주장을 '남원북철南轅北轍'의 이야기에 빗대어 드러냈다. 진정으로 한단邯鄲을 정복하려면 무력이 아닌 설득과 협력을 통해야 한다는 주장을 펼치고 있다.

4) 「어부가 이익을 얻다漁父之利」

전국戰國 시대 진나라秦는 여러 나라를 병합하여 천하를 통일하려고 했다. 진나라秦는 조나라趙를 공략하기 전에 이사李斯의 계책을 써서, 조나라趙와 연나라燕의 관계를 이간질하여 양국이 심하게 반목하게 했다. 제나라齊에 많은 군사를 파병한 이후 연나라燕는 군사력이 급격히 떨어지고 흉년까지 들자, 이웃 조나라趙의 혜문왕惠文王은 기다렸다는 듯이 침략 준비를 서둘렀다. 그래서 연나라燕 소왕昭王은 소대蘇代를 보내어 혜문왕惠文王을 설득하도록 했다.

'어부漁父'는 고기 잡는 일은 하는 어부漁夫를 뜻하고, '지之'는 어조사이다. '이利'는 이롭다는 것을 말한다. '어부지리漁父之利'는 '어부漁夫의 이로움利益'이라는 뜻으로, 둘이 다투는 틈을 다시 엉뚱한 이가 이익을 가로챈다는 것을 이르는 말이다. 이 이야기는 『전국책戰國策』의 『연책燕策』에 실려 있는데, 다음과 같은 내용을 담고 있다.

> 조나라趙에 도착한 소대蘇代는 한 가지 예를 들어 혜문왕惠文王을 설득했다. "제가 이 나라에 들어올 때, 역수易水를 지나다가 우연히 냇가를 보니 조개가 입을 벌리고 볕을 쬐고 있었는데, 도요새 한 마리가 날아와 조개의 속살을 먹으려고 쪼는 순간, 조개는 급히 입을 꽉 다물어 버렸습니다. 다급해진 도요새가 "오늘도 내일도 비가 오지 않으면 너는 목이 말라 죽을 것이야!"라고 하자, 조개도 지지 않고, "내가 오늘도 내일도 놓지 않고 꽉 물고 있으면 너야말로 굶어 죽고 말 거야!"라고 했습니다. 이렇게 한창 다투고 있는데, 지나가던 어부漁夫가 이를 보고, 힘들이지 않고 둘 다 잡아가고 말았습니다. 전하께서는 지금 연나라燕를 치려 하십니다만, 두 나라는 서로 전력이 팽팽하여 오랜 시간 싸울 것이고, 백성들의 피해도 막심할 것입니다. 만일 그렇게 되면, 저 강대한 진나라秦가 어부漁父가 되지 않을까 두렵습니다. 이에 혜문왕惠文王은 "그대의 생각이 옳소!"라고 하면서 연나라燕를 공격하려는 생각을 그만두었다. 『전국책戰國策』[4]

'어부지리漁父之利'는 두 사람이 서로 뜻을 양보하지 않고 팽팽하게 다투는 동안에 엉뚱하게도 다른 사람이 이익을 본다는 의미를 지니고 있다. 연나라燕와 조나라趙가 서로 싸우면 이는 결국 옆에 있는 진나라秦에만 이익을 주는 것임을 비유하고 있다.

5)「나무 그루터기를 지키며 토끼를 기다리다守株待兎」

한비자韓非子는 법가法家의 대표적인 인물 가운데 한 명이다. 그는 새로운 시대 흐름

4 장준영, 「선진先秦 우언寓言의 스토리텔링 미학에 관한 몇 가지 단상」, 『중국학연구』제69집, 2014년 8월.

에 따르지 않고 예전의 낡은 관습만을 지키려 하는 유가儒家를 비난하며 이 우언寓言을 통해 자신의 견해를 드러냈다.

'수守'는 지킨다는 뜻이고, '주株'는 나무 그루터기를 일컫는다. '대待'는 기다린다는 뜻이고, '토兎'는 토끼를 말한다. '수주대토守株待兎'는 '나무 그루터기를 지키며 토끼를 기다리다.'라는 뜻으로 힘을 들이지 않고 요행으로 일이 성취되기를 바라거나, 어떤 착각에 빠져서 되지도 않을 일을 공연히 고집하는 어리석음을 일컫는 말이다. 이 이야기는 『한비자韓非子』의 「오두五蠹」에 실려 있는데, 다음과 같은 내용을 담고 있다.

춘추전국春秋戰國 시대 송나라宋에 한 농부가 있었다. 하루는 밭을 갈고 있는데 토끼 한 마리가 달려오더니 밭 가운데 있는 나무 그루터기에 머리를 들이받고 목이 부러져 죽었다. 힘들이지 않고 토끼를 얻은 농부는 그때부터 농사는 접어둔 채, 온종일 나무 밑동만 바라보며 토끼가 와서 부딪혀 죽기를 기다렸다. 하지만 농부는 그 후 한 마리의 토끼도 얻지 못했다. 결국, 뒤늦게 정신을 차렸지만, 밭은 이미 잡초가 우거져 더는 농사를 지을 수 없었다.

한비자韓非子가 활약했을 당시, 유가儒家는 요순堯舜 시대를 이상으로 한 왕도정치王

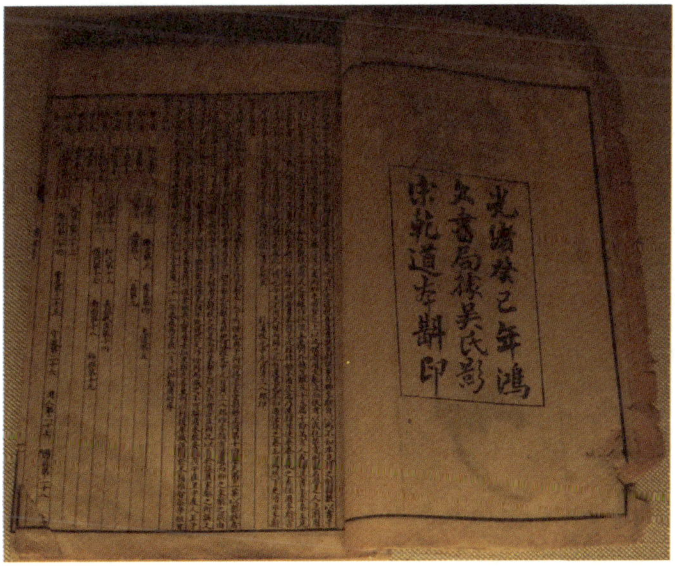

『한비자韓非子』 ⓒ wikipedia

道政治를 주장했다. 반면에 법가法家인 한비자韓非子는 요순堯舜을 이상으로 하는 왕도정치王道政治가 시대에 뒤떨어졌다면서 비판했다. 그는 옛날에 훌륭했던 방법이라고 할지라도 지금에 이르러서 변화하지 않고 그대로 적용한다면 이것은 나무 그루터기 옆에서 토끼를 기다리는 것과 다를 바 없다는 비유를 들어 유가儒家를 비평했다.

| 2 | 중국 소설의 다른 기원: 사실事實과 야사野史

산문散文은 일반적으로 운문韻文과 상대적인 개념으로서 운율韻律이나 음절의 수에 구애되지 않는 자유로운 형식의 글을 가리킨다. 중국 고전 산문도 이러한 특징에서 크게 벗어나지는 않는데, 시가詩歌를 대표로 하는 운문韻文과 상대적인 글을 의미하지만 좀 더 자세히 살펴보면, 대구對句나 운율韻律을 비롯한 여러 가지 형식적 특징을 중시하는 글과 달리, 내용적 특징을 위주로 한 자유로운 형식의 글을 가리킨다. 중국 고전문학에서 말하는 산문散文은 경전經傳과 사서史書를 비롯하여 사상과 감정을 담은, 형식이 비교적 자유로운 형태의 글들을 가리키는데, 흔히 이러한 글의 형식을 고문古文이라 불린다. 중국 고대 산문은 크게 『서경書經』을 계승한 『좌전左傳』, 『국어國語』, 『전국책戰國策』 등의 '기사紀事의 글'과 춘추전국春秋戰國 시대에 성행한 제자諸子들에 의하여 이루어진 사상적인 기록인 『논어論語』, 『맹자孟子』, 『묵자墨子』, 『장자莊子』, 『한비자韓非子』 등의 '입언立言의 글'이 있다. 이 중에서 중국 소설의 다른 기원인 '사실事實과 야사野史'와 관련 있는 부분은 '기사紀事의 글'이다. 이러한 '기사紀事의 글'을 '역사 산문'이라고 부르기도 한다.

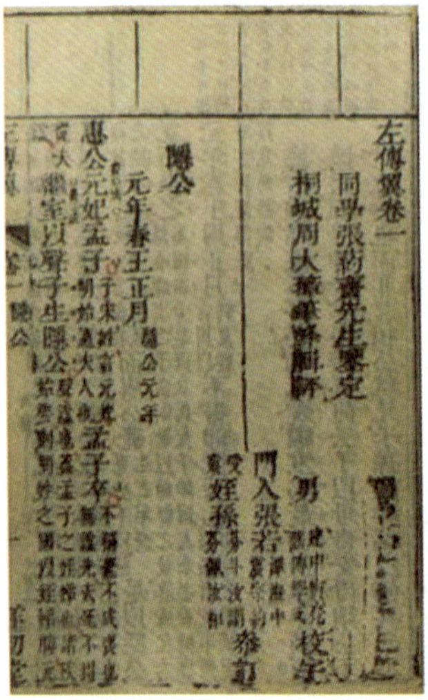

『좌전左傳』 ⓒ wikipedia

1)「죽은 후에도 썩지 않는다不朽」

『좌전左傳』은 『춘추좌씨전春秋左氏傳』 또는 『좌씨전左氏傳』이라고도 한다. 역사서인 『춘추春秋』를 해석하여 지은 책으로 저자에 대하여 여러 의견이 있으나 대체로 노나라魯의 좌구명左丘明이 쓴 것으로 전해지고 있다. 『춘추春秋』는 노나라魯 은공隱公 원년에서부터 애공哀公 14년에 이르는 242년간의 춘추春秋 시대 열국列國의 역사가 편년체編年體로 기술되어 있다. 『춘추春秋』에 대한 해설서로는 『좌전左傳』 이외에 『공양전公羊傳』, 『곡량전穀梁傳』이 있다. 『공양전公羊傳』과 『곡량전穀梁傳』이 의리義理나 도의道義를 중심으로 기술한 데 반하여, 『좌전左傳』은 의리義理보다는 사실事實이나 궤적軌跡에 대한 기록이 중심을 이룬다. 『좌전左傳』은 인물의 활동과 사건의 구체적인 묘사를 통하여 역사적인 흐름을 서술하고 있는데, 민간의 많은 전설을 운용하고 있어 문학성이 농후하다. 특히 전쟁에 대한 묘사가 뛰어나고, 간결한 언어로 인물의 특징을 잘 표현하고 있다. 그뿐만 아니라 구성과 내용이 복잡하게 전개되어 독자의 긴장과 흥미를 유발하고 있다.[5]

'불후不朽'는 '썩지 않는다'라는 뜻으로, 영원토록 변하거나 없어지지 아니함을 비유적으로 이르는 말이다. 이 이야기는 『좌전左傳』의 「노양공24년魯襄公24年」에 실려 있는데, 다음과 같은 내용을 담고 있다.

> 노나라魯의 목숙穆叔이 진나라晉에 갔을 때, 범선자范宣子가 그를 맞이하며 물었다. "죽은 후에도 썩지 않는다不朽는 옛사람의 말은 무슨 의미입니까?" 목숙穆叔이 대답하지 않자, 범선자范宣子가 말했다. "옛날 우리 집안의 조상은 요堯 임금 시절에는 도당씨陶唐氏였으며, 하나라夏 시기에는 어룡씨魚龍氏였고, 상나라商에서는 시위씨豕韋氏라 하였고, 주나라周 시대에는 당두씨唐杜氏가 되었고, 진나라晉가 중국의 맹주가 된 지금에는 범씨范氏가 되지 않았습니까?"하고 스스로 자신의 가문을 들먹이며 이것이 영원히 썩어지지 않을 불후不朽한 것이 아니냐고 물었다. 이에 목숙穆叔이 대답하였다. "제가 알기로는 그것은 가문 대대로 이어진 복록福祿이지 불후不朽한 것은 아닙니다. 노나라魯의 대부大夫 중에는 장무중臧文仲이라는 사람이 있었습니다. 그분은 돌아가셨으나 그분이 남긴 말씀

5 이수웅, 『역사 따라 배우는 중국문학사』, 서울: 다락원, 2010년.

은 아직도 살아있습니다. 이것이 바로 불후不朽한 것입니다. 제가 들은 바에 따르면, 최상의 불후不朽는 덕德을 세우는 것이며, 그다음이 공功을 세우는 것이고, 그다음이 세상에 말을 남기는 것이라고 합니다. 이 세 가지는 오래되어도 없어지지 않으니 그것을 일러 영원히 썩지 않을 불후不朽한 것이라 한 것입니다. 성姓을 유지하고 씨氏를 계승하는 것은 복록福祿이 큰 것이지 불후不朽한 것은 아닙니다."라고 하자 범선자范宣子는 부끄럽게 생각했다.『좌전左傳』

2)「몹시 시끄럽고 먼지가 부옇게 일어나다甚囂塵上」

'심甚'은 심하다는 뜻이고, '효囂'는 떠들썩함을 의미한다. '진塵'은 티끌을 말하고, '상上'은 위쪽을 일컫는다. '심효진상甚囂塵上'은 '몹시 시끄럽고 먼지가 부옇게 일어난다.'라는 뜻으로, 원래는 전투 준비에 바쁜 병영의 모습을 묘사하는 말이었으나, 나중에는 의논이 분분하거나 여론이 떠들썩한 것을 비유하는 말로 쓰였다. 이 이야기는 『좌전左傳』의 「성공16년成公16年」에 실려 있는데, 다음과 같은 내용을 담고 있다.

춘추春秋 시대 초나라楚와 진나라晉가 언릉鄢陵에서 싸우게 되었다. 싸움이 시작되기 전에 초나라楚 공왕共王이 태재太宰 백주리伯州犁와 함께 전망대에 올라 적진을 바라보면서 서로 이야기를 주고받았다. "전군이 저렇듯 좌우로 분주히 달리니 웬일인가?" "군리軍吏들을 부르러 다니는 것입니다." "저렇게 중군中軍으로 사람들이 모여드는 것은 웬일인가?" "모여서 작전을 의논하려는 모양입니다." "장막을 치는 것은 웬일인가?" "조상의 혼령에게 무엇을 알리고자 하는 모양입니다." "이제 장막을 치우니 웬일인가?" "장차 군령軍令을 내릴 모양입니다." "큰 소리로 떠들고 티끌이 일어나는 건 웬일인가?" "저들이 대열을 갖추고 진陣을 치려고 부엌을 헐고 우물을 막고 싸움터를 만드는 모양입니다." 이렇게 공왕共王과 백주리伯州犁가 보았던 것과 같이 진나라晉 군대는 질서가 정연하고 사기가 높았다. 싸움이 시작되자 진나라晉 군대는 성난 파도와 같이 달려들어 초나라楚 군대를 무찔렀다.『좌전左傳』

3) 「형가荊軻를 역수易水에서 떠나보내다易水送別」

『전국책戰國策』의 『연책燕策』에는 '형가荊軻가 진왕秦王을 죽이려 하다荊軻刺秦王'라는 대목에 '형가荊軻를 역수易水에서 떠나보내다易水送別'라는 이야기가 등장한다. 연나라燕 태자 단丹은 진시황秦始皇에 대한 깊은 원한으로 그를 죽이기 위해 자객인 형가荊軻를 진나라秦로 보내면서 역수易水에서 이별하였다.

형가荊軻는 진시황秦始皇을 암살하기 위해 진나라秦로 떠나기 전에 역수易水 강가에서 술을 마시고 축築을 치면서 노래한다. '바람이 휭휭 세차게 부는데, 역수易水는 차갑구나. 장사는 한번 떠나가고, 다시는 돌아오지 않네!' 이 이야기에서 죽음을 하찮게 여기는 영웅의 형상이 역수易水에서의 비장한 분위기와 함께 극적으로 그려지고 있다.

청나라清 원본院本 「청명상하도清明上河圖」 중 일부 ⓒ 국립고궁박물원國立故宮博物院

'역수송별易水送別'의 제재를 자세히 살펴보면, 이 이야기는 이후 문학 작품의 주요 소재로 활용되기도 했는데, 가장 대표적인 작품은 초당사걸初唐四傑 가운데 한 명인 낙빈왕駱賓王의 「역수송별易水送別」이라는 시이다. 역수易水에서 송별을 그릴 때 분위기가 비장했다. '바람은 소스라치게 불고, 역수易水의 물은 차가운데 장사가 한번 떠나가니 다시 돌아오기 어렵구나.' 가슴 속 북받쳐 오르는 슬픔과 분노가 장엄한 분위기 속에서 잘 드러나 있다. 이때 형가荊軻를 배웅했던 신하들은 모두 그 노래에 비분강개한 나머지 머리카락이 쭈뼛 서서 관을 뚫고 나왔다고 한다. 이후 머리카락이 곤두서서 관冠을 뚫고 나온다는 뜻인 '발충관髮衝冠'은 분노와 울분이 거세고, 비장한 각오와 장엄한 기세로 현실에 맞닥뜨린다는 표현으로 자주 쓰인다.

형가荊軻는 진시황秦始皇을 찾아가서 그를 죽이려다가 결국 실패하고 죽음을 맞이한다. 또한 형가荊軻를 자객으로 보냈던 연나라燕의 태자인 단丹도 나중에는 진시황秦始皇에게 죽임을 당하고 만다. 진시황秦始皇은 비록 중국을 통일했지만, 그의 왕조도 16년 만에 무너지고 말았다. 그 당시에는 위신과 명분, 이득과 실리, 때로는 정치와 이념으로 서로 영토를 뺏고, 백성을 정복하는 일들은 국가의 존망과 성공에 있어서 중요한 요소로 작용했다. 하지만 역사의 긴 흐름 속에서 돌이켜보면, 수천 년이 지나도 강물은 언제나 그렇듯 소리 없이 흘러가고, 자연의 계절도 때가 되면 저절로 바뀌듯이 모두 허망하고 부질없는 일이라는 것을 이 이야기를 통해 분명하게 보여 주고 있다.

낙빈왕駱賓王이 활약했던 시대에는 주위의 사람들이 측천무후則天武后를 쫓아내야 한다고 주장하며 반란을 일으키고자 하였다. 그때 낙빈왕駱賓王은 역수易水라는 곳으로 가서 형가荊軻를 떠올리며, 「역수송별易水送別」을 지어 반역은 시기상조라고 주장했지만, 나중에는 하는 수없이 측천무후則天武后를 타도하고자 하는 무리에 가담하게 된다. 하지만 거사는 실패하고, 그의 행방은 알 수 없게 되었다. 전해지는 바로는 낙빈왕駱賓王이 죽임을 당했다고도 하고, 또 출가하여 승려가 되었다는 이야기도 있다. 역대로 중국 문학 작품에서 전고典故로 자주 활용되었던 '형가荊軻를 역수易水에서 떠나보내다易水送別'는 『전국책戰國策』에 실려 있고, 그 극적인 내용은 소설을 비롯한 다양한 작품에 주요한 제재로 적극적으로 활용되고 있다.

4)「형가荊軻가 진왕秦王을 죽이려 하다荊軻刺秦王」

'형가荊軻가 진왕秦王을 죽이려 하다荊軻刺秦王'라는 이야기는 『전국책戰國策』의 『연책燕策』에 보이는데, 『사기史記』의 「유협열전遊俠列傳」에 더욱 상세히 기록되어 있다.

중국 역사서의 으뜸으로 평가받는 『사기史記』는 사마천司馬遷, 기원전 145?~기원전 86?이 상고上古 시대의 황제黃帝부터 한나라漢 무제武帝 태초4년太初4年까지 약 3천 년이 넘는 기간의 중국과 그 주변 민족의 역사를 포괄하여 저술했다. 『사기史記』는 중국의 가장 오래된 역사서이자 유일한 통사通史이다. 전 세계 역사에서 가장 중요한 저작 중 하나이며, 역사적 사실을 시간의 흐름에 따라 기술하는 편년체編年體가 아닌, 각 사건과 인물을 개별적으로 따로 기술하는 기전체紀傳體 형식으로 서술된 최초의 역사서다.

『사기史記』는 『본기本紀』, 『표表』, 『서書』, 『세가世家』, 『열전列傳』으로 이루어졌는데,

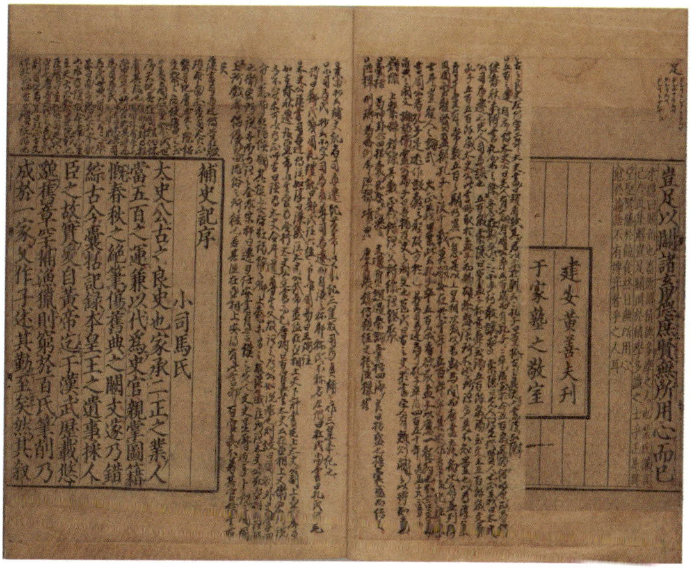

남송南宋 건안황선부가숙간본建安黃善夫家塾刊本 『사기史記』

진시황릉秦始皇陵의 병마용兵馬俑 ⓒ pixabay

이 중에서 인물에 대한 기록으로는 『본기本紀』, 『세가世家』, 『열전列傳』이 있다. 『본기本紀』는 천자의 기록, 『세가世家』는 춘추전국春秋戰國 시대 및 서한西漢 제후들의 기록, 『열전列傳』은 그 밖의 주요 인물들에 대한 기록이다. 이 중에서 『열전列傳』은 『사기史記』에서 절반 이상을 차지할 정도로 방대한 분량을 가지고 있다. 『열전列傳』은 「백이열전伯夷列傳」을 첫 편으로 시작해 「관안열전管晏列傳」, 「노자한비열전老子韓非列傳」, 「오자서열전伍子胥列傳」 등 총 70편으로 이루어져 있다.

『열전列傳』은 한 시대를 살았던 인물들의 일화逸話가 내용의 주를 이루고 있어 전기식傳記式 구성의 역사서이지만, 서사 내용과 표현 양식에 있어서 문학적 특징이 강하다. 특히 소설적 전개 방식과 구성을 갖추고 있어서 이후 소설의 형성과 발전에 큰 영향을 미쳤다. 『열전列傳』은 70편으로 이루어져 있는데, 한 편에 일반적으로 중요한 인물이 한두 명씩 배치되어 있다. 그러나 「유협열전遊俠列傳」에는 여러 명이 들어가 있다. 그 당시 '협객俠客'은 '호방하고 의협심이 있는 사람'을 의미하지만, 다른 한편으로는 전통적으로 '일정한 보수를 받고 몰래 사람을 죽이는 일을 일삼는 사람'으로 부정적

이미지가 강했다. 그렇기에 정식으로 그들을 의義를 행하는 사람들로 여겨, 의로운 행실을 기록한 『열전列傳』의 반열에 올린 이는 없었다. 그러나 사마천司馬遷은 자객들에게 『열전列傳』을 써 주었는데, 자객들에게도 충정과 의리, 용맹과 희생 등 배울만한 점을 충분히 갖추고 있다고 여겼기 때문이다. 「유협열전遊俠列傳」에 포함된 내용도 매우 다양하다. 역사적인 사실뿐만 아니라 출생에서부터 어떤 과정을 통해 대업에 가담하게 되었고 어떻게 의義를 이루었고 또 어떻게 역사 속에서 사라져 갔는지, 마치 한 편의 개인 일대기를 연상하듯 상세히 기록하고 있다.

『열전列傳』 중에서도 「유협열전遊俠列傳」은 역사적 환경 속에서 '시대와 인물', '전체와 개인'이라는 구도를 배경으로 특별한 인물인 자객의 이야기에 극적인 긴장감과 무한한 감동을 불러일으킨다. 「유협열전遊俠列傳」에는 노나라魯의 조말曹沫, 오나라吳의 전제專諸, 진나라晉의 예양豫讓, 한나라韓의 섭정聶政, 연나라燕의 형가荊軻 등 다섯 명의 협객俠客을 다루었다. 사마천司馬遷은 '조말曹沫로부터 형가荊軻에 이르기까지 다섯 명의 자객은 그 의로운 행동이 이루어지기도 하고 실패하기도 했다. 이들의 목적은 뚜렷하였으며 자기 뜻을 욕되게 하지도 않았다. 이들의 이름이 후세에 전해지는 것이 어찌 헛된 일이 되겠는가!'라고 평하였다.

「유협열전遊俠列傳」에서 마지막으로 등장하는 인물은 '형가荊軻'이다. 여기에는 형가荊軻에 대한 자세한 내용이 담겨 있는데 그가 다른 식객들에게 천대를 받다가 어떻게 태자 단丹의 신임을 얻었으며, 나중에는 어떻게 자기 뜻을 이루려다가 죽음을 맞이하였는지에 대해서 자세히 묘사하고 있다. 이처럼 「유협열전遊俠列傳」 중에서 '형가荊軻의 서사'는 인물의 심리와 사건의 전개뿐만 아니라 인물형상을 살아 움직이는 듯이 생동감 있게 그리고 있어 중국 소설의 특징을 고스란히 보여 주고 있다.

형가荊軻, ?~기원전 227는 전국全國 시대 말기의 협객俠客이며 위나라衛 사람이다. 진나라秦 시황제始皇帝를 암살하려 했던 인물이다. 진나라秦 정政은 왕으로 즉위하기 전에 연나라燕 태자 단丹과 함께 조나라趙에 볼모로 있으면서 친하게 지냈다. 정政이 귀국하여 즉위한 다음 태자 단丹을 무시하자, 태자 단丹은 진왕秦王에게 복수하고자 마음먹고, 형가荊軻가 용감한 협객俠客이라는 말을 듣고 그에게 복수해줄 것을 청하였다. 형가荊軻는 연나라燕의 사신으로 위장하여 값진 보물과 함께 땅을 바치겠다는 뜻으로 독항督亢이란 지역의 지도를 주기로 하였다. 진왕秦王이 모든 신하를 모아놓고 사신을 접견하였는데, 이때 형가荊軻가 지도 속에 감추어 둔 단검을 빼서 진왕秦王을 죽이려고 하다 실패하여 처형당했다. 형가荊軻가 암살에 실패하고 죽은 후, 고점리高漸離가 황제로 즉위한 진시황秦始皇 앞에서 축筑을 연주할 때, 축筑 속에 납덩이를 숨기고 있다가 황제를 내려쳤으나 실패하여 죽임을 당하였다.

『사기史記』의 『열전列傳』을 통해서 역사적인 가치와 문학적인 가치를 동시에 파악할 필요가 있다. 역사적인 가치로는 그 당시에 역사적인 사실을 토대로 발단과 과정 및 결과를 자세하게 기술하여 사건의 경과와 이해관계를 전체적으로 파악할 수 있다. 반

『수상동주열국전지繡像東周列國全志』 중 형가荊軻 ⓒ wikipedia

면에 역사적인 사실에만 근거해서 『열전列傳』을 살펴보는 관점에서 벗어나 다른 시각으로 살펴본다면, 우리가 소홀하기 쉬웠던 문학적인 가치들도 발견할 수 있다. 『열전列傳』에는 한 인물의 출생에서부터 성장, 죽음에 이르기까지 어떠한 과정을 거쳤는지 그 과정이 매우 자세하게 드러나 있다. 또한, 소설적 서사 방식을 효과적으로 운용하고 있고, 상황에 따라 직설법을 적절히 사용하면서 생동감이 있는 묘사를 진행하고 있다. 이러한 점은 『열전列傳』이 마치 한 편의 소설과 같이 완전한 하나의 문학 작품으로 느껴지게 만든다. 이처럼 다양한 문학적 특징은 『열전列傳』에만 국한된 것이 아니라, 『사기史記』 전체에도 해당하는데, 단순한 역사서라고 하기에는 훨씬 복합적이고 풍부한 문학적 색채를 지니고 있으며, 다양한 소설적 특징을 구체적으로 드러내고 있음을 어렵지 않게 발견할 수 있다.

| 3 | 중국 소설의 다른 기원: 전설傳說 - 4대 민간전설을 중심으로 -

중국 소설의 기원에는 '신화神話', '우언寓言', '사실事實'과 '야사野史' 그리고 '전설傳說'이 있다. '신화神話'는 인류가 환상적인 형식을 통해 자신의 심리와 기호에 따라 자연과 사회관계 등에 대해 표현하는 이야기라고 할 수 있는데, 자연을 자기 나름대로 해석하고, 분석해서 드러낸 결과물이라고 볼 수 있다. 중국의 신화는 주로 『산해경山海經』, 『장자莊子』, 『회남자淮南子』, 『열자列子』, 『초사楚辭』 등에 수록되어 있으며, 여와女媧, 후예后羿, 서왕모西王母, 곤鯀과 우禹 등 여러 신神에 얽힌 신화가 존재한다. 향후 지괴소설志怪小說이나 신마소설神魔小說, 환상소설幻想小說의 원류가 되기도 한다.

'전설傳說'은 이러한 신화와 매우 유사한 특징을 지니고 있다. 사실, 신화와 전설을 구분하는 경계가 상당히 모호하다. 대체로 신화와 전설 이야기 주체가 신神인가 인간인가에 따라서 이 둘을 크게 구별 짓는다. 그렇기에 일부 학자는 중국의 전설은 다양한 신화를 바탕으로 발전해 왔다고 하면서 신화 가운데 신神은 차츰 인간으로 변하였

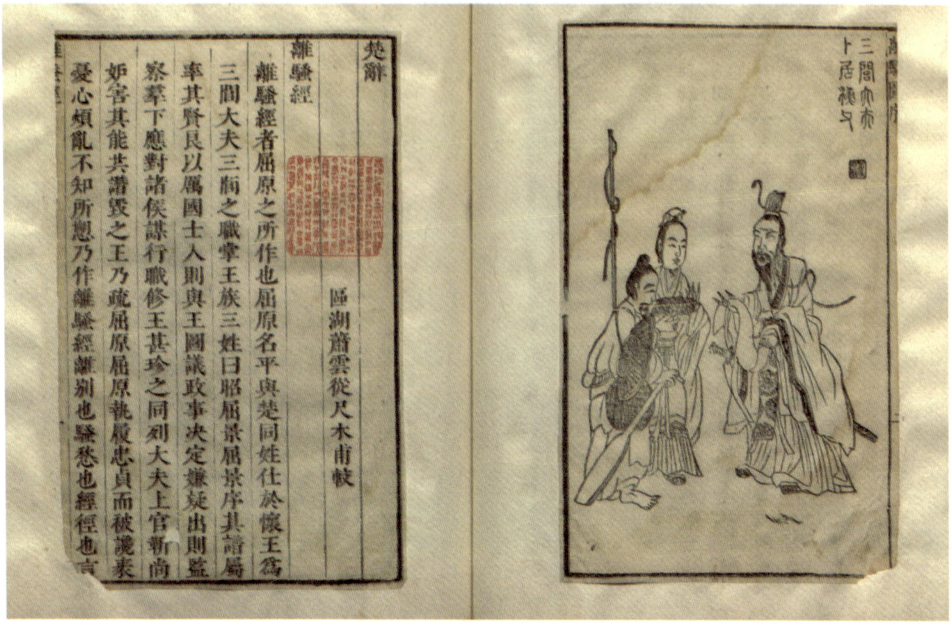

청나라清 1645년 굴원屈原, BC 342~BC 278의 「이소離騷」 ⓒ wikipedia

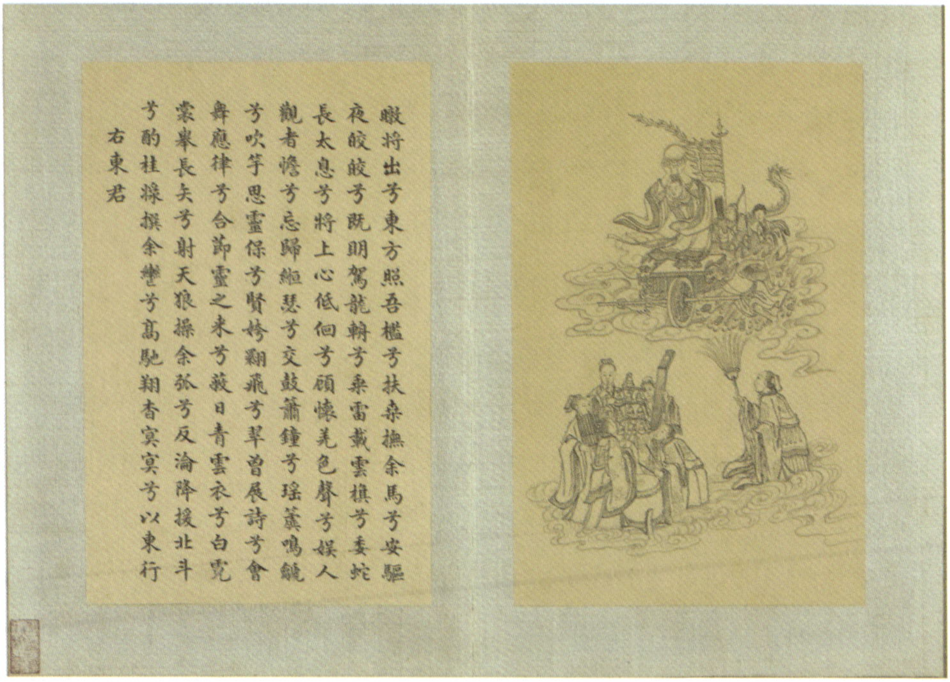

명나라明 말엽 소운종蕭雲從, 1596~1673 원화, 청나라清 문응조門應兆, ?~? 모사 및 보완 『이소도離騷圖』

ⓒ 국립고궁박물원國立故宮博物院

고, 그 인간의 발자취를 서술한 것이 전설이 되었다고 주장하기도 한다. 일반적으로 신화와 전설의 구분은 이야기의 주요 서술 대상이 신神인가 아니면 인간인가에 따라 나뉜다고 할 수 있다. 중국 고대신화에서 비롯된 신화적 특징을 가진 전설은 신화의 영역에 포함하여 설명하는 경우가 많다. 중국의 전형적인 전설의 형태는 고대의 민간전설로 보는 것이 타당한데, 지금으로서는 아주 먼 옛날 입으로 전해지거나 문헌에 드문드문 기록되었던 전설을 자세히 알 방법이 없다. 더군다나 민간에서 유행했던 전설의 원류를 찾기는 사실상 거의 불가능하다. 하지만 분명한 사실은 그 당시 저잣거리에서 유행했던 전설은 이후 중국 소설을 형성하고 발전시키는데 중요한 자양분이 되었다는 사실이다. 현재로서는 중국 고대 전설의 유형과 서사 내용의 최초 형태는 정확하게 알 수 없지만, 그 전승 과정은 대체로 민간에서 유래되어 구두로 전해지다가 문헌에 옮겨진 것으로 보인다. 따라서 실제로 서적에 기록된 것은 전설이 처음 생겨나고 전해진 시기보다 한참 이후의 일이라고 할 수 있으며, 전문 문인의 윤색과 수정을 수없이 거친 뒤의 이야기라고 볼 수 있다. 비록 중국 소설의 원류로서의 고대 전설을 명확하게 찾는 것은 어렵지만, 아주 오래전부터 오늘날까지 중국인들에게 널리 알려진 '민간전설'을 대상으로 중국 소설의 기원과 그 영향 관계를 살펴볼 수 있을 것으로 여겨진다.

중국에는 유명한 네 가지 민간전설이 전해 내려온다. 바로 「우랑직녀전설牛郎織女傳說」, 「맹강녀전설孟姜女傳說」, 「양축전설梁祝傳說」, 「백사전전설白蛇傳傳說」이다. 이러한 민간전설은 오랜 시간을 거치면서 지역이나 시대에 따라 다양한 변화를 겪어왔다. 이야기의 일부 내용이 첨가되거나 삭제되기도 했으며, 주제에 따라 이야기가 전혀 다른 방향으로 전개되기도 했다. 비록 일부 내용과 인물, 주제 등이 바뀌기는 했지만, 전체적으로 주요한 서사 체계는 그대로 유지되었다. 이 네 가지 민간전설이 정확하게 언제부터 만들어졌는지 알 수 없지만, 대체로 서한西漢 시대 이전부터 서사의 원형이 형성되면서 이후의 문헌이나 서적에 점차 기록되었거나 계승되었을 것으로 보인다.

「우랑직녀전설牛郎織女傳說」의 발생 시기는 정확하게 알 수 없지만, 동한東漢 때 조성된 효당산孝堂山의 석실 속 '삼족오도三足烏圖'에 직녀성織女星과 견우성牽牛星이 있는 것으

동진東晉 고개지顧愷之, 344~406? 남송南宋 모사본 「열녀인지도列女仁智圖」 ⓒ wikipedia

로 봐서 서한西漢 이전으로 여겨진다. 춘추전국春秋戰國 시대에 천문의 관측을 통해 은하수가 발견되었으며, 『시경詩經』의 「소아小雅」에 전설의 연원淵源으로 추정되는 시구가 있다. 동한東漢 말경에는 '견우牽牛'와 '직녀織女' 두 별이 인격화하면서 전설로 꾸며졌고, 위진남북조六朝南北朝 시대에 이르러 '직녀織女가 은하수를 건너 견우牽牛를 만나다.'라는 전설로 발전하였다. 이 전설의 가장 오랜 기록은 수나라隋의 두공섬杜公贍, ?~?이 지은 『형초세시기荊楚歲時記』에 보인다.

「맹강녀전설孟姜女傳說」의 주인공인 맹강녀孟姜女는 『좌전左傳』의 「양공23년襄公23年」에 기재되어 있다. 그 내용에 따르면, 맹강녀孟姜女는 제나라齊 장수인 기량杞梁의 처라고도 하며 이름과 성은 미상으로 되어 있다. 한나라漢 때 유향劉向, BC 77~BC 6의 『열녀전列女傳』에서는 맹강녀孟姜女는 자식이 없고 가까운 친척도 없어 돌아갈 곳이 없었다고 했다. 남편을 찾아 멀리 변방까지 왔지만, 남편은 이미 죽었고 시신은 성벽 아래 깔렸다는 것을 알고 통곡하자 지나가는 사람들까지도 모두 눈물을 흘렸다고 한다. 10여 일 후에 성벽이 무너져 내렸다는 기이한 현상을 기술하고 있다.

「양축전설梁祝傳說」은 수많은 중국 고대 서적에 남겨져 있으며, 최초 기록으로는 당나라唐 초기 양재언梁載言, ?~?의 『십도사번지十道四蕃志』이다. 이후 중국의 전통극에서 계속해서 상연됐고 다양한 문화예술 장르에서 수요 소재로 사용되고 있다.

「백사전전설白蛇傳傳說」은 초기에 구두로 전해지면서 여러 가지 판본이 생겨났다. 대체로 지금 전해지는 이야기는 남송南宋 시기에 생겨나 명나라明 때 완벽한 이야기로

「백사전전설白蛇傳傳說」을 각색하여 공연하는 중국 전통극 ⓒ flickr

기록되었고, 청나라淸 때 크게 성행했다고 알려졌다.

1) 「우랑직녀전설牛郎織女傳說」

「우랑직녀전설牛郎織女傳說」은 우랑牛郎: 소를 끄는 사내과 직녀織女: 베를 짜는 여인에 관한 이야기로 세시 풍속과 맞물려 중국뿐만 아니라, 한국과 일본 등에도 널리 전해졌다. 우리나라에서는 「견우직녀전설牽牛織女傳說」로 알려져 있으며 '칠석七夕'의 풍습과 관련이 있는데, 이때는 나라마다 다채로운 전통적인 행사를 벌인다.

이 이야기가 최초로 기록된 문헌은 『시경詩經』의 「소아小雅」이며, 여기에서 우랑牛郎은 견우牽牛로 불리고 있다. 당시의 우랑牛郎과 직녀織女는 천상의 별로 지칭되고 있을 뿐, 두 사람의 사랑에 관한 묘사는 보이지 않는다. 하지만 이후 민간에 전해 내려오면서 다양한 내용이 덧붙여져 두 사람의 애틋한 사랑을 펼치는 전설로 변화하였다. 「우랑직녀전설牛郎織女傳說」에는 여러 가지 내용이 있는데, 몇 가지를 살펴보면 다음과 같다.

전해 내려오는 이야기에 따르면 아주 먼 옛날, 남양南陽의 성 서쪽 마을에 고아가 형과 형수와 같이 살고 있었다. 형수는 그를 매우 못마땅하게 여겨 그를 내쫓을 생각밖에 없었다. 어느 날 형수는 그에게 아홉 마리의 소를 주고는 열 마리를 데리고 오라고 한 후에 만약 열 마리의 소를 데리고 오지 않으면, 영원히 집으로 돌아오지 말라고 으름장을 놓았다. 우랑牛郎은 집을 떠나 산을 헤매며 낙심하고 있었는데, 도중에 한 노인道人을 만나 가르침을 받았다. 그는 복우산伏牛山에 올라가 병든 소 한 마리를 발견하게 되었다. 그는 온갖 정성을 다하여 소를 돌보아 주었다. 이 소가 원래는 천상의 금우성金牛星이었으나, 죄를 지어 지상으로 쫓겨 왔다는 것을 알게 되었다. 그는 마침내 이 소를 포함해서 열 마리 소를 채워서 무사히 집으로 돌아올 수 있었다. 이후 이 늙은 소의 지시에 따라 우랑牛郎은 선녀들이 지상으로 내려와 목욕하며 놀던 장소로 가서 그중 한 명의 옷을 가져왔는데 그것이 바로 직녀織女의 옷이었다. 때가 되어 하늘로 올라갈 수 없었던 직녀織女는 우랑牛郎을 만나게 되고, 두 사람은 사랑에 빠졌다. 곧이어 두 사람은 결혼하여 아이를 낳았으나 천상의 여인이 지상의 남자와 결혼하는 것은 하늘의 규율을 어긴 일이라 직녀織女는 결국 하늘로 불려가게 되었다. 이미 기력이 다한 소는 우랑牛郎에게 자신이 죽고 난 후 그 가죽으로 신발을 만들어 언덕에 올라가면 구름을 타고 하늘로 올라갈 수 있다고 알려주었다. 우랑牛郎은 늙은 소가 죽자 그의 말대로 가죽으로 신발을 만들었고 마침내 하늘로 올라갈 수 있게 되었다. 그는 바로 직녀織女를 만

북경北京 이화원頤和園 장랑長廊에 그려져 있는 「우랑직녀전설牛郎織女傳說」 ⓒ wikipedia

고구려高句麗 시대 남포南浦 덕흥리德興里 고분 벽화 「견우직녀도牽牛織女圖」 ⓒ 동북아역사재단

나려 했지만, 서왕모西王母가 은하수로 가는 길을 막아버렸다. 그러나 천상의 까마귀들이 이들의 사랑에 감동하여 오작교烏鵲橋를 만들어 마침내 우랑牛郎과 직녀織女가 다시 만날 수 있게 도와주었다. 서왕모西王母도 이 모습에 감동하여 매년 음력 7월 7일에 오작교烏鵲橋에서 두 사람이 만날 수 있도록 허락했다. 이후 매년 7월 7일에 우랑牛郎은 두 아이를 데리고 천상으로 올라가 직녀織女와 만나게 된다.

또 다른 이야기로는, 견우牽牛와 직녀織女가 원래 옥황상제玉皇上帝의 여러 선인仙人 중의 한 명이었는데, 이 둘은 첫눈에 반하게 되어 서로 사랑하게 되었다. 천상에서는 선녀仙女와 선관仙官은 정을 나누면 안 되는 엄격한 규율이 있었기 때문에 이들의 사랑은 허락되지 않았다. 선녀仙女는 순수하고 정결한 마음을 반드시 유지해야 하고, 선관仙官 역시 일체의 욕정에 휘말릴 수 있는 사랑은 철저하게 금지되었다. 하지만 이 둘은 천상의 율법律法을 어기고 사랑을 나누었기에 천상에서 쫓겨나는 벌을 받았다. 옥황상제玉皇上帝는 이 둘에게는 죽음보다도 가혹한 형벌이라고 할 수 있는 언제나 멀리서 바라보기만 할 뿐, 결코 같이 있을 수 없는 징벌을 내렸다. 은하수를 사이에 두고서 두 사람은 만나지 못한 채 서로를 쳐다보며 애틋하게 눈물만 흘렸다. 이 두 사람의 애절한 모습을 보고 가엾게 여긴 옥황상제玉皇上帝는 일 년에 단 하루만 만나게 해주었고, 이날이 바로 음력 7월 7일 칠석七夕이다. 그들은 은하수를 건너서 만날 수 있는 이 날만을 학수고대하며 기다렸다. 그런데 여느 때처럼 맑고 얕아서 쉽게 건널 수 있는 은하수이지만, 하필이면 이날만은 홍수가 나서 도저히 건널 수 없게 되었다. 이렇게 두 사람이 만나지 못한 것을 안타깝게 여긴 까마귀와 까치들이 하늘로 올라가 오작교烏鵲橋를 만들어 주었고, 견우牽牛와 직녀織女가 비로소 오작교烏鵲橋 위에서 다시 만날 수 있었다.

2) 「맹강녀전설孟姜女傳說」

「맹강녀전설孟姜女傳說」은 맹강녀孟姜女에 관한 전설이다. 「맹강녀孟姜女가 만리장성에서 슬프게 울부짖다孟姜女曲長城」라는 제목을 갖고 있기도 하다. 이 제목에는 '맹강녀孟姜女가 슬프게 울었더니, 만리장성萬里長城이 무너져버렸다.'라는 의미를 포함하고 있다. 맹강孟姜은 강씨姜氏 집안의 장녀長女라는 뜻으로, 『시경詩經』의 「정풍鄭風」에 실려 있는 「그녀와 함께 마차를 탔다네有女同車」을 비롯한 여러 문헌에서 등장하고 있다. 현재 전해오는 이야기는 당나라唐 때에 완성된 것으로 보인다. 전체적인 줄거리는 다음과 같다.

맹강녀孟姜女는 진시황秦始皇 때의 여인으로, 결혼하고 얼마 되지 않아 남편인 범기량范杞良이 만리장성萬里長城 공사에 끌려가게 되었다. 맹강녀孟姜女는 엄동설한에 남편이 입을 옷을 길쌈하여 몇 달이 걸려 만리장성萬里長城에 도착했다. 그 당시 만리장성萬里長

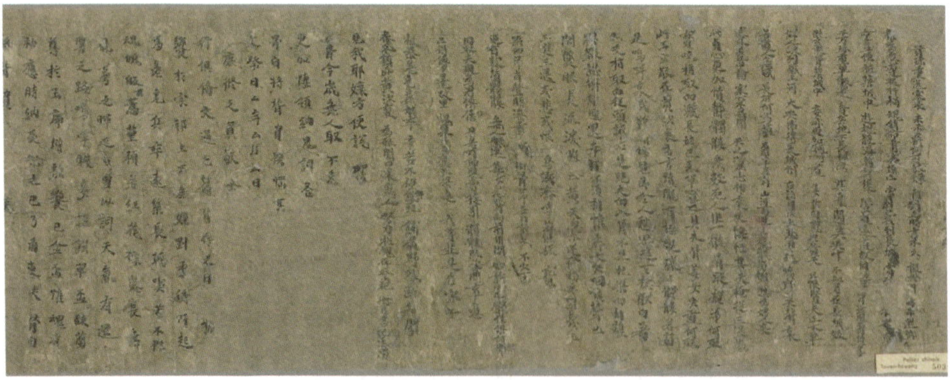

9~10세기 돈황敦煌 「맹강녀변문孟姜女變文」 © 프랑스국립도서관Bibliotheque Nationale de France

달빛에 비친 낡고 허물어진 만리장성萬里長城의 보루堡壘 © pixabay

조선朝鮮 시대 이휘지李徽之, 1715~1785외 『사로삼기첩槎路三奇帖』 중 맹강녀사당姜女廟 ⓒ 국립중앙박물관

城을 축조하기 위해서 많은 장정과 병사들이 투입되었다. 이러한 대공사는 한 해에 끝나는 일이 아니었기 때문에 노역을 위해 파견된 장정의 집에서는 해마다 두꺼운 옷을 짜서 남편이나 아들이 추운 겨울을 잘 이겨낼 수 있도록 보내주었다. 맹강녀孟姜女는 남편이 보고 싶어 직접 겨울옷을 가지고 만리장성萬里長城까지 갔다. 남편을 찾기 위해 변경邊境의 여러 곳을 헤매다가 우여곡절 끝에 남편이 일했다는 곳에 도착했다. 하지만 남편은 이미 죽어서 그 시신은 만리장성萬里長城의 밑에 묻혔다는 이야기를 듣게 되었다. 남편이 죽어서 성벽 밑에 묻혔다는 이야기를 듣고서 맹강녀孟姜女는 너무 슬퍼하며 크게 통곡하자, 만리장성萬里長城이 갑자기 무너지고 그 잔해 속에서 남편의 시신을 찾게 되었다. 맹강녀孟姜女의 애절함이 하늘을 감동하게 해 범기량范杞良의 시신을 찾게 한 것이었다.

그 당시에 만리장성萬里長城에는 수많은 무덤이 존재했었다. 만리장성萬里長城을 건

축하기 위해 끌려온 장정들과 병사들이 추위와 굶주림으로 병에 걸린다거나 고된 노역을 견디지 못해 죽게 되면 모두 만리장성萬里長城 밑에 묻었다고 전해진다. 만리장성萬里長城은 험준한 산악이나 광활한 평원, 척박한 사막과 같은 변경邊境의 척박한 지역에 축성되었기 때문에, 벽돌이나 석재를 쌓거나 흙을 짓찧어 다질 때 필요한 점성이 있는 재료가 매우 부족했다. 또한, 날마다 노역으로 힘든 생활을 견디지 못해 죽게 되는 사람들이 계속해서 늘어나자 이들을 편안히 무덤을 만들어 장례 치를 수 있는 시간과 공간이 없었다. 따라서 만리장성萬里長城을 축조하는 과정에서 죽은 사람들은 만리장성萬里長城 밑에 묻혀서 만리장성萬里長城의 견고함을 이루는 데 보탬이 되었다고 알려졌다. 실제로 만리장성萬里長城 유적을 발굴하다 보면 사람의 뼈가 대량으로 출토되곤 하는데, 이것은 위와 같은 사실을 증명하는 것인지도 모르겠다.

한편, 맹강녀孟姜女가 어떻게 남편의 유골을 찾게 되었는지와 그 이후 맹강녀孟姜女가 어떻게 죽었는지에 관한 이야기도 전해진다. 맹강녀孟姜女는 남편이 이미 죽어 성벽 아래에 묻혔다는 소식을 듣고서는 실성한 듯이 크게 울부짖자 성벽 수백 리가 무너졌고, 그 안에서 많은 유골이 나왔다. 맹강녀孟姜女는 자신의 피를 떨어뜨려서 남편의 시

1929년 산해관맹강녀사당山海關孟姜女廟 © wikimedia

만리장성萬里長城과 바다가 만나는 곳 산해관山海關 © flickr

신을 찾았다. 이 일을 알게 된 진시황秦始皇은 맹강녀孟姜女의 의로운 행동과 남편에 대한 사랑에 감동해 그녀를 첩妾으로 삼고자 하였다. 맹강녀孟姜女는 진시황秦始皇에게 만리장성萬里長城의 끝에 있는 진황도秦皇島로 가서 남편 범기량范杞良을 위해 제사를 지내 달라고 부탁했다. 진시황秦始皇이 그녀의 부탁을 받아들여 제사를 마치자, 맹강녀孟姜女는 남편의 시신을 받쳐 들고 만리장성萬里長城이 끝나는 곳인 산해관山海關 앞의 바다로 뛰어들어 스스로 목숨을 끊고 말았다.

3)「양축전설梁祝傳說」

「양축전설梁祝傳說」은 중국의 로미오와 줄리엣이라는 '양산백梁山伯'과 '축영대祝英臺'의 비극적인 사랑을 그린 이야기이다. 「양축전설梁祝傳說」은 당나라唐 초기 양재언梁載言, ?~?이 저술한 『십도사번지十道四蕃志』에 처음으로 보이는데, 이후 송나라宋 때 장진張津의 『건도사명도경乾道四明圖經』에도 등장한다. 「양축전설梁祝傳說은 송宋과 원나라元, 명明과 청나라淸를 거치면서 여러 희곡과 소설 등에서 주요 소재로 쓰였다. 전설로 전해져 내려오는 내용에 문학적인 수정과 첨삭이 더해지면서 현재 우리에게 알려진 이야기로 발전하게 되었다. 오랜 기간 구전된 만큼 판본도 여러 가지이며, 지역에 따라 이야기가 조금씩 다른데, 전체적인 줄거리는 다음과 같다.

동진東晉 때 축씨祝氏 가문에 영대英臺라는 총명하고 어여쁜 아가씨가 있었다. 축영대祝英臺는 어릴 적부터 시문詩文을 좋아했는데, 그녀는 좋은 스승을 찾아 항주杭州에서 계속 공부하길 원한다. 하지만 아버지는 이런 딸의 꿈을 받아들이지 않는다. 하지만 그녀는 여러 번 아버지에게 부탁해서 어렵게 아버지에게서 승낙을 얻는다. 남자로 변장한 축영대祝英臺는 항주杭州로 가는 길에 양산백梁山伯과 만나고, 두 사람은 항주杭州의 만송서원萬松書院에 입학해 함께 공부하게 된다. 하지만 양산백梁山伯은 축영대祝英臺가 여자라는 사실은 알아차리지 못한 채, 친한 동성 친구로만 지냈다. 3년이 흐르고 축영대祝英臺 아버지는 마씨馬氏 가문과 혼사를 치르기 위해 그녀를 집으로 불러들

양축전설梁祝傳說의 배경인 서호西湖 장교長橋의 낮과 밤 © flickr

이자, 결국 두 사람은 헤어지게 된다. 양산백梁山伯은 축영대祝英臺가 떠나는 십팔 리 길을 함께하며 배웅한다. 이때 양산백梁山伯은 축영대祝英臺가 여자였다는 사실을 비로소 알게 되었고, 축영대祝英臺를 찾아가 청혼하려고 한다. 그러나 집안이 가난했던 양산백梁山伯은 축영대祝英臺의 아버지로부터 거절당한다. 고향으로 돌아온 양산백梁山伯은 현령縣令이 되지만 축영대祝英臺를 그리워하다 병을 얻고 만다. 그는 오래 견디지 못하고 상사병相思病으로 그만 세상을 떠나고, 유언에 따라 양산백梁山伯은 무성鄮城 구룡허九龍墟에 묻힌다. 축영대祝英臺가 강제로 혼례를 치르던 날, 그녀의 가마가 양산백梁山伯 무덤을 피해 돌아가려 하지만 더 나아가지 못하고 그의 무덤 앞에 이르게 된다. 축영대祝英臺는 양산백梁山伯 무덤임을 알고 비통한 마음으로 무덤 앞에서 장례를 치르는데, 이때 천둥과 비바람이 몰아치면서 양산백梁山伯의 무덤이 갈라진다. 축영대祝英臺가 무덤 속으로 빨려 들어가자 양산백梁山伯의 무덤이 닫혀버리며, 이내 비바람이 그치고 무지개가 떠오른다. 다시 만난 축영대祝英臺와 양산백梁山伯은 나비가 되어 무덤 밖으로 나와 자유롭게 날아간다.

4)「백사전전설白蛇傳傳說」

「백사전전설白蛇傳傳說」은 낭만적이면서도 환상적인 요소가 담겨 있고, 감동적이면서도 애절한 이야기이다. 「백사전전설白蛇傳傳說」은 남송南宋 때부터 여러 차례 각색되어 민간에 전해 내려오다가 명나라明 풍몽룡馮夢龍에 의해서 『경세통언警世通言』 28권卷 「백낭자白娘子가 영원히 뇌봉탑雷峰塔에 갇히다白娘子永鎭雷峰塔」에 완결된 하나의 이야기로 굳어졌다. 이후 청나라淸에 이르러 여러 내용이 첨가되면서 크게 성행하게 되었다. 백사전전설白蛇傳傳說이 남송南宋 때에 보인다는 말은 사실 그 이전부터 초보적인 형태의 이야기가 민간에서 유행하고 있었음을 의미한다. 이후 여러 문인의 첨삭을 거쳐 명나라明에 말엽에 와서 비로소 하나의 작품으로 정착되었다. 이 전설은 '항주杭州', '서호西湖', '뇌봉탑雷峰塔' 등의 실제 지명地名과 연관이 있어 이야기에 현실감을 더하고

북경北京 이화원頤和園 장랑長廊에 그려져 있는 「백사전전설白蛇傳傳說」 ⓒ wikipedia

있고, 아름다운 자연경관을 배경으로 흥미롭게 묘사하고 있어 슬프면서도 아름다운 사랑 이야기를 낭만적으로 그리고 있다. 전체적인 줄거리는 다음과 같다.

남송南宋 때 항주杭州에 백사 한 마리가 천년을 수련하여 아름다운 여인인 백낭자白娘子의 모습으로 변신하였다. 그녀는 청어青魚 요괴인 소청小青과 더불어 서호西湖에 놀러 오게 되었다. 마침 단교斷橋를 지나게 되었는데, 사람들 가운데 허선許仙을 발견하고 은근히 마음속으로 좋아하게 되었다. 이때 그녀와 같이 놀러 온 소청小青은 도력道力으로 갑자기 비를 내리게 하였는데, 허선許仙이 비를 맞고 있는 백낭자白娘子 일행을 보고 안타까운 마음에 우산을 빌려준다. 백낭자白娘子는 허선許仙의 순수하면서도 착한 마음씨에 감동했고, 허선許仙도 그녀의 아름다운 모습을 보고 사랑하게 되었다. 이후 허선許仙과 백낭자白娘子는 부부가 되어 행복하게 살아간다. 하지만 법해法海 승려가 허선許仙에게 나타나 백낭자白娘子가 천년 묵은 뱀의 요괴라고 알려주면서 목숨이 위태롭다고 말한다. 그는 백낭자白娘子를 의심하는 허선許仙에게 백낭자白娘子의 본모습을 나타나게 하는 방법을 알려주고, 허선許仙에게 바리때절에서 쓰는 승려의 공양 그릇를 주면서 백낭자白娘子를 씌워 그 안에 가두게 한다. 법해法海는 바리때를 봉하고 난 다음

해 질 무렵 호수 맞은편에서 바라본 뇌봉탑雷峰塔 ⓒ pixabay

뇌봉사雷峰寺 앞으로 가져와 그 위에 뇌봉탑雷峰塔을 쌓는다.

「백사전전설白蛇傳傳說」은 풍몽룡馮夢龍의 『경세통언警世通言』에 기록된 내용 외에도 많은 내용이 덧붙여지고 바뀌기도 하면서 다양한 이야기로 전승되었다. 그 과정에서 백낭자白娘子는 요괴이지만 사람보다 더 사람 같은 마음씨를 가진 인물로 그려졌고, 또한, 백낭자白娘子가 아이를 가진 설정으로 바꾸어 그녀의 애처로움을 더욱 드러냈다. 허선許仙 역시 백낭자白娘子가 뱀의 요괴임을 알고서 그녀에게서 도망치려는 인물에서 오히려 사랑을 지키려고 자신을 희생하는 인물로 그려졌다. 소설 작품에서는 백낭자白娘子가 뇌봉탑雷峰塔에 갇히게 되면서 허선許仙과 영원히 이별하는 것으로 마무리되고 있지만, 사람들은 그렇게 이야기가 슬프게 끝나는 것을 결코 원치 않았다. 그래서 두 사람의 정성에 하늘이 감동하여 백낭자白娘子를 풀어주고 두 사람은 아이를 낳아 행복하게 살았다는 이야기나, 그들의 사랑을 방해했던 법해法海와 싸움을 벌여 법해法海를 물리치고 자유를 찾는다는 이야기를 삽입하여 행복한 결말로 이야기를 발전시키기도 했다. 백낭자白娘子를 뇌봉탑雷峰塔의 굴레에서 영원히 벗어나게 하고픈 사람들의 간절한 마음이 은연중에 작용했다고 하겠다. 『경세통언警世通言』에서 법해法海는 마지막으로 백낭자白娘子를 뇌봉탑雷峰塔에 가둔 뒤에 이렇게 말했다. "뇌봉탑雷峰塔이 무너져야만 백사가 세상 밖으로 나오리라!雷峰塔倒, 白蛇出世."

그런데 1924년 9월 25일, 정말 뇌봉탑雷峰塔이 무너져 버렸다. 오래전부터 전해 내려오는 이야기가 사실이 되는 순간이었다. 사람들은 뇌봉탑雷峰塔 안에 백사가 있는지에 대해서 매우 궁금해 했다. 이러한 마음은 중국의 문학가인 노신魯迅, 1881~1936도 예외가 아니었다. 노신魯迅은 그해 11월 뇌봉탑雷峰塔이 무너진 일을 두고 발표한 잡문 형식의 글인 「뇌봉탑雷峰塔이 무너진 것을 논하며論雷峰塔的倒掉」에 잘 드러내고 있다. 노신魯迅은 뇌봉탑雷峰塔이 무너진 사건과 함께 자유와 행복을 얻기 위해 저항한 백낭자白娘子의 정신을 극찬했다. 이듬해에 두 번째 글인 「뇌봉탑雷峰塔이 무너진 것을 다시 논하며再論雷峰塔的倒掉」를 발표하였다. 그가 신문에서 「뇌봉탑雷峰塔이 무너진 원인雷

1910년의 뇌봉탑雷峰塔 ⓒ wikipedia

1919년의 뇌봉탑雷峰塔 ⓒ wikipedia

새로 지은 뇌봉탑雷峰塔 ⓒ unsplash

峰塔倒掉的原因」을 읽고 난 다음, 견잡을 수 없는 분노와 안타까움의 감회를 쓴 것이었다. 사실, 이 지역에서는 뇌봉탑雷峰塔의 벽돌을 집에 두거나 부적으로 사용하면 집안이 두루 평안하고 모든 일이 뜻대로 이루어진다고 믿었다. 또한, 벽돌을 갈아서 먹으면 병이 낫는다는 풍습도 있었다. 이런 이유로 항주杭州 사람들은 오랜 세월 동안 조금씩 탑 밑에 있는 벽돌을 빼내어 몰래 가져가 액운을 쫓거나 질병 치료의 방편으로 사용했다. 그 결과 뇌봉탑雷峰塔은 윗부분의 무게를 이기지 못해 결국 무너져버린 것이었다. 그는 뇌봉탑雷峰塔이 무너진 원인을 이야기하면서 당시 사람들의 무지함과 이기주의에 대해 강렬하게 비판했다.[6]

중국 소설의 기원을 살펴볼 때, 일반적으로 '신화神話', '우언寓言', '사실事實'과 야

6 2000년에 들어와서 '뇌봉탑雷峰塔'은 다시 세워졌는데, 지금의 탑은 옛 모습과는 사뭇 다르다. 5층 동탑銅塔으로 웅장하게 지어졌고, 탑 안에 있는 계단으로 올라가거나 편리하게 에스컬레이터를 이용하여 꼭대기에 도달할 수 있다. 또 원래의 탑 일부를 내부에 그대로 두고 있어 옛 탑에 대한 흔적을 같이 살펴볼 수 있다.

사野史', '전설傳說' 등이 그 원류라고 여긴다. 이 중에서 다른 문학 형식과 달리, 전설傳說은 어떤 특정한 시대나 지역, 정치와 사회 환경에 국한되지 않고, 거의 모든 시대와 지역에 항상 존재했었다. 그렇지만 하나의 작품으로 완벽하게 기록된 것은 '신화神話', '우언寓言', '사실事實'과 야사野史'와는 다르게 훨씬 이후에 이루어졌다.

그뿐만 아니라 '신화神話', '우언寓言', '사실事實'과 야사野史'는 '역사성'과 '정치성'을 드러내는 것을 주요한 목적으로 하고 있고, 이런저런 내용으로 복잡하게 얽힌 이야기는 그것에 덧붙이거나 드러나게 하는 부차적 방식이라고 할 수 있다. 하지만 '전설傳說'은 어떤 의도성을 지니고 있다기보다는, 이야기 자체의 서사 전개만으로 만들어진 예술적 구성이라고 할 수 있다. 그래서 다른 문학 형식과는 다르게 사실과 허구를 바탕으로 뛰어난 창작성을 보여준다고 할 수 있겠다.

또한, 기록된 대상에 있어서도 '신화神話', '우언寓言', '사실事實'과 야사野史' 등이 어떤 특정한 문헌에 제한되어 있었다면, '전설傳說'은 다양한 저작에 걸쳐 매우 폭넓게 수록되었다는 특징을 지닌다. 문체 형식에서도 '신화神話', '우언寓言', '사실事實'과 야사野史'는 주로 문언문文言文으로 쓰여 전해진다면, '전설傳說'은 사람들에게 구전되다가 전문 문인의 손을 거쳐 백화문白話文 형식으로 재창작되었다는 점이 다르다.

4장

귀혼鬼魂과 이물異物, 그리고 사람: 지괴소설志怪小說과 지인소설志人小說

여러 사상가의 셀 수도 없이 수많은 말을 다 살펴볼 수도 없고,
눈과 귀로 보고 듣는 것 또한 모두 다 실을 수 없으니,
이제 대충 취하여 소설의 뜻을 부연하고 그 하찮은 말을 이루어내기에 충분할 따름이다.

- 간보干寶, 3세기 말~4세기 초 · 『수신기搜神記』 -

4장 귀혼鬼魂과 이물異物, 그리고 사람: 지괴소설志怪小說과 지인소설志人小說

선진先秦과 양한兩漢 시대부터 기록이나 전승되었다고 여겨지는 '신화神話', '우언寓言', '사실事實 또는 야사野史', 그리고 '전설傳說' 등은 일정한 구성 체계를 갖춘 소설 작품이라고 보기에는 무리가 있었다. 대부분은 간단한 기록이거나 의도성을 가진 비유, 혹은 단순히 흥미를 유발하기 위한 단조로운 이야기에 가까웠다. 그러나 위진남북조魏晉南北朝 시기에 이르면 오늘날 우리가 소설 작품으로 볼 수 있는 기본적인 형태의 이야기 구성과 전개가 갖추어진다. 비록 이후 당나라唐 소설 작품에서 보이는 허구적이거나 창의적인 면은 다소 부족하더라도, 이 시기의 소설 작품은 나름대로 인물과 배경의 설정, 서사 전개의 구성, 주제 사상의 구현 등 소설 작품의 초기 형태를 일정 부분 지니고 있다고 할 수 있다.

위진남북조魏晉南北朝 시기에 이르면서 중국 소설에는 두 가지 유형이 나타나는데, 바로 '지괴소설志怪小說'과 '지인소설志人小說'이다. '지괴소설志怪小說'의 '지괴志怪'는 '현실 세계에서 일어나기 힘든 괴이한 사건과 신비한 인물, 환상적인 내용과 신기한 주제 등을 기록한다.'라는 의미이다. '지인소설志人小說'의 '지인志人'은 '사람에 대한 여러 가지 일을 살펴 기술하고, 또한 현실 세계 속 사람에 얽힌 다양한 사건을 묘사한다.'라는 것을 의미한다. 지괴志怪에서 '괴怪' 즉, 기이한 것은 주로 귀신이나 요괴, 이물, 신선 등과 관련된 내용을 말한다. 지인志人에서 '인人'은 즉, 당시 사회의 유명 인사나

고위관리 등과 엮인 여러 가지 사건과 세상에 잘 알려지지 않은 일화逸話 등을 말한다.

'지괴소설志怪小說'과 '지인소설志人小說'이 나타나게 된 배경에는 위진남북조魏晉南北朝 시대에 만연했던 정치적 사상과 사회적 현상, 그리고 문화적 흐름과 깊은 관련이 있다. 위진남북조魏晉南北朝 시기에 나타났던 복잡하고 다양한 현상은 크게 두 가지 경향으로 나누어 살펴볼 수 있다. 하나는 '현실 세계에 대한 회피'와 '이상 세계에 대한 구현'이고, 다른 하나는 '인간에 대한 깊은 탐색과 자아 성찰'이라고 할 수 있다.

위진남북조魏晉南北朝 시대는 전쟁과 동란으로 인해 민생의 고민은 날로 깊어졌고,

명나라明 장거정張居正, 1525~1582 편찬 프랑스어 채색본『제감도설帝鑒圖說: Recueil Historique des Principaux Traits de la Vie des Empereurs Chinois』 중「진념유민軫念流民」 ⓒ 書格shuge

부정한 관리와 가혹한 수탈은 이들에게 더욱 커다란 고통을 안겨주었다. 이때 민중들은 고단한 현실을 떠나 이상 세계에 대한 갈망을 꿈꾸고, 현실 세계에서 이루지 못한 꿈을 이상 세계에서 이루고자 하였다. 당연히 이러한 상상의 활동에는 현실을 초월하여 자연이나 추상적 관념의 세계에 귀의하는 풍조도 있었지만, 귀신鬼神이나 요괴妖怪, 이물異物이나 신선神仙의 존재를 믿고 수용하는 신념도 나타나게 되었다. 그 당시 민중들은 귀신鬼神이나 요괴妖怪를 비롯한 이물異物에 대한 거부감이나 두려움보다는 그것을 인정하고 친근하게 느끼는 개방된 수용의식을 가지고 있었다. 그뿐만 아니라 보이지 않는 대상에 대한 인간 본연의 호기심과 궁금증이 작용하여 이러한 존재에 대해 더욱더 흥미를 갖게 되었다. 알지 못하는 것에 대한 인간의 관심과 흥미는 점차 긍정적인 의식으로 확장되었다. 그리하여 귀신鬼神이나 요괴妖怪, 이물異物 등이 단지 상상 속에만 존재하는 것이 아니라 현실 속에 인간과 공존하는 친근한 존재로 굳게 믿게 되었다.

또한, 요괴妖怪나 귀신鬼神과의 접속接續과 연계聯繫를 통해서 인간 본연의 호기심 충족과 현실의 부정적 측면을 어느 정도 해소하고자 하였다. 그뿐만 아니라 고통스러운 현실과 불확실한 미래에 대한 심리적 압박에서 벗어나고자 노력하였다. 도교道敎 사상이나 불교佛敎 사상도 이러한 흐름에 큰 영향을 미쳤다. 이 시기에는 방사方士와 신선神仙을 비롯한 음양가陰陽家의 학술 사상이 크게 부흥하여 많은 이들이 이러한 사상에 믿고 의지하게 되었다.

동진東晉 고개지顧愷之, 344~406?의 작품 「낙신부도洛神賦圖」에서 조식曹植과 복비宓妃가 만나는 장면 ⓒ wikipedia

동한東漢 말엽에 이르러서는 정치적 부패로 말미암아 선계仙界와 이물異物 등의 존재를 설파하는 그들의 사상적 지배력은 더욱 강력해졌다. 당시 유명 인사들뿐만 아니라 민중들은 자연이나 종교의 테두리 속에서 현실 세계를 벗어나 유유자적한 삶을 누리거나, 종교에 귀의하여 현실에서 도피하고자 함을 흔히 볼 수 있는데, 이러한 경향이 지괴소설志怪小說의 유행에도 크게 작용하였다고 할 수 있다.

당시의 민중들은 귀신鬼神이나 요괴妖怪와 같은 비인간적 존재에 대한 흥미와 관심을 가졌을 뿐만 아니라, 현실 세계 속의 실재하는 인물들에게도 시선과 주의를 기울였다. 위진남북조魏晉南北朝 시기에는 사회적으로 '인물 품평品評'이라는 풍조가 매우 유행하였다. 당시에는 과거제도가 아직 제대로 갖춰지지 않았기 때문에 세습되는 직책은 제외하고, 관리를 뽑을 때 사회적인 평판評判이나 품평品評, 지식계층의 인식認識과 명성名聲 등을 통하여 인재를 추천하여 선발했다. '품평品評'의 본래 의도는 '숨은 인재를 뽑아 관리로 잘 등용하는 것'에 있었으나, 이후 '품평品評'의 풍조가 사회적으로 널리 퍼지면서 사회의 유명 인사들의 '숨어 있는 뒷이야기'와 같은 일화逸話를 주고받으며 즐기는 형태로 변모하였다. 이러한 내용을 기록하여 모아놓은 것이 바로 '지인소설志人小說'의 토대가 되었다. 이러한 지인소설志人小說은 당시의 인간에 대한 깊은 탐색과 성찰의 분위기와 맞물려, '인간을 이해하고 알아가는 기준과 태도'와 '자신에 대한 내면적인 자각과 인식'을 불러일으켰을 뿐만 아니라, 실질적 관리 선발 제도를 부양浮揚시키는 데도 크게 영향을 끼치게 되었다.

이러한 형성과정을 거친 '지괴소설志怪小說'과 '지인소설志人小說'은 하나의 주제와 일정한 줄거리를 가지고 체계적으로 구성된 작품이라기보다는 다양한 주제의 짧은 이야기episode로 이루어져 있으며, 포괄적이고 함축적인 주제를 진지하게 표현하기보다는 흥미로운 이야기를 여러 서사의 형태로 단순하게 전달하는 소설의 형태를 취하고 있다.

| 1 | 지괴소설志怪小說

'지괴소설志怪小說'은 세상에 널리 알려지지 않은 괴이한 사건과 신비한 인물, 환상적인 내용과 신기한 주제 등의 이야기를 담고 있다. 지괴소설志怪小說의 제재는 인물, 신화, 불교, 전설, 역사 기록 등에서 비롯되었으며, 상당히 다양하면서도 복잡하다. 지괴소설志怪小說은 '신괴류', '박물류', '신선류', '불교 이야기류' 등으로 나뉠 수 있다.

'신괴류'는 주로 귀신과 관련된 괴이한 일을 기록한 것으로 지괴소설志怪小說의 특성을 가장 잘 보여 주고 있으며 여기에 속하는 작품 또한 가장 많다. 이러한 내용의 이야기를 모두 모은 작품집으로는 진나라晉 간보干寶의 『수신기搜神記』, 진나라晉 도연명陶淵明의 『수신후기搜神後記』, 송나라宋 유의경劉義慶의 『유명록幽明錄』, 송나라宋 유숙경劉叔敬의 『이원異苑』 등이 있다. '박물류'는 산천이나 지리에 관한 이문異聞과 이야기를 대량으로 수록하였는데, 대표적인 작품집으로는 진나라晉 장화張華의 『박물지博物志』가 있다. '신선류'는 도교적 색채가 짙은 신선이나 술법에 관한 이야기를 모은 것으로 대표적인 작품집으로는 진나라晉 갈홍葛洪의 『신선전神仙傳』이 있다. '불교 이야기류'는

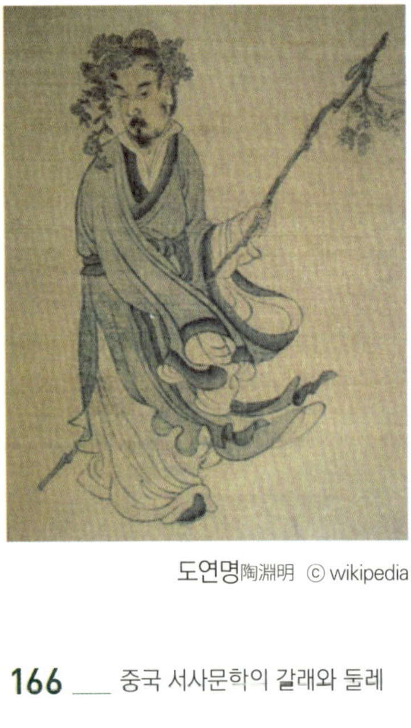

도연명陶淵明 ⓒ wikipedia

원나라元 왕진붕王振鵬, ?~? 「종규송가鍾馗送嫁」 ⓒ 국립고궁박물원國立故宮博物院

불교 경전이나 교리에 관한 이야기를 모은 책으로는 제나라齊 왕염王琰의 『명상기冥祥記』와 수나라隋 후백侯白의 『정이기旌異記』 등이 있다.[1]

'지괴소설志怪小說'의 작가로는 동진東晋 시기 간보干寶와 같은 사학가가 있었으며, 서진西晋 시기 중서령中書令이던 장화張華와 같은 귀족이나 관리들도 있었다. 그뿐만 아니라, 왕가王嘉와 같은 도사道士도 있었으며, 조충지祖冲之와 같은 유명한 수학가도 있었다.[2] 『수신기搜神記』의 저자인 간보干寶는 역사가로서 실제 일어난 역사적 사실을 중요하게 여길 것 같지만, 이처럼 허무맹랑한 이야기를 믿었다는 점이 특이하다. 『술이기述異記』의 저자인 조충지祖冲之는 수학자로서 현실적이고 논리적인 사고가 주를 이룰 것 같지만, 오히려 허구적인 귀신이나 이물異物을 소재로 글을 썼다는 점도 주목할 만하다. 이들은 비록 각기

조충지祖冲之 동상 ⓒ wikipedia

1 이응백, 김원경, 김선풍 감수, 『국어국문학 자료사전』, 서울: 한국사전연구사, 1998년.

2 張國風 지음, 이등연·정영호 편역, 『중국고전소설사의 이해』, 전남대학교출판부, 2011년, 36쪽.

다른 계층의 다양한 출신으로 이루어졌지만 나름대로 현실 세계의 기본 이념과 가치관을 바탕을 두고 있으며, 귀신이나 이물異物의 존재에 대해서도 실제 현실 속에 존재한다고 굳게 믿었던 것으로 보인다. 이처럼 지괴소설志怪小說의 작가들은 현실적으로 존재하지 않는 소재를 가지고 이야기를 썼다는 공통점이 있지만, 그들은 저마다 다른 인생 경험을 토대로 여러 문학 경향을 지니고 있었으므로 지괴소설志怪小說의 주제 사상 역시 다양한 빛을 발하고 있다.

1) 간보干寶의 『수신기搜神記』

'지괴소설志怪小說'을 가장 대표하는 작품집으로는 간보干寶의 『수신기搜神記』가 있다. 『수신기搜神記』는 신기하고 기이한 일을 수집하여 기록한 책이다. 이 책에는 신화神話, 전설傳說, 신선神仙, 인물人物 등의 설화說話를 모은 것인데, 안타깝게도 원본原本은 산일散逸되었고, 지금 남아있는 책은 후대에 다시 엮어진 것으로 20권卷에 길고 짧은 이야기가 약 470편이 실려 있다.

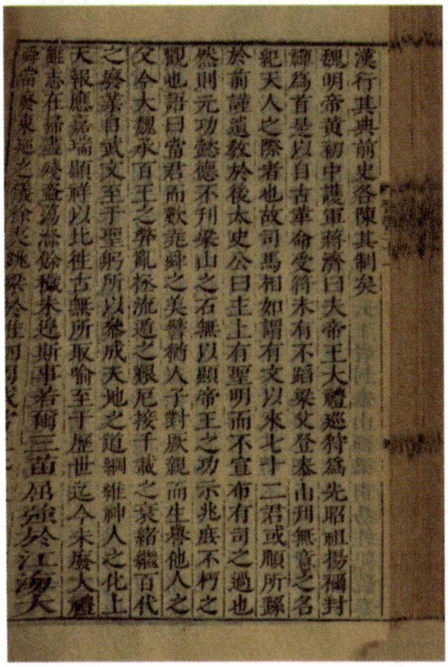
漢行其典前史各陳其制矣
魏明帝黃初中護軍蔣濟曰夫帝王大禮巡狩爲先昭祖揚禰封
禪爲首是以自古革命受符未有不蹈梁父登泰山刊無竟之名
紀天人之際者也故司馬相如謂有文以來七十二君或順所繇
於前謹遵敎於後太史公曰主上有聖明而不宣布有司之過也
然則元功懿德不刊梁山之石無以顯帝王之功示兆庶不朽之
觀也語曰當君而歎堯舜之美譬猶人子對厥親而生譽他人之
父今大魏承百王之弊亂極流遁之艱厄接千載之衰緖繼百代
之廢業自武文至于聖躬所以參成天地之道綱維神人之化上
天報應嘉瑞顯祥以比往古無所取喻至于歷世迄今未廢大禮
雖志在掃盡殘盜蕩滌餘穢未遑斯事若爾三苗屈彊於江海大
舜當廢東巡之儀徐夷跳梁於淮泗周

『진서晉書』 ⓒ wikipedia

간보干寶는 역사학자였기에 사실이 아닌 비현실적인 이야기에 관심을 가졌다는 점이 의아하게 여겨질지도 모른다. 하지만 그가 직접 겪은 기이한 사건과 당시 사회에 만연하였던 기문奇聞과 괴이怪異를 좋아하는 풍속과 분위기의 영향으로 그는 귀신이나 이물異物의 존재를 굳게 믿게 되었고, 『수신기搜神記』에 실린 내용을 사실의 기록으로 여겼으므로 그가 추구한 역사적 사실주의 저술 경향과 크게 어긋나지 않았다.

『진서晉書』 82권卷에는 『수신기搜神記』를 편

찬하기 이전에 간보干寶가 경험했던 기이한 사건이 언급되어 있다.

원나라元 공개龔開, 1222~1307 「중산출유도中山出遊圖」에 묘사된 종규鍾馗와 귀신들

ⓒ wikipedia

먼저, 간보干寶가 형 간경干慶의 죽음과 부활을 직접 보게 된 사건에 관한 이야기이다. 간보干寶의 형 간경干慶이 어느 날 아무 이유도 없이 죽었다. 염殮을 하지 않고 기다렸는데, 7일 후에 간경干慶이 다시 살아나서 자신이 죽은 후에 저승으로 끌려가서 누군가의 도움으로 풀려나게 된 과정과 저승의 여러 모습을 상세히 이야기하는 것을 보았다. 또 하나는 부친의 여종에 관한 기이한 일이었다. 간보干寶의 부친이 한 여종을 총애하였는데, 부친이 돌아가시자 모친이 그 여종을 부친의 무덤 속에 밀어 넣고 무덤을 봉해버렸다. 10여 년 후 모친이 돌아가시자 합장을 위해 무덤을 열었더니 여종이 아직도 살아 있었다. 그 여종은 부친이 먹을 것을 구해다 주었으며 살아 있었던 때와 마찬가지로 자신을 대해주었다고 말했다. 이러한 신기한 경험으로 인해 그는 『수신기搜神記』에 실린 내용이 실제 일어났거나 충분히 일어날 수 있는 일로 여겼다. 간보干寶는 이러한 일을 직접 겪으면서 그것이 실재한다고 생각하게 되었고, 그 후로 이와 같은 기괴한 이야기들을 모으기 시작했다고 한다. 『수신기搜神記』의 서문序文에는 '귀신鬼神의 도리가 거짓된 것이 아니라는 것을 밝히기에 충분하다.'라고 말하고 있는데, 이것이 바로 『수신기搜神記』를 편찬하게 된 직접적인 동기라고 할 수 있을 것이다.

『수신기搜神記』에 수록된 이야기는 '기승전결起承轉結'이 완전하게 구성된 작품이 있는가 하면 그렇지 않은 작품들도 다수 있다. 또한, 편폭이 아주 긴 작품이 있는가 하면, 글의 길이가 아주 짧은 작품도 있다. 위진남북조魏晉南北朝 시대에는 간보干寶를 비

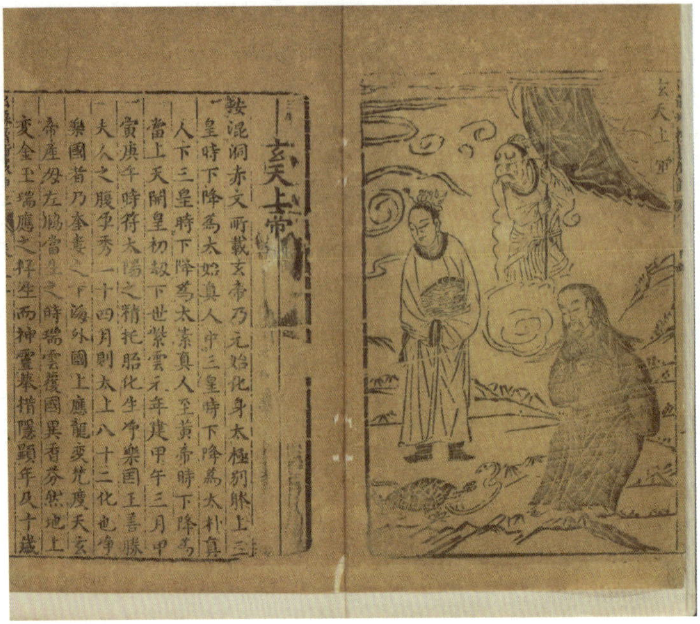

명나라明 만력萬曆 간본『신각출상증보수신기新刻出像增補搜神記』 ⓒ wikipedia

롯한 많은 이들이 귀신鬼神이나 이물異物이 사람과 더불어 현실 세계를 중심으로 공존한다고 생각했다. 그래서 이러한 존재들은 인간세계에서 사람들과 쉽게 소통하고 긴밀한 관계를 맺으며, 인간세계의 사람들 역시 이들을 괴상하다거나 불가사의한 존재로 여겨 회피하지 않았다. 그렇기에 간보干寶가 비록 실제 일어난 사실을 중시하는 사학가였지만, 자신이 직접 경험한 사건과 당시의 사회 풍속, 그리고 민중의 사유 방식에 따라 여전히 귀신鬼神이나 이물異物의 존재에 대해서 거부하거나 배척하지 않고 그것을 소재로 글을 쓰게 된 것이다.

(1) 「한빙韓憑의 아내가 목숨을 버리다韓憑夫婦」

「한빙韓憑의 아내가 목숨을 버리다韓憑夫婦」 이야기는 『수신기搜神記』 11권卷에 실려 있다. 이 작품은 지괴소설志怪小說를 대표하는 중요한 작품 중의 하나이다. 「한빙韓憑

의 아내가 목숨을 버리다韓憑夫婦」는 매우 감동적인 이야기이다. 중국의 '로미오와 줄리엣' 이야기라고 하면 일반적으로 중국 최초의 장편 서사시敍事詩인 위진남북조魏晉南北朝 시기의 「공작동남비孔雀東南飛」[3]와 민간전설로 유명한 「양산백梁山伯과 축영대祝英臺」[4]의 이야기를 떠올릴 수 있다. 이 두 서사의 최초의 모티브motive는 「한빙韓憑의 아내가 목숨을 버리다韓憑夫婦」의 이야기에서 비롯되었다고 할 수 있다.

이 이야기에는 '한빙韓憑'과 '한빙韓憑의 아내', '강왕康王' 등 세 명이 주인공으로 등장한다. 『수신기搜神記』에 실려 있는 내용은 비교적 간단하지만, 그 외 다른 문헌에 실려 있는 내용을 살펴보면, 상당히 복잡하고 다양한 줄거리를 담고 있음을 알 수 있다. 여기에 소개하는 내용은 작품 줄거리의 충분한 재현을 위해서 『수신기搜神記』을 중심으로 지괴소설집志怪小說集인 『열이전列異傳』과 돈황변문敦煌變文인 「한붕부韓朋賦」, 인문지리 역사서인 『태평환우기太平寰宇記』 등 여러 문헌에 실린 내용을 보충하여 소개한다.

위진남북조魏晉南北朝 송나라宋 때에 한빙韓憑이라는 하급관리가 있었다. 한빙韓憑은 자신의 고향에서 멀리 떨어진 궁성宮城에서 관직 생활을 하고 있었다. 그러던 중 그는 고향에 들러 여인을 맞이하여 결혼하게 된다. 한빙韓憑은 잠깐 부인과 어머니와 함께 지내다가 얼마 지나지 않아 원래 근무했던 곳으로 돌아가게 되었다. 한빙韓憑은 종종 야간에 근무를 서게 되었는데, 신혼이었던 터라 아내를 그리워하는 애틋한 마음에 편지를 계속 주고받았다. 고향에 있는 아내에게 편지를 보내면, 아내가 곧이어 답장을 보내는 방식으로 서로의 마음을 전하곤 했다.

어느 날 밤에 성城에서 보초를 서고 있는데 아내가 보낸 편지를 읽으며 무료한 시간을 달래게 되었다. 근무를 다 마치고 숙소로 돌아오면서 옷소매에 아내의 편지를 넣으려다가 그만 편지를 바닥에 떨어뜨리게 되었다. 마침 강왕康王이 그곳을 지나다가 땅

3 중국 위진남북조魏晉南北朝 시대에 지어진 것으로 추정되는 장편 서사시敍事詩이다. 동한東漢 말기인 건안建安 연간에 하급 관리인 초중경焦仲卿의 아내가 시어머니의 구박에 못 이겨 친정으로 돌아갔다가 재혼의 권유를 받고 물에 빠져 죽자 남편도 따라 죽는다는 내용이다. 서릉徐陵, 507~583의 『옥대신영玉臺新詠』에 전하는데, 작가는 알 수 없다.

4 중국에 전해 내려오는 4대 민간전설 중 하나이며, 항주杭州의 서호西湖와 장교長橋를 배경으로 양산백梁山伯과 축영대祝英臺의 애틋하고 비극적인 사랑 이야기이다.

에 떨어진 편지를 발견하고 읽어보니 구구절절 애틋한 마음이 가슴에 와 닿았다. 그 편지의 출처를 수소문해보니, 한빙韓憑이라는 관리의 아내가 적은 글임을 알게 되었다. 강왕康王이 다시 편지를 읽어보니 너무 아름다운 글들로 가득 적혀 있어, 자기도 모르게 이 여인을 한번 만나보고 싶어졌다. 그래서 한빙韓憑의 고향으로 신하를 보내서 한빙韓憑의 아내를 데려오게 하였다.

한빙韓憑의 아내는 멀리서 왕실의 가마가 급하게 달려오는 것을 보고서 뭔가 안 좋은 일이 생길 것 같은 느낌을 받았다. 그래서 집안 살림을 정돈하고 시어머니에게 편한 곳으로 모신 뒤 몸조심하라는 당부를 잊지 않는다. 드디어 왕실의 가마가 도착했고, 자신을 데려가기 위해 온 것임을 알게 되었다. 한빙韓憑의 아내는 궁궐에 가고 싶지 않았지만, 만약 자신이 가지 않으면 한빙韓憑을 비롯한 주변 사람 사람들의 생명이 위험하기에 시어머니를 설득하고 강왕康王이 보낸 가마에 오른다.

강왕康王은 한빙韓憑의 아내를 보자 너무 아름다운 모습에 감탄하며 자신의 옆에서 시중을 들어주기를 원했다. 한빙韓憑의 아내는 지혜로웠기에 만약 자신이 왕의 시중을 들지 않는다면 한빙韓憑의 목숨을 부지하지 못할 것을 알고 어쩔 수 없이 왕의 시중을 들게 된다. 한빙韓憑은 이후 아내의 이러한 행동을 알고 심한 배신감을 느꼈다. 한빙韓憑의 얼굴에 불만이 그려졌다는 사실을 강왕康王이 알게 되자, 그를 괘씸히 여겨 장성長城을 축조하는데 보내 버린다. 낮에는 장성長城을 쌓는데 동원되고, 밤에는 장성長城에서 보초를 서게 했다. 그러한 사실을 알고 난 후 한빙韓憑의 아내는 너무 슬퍼 몇 번이고 죽을 결심을 하였지만, 강왕康王은 한빙韓憑의 아내가 절대로 허튼 행동을 하지 못하도록 곁에 많은 시종을 두어 감시했다. 그러던 어느 날 한빙韓憑을 너무나도 보고 싶었던 한빙韓憑의 아내는 강왕康王 몰래 가마를 타고서 시녀와 함께 한빙韓憑을 보러 간다. 한빙韓憑은 이전의 늠름한 모습이 아닌 뼈와 살이 붙어 말라버린 모습이었고, 너무나 초라하고 병약한 모습에 한빙韓憑의 아내는 마음이 너무 아팠다. 한빙韓憑도 그때 멀리 가마를 탄 아내의 모습을 발견하고, 더 이상 자신이 살아갈 희망을 품지 못한 채 죽을 결심을 한다. 그는 마지막으로 아내에게 편지를 쓰고 자살하고 만다. 이 편지가 한빙韓憑의 아내에게 전해지

원나라元 전선錢選, ?~?「부용원앙도芙蓉鴛鴦圖」ⓒ 국립고궁박물원國立故宮博物院

고, 한빙韓憑의 아내도 따라서 죽을 결심을 하지만 강왕康王은 조금의 틈도 주지 않았다.

한빙韓憑의 아내가 강왕康王에게 한빙韓憑도 이미 죽었으니 이제부터 옆에서 잘 시중을 들겠다는 말을 한다. 강왕康王도 이미 한빙韓憑이 죽은 것을 알고 한빙韓憑의 아내를 의심하지 않는다. 한빙韓憑의 아내는 강왕康王이 얼마나 넓은 곳을 통치하는지 보고 싶다고 말했다. 강왕康王과 한빙韓憑의 아내는 높은 누각에 올라가 온 세상을 내려다보았다. 이때 한빙韓憑의 아내는 누각에서 뛰어내렸다. 왕과 주변의 신하들이 그녀의 옷자락을 잡으려고 했으나 한빙韓憑의 아내는 남몰래 옷고름을 삭게 만들어 그녀의 옷을 잡았지만 바로 찢어지고 말았다. 남겨진 서신에는 "왕께서는 제가 사는 것이 이롭다고 여기시지만, 제가 죽는 것이 소첩에게는 이롭다고 생각합니다. 원하옵건대, 죽고 나서 한빙韓憑과 합장을 시켜주십시오."라고 적혀 있었다.

강왕康王은 이에 분노를 느끼고 '한빙韓憑 부부'가 죽어서도 서로 바라만 보고 만나지 못하도록 두 무덤을 마주 본 채로 안장했다. 그리고는 "만약 두 무덤이 합쳐진다면 더는 두 사람을 방해하지 않겠다."라고 말했다. 그러나 하룻밤 사이에 뿌리와 나뭇가지가 서로 이어졌고, 그 위에서 한 쌍의 원앙새가 서로 목을 비비며 온종일 울었다. 그 소리가 너무나 애달파 사람들이 모두 슬퍼했다. 이때부터 화목한 부부나 남녀 사이를 비유하는 말로 '부부 사이가 좋은 것이 마치 연꽃 아래 노니는 원앙鴛鴦과 같다.'라는 '하화원앙荷花鴛鴦', '남녀 간의 사랑이 두 나무의 가지가 서로 맞닿아서 서로 통하는 것과 같다.'라는 '연리지連理枝'가 생겨났다.

(2) 「이기李寄가 구렁이를 죽이다李寄斬蛇」

「이기李寄가 구렁이를 죽이다李寄斬蛇」는 『수신기搜神記』 19권에 실려 있는데, 이기李寄라는 어린 소녀가 백성을 해치는 구렁이를 잡은 이야기이다. 이 작품에는 이기李寄가 이무기에 맞서 어떻게 빈틈없이 준비하고 용감하게 행동하였는지 구체적으로 잘 묘사되어 있다. 전체 문장의 구성이 완전하게 이루어져 있고, 민첩한 이기李寄의 형상이 생

청나라_ 이세탁李世倬, 1687~1770 「연리삼連理杉」

ⓒ 국립고궁박물원

國立故宮博物院

동감 있게 그려져 있다. 특히 이기李寄의 개가 이무기를 물어뜯는 틈에 이무기에 대적하여 어떻게 과감하게 맞서고 재빠르게 처치하는지, 그 장면이 실감 나게 표현되어 있다.

동월東越의 민閩 지역에는 아주 높은 산간지대인 용령庸嶺이 있다. 이곳의 서북西北쪽에 습지가 있는데, 이곳에 길이가 70~80척 되고 굵기가 한 아름도 넘는 이무기가 사람들을 위협하고 있었다. 동야군東冶郡의 도위都尉를 비롯하여 현령縣令, 현성縣城의 높은 관리 할 것 없이 모두 그것을 두려워하였다. 해마다 열두 서너 살 되는 소녀를 구해서 이무기의 굴 입구에 가져다 놓고 이무기가 잡아먹게 했는데, 그렇게 해서 마을의 무사無事와 평안平安을 기원했다. 이렇게 하여 벌써 아홉 명의 소녀가 희생되었다. 그해도 이무기에게 가져다 바칠 소녀를 구했는데, 마을의 소녀를 아직 구하지 못하고 있었다. 장락현將樂縣에 있는 이탄李誕네 집안에는 딸만 여섯이고 아들은 없었다. 이 집안의 막내딸 이기李寄가 스스로 이무기에게 공양하는 소녀가 되고자 하였다. 그녀의 부모는 딸의 말을 듣지 않았다. 이기李寄는 "아버지, 어머니께서는 복이 없으셔서 아들 하나 없이 딸만 여섯을 두었습니다. 자식이 있어도 없는 것과 같아요. 저는 그 옛날 한나라漢 때 아버지를 구해낸 제영緹縈과 같은 노력과 수고로움도 없어 부모님을 공양하지도 못하는데다가 헛되어 먹을 것, 입을 것만 축내고 있으니 살아서 아무 도움이 없을 바에는 일찍 죽는 것이 나을까 합니다. 제 몸을 팔아서 약간의 돈을 얻어서 부모님을 공양한다면 그것도 좋은 일이 아니겠습니까?"라고 말하였다. 하지만 부모는 승낙하지 않자, 그녀는 하는 수없이 부모님 몰래 떠났다.

이기李寄는 좋은 검을 몸에 지니고 또 이무기를 물 용감한 개 한 마리를 데리고 팔월 초하룻날에 이무기 굴이 있는 사당 안에 들어갔다. 벼린 검은 몸에 품고 개를 옆에 데리고, 꿀을 버무려놓은 인절미를 여러 섬 해서 굴 입구에 차려놓고 기다렸다. 드디어 이무기가 기어 나오는데, 머리는 뒤주만큼 크고 눈알은 두 자나 되는 거울 같았다. 이무기는 구수한 인절미 냄새를 맡고서 인절미를 먹기 시작했다. 이기李寄가 개를 풀었더니 개는 와락 달려들어 이무기를 마구 물어뜯었다. 이기李寄도 이때다 싶어 검을 뽑아 들고 뒤로부터 달려들어 꼬리 쪽을 몇 번 내리쳤다. 이무기는 고통스러워하며 굽이

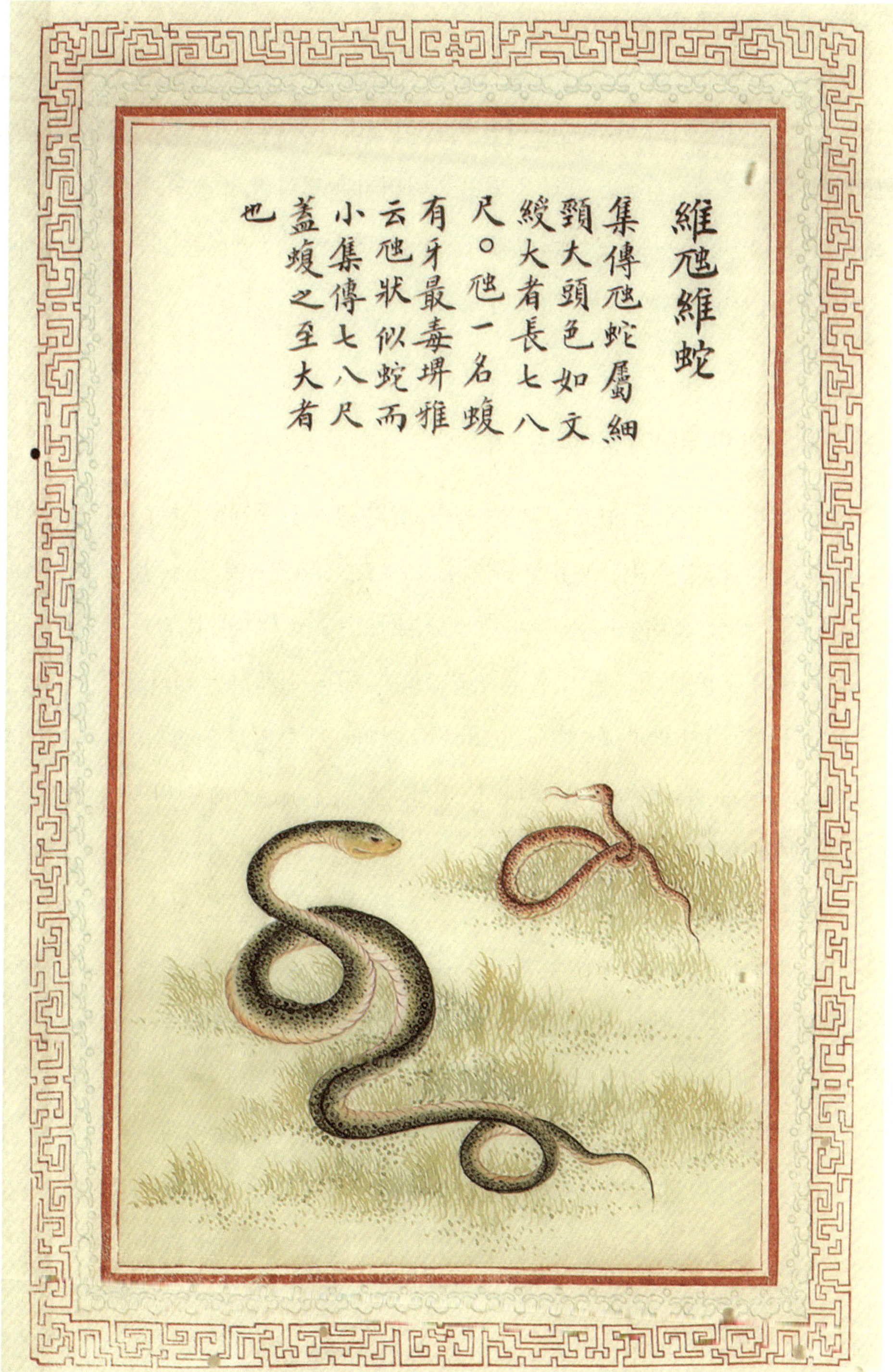

일본 에도江戶 시대 오카 겐포우岡元鳳, 1737~1787 『모시품물도고毛詩品物圖考』 ⓒ 국립고궁박물원國立故宮博物院

치더니 평평한 곳으로 가서 죽고 말았다.

이기李寄가 굴에 들어가 보니 아홉 소녀의 뼈만 남아 있었다. 이기李寄는 '너희들은 겁이 많았기로 이무기의 밥이 되고 말았으니, 이 얼마나 가여운가!'라고 안타까워했다. 그 후 이기李寄는 월나라越의 왕후가 되었고 아버지는 장락현將樂縣의 현령縣令이 되었고, 어머니와 언니들은 모두 상을 받았다. 그로부터 동야東冶에서는 더는 사람을 해치는 요사스러운 이물異物이 없었다고 한다.

(3) 「세 왕이 한 무덤에 묻히다三王墓」

「세 왕이 한 무덤에 묻히다三王墓」는 복수復讐와 관련한 주제로 널리 알려진 이야기이다. 유향劉向의 『열사전列士傳』, 『태평어람太平御覽』 364권卷에 인용된 『오월춘추吳越春秋』의 일부 문장, 조비曹丕의 『열이전列異傳』, 간보干寶의 『수신기搜神記』 등에 기재되어 있다. 이들 문헌에 기록된 내용은 조금씩 다르지만, 전체적인 서사 전개는 비슷하다. 등장인물은 간장막야干將莫邪와 그의 아들 적비赤比, 초왕楚王, 협객俠客 등이 있다. 역사적 사실성과 진위성 여부를 떠나서 『수신기搜神記』 11권卷에 실린 내용이 가장 상세하고 생동적이다.

간장막야干將莫邪는 옛날에 칼을 만드는 유명한 장인匠人으로, 성은 간장干將, 이름은 막야莫邪라고 했다.다른 문헌에는 간장干將은 남편이고, 막야莫邪는 부인이라고 되어 있기도 하다. 초나라楚 왕은 칼을 매우 잘 다루었고 칼을 좋아했다. 초나라楚 왕은 질이 좋은 철을 얻게 되었고, 이것을 가지고 좋은 칼을 만들기를 위해서 뛰어난 대장장이를 물색했다. 이때 간장막야干將莫邪라는 대장장이를 찾았고, 간장막야干將莫邪에게 3년 안에 명검名劍을 만들라고 명령했다. 간장막야干將莫邪는 명검名劍을 만들기 위해서 열심히 노력했지만, 3년이 지나도록 칼을 만들 수가 없었다. 간장막야干將莫邪는 3년이 지나고 난 뒤에야 드디어 칼을 완성하게 되었다. 초나라楚 왕이 크게 노할 것을 잘 알고 있었던 그는 왕에게 약속한 3년 안에 칼을 만들지 못했기 때문에 분명 죽임을 당할 것으로 생각했다. 간장막야干將莫邪는 집을 떠나기 전에 아내에게 만일 아들을 낳는다면 그 아이가 성인이 되면 '집을 떠나서 남산南山을 향해 가면, 돌 위에 난 소나무가 보일 것이고, 그 나무 북쪽에 칼이 있을 것이다.'라고 말해달라고 부탁했다. 간장막야干將莫邪는 자검雌劍: 암칼만을 가지고 초나라楚 왕에게 갔다. 초나라楚 왕을 알현한 그는 자신의 예인대로 왕에 의해 죽게 되었다.

간장막야干將莫邪의 아내는 이후 아들을 낳았는데, 이름을 적비赤比라고 했다. 훗날 적비赤比가 장성하자 어머니에게 자신의 아버지에 관해서 물었고, 아버지인 간장막야干將莫邪가 초나라楚 왕에게 죽임을 당한 것을 알게 되었다. 적비赤比는 아버지의 유언을 생각하면서 집을 떠나 여러 곳을 다녔으나 웅검雄劍 숫칼을 찾지 못했다. 그러다가 집 대문을 들어서는 순간 소나무 대들보가 주춧돌 위에 있는 것을 보았고, 바로 도끼로 기둥 북北쪽을 깨뜨려 간장막야干將莫邪가 숨겨둔 칼을 찾았다.

웅검雄劍을 찾은 적비赤比는 어떻게 복수할지 밤낮으로 고민했다. 한편 초나라楚 왕은 꿈속에서 미간眉間이 한 척은 되는 아이가 자신에게 복수하겠다고 말한 것을 보았다. 왕은 곧 천금의 현상금을 걸고 간장막야干將莫邪의 아들 적비赤比를 잡아 오라고 명

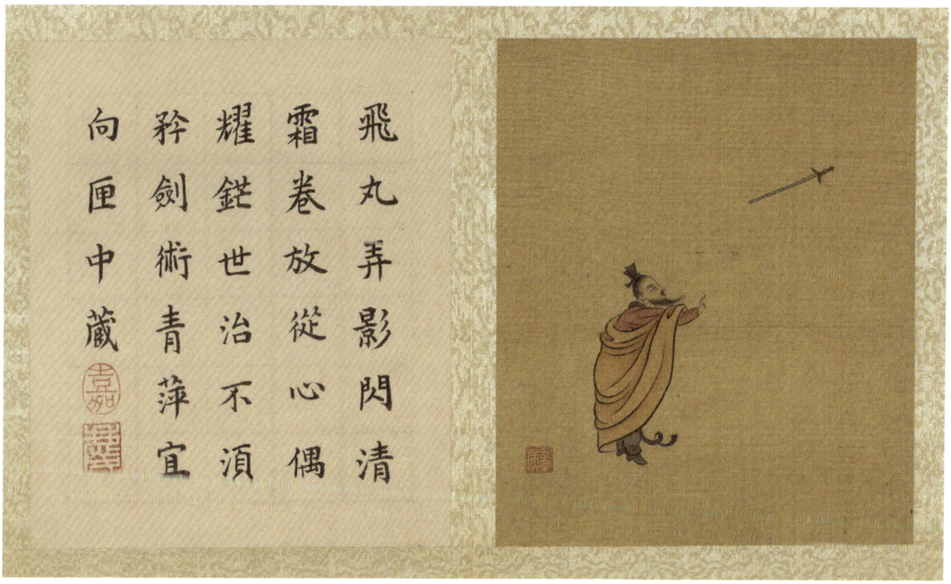

명나라明 말엽 진홍수陳洪綬, 1599~1652 「검선劍仙」 ⓒ 국립고궁박물원國立故宮博物院

령했다. 적비赤比는 이러한 소문을 듣고 더는 도망갈 곳이 없어서 산속에 들어가 숨어 지냈다. 그곳에서 자신의 처지를 비통해하며 크게 슬프게 울었다. 그러다가 어떤 협객과 만나게 되었고, 그 협객에게 자신의 처지를 이야기했다. 그러자 협객은 자신이 대신 복수를 해주겠다고 하면서 적비赤比의 목을 달라고 했다. 이 말이 끝나자마자 적비赤比는 스스로 목을 베었다. 적비赤比는 두 손으로 자신의 머리와 검을 받들어 협객에게 올렸다. 머리 없는 그의 몸은 여전히 뻣뻣하게 서 있었는데, 협객이 "결코 자네의 바람을 저버리는 일은 없을 것이오."라고 말하자, 그제야 적비赤比는 땅에 쓰러졌다. 협객은 적비赤比의 머리를 들고 초나라楚 왕을 찾아갔고, 왕은 크게 기뻐했다.

협객은 이것은 용사勇士의 머리이니 큰 솥에 넣어 끓여야 한다고 말했다. 초나라楚 왕은 그 말대로 했지만, 사흘 밤낮이 지나도 머리가 물러지지 않았다. 오히려 뛰어올라 눈

청나라清 손호孫祜, ?~? 『만수도萬壽圖』 중 「수옹논검壽翁論劍」 ⓒ 국립고궁박물원國立故宮博物院

을 부릅뜨고 쳐다보고 있었다. 협객은 "이 아이의 머리가 물러지지 않으니, 왕께서 직접 솥 앞으로 가서 그를 보면 틀림없이 물러질 것입니다."라고 말했다. 초나라楚 왕은 그 말을 듣고 솥으로 다가갔다. 그때 협객이 단번에 초나라楚 왕의 목을 베었고, 이어서 자신의 목도 베었다. 그제야 세 개의 머리가 함께 삶아지기 시작했다. 세 개의 머리가 솥에서 함께 삶아지자, 흐물흐물해져 누가 누군지 구별할 수 없었다. 주위의 신하들은 하는 수 없이 솥 안의 고깃국을 셋으로 나눠 장사를 지냈고 이를 합쳐 '세 왕의 무덤三王墓'이라고 불렀다.

(4) 「송정백宋定伯이 귀신을 팔아먹다宋定伯」

「송정백宋定伯이 귀신을 팔아먹다宋定伯」는 『수신기搜神記』 16권卷에 실려 있는 유명한 작품이다. 위나라魏 조비曹丕, 187~226가 지은 『열이전列異傳』, 당나라唐 승려 도세道世, ?~683가 편찬한 『법원주림法苑珠林』, 송나라宋 이방李昉, 925~996 등이 편찬한 『태평광기太平廣記』와 『태평어람太平御覽』 등 다수의 서적에 인용되어 있고, 노신魯迅의 집서輯書인 『고소설구침古小說鉤沈』 속에 불완전한 형태로 남아 있다. 「송정백宋定伯이 귀신을 팔아먹다宋定伯」는 조비曹丕가 지은 『열이전列異傳』에 먼저 수록되었다가 나중에 『수신기搜神記』 16권卷에 기록되었다. 『열이전列異傳』과 『수신기搜神記』의 문자는 다르지만, 내용은 완전히 일치한다. 『수신기搜神記』에 수록된 내용이 좀 더 세밀하고 완전하게 담겨 있어 「송정백宋定伯이 귀신을 팔아먹다宋定伯」의 출처를 『수신기搜神記』로 하고 있다.

> 남양南陽에 사는 송정백宋定伯이 젊었을 때, 밤에 길을 가다가 귀신鬼神을 만났다. 정백定伯이 깜짝 놀라서 누구냐고 묻자, 귀신鬼神은 자기는 귀신鬼神이라고 대답했다. 귀신鬼神이 정백定伯에게 물었다. "그러는 자네는 누구인가?" 정백定伯이 거짓말을 했다. "저도 역시 귀신鬼神입니다." 귀신鬼神이 다시 물었다. "어디로 가는 길인가?" "완宛 시장으로 가는 길입니다." "나도 지금 완宛 시장 가는 길일세." 그들은 함께 몇 리를 걸었다. 귀신鬼神이 말했다. "걸음이 너무 느리니 우리 서로 번갈아 업고 달리면 어떻겠나?" 정백定伯이 말했다. "그렇게 하시죠." 귀신鬼神이 먼저 정백定伯을 업고 몇 리를 간 뒤 말했다.

"자네는 아주 무겁군. 아무래도 귀신鬼神이 아닌 것 같아." 정백定伯이 말했다. "저는 얼마 전에 귀신鬼神이 되었기 때문에, 아직 몸이 무겁습니다." 정백定伯이 귀신鬼神을 업었는데, 몸이 무척 가벼웠다. 그렇게 몇 번씩 번갈아 업어주다가, 정백定伯이 물었다. "저는 귀신鬼神이 된 지 얼마 되지 않아 잘 몰라서 그러는데, 귀신鬼神은 무엇을 제일 싫어합니까?" 귀신鬼神이 대답했다. "사람이 뱉어 놓은 침을 제일 싫어하지." 그들은 함께 길을 가다가 물에 이르게 되었다. 정백定伯이 귀신鬼神을 먼저 건너가게 한 뒤, 귀를 기울여 들어보니 아무런 소리도 들리지 않았다. 그런데 정백定伯이 건너기 시작하자 첨벙첨벙 물소리가 났다. 귀신鬼神이 물었다. "왜 귀신鬼神이 건너는데 물소리가 나는 것인가?" "저는 죽은 지 얼마 되지 않아서 건너는 것이 익숙하지 않아 그렇습니다. 너무 탓하지 마십시오." 그들이 완宛 시장에 거의 다 왔을 때, 정백定伯이 귀신鬼神을 머리 위에 올려두고는 단단히 움켜쥐었다. 귀신鬼神이 꽥꽥 크게 소리를 지르며 풀어달라고 했지만, 정백定伯은 들어주지 않았다. 정백定伯이 완宛 시장에 도착하여 귀신鬼神을 땅에 내려놓으니 귀신鬼神은 양으로 변했다. 정백定伯은 그 양을 팔아버리고 다시 귀신鬼神으로 변할까 봐 침을 뱉고는 1,500냥을 받아서 떠났다. 『수신기搜神記』

이 이야기의 주인공인 송정백宋定伯의 행동을 통해서 귀신鬼神을 정복하고자 하는 인간의 우월함이 일부 드러나 있기도 하다. 작품은 전체적으로 상당히 해학적이고 흥

일본 무로마치室町 시대 15세기 작자 미상 대덕사진주암장본大德寺眞珠庵藏本 「백귀야행회권百鬼夜行繪卷」 중 일부

ⓒ wikipedia

명나라明 양의楊儀, 1488~1560? 명나라明 말엽 간행본 『설창담이雪窗譚異』 중 「매귀전賣鬼傳」 삽화 ⓒ 書格shuge

미로워 희극적인 분위기가 농후하다. 「송정백宋定伯이 귀신을 팔아먹다宋定伯」에 등장하는 귀신鬼神은 우리에게 두려움을 주는 무서운 형상보다는 어수룩하고 우스꽝스러운 모습을 그려내고 있다. 인간보다 더 순진하고 서투른데, 심지어 인간보다 더 인간다운 모습을 보인다. 이 이야기를 통해 당시 민중들의 귀신鬼神이라는 존재에 대한 느낌과 정서가 어떠한지 잘 알 수 있다.

2) 유의경劉義慶의 『유명록幽明錄』

'지괴소설志怪小說'의 다른 유명한 작품집으로는 유의경劉義慶, 403~444의 『유명록幽明錄』이 있다. 『유명록幽明錄』에서 '유幽'는 어둡고 아득한 저승 세계를 말하고, '명

明'은 밝고 가까운 이승 세계를 뜻한다. 즉 이 책은 '저승'과 '이승'을 넘나드는 기이한 이야기를 기록한 것을 말한다. 이 책은 위진남북조魏晉南北朝 시기 송나라宋의 유의경劉義慶이 편찬했는데, 그는 지인소설志人小說로 유명한 『세설신어世說新語』를 쓴 작가이기도 하다. 『세설신어世說新語』가 '인사人事'를 중심으로 어떤 인물에 관한 사실적인 기록이라면, 『유명록幽明錄』은 귀신鬼神과 이물異物을 중심으로 일어나는 신기한 이야기를 담고 있다. 『유명록幽明錄』은 오랜 시기를 거치면서 산일散逸되어 최초의 형태가 어떠한 모습이었는지 정확하게 알 수 없다. 노신魯迅은 여러 문헌을 종합적으로 살펴서 대략 265편의 이야기를 소개하고 있는데, 귀신鬼神, 인물人物, 애정愛情, 불교佛教 등 네 가지 부분으로 구분하였다. 이 중에서 남녀 간의 사랑, 즉, 귀신鬼神과 인간人間, 인간人間과 인간人間 사이의 연애를 주제로 한 작품이 이 책에서 가장 뛰어난 작품으로 평가받고 있다.

(1) 「유신劉晨과 완조阮肇가 천태산天台山에서 두 선녀를 만나다天台二女」

「유신劉晨과 완조阮肇가 천태산天台山에서 두 선녀를 만나다天台二女」 이야기는 동진東晉 시기 갈홍葛洪, 281~341이 편찬한 『신선전神仙傳』에 가장 먼저 보인다. 이어서 위진남북조魏晉南北朝 송나라宋 유의경劉義慶의 『유명록幽明錄』에 보이고, 송나라宋 이방李昉 등이 편찬한 『태평광기太平廣記』, 송나라宋 황도풍월주인皇都風月主人의 『녹창신화綠窗新話』, 송나라宋 나엽羅燁, ?~?의 『취옹담록醉翁談錄』 등에도 모두 이 이야기를 수록하고 있다. 문자의 차이는 차이가 크지만, 기본 줄거리는 대체로 일치한다.

『유명록幽明錄』의 「유신劉晨과 완조阮肇가 천태산天台山에서 두 선녀를 만나다天台二女」는 「천태산天台山에서 헤어지다天台送別」라는 제목으로 불리기도 하며, 인간과 선녀가 서로 사랑하는 낭만적인 상상을 통해 현실 속 이룰 수 없는 애정에 대한 소망을 구체적으로 보여 주고 있다. 전체 줄거리 구성이 완전할 뿐만 아니라 인물의 심리묘사가 세밀하여 지괴소설志怪小說의 뛰어난 작품으로 평가받는다. 이후 청나라淸 때 포송령蒲

원나라元 조창운趙蒼雲, ?~? 「유신완조입천태산도劉晨阮肇入天台山圖」 중 일부

松齡의 『요재지이聊齋志異』를 비롯한 여러 문학이나 희곡, 미술과 그림 등 다양한 문화 예술 부분에서도 일정한 영향을 미쳤다.

한나라韓 명제明帝 때 섬현剡縣에 유신劉晨과 완조阮肇라는 사람이 있었다. 하루는 두 사람이 약초를 캐러 천태산天台山에 들어가서 그만 길을 잃고 말았다. 먹을 것도 없는 곤경에 빠졌는데, 산꼭대기에 복숭아가 열려 있는 나무가 보였다. 하늘의 도움이라고 생각해서 그곳으로 가서 함께 복숭아 열매를 따 먹자 조금 힘이 솟았다. 산에서 내려오자 계속 물이 있어 물을 마시고 손발을 씻었다. 그런데 눈앞의 물속에 순무 나물이 떠내려가는 것이 아닌가! 그다음에 계곡에서 주발 한 개가 흐르면서 내려갔다. 주발 안에는 검은 참깨 밥 찌끼기가 달라붙어 있었다. "아무래도 이 강 상류 멀지 않는 곳에 인가人家가 있는 것 같네." 두 사람은 그런 말을 주고받으며 계곡물을 건너 1리 정도 산을 향해 올라갔다. 산 하나를 넘자, 큰 계곡이 나오고 두 명의 여자와 만났다. 세상에서 한 번도 본 적이 없는 아름다운 여인이었다.

이상하게도 여자들은 유신劉晨과 완조阮肇의 이름을 부르는데 마치 전부터 아는 사이 같은 어투였다. "유劉 서방님, 완阮 서방님, 잘 오셨어요. 그런데 어찌 이리 늦으셨어요." 이렇게 매우 정답게 말을 걸고, 두 사람을 자신들의 집으로 이끌었다. 집도 살림도 매우 호화스러웠는데 동쪽과 서쪽에 침대가 있고 그 장막에는 칠보 장식이 걸려 있었는데 마치 세상에 없는 물건 같았다. 좌우에 쭉 늘어선 하인들은 모두 푸른색의 옷을 입어 말쑥한데 남자는 한 사람도 보이지 않았다. 조금 지나자 검은 참깨 밥과 산양을 말린 고기가 나왔는데 매우 맛이 좋았다. 달콤한 술도 뒤따라 나와 몇 잔이나 마셨다. 곧 수십 명의 여인이 서너 다섯 개 성도 복숭아를 가지고 와서 공손히 인사했다. "도련님, 오신 것을 축하드립니다." 악기를 늘어놓고 곡을 연주했는데, 날이 저물자 여인들은 제각기 집으로 돌아갔다.

유신劉晨과 완조阮肇만이 남았는데 두 사람을 맞이하러 온 두 여자를 따라 각기 여자의 방으로 들어갔다. 등불이 꺼지고 부부의 일을 치렀다. 꿈같은 날이 보름이 지났다. 두 사람은 여자들에게 집으로 돌아가겠다고 말했다. 여자는 그것을 허락하지 않고 이렇게 말할 뿐이었다. "여기에 올 수 있었던 것은 전생前生에서부터 맺은 복된 인연 때문입니다. 어찌 돌아가고자 하십니까?" 하는 수 없이 다시 반년을 더 머물렀다. 그곳은 날씨가 화사하고 좋아 항상 봄날 같았다. 그러나 유신劉晨과 완조阮肇 두 사람은 온갖 새의 울음소리에 자주 집이 그리워져 돌아가게 해 달라고 여자들에게 애원했다. 그러자 여자들은 이렇게 말했다. "어쩔 수 없군요. 전생前生에서의 죄가 다 없어지지 않아 낭군님들이 이렇게 되는군요." 여자는 선녀들을 불러 곡을 연주하고 함께 노래를 부르면서 두 사람을 환송했다. 그리고 이렇게 말했다. "이 산 동쪽 굴 입구로 가면 바로 큰

원나라元 조창운趙蒼雲, ?~? 「유신완조입천태산도劉晨阮肇入天台山圖」 중 일부

길이 나옵니다." 두 사람은 말한 대로 가자 과연 고향에 당도할 수 있었다.

> 그러나 마을에 들어가자 얼굴을 아는 사람이 아무도 없었고, 마을 사람들은 이상한 눈으로 보았다. 여기저기 물어보고서, 가까스로 7대 후손을 만나 보게 되었다. 자손 가운데 한 사람이 말했다. "전해 듣기에 옛날 선조 중에 산에 들어가 돌아오지 않아 어디 계신지 모르는 분이 계셨다는 이야기를 들었습니다." 이제 마을에는 부모도 형제도 없고 묵을 만한 장소도 없었다. 두 사람은 쓸쓸해져 선녀가 있는 곳으로 돌아가고 싶어 했다. 그러나 산길을 찾아 들어가 보았지만, 그런 길은 보이지 않았다. 서진西晉의 태원太元 8년에 두 사람은 홀연히 마을에서 사라졌다. 『유명록幽明錄』

신중에서 선녀와 함께 보낸 시간은 속세에서는 수백 년의 시간이 흘러버린 것과 같았다. 이처럼 산의 안과 밖의 차이는 천상天上과 인계人界라는 두 공간의 극명한 차이 이외에, 시간의 속도 차이를 분명하게 보여 주고 있다. 바깥세상에서 수백 년이 지났을 정도로 시간의 빠름 속에서 인간의 존재와 삶이 얼마나 허망한지 이 작품을 통해 다시 한번 나타내고 있다. 그뿐만 아니라 아름다운 선녀와의 만남을 꿈꾸는 당시 민중들의 허망한 기대와 희망을 우회적으로 내비치기도 했다. 이와 같은 소재는 이후 중국의 전통적인 서사에서 자주 등장하는데, 우리나라의 '신선놀음에 도낏자루 썩는 줄 모른다.'라는 속담에서도 알 수 있듯이 선계仙界에서 짧게 머무른 시간이 인간 세상에서는 오랜 시간이 흘러버리는 시간 여행과 같은 제재로 자주 활용되고 있다.

(2) 「호분胡粉 파는 아가씨를 좋아하다賣胡粉女」

「호분胡粉 파는 아가씨를 좋아하다賣胡粉女」 이야기는 유의경劉義慶의 『유명록幽明錄』에 처음 보이고, 이후 송나라宋 이방李昉 등이 편찬한 『태평광기太平廣記』와 노신魯迅의 『고소설구침古小說鉤沈』에 인용되어 있다. 「호분胡粉 파는 아가씨를 좋아하다賣胡粉女」는 신분과 지위의 차이로 인해 이루지 못한 청춘남녀의 자유연애를 생동감 있게 묘사

원나라元 작자 미상
「화매화사여畫梅花仕女」
© 국립고궁박물원
國立故宮博物院

하고 있다. 이후 두 사람은 생사를 넘나드는 우여곡절을 겪은 후에 결실을 보게 되는데, 서로가 사랑하고 그것을 확인하기 위한 과정을 우아하고 아름다운 필체로 낭만적으로 그려내고 있다.

어떤 집안이 매우 부유했는데, 아들 하나만 있어서 시나칠 정도로 사랑을 받았다. 그 아들은 시장을 돌아다니다가 호분胡粉[5]을 파는 매우 아름다운 한 아가씨를 보고 마음속으로 애틋하게 그리워했지만, 자신의 마음을 고백할 방법이 없었다. 그래서 그는 매일 시장에 들러서 호분胡粉을 하나씩 사서 집으로 돌아왔다. 처음에는 아무 말도 하지 않았지만, 점차 시간이 지나자 아가씨는 매우 이상하게 생각했다. 이렇게 생각한 이튿날 그가 다시 왔을 때, "도련님께서 이 호분胡粉을 사시는데, 무슨 용도로 쓰려고 하십니까?"라고 물었다. 그는 "마음으로는 당신을 사랑하면서 같이 기뻐하고 싶었지만 스스로 고백할 수는 없었답니다. 항상 만나고 싶은 마음에 이것을 핑계로 당신을 보고자 한 것입니다."라고 대답했다. 처녀는 깊이 감동하게 되어 서로 몰래 만나기로 약속하고, 다음날 밤으로 날을 정했다.

그날 밤 그는 아가씨가 오기를 기다리며 안채에 있는 방에 편히 누워 있었다. 막 해가 질 무렵 과연 그녀가 왔다. 남자는 기쁨에 겨워 그녀의 팔을 잡으며 말했다. "오래전부터 바랐던 소원이 오늘에 와서야 비로소 이루어지는군요!" 그러나 기쁨이 극에 달했을 때 남자가 바로 죽어 버렸다. 아가씨는 당황하여 어찌할 바를 몰라 도망쳤고, 날이 밝아서야 호분胡粉 가게로 돌아왔다. 식사 시간이 되자 부모는 아들이 아직 일어나지 않고 있는 것을 이상히 여기고 가서 살펴보니, 아들은 이미 죽어있었다.

> 죽은 아들을 염殮을 해서 매장하려고 할 때, 아들이 가지고 있던 작은 대나무 상자를 열어보았다. 그 안에는 수백 개의 호분胡粉이 있었고, 똑같은 크기로 한 무더기 쌓여 있었다. 그의 어머니는 "내 아들을 해친 것은 분명히 이 가루일 것이다."라고 말하고는 시

5 '호분胡粉'은 조개류를 곱게 찧어서 만든 흰색의 가루이다. 중국의 전통 시기에 주로 여인들이 치장하면서 얼굴에 발랐던 화장품의 일종이었다. 이후로 그림을 그리거나 벽을 반듯하게 칠할 때 사용하기도 하였고, 의학 재료로 널리 활용되기도 하였다.

장 곳곳에 다니며 호분胡粉을 샀다. 마침내 그 아가씨의 차례가 되어 비교해보니 호분胡粉을 싸는 방법과 손의 흔적이 같아서 처녀를 붙잡아 추궁하면서, "왜 내 아들을 죽였느냐?"라고 물었다. 아가씨는 흐느끼며 울음을 터뜨렸고, 사실대로 말했다. 남자의 부모는 그녀의 말을 믿지 않아 관청에 고소했다. 아가씨는 "제가 어찌 다시 죽음을 두려워하겠습니까? 주검 앞에 가서 애도를 표하고자 하오니 허락해주십시오!"라고 말했다. 현령縣令은 그것을 허락했다. 그녀는 가서 남자를 쓰다듬으며, "불행하게도 이 지경까지 오게 되었습니다. 만약 사람이 죽어 혼백魂魄이 여전히 영험하다면 무슨 여한이 있겠습니까?" 그러자 갑자기 남자가 깨어나 모든 것을 자세히 설명했다. 두 사람은 부부가 되었고 자손은 크게 번성하였다. 『유명록幽明錄』

이 작품은 자신에게 불리한 상황이 되었어도 부잣집 아들과의 관계를 회피하지 않고 솔직하게 이야기했던 호분胡粉 파는 아가씨의 순수한 태도가 돋보인다. 그녀는 부잣집 아들의 죽음에 대해서 처음에는 너무 놀라서 회피하고자 하는 마음뿐이었지만 나중에는 부잣집 아들의 죽음에 대해서 전혀 외면하지 않았고, 살인죄를 뒤집어쓸 수밖에 없는 상황이었음에서도 불구하고 용감하게 자신과 부잣집 아들의 관계를 설명했다. 전통 사회의 경직된 분위기 속에서 자신의 사랑을 끝까지 이어나가고자 했던 호분胡粉 파는 아가씨의 담대한 용기와 자주적인 면모를 엿볼 수 있다.

(3) 「풋내기 귀신鬼神이 옛 친구를 만나다新死鬼」

지괴소설志怪小說에는 수많은 귀신鬼神의 형상과 그 형상을 다양한 시각으로 다룬 이야기가 있다. 이 중에는 순진하면서도 어수룩해서 저절로 연민을 불러일으키는 귀신鬼神도 많이 등장한다. 「풋내기 귀신鬼神이 옛 친구를 만나다新死鬼」에 등장하는 풋내기 귀신鬼神도 이와 같은데, 생각이 단순하면서도 어설픈 점이 소박한 인간의 모습과 닮아서 저절로 웃음이 나온다.

이 이야기는 풋내기 귀신鬼神이 오래전에 죽은 옛 친구 귀신鬼神을 만나면서 시작한다. 풋내기 귀신鬼神은 몸이 수척하고 피곤함에 지쳐 있었다. 하지만 20년 전에 죽은 옛 친구는 살이 올라 통통했고 아주 건강했다. 풋내기 귀신鬼神은 옛 친구에게 어떻게 하면 사람들을 속여서 풍족하게 밥을 얻어먹을 수 있는가를 가르쳐 달라고 한다. 옛 귀신鬼神은 그에게 괴이한 행동을 가르쳐주며 그렇게만 하면, "그들이 몹시 무서워하면서 바로 음식을 자네에게 내놓을 것이야."라고 말했다.

이 말을 들은 풋내기 귀신鬼神은 먼저 어느 불교 신도의 집으로 가서 그 집안에 놓여있는 맷돌을 돌려 사람들을 놀라게 했다. 하지만 주인은 오히려 아이들에게 "부처님께서 우리가 가난한 것을 가엾게 여겨 귀신鬼神에게 맷돌을 돌리게 하시나 보다!"라고 말하며, 이에 계속 보리를 가져다가 맷돌에 부었다. 풋내기 귀신鬼神은 하는 수 없이 계속 찧게 되었다. 풋내기 귀신鬼神은 저녁까지 여러 섬의 보리를 갈고 난 다음에서야 이 일을 그만두고, 몸과 마음이 모두 지친 채로 떠났다. 풋내기 귀신鬼神은 풀이 죽은 채 돌아가서 옛 친구 귀신鬼神에게 한바탕 호된 욕을 퍼붓는다. 그러자 옛 친구 귀신鬼神은 "한 번만 더 가보면, 틀림없이 얻는 것이 있을걸세."라고 말했다.

이튿날 풋내기 귀신鬼神은 다른 집을 찾아갔는데 그 집은 도교를 믿는 집이었다. 그 집 문 옆에 디딜방아가 있기에 풋내기 귀신鬼神은 곧장 그 위로 올라가서 방아를 찧었다. 그러자 도교를 믿는 집주인이 "어제는 귀신鬼神이 누구를 도와주었다고 하더니, 오늘은 또 나를 도와주려고 왔나 보군. 곡식을 가져와서 빻게 해야겠구나!" 그러고는 또 아랫사람을 시켜 곡식을 가져오게 해서 계속 방아를 찧게 했다. 저녁이 될 때까지 풋내기 귀신鬼神은 아무것도 얻어먹지 못한 채 힘도 빠져 매우 힘들었다. 풋내기 귀신鬼神은 매우 화가 나서 옛 친구 귀신鬼神을 찾아와 자신을 놀리는 것이냐며, 크게 화를 냈다. 이때 옛 귀신鬼神은 "자네는 운이 없었다네. 불교와 도교를 믿는 집은 사실 그 마음을 움직이는 것이 힘드니 이번에는 평범한 집을 찾아가 보게."라고 말했다.

이후 풋내기 귀신鬼神은 다시 한 집을 찾았는데, 그 집 마당 안으로 들어가서 흰 개 한 마리 안고 공중에서 걸어 다녔다. 그러자 그 집 사람들은 매우 놀라서 무당에게 점을 쳐 보게 했다. 무당이 어떤 떠돌이 귀신鬼神이 음식을 구하고 있으니, 달고 맛있는 과일과

송나라宋 이숭李嵩, 1190~1264「고루환희도骷髏幻戲圖」 © wikipedia

술과 밥을 차려서 마당 안에서 제사를 지내면 괜찮을 것이라고 했다. 이에 그 집에서는 무당의 말대로 하였고, 풋내기 귀신鬼神은 비로소 한 끼를 배불리 먹을 수 있게 되었다.

이 이야기는 사람들의 미신과 허상에 대한 맹신과 사실의 진위를 제대로 파악하지 않고 맹목적으로 믿는 것을 은유적으로 풍자하고 있다. 해학과 유머의 요소를 넣어 귀신鬼神을 우스꽝스럽게 표현했고 인정과 정감이 넘치는 귀신鬼神의 형상을 만들어냈다. 귀신鬼神을 괴상하거나 스산한 분위기에서 묘사된 두렵고 무서운 존재가 아니라, 오히려 인간과 다를 바 없이 친근하게 그려진 모습에 소박한 인간미가 느껴지고, 어리숙하면서도 순진한 행동에 안타깝고 가여운 마음이 생긴다.

3) 장화張華의 『박물지博物志』

'지괴소설志怪小說'의 또 다른 작품집으로는 장화張華, 232~300의 『박물지博物志』가 있다. 『박물지博物志』는 지리서地理書이며 총 10권卷으로 구성되어 있다. 기이한 경물, 신기한 물건 및 잡다한 이야기, 신선神仙이나 방술方術 등을 기록하고 있다. 그뿐만 아니라 의학醫學, 약재藥材, 생태生態, 물리物理, 지리地理, 역사歷史, 귀신鬼神 등 다양한 내용을 싣고 있다. 『박물지博物志』에 수록된 내용은 장화張華가 직접 창작한 것은 아니고, 그가 다른 서적을 참고하였거나 누군가에게 들은 이야기를 『박물지博物志』에 옮겨 놓은 것으로 여겨진다. 장화張華는 『박물지博物志』의 서문序文에서, '『산해경山海經』, 『우공禹貢』, 『이아爾雅』, 『설문해자說文解字』 및 지리地理 관련 서적을 두루 살펴보았는데, 비록 그 책들이 잘 갖추어져 있다고 하지만, 각기 실리지 않은 것이 있다. 이에 기록에 보이지 않은 내용과 먼 곳의 지리地理에 대해 대충 설명했다.'라고 저술 의도를 밝힌 바가 있다. 『박물지博物志』는 백과사전식 체계와 지리적地理的 주제를 바탕으로 다양한 이물異物과 물산物産을 기록한 점으로 미루어 볼 때, 『산해경山海經』의 영향을 많이 받았다고 볼 수 있다. 『박물지博物志』는 특정한 지리적地理的인 공간 속에 온갖 동식물과 사람을 제재로 하고 있으며, 다양한 생활 방식 및 복잡한 사유와 인식 체계를 보여 주고 있다. 또한, 기이한 소재와 주제, 소설적 구성과 내용 등 여러 문학적 특징을 포함하고 있다. 『박물지博物志』는 지리서地理書의 특징을 가지고 있으면서 '지괴소설志怪小說'이라는 문학 양식에 광범위한 소재와

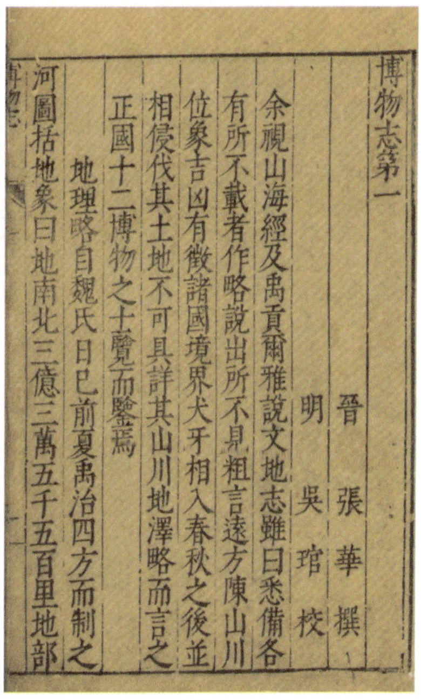
博物志第一
晉 張華 撰
明 吳琯 校
余視山海經及禹貢爾雅說文地志雖曰悉備各
有所不載者作略說出所不見粗言遠方陳山川
位象吉凶有徵諸國境界犬牙相入春秋之後並
相侵伐其土地不可具詳其山川地澤略而言之
正國十二博物之士覽而鑒焉
地理略自魏氏日已前夏禹治四方而制之
河圖括地象曰地南北三億三萬五千五百里地部

명나라明 오관吳琯, 1545~? 편찬 『증정고금일사增訂古今逸史』 중 장화張華, 232~300의 『박물지博物志』 ⓒ 書格shuge

내용을 수록해 놓은 책이라고 볼 수 있겠다.[6]

(1) 「옥저沃沮 동쪽 큰 바다에 있는 섬나라 여인국女人國」

바다 한가운데 어떤 나라가 있는데, 완전하게 여자만 있고 남자가 없었다. 또한, 천으로 만든 옷 하나를 얻었는데 이는 바다 가운데에서 떠내려온 것으로 그 형태는 중국 사람의 옷처럼 보이지만 두 소매의 길이가 석 장이나 되었다. 또한, 부서진 배 하나가 밀려왔는데, 파도를 따라 해안가에 닿은 것이었다. 한 사람이 거기에 있었는데 목 한가운데에 또 사람 얼굴이 그려져 있었다고 한다. 살아 있는 채로 발견했지만, 말이 서로 통하지 않고 먹지 않다가 나중에는 굶어 죽었다. 이 사람이 왔다고 생각되는 그 땅은 모두 옥저沃沮 동쪽의 큰 바다 가운데에 있다. 『박물지博物志』

청나라清『고금도서집성古今圖書集成』에 수록된 여인국女人國 ⓒ wikipedia

청나라清『고금도서집성古今圖書集成』에 수록된 여국女國 ⓒ wikipedia

6 지식을 만드는 지식, 『고전 해설』, 서울: 커뮤니케이션북스, 2009년.

(2) 「사라진 방풍씨防風氏의 후예 장적족長狄族」

방풍씨防風氏는 신장이 5장 4척이다. 그 당시 우禹 임금이 천하를 평정하고 제후들에게 회계會稽의 들밖에 모여 동맹을 맺자고 했다. 방풍씨防風氏가 늦게 도착해 죽임을 당했는데, 그의 뼈마디가 수레 하나를 가득 채웠다고 한다. 방풍씨防風氏의 후손들은 복수하려고 계획을 세웠다. 춘추春秋 시대 송나라宋 무공武公 때에 장적족長狄族이 송나라宋로 쳐들어 왔는데, 송나라宋 군대가 장구長丘에서 그들을 무찔렀다. 또 장적족長狄族의 수령인 연사緣斯를 포로로 잡았다. 노나라魯의 문공文公 11년기원전 616년 장적족長狄族이 또다시 노나라魯를 침범했다가 싸움에 패하였고, 장적족長狄族의 수령 교여喬如가 죽임을 당하였다. 교여喬如의 몸은 넘어져 아홉 이랑이나 되는 땅을 차지했는데, 신체는 5장 4척에 달했고, 어떤 이는 10장이라고도 했다. 제나라齊의 혜공惠公 2년기원전 607년 장적족長狄族은 계속 중원中原으로 쳐들어와 제나라齊를 공격했다. 제나라齊 군대가 교여喬如의 동생 영여榮如를 죽였다. 영여榮如가 죽임을 당한 후 대부분 무리는 영여榮如의 동생 간여簡如의 휘하에 들어가 위나라衛로 물러났다. 위나라衛 사람들은 기회를 틈타 모두 죽이고 간여簡如를 포로로 잡았다. 영여榮如의 동생 분여棼如가 남은 무리를 이끌고 노나라路로 도망쳤다. 진나라晉가 노나라路를 멸망시켰을 때 분여棼如를 포로로 사로잡았는데, 장적족長狄族의 나라인 수만국鄋瞞國은 이로부터 멸망했다. 『박물지博物志』

'지괴소설志怪小說'의 또 다른 작품에는 왕가王嘉, ?~ BC 2의 『습유기拾遺記』와 조충지祖沖之의 『술이기述異記』도 있다. 『습유기拾遺記』는 위진남북조魏晉南北朝 시대 방사方士였던 왕가王嘉가 삼황오제三皇五帝에서 서진西晉까지의 일 중에서 일부 이야기를 모아서 편찬한 책이다. 『습유기拾遺記』는 총 10권卷 220편篇으로 되어있으며, 신선神仙과 방술方術의 내용이 주를 이룬다.

『술이기述異記』는 위진남북조魏晉南北朝 남제南齊 때 수학자이며 천문역법가天文曆法家, 과학자, 문학가로 널리 알려진 조충지祖沖之, 429~500가 편찬한 책이다. 『술이기述異記』는 총 10권이었으나 남송南宋 말에서 원나라元 초에 산일散逸된 것으로 보인다. 일부 문장이 여러 전적典籍에 흩어져 있는데, 현재 남아있는 문장을 통해 『술이기述異記』

의 전체적인 내용을 파악할 수 있다. 기괴한 사건이나 비현실적 이야기가 중심으로 엮어져 있어 지괴소설志怪小說의 특성을 고스란히 간직하고 있다. 주로 여러 귀신鬼神과 요물妖物에 얽힌 이야기, 저승과 환상 세계의 이야기를 담고 있다. 조충지祖沖之는 수학자이기에 비교적 현실적이고 논리적인 사고를 중시하기 마련이지만, 귀신鬼神이나 요물妖物, 저승을 다루는 이상적인 이야기를 소재로 한 책을 편찬했다는 점이 주목할 만하다. 이처럼 현실과 환상이 공존하는 것처럼 보이는 사유체계는 조충지祖沖之뿐만 아니라, 당시 사람들의 현실 세계와 귀신鬼神이나 이물異物이 존재하는 비현실 세계에 대한 공통된 인식과 태도를 보여준다고 할 수 있다.

4) 지괴소설志怪小說의 주제 사상

이처럼 지괴소설志怪小說의 작가들은 출신과 계층, 분야와 관점이 다르지만, 현실적으로 존재하지 않는 이야기를 저술했다는 점과 그들 나름대로 현실 생활을 매우 중시하고자 했음을 알 수 있다. 지괴소설志怪小說의 작가가 다르므로 작품들에도 각각 다른 성격을 드러내고 있다. 하지만 이들이 저술한 작품은 몇 가지 공통적인 주제를 가지고 있다.[7]

먼저, '인과응보因果應報'를 널리 선양宣揚하고 있다. 전통적 도덕규범에서 강조하는 착한 일을 하면 복을 받고, 악한 일을 하게 되면 벌을 받는다는 주제를 주로 담고 있다. 이러한 주제는 중국 소설의 창작과 발전에 있어서 지속해서 영향을 미쳤고, 이후 중국 소설의 내용과 구성을 형성하는 데 중요하게 작용했다.

두 번째, 불교의 교리나 정신을 칭송하고 있다. 특히 지괴소설志怪小說의 대표 저작인 『수신기搜神記』의 주제사상을 살펴보면, 불교 사상을 높이 선양宣揚하고 있는 점을 쉽게 알 수 있다. 『수신기搜神記』의 이러한 사상적 특징은 불교 관련 저작에도 일정한 영향을 주었다. 예를 들면, 『수신기搜神記』의 원본은 이미 유실되었고, 현재 통용되는

7 張國風 지음, 이등연·정영호 편역, 『중국고전소설사의 이해』, 전남대학교출판부, 2011년, 36쪽~37쪽 참고.

20권卷 본本 『수신기搜神記』는 당나라唐의 승려인 도세道世가 편찬한 『법원주림法苑珠林』[8] 에 실려 있다. 『수신기搜神記』에 담겨 있는 풍부한 서사와 상상력, 불교 정신과 교리는 『법원주림法苑珠林』에 큰 영향을 미쳤다. 『수신기搜神記』에서 불교와 관련이 깊은 내용은 『법원주림法苑珠林』에 그대로 반영되었다.

세 번째, 사회 현실을 자세하게 반영하면서 부패한 관료정치를 신랄하게 비판했다. 지괴소설志怪小說의 내용에는 현실사회의 폐단이나 부조리한 점을 구체적인 대상을 정하여 비난하거나, 귀신鬼神이나 이물異物의 시각을 빌어 비유와 풍자로 빗대어서 책망하고 있다. 특히 폭정에 대하여 직접적인 비판과 질책叱責을 하고 있으며, 가혹한 정치 상황과 부패한 관리의 전횡專橫, 불공평한 현실에 대한 강한 불만과 분노를 보여주고 있다.

네 번째, 남녀의 애정이나 혼인 등에 관한 자유의지의 가치를 높이고 남녀 간의 연애 사상을 중시한다. 진실한 사랑을 칭송하는 주제는 위진남북조魏晉南北朝 시기를 거쳐서 이후 중국 소설의 창작에 있어서 중요한 원천이 되었다. 송宋과 원나라元, 명明과 청나라淸 시기에 이르러서도 이러한 주제와 이와 관련된 내용은 중국 소설의 일반적인 창작 경향으로 굳어지게 되었다.

다섯 번째, 기묘한 장소와 풍물을 묘사하고 이에 대한 표현수법을 크게 향상시켰다. 작품은 귀신鬼神이나 이물異物의 존재와 현실에서 나타날 수 없는 기이한 일을 실제 일어난 것과 같이 사실적으로 서술하고 있다. 그뿐만 아니라 원국遠國과 이국異國, 천계天界와 명계冥界, 선경仙境과 수궁水宮 등과 같은 이상세계를 집중적으로 표현하였다. 표현기교에 있어서 '몽환夢幻', '이혼離魂', '환생還生', '선유仙遊' 등의 수법을 운용하여 작품의 예술성과 문학성을 끌어올렸다.

위진남북조魏晉南北朝 시대의 사람들은 현실에서는 이루어낼 수 없는 상황을 지괴소설志怪小說이라는 형식을 통해 온갖 상상력을 동원하여 이루어내고자 하였다. 이러한 분

8 『법원주림法苑珠林』은 불교의 경전經典과 서사敍事 등을 토대로 만든 최대의 불교 백과전서百科全書로, 『법원주림法苑珠林』 속에 인용된 불경 고사들은 대부분이 인도의 민간 고사에서 비롯한 것들이다.

위기의 유행은 당시의 사람들이 귀신鬼神이나 요괴妖怪가 실제 존재하는 것으로 생각하는 신념이 크게 작용하였다. 그들은 귀신鬼神이나 요괴妖怪, 이물異物 등이 항상 사람들 가까이 있다고 여겼기 때문에 역사서에 기록되지 않은 하찮은 내용이나 개인의 사정에 치중한 사실적 경험을 '사실을 기록한다.'라는 태도로 글을 쓰곤 했다. 그 당시의 작품을 살펴보면, 작품 대부분이 상당히 허구적이고 환상적인 내용을 가지고 있음을 쉽게 알 수 있다. 비록 당시의 작가들은 귀신鬼神이나 요괴妖怪, 이물異物 등을 소재로 하는 지괴소설志怪小說이 여전히 역사적인 사실이나 실제 일어난 사건을 그대로 기록한다는 믿음을 가졌지만, 이러한 소설의 관점은 오늘날의 시각에서 살펴보면, 실제로 일어나지 않은 일을 작가의 상상력만으로 그럴듯하게 꾸며낸 이야기에 더 가깝다고 할 수 있다.

| 2 | 지인소설志人小說

'지인소설志人小說'은 당시 유명 인사와 얽힌 숨겨진 이야기나 알려지지 않은 작고 소소한 사건들을 기록한 소설을 뜻한다. '지인소설志人小說'은 당시 문인 명사들과 관련된 말과 행동, 태도와 성품, 명리名利를 떠나서 나누는 고상한 주제, 속俗되지 않고 청아淸雅한 이야기를 나누면서 쓴 개성 있는 언어, 숨겨진 일이나 사람 입에 오르내리며 전해지는 소문 등을 기술했다. 더불어 그것에 관해 옳고 그름의 가치를 논하는 평어評語를 첨가하기도 하였다. 일부 작품에서는 당시 사회의 정치적 부조리를 다루기도 하고, 귀족층의 호화롭고 사치스러운 생활의 모습을 폭로하기도 하여 일정 부분 사회적 의의도 지니고 있다.

지인소설志人小說이 등장하게 된 배경에는 여러 사회적 요인이 작용했다. 당시 사회적으로는 인물의 성격과 특징을 평가하는 풍조가 형성되었으며 위진魏晉 시기에 이르러서는 청담淸淡 사상을 숭상하면서, 인물을 품평品評하고 상찬賞讚하는 것이 크게 유행했다. 그뿐만 아니라 한나라漢 시대부터 향리에서의 평가評價와 선정選定을 중시하여 인재를 선발할 때 '추천식 제도'도 큰 몫을 차지했다. 지인소설志人小說이 등장하게 된 가장 중요한 배경은 바로 현학玄學과 청담淸淡 사상, 그리고 과거제도의 전신前身인 구품관인법九品官人法에 바탕을 둔 '향거리선제鄕擧里選制'의 실시였다. 이 두 가지 사상과 제도는 지인소설志人小說의 형성과 발전에 중요한 작용을 하였다.

당시의 사회 상황과 정치사상은 지인소설志人小說의 등장에 크게 영향을 미쳤다. 위진남북조魏晉南北朝 시대는 잦은 전쟁과 왕조의 교체, 정치적 부패와 사회적 동란動亂 등으로 상당히 혼란스러웠다. 이때 등장한 것이 '현학玄學'이라는 학술적 사상이다. 현학玄學은 오묘하고 철학적인 진리를 논하는 학문인데, 형이상학적인 심오한 철리哲理를 다루고 있다. 어지러운 상황 속에서 현실에서 벗어나는 방법이 바로 형이상학적인

제작 시기 및 작자 미상 「죽림칠현竹林七賢」

대상에 대해 집중적으로 논의하는 것이었다. 따라서 '진리'와 '자연'은 무엇인지 등에 대한 철학적 이치를 토론하기 시작했으며, 많은 사람이 산수와 자연에 은거하면서 이와 같은 주제를 자세히 탐색하곤 했는데 이러한 담론은 이후 '청담淸淡 사상'으로 이어졌다. '현학玄學'이 노장老莊사상을 바탕으로 유가儒家의 경서經書들을 해석하며 형이상학적인 철학 논변을 전개하는 것이라면, '청담淸淡'은 노장老莊사상을 기초로 세속적 가치를 초월한 형이상학적인 사유와 정신적 자유를 중시한 철학적 사고체계라고 할 수 있다. 특히 동진東晋 시기 후기에는 불교 사상의 영향도 받아 노장老莊 사상과 불교佛教와 유교儒教가 서로 융합될 수 있는 기초를 마련하였다. 이러한 청담淸淡 사상이 유행하다 보니 지인소설志人小說의 경우에도 명리名利를 떠나서 맑고 고상함을 좇는 유명 인사의 덕망이나 품행 등을 폭넓게 반영하고 있고, 이를 통해 인물의 다양한 측면을 보여 주고자 노력했다.

한나라漢 초기는 관리의 채용 방법은 이전 시대와 마찬가지로 대부분 벼슬을 세습하여 임용하였으나, 가끔 특별 등용을 시행하기도 했다. 그러나 이런 식의 인재 충원은 비교적 소수에 불과했다. 이후 한나라漢 문제文帝 시기부터 각 지방에 인재를 추천하여 올리라는 명령을 내리게 되었는데, 이러한 인재人才 천거薦擧 방식은 여러 차례 반복되다 이후 정착화되었다. 하지만 기본적으로 중앙에서 파견된 관리가 지방 유력인사들의 여론을 고려해 추천하는 방식이었기 때문에 일부 지방 귀족층의 자제들만이 천거

명나라明 말엽 진홍수陳洪綬, 1599~1652 「은거십육관隱居十六觀」 ⓒ 국립고궁박물원國立故宮博物院

薦擧되는 것을 피할 수 없었다. 선발 기준도 유교적 도덕규범에 기반한 추상적 평가 기준이었기에 객관적으로 자질을 검증할 방법이 없었다. 이후로 무능하거나 도덕적이지도 못한 인물이 지방 유력인사들의 비호庇護로 천거되기도 하고, 또는 재능이 있는 인물이라고 할지라도 평판이 좋지 못하면 추천을 받지 못하는 부작용을 낳았다. 당시에는 인재를 등용할 수 있는 공식적인 경로가 없었기 때문에, 소문이나 품평品評으로 누군가를 추천하는 풍토가 적극적으로 조성되었다. 이러한 사회 분위기 속에서 인사들의 성품이나 언행을 평가하는 것이 자연스레 만연하게 되었다. 이러한 풍조에 따라 당시의 문인들 대부분은 자신이 남과 다르다는 것을 강조하기 위해서 타인과 다른 언행이나 정신을 추구하곤 했는데, 그것은 바로 속세를 떠나 자연에 은거하여 청담淸淡을 논

명나라明 항성모項聖謨, 1597~1658 「도화조선桃花釣船」 중 은사隱士 ⓒ 국립고궁박물원國立故宮博物院

하며 유유자적하게 지내는 것이었다. 실제로 당시에는 산수와 자연에서 숨어 지내며 맑고 고아한 삶을 사는 은사隱士가 이후 바깥세상에는 뛰어난 현자賢者로 알려져 중앙의 관리로 발탁이 되는 일이 많았다. 그러다 보니 유명 인사들은 스스로 세상을 등지고 자연에 은거하는 삶을 택하면서도 오히려 세속적 품평品評에 주의를 기울이게 되었다.

지인소설志人小說의 형태는 일반적으로 길이가 짧고 언어가 간결하다. 인물에 얽힌 일화逸話나 사건을 통해 성격과 개성의 한 단면을 보여줌으로써 인물의 세심한 감정과 태도를 구체적으로 묘사하고 있다. 하지만 기승전결起承轉結을 갖춘 완벽한 서사 구조나 사건 전후가 연결된 상세한 묘사가 부족해 완전한 소설의 형태를 가지고 있지는 않다. 하지만 '인물 품평品評'이라는 새로운 방식을 채택하였으며, 이후 '필기소설筆記小說' 탄생에 있어 중요한 역할을 담당했다.

'지인소설志人小說'에는 배계裵啓, ?~?의 『어림語林』, 곽징지郭澄之, ?~?의 『곽자郭子』, 심약沈約, 441~513의 『속설俗說』, 유의경劉義慶, 403~444의 『세설신어世說新語』 등이 있다. 이 중에서 가장 대표적인 작품은 『세설신어世說新語』라고 할 수 있다.

1) 유의경劉義慶의 『세설신어世說新語』

『세설신어世說新語』에는 당시 유명 인사와 그들이 속한 상류사회 생활을 다양한 모습을 폭넓게 묘사하고 있다. 특히 명성名聲과 위신威信을 중시하면서 때로는 겉으로 드러나는 모습과 화려함만을 좇는 거짓된 이야기, 또는 현실적이지 않은 이상적 이념에만 사로잡혀 세속적인 일에 초연超然하며 허황한 이야기를 생동적으로 표현하였다. 『세설신어世說新語』에는 당시의 명사名士들에 관한 이야기를 「덕행德行」, 「언어言語」, 「정사政事」, 「문학文學」, 「방정方正」, 「아량雅量」, 「식감識鑒」, 「상예賞譽」, 「태치汰侈」, 「임탄任誕」 등 36 편목篇目으로 장으로 나눠서 기록해 놓고 있다. 장마다 주제에 따라 인물들의 독특한 언행言行과 일화逸話를 수록하고 있다.[9]

9 덕행德行: 충의忠義, 효孝, 청렴淸廉, 인애仁愛 등 전통적인 유가儒家 도덕관념에 관한 일화逸話. 언어言語: 청

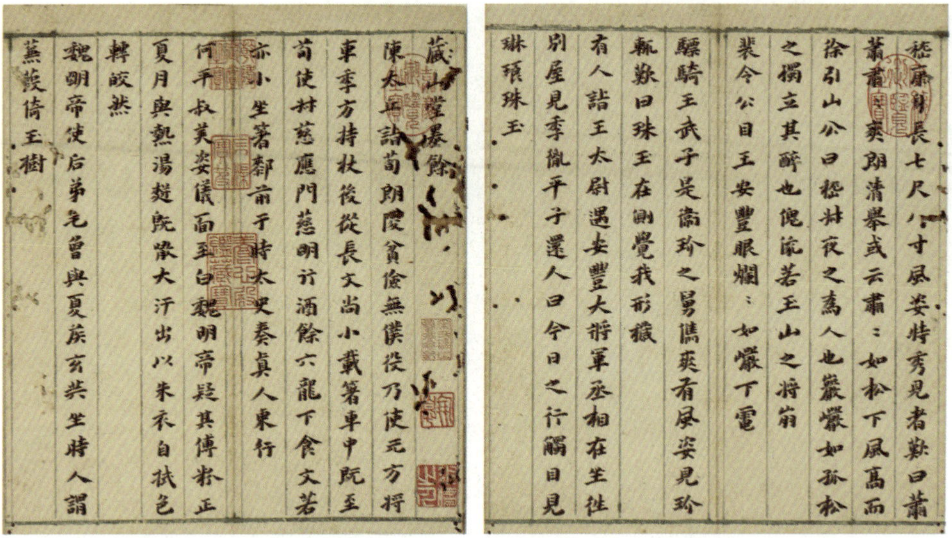

嵇康身長七尺八寸風姿特秀見者歎曰蕭
蕭肅肅爽朗清舉或云肅肅如松下風高而
徐引山公曰嵇叔夜之為人也巖巖如孤松
之獨立其醉也傀俄若玉山之將崩
裴令公目王安豐眼爛爛如巖下電
驃騎王武子是衛玠之舅儁爽有風姿見玠
輒歎曰珠玉在側覺我形穢
有人詣王太尉遇安豐大將軍丞相在坐往
別屋見季胤平子還語人曰今日之行觸目見
琳琅珠玉

[illegible]
陳太丘詣荀朗陵貧儉無僕役乃使元方將
車季方持杖後從長文尚小載箸車中既至
荀使叔慈應門慈明行酒餘六龍下食文若
亦小坐箸膝前于時太史奏真人東行
何平叔美姿儀面至白魏明帝疑其傅粉正
夏月與熱湯餅既噉大汗出以朱衣自拭色
轉皎然
魏明帝使后弟毛曾與夏侯玄共坐時人謂
蒹葭倚玉樹

명나라明 왕원무王元懋, 1368~1644 「절서세설신어節書世說新語」 ⓒ 국립고궁박물원國立故宮博物院

(1) 「동쪽 침상에 누워있는 재능이 뛰어난 사위東床快婿」

『세설신어世說新語』의 「아량雅量」 편에는 '도량이 크고 재능이 출중하며 마음에 드는 사위'를 뜻하는 '동상쾌서東床快婿'의 이야기가 실려 있다. '동상東床'은 동쪽 침상을 뜻하고, '쾌快'는 '상쾌하다', '쾌활하다', '훌륭하다'라는 의미를 지니고 있다. '서婿'는 사위를 말한다. '배를 드러내고 동쪽 침상에 기대다'라는 뜻의 '탄복동상坦腹東床'과 '동상탄복東床坦腹'의 성어成語는 '동쪽 침상의 훌륭한 사위'라는 뜻의 '동상쾌서東床快婿'라는 말과 함께 '사위가 되는 것' 혹은 '사위' 자체를 가리키는 말이 되었다. 이 이야기는 동진東晉 시기의 서예가書藝家로 중국에서 최고의 서체書體와 필법筆法으

담가淸淡家들의 지혜로운 말과 문인들의 교언巧言을 중심으로 한 일화逸話. 정사政事: 동진東晉 시기 지배계층의 정치적 업적과 정치에 얽힌 일화逸話. 문학文學: 노장老莊 사상을 중심으로 한 현학玄學과 유학儒學, 불교佛敎 및 기타 학술 사상과 당시 문인들의 문학 활동에 관한 일화逸話. 방정方正: 현사賢士들의 바르고 모범이 되는 행동과 태도에 관한 일화逸話. 아량雅量: 명사名士들의 고아한 인격과 도량이 넓은 언행에 대한 일화逸話. 식감識鑒: 사리에 맞는 말과 행동, 태도의 시비是非를 감별하는 언행을 보여 주는 일화逸話. 상예賞譽: 인물의 품격과 재능의 훌륭함에 대한 감상과 칭찬에 대한 일화逸話. 태치汰侈: 지나치게 사치하고 재물을 낭비하는 일화逸話. 임탄任誕: 세속에 구애되지 않고 자유분방하게 지내는 행동을 보여 주는 일화逸話.

동진東晋 왕희지王羲之 「난정서蘭亭序」 송나라宋 묵탁본墨拓本 ⓒ 국립고궁박물원國立故宮博物院

로 '서법書法의 성인聖人'으로 추앙받고 있는 왕희지王羲之, 307~365와 관련된 일화逸話이다. 이 글에는 당시 유행했던 사회 풍조인 고상한 생활방식과 전통 예법에만 얽매이지 않는 자유로운 생활 태도를 담고 있다.

왕희지王羲之는 동진東晋의 승상丞相 왕도王導의 조카로 어릴 때부터 서예를 열심히 배웠으며, 이후 자신만의 독특한 서예 기법을 만들어 냈다. 동진東晋의 태위大尉 치감郗鑒에게는 아름다움과 지혜를 두루 갖춘 딸이 한 명 있었다. 승상丞相 왕도王導와 각별한 사이였던 치감郗鑒은 왕도王導의 집안에 재능과 용모가 출중한 청년들이 많다는 소문을 들었다. 그래서 치감郗鑒은 자신이 직접 사윗감을 고르고 싶다는 뜻을 왕도王導에게 전했다.

왕도王導의 자제들은 치감郗鑒이 사윗감을 고르기 위해 사람을 보냈다는 말을 듣고 지마다 한껏 치상하고 나왔다. 청년들을 살피다 보니 한 명이 부족한 것을 알게 되었다. 치감郗鑒의 제자가 그 청년이 누구인지 묻자, 왕도王導의 하인이 그 청년을 찾아 다른 서재로 안내했다. 그곳에는 한 청년이 치감郗鑒이 사윗감을 고르려고 왔다는 말에도 전혀 아랑곳하지 않은 듯, 배를 드러내고 동쪽 침상의 벽에 기대어 누워 있었다. 집으로 돌아온 제자는 치감郗鑒에게 "왕王 승상丞相 댁 공자公子들은 치감郗鑒이 사윗감을 고르려고 왔다는 말에 온갖 단장을 하고 나왔는데 동쪽 침상에 있던 공자公子만이 한가롭게 누워있었습니다."라고 전했다. 이 말에 치감郗鑒은 크게 웃으며 "그가 바로 내가 찾던 사윗감이라네!"라고 하였다. 치감郗鑒은 그 청년이 어떤 사람인지 직접 보러 왕도王導의 집으로 찾아갔다. 그 청년은 행동이 우아하고 재능과 외모를 모두 갖추었다. 치감郗鑒은 그 자리에서 그를 사윗감으로 정했다. 치감郗鑒의 사윗감으로 선택된 사람이 바로 후세에 서예로 이름을 떨친 왕희지王羲之이다.

북경北京 이화원頤和園 장랑長廊에 그려져 있는 왕희지王羲之 ⓒ wikipedia

(2) 「형제가 서로 시기하고 다투다煮豆燃豆萁」

『세설신어世說新語』의 「문학文學」 편에는 형제가 서로 시기하고 다툼을 비유하는 말, '자두연두기煮豆燃豆萁'의 이야기가 실려 있다. 이 이야기는 일명 '칠보시七步詩 이야기'로 유명한데, 조비曹丕와 조식曹植 형제간의 다툼을 그린 일화逸話이다.

삼국三國 시대의 조조曹操, 그리고 그의 아들인 위문제魏文帝 조비曹丕와 동아왕東阿王 조식曹植은 문인들에 대한 우대 정책을 폈고, 문학적인 재능에서도 매우 뛰어났다. 이 중에서 조식曹植의 문학적 성과가 가장 높았다. 당시 왕위를 잇는 후계 문제로 형제간의 경쟁이 치열했는데, 형인 조비曹丕에 비해 재능이 뛰어났던 동생 조식曹植은 항상 형의 미움을 받았다. 훗날 조비曹丕가 왕위에 오른 뒤에도 조식曹植을 미워하며 괴롭혔다. 어느 날 조비曹丕는 조식曹植에게 일곱 걸음을 걷는 동안 시를 지으라고 하며, 만일 시를 짓지 못하면 큰 벌을 내리겠다고 엄포를 놓았다. 이에 조식曹植은 승낙하며, 형에게 미움을 받는 자신의 처지를 한탄하면서 곧바로 시를 지어 읊었다. 그 시가 바로 '칠보시七步詩'라고 알려진 '자두연두기煮豆燃豆萁'라는 시이다. 위문제魏文帝 조비曹

동진東晋 고개지顧愷之, 344~406? 「낙신부도洛神賦圖」 중 조식曹植 ⓒ 국립고궁박물원國立故宮博物院

丕는 조식曹植이 지은 이 시를 보고 매우 부끄러워하며 얼굴빛이 변했다고 한다. 『세설신어世說新語』에 실린 '자두연두기煮豆燃豆萁' 시는 『삼국지연의三國志演義』에 실린 시와는 조금 다르다.

> 콩을 삶아 콩국을 끓이고
> 거른 콩으로 즙을 만드네.
> 콩깍지는 가마솥 아래에서 불타고,
> 콩은 가마솥 안에서 울고 있구나.
> 본디 콩깍지와 콩은 한 뿌리에서 태어났건만,
> 서로 괴롭히는 것이 어찌 이리도 심한가! 『세설신어世說新語』

(3) 「명예와 위신을 걸고 벌인 치열한 사치 경쟁石崇王愷」

『세설신어世說新語』의 「태치汰侈」 편에는 지나치게 사치하고 재물을 낭비하는 일화逸話가 실려 있다. 그중에서도 석숭石崇, 249~300과 왕개王愷, ?~? 두 사람은 가문의 명예名譽와 지신의 위신威信을 걸고 호화로움과 부유함을 겨루고, 심지어 잔인하고 냉혹함까지 서로 경쟁했다.

석숭石崇은 무제武帝 때 관직을 시작해서 혜제惠帝 때 중랑장中郎將, 형주자사荊州刺史 등의 벼슬을 하였다. 형주자사荊州刺史에 부임하면서 항해와 무역으로 큰 부자가 되었는데, 『진서晉書』에는 '멀리 가는 상인과 장사 나가는 상인을 협박하여 부富를 축적하였다.'라고 기록되어 있다. 왕개王愷는 그의 누나인 왕원희王元姬가 사마소司馬昭에게 시집을 가서 서진西晉 시기 무제武帝의 어머니로서 황태후가 되었다. 그는 서진西晉의 대귀족이자 명문名門 집안 출신이었으나 학문과 정치에 뜻을 두기보다는 지나친 사치와 향락적인 생활을 하기로 유명했다. 특히 그는 석숭石崇과 부富를 두고 서로 다투었는데, 이것에 관해 일화逸話가 많이 남아있다.

석숭石崇과 왕개王愷의 사치에 대한 다툼은 저잣거리에서도 널리 퍼져 누가 이기느냐

청나라清 화엽華嵒, 1682~1756
석숭石崇의 장원莊園을
그린 「금곡원도金谷園圖」
ⓒ 체스티비티두서관
Chester Beatty Library

를 놓고 이런저런 말이 많았다. 왕개王愷가 석숭石崇에게 한 걸음 뒤진다는 의견이 대부분이었다. 왕개王愷가 석숭石崇보다 부족하다는 소문을 들은 황제는 외삼촌인 왕개王愷를 후원하기 위해 두 자가 넘는 산호수珊瑚樹를 그에게 주었다. 이에 왕개王愷는 득의양양하여 석숭石崇을 초대하여 그것을 자랑했다. 그러자 석숭石崇은 코웃음을 치더니 쇠뭉치로 산호수珊瑚樹를 산산조각 내버렸다. 왕개王愷가 사색이 되어 크게 화를 내자 석숭石崇은 태연하게 이 정도의 물건은 얼마든지 변상해주겠다고 하며 나에게는 이보다 더 큰 산호수珊瑚樹가 여러 개 있다고 말했다. 석숭石崇은 그 자리에서 바로 하인을 시켜 자신이 갖고 있던 산호수珊瑚樹를 모두 가져오도록 하였다. 하인이 가져온 산호수珊瑚樹를 본 왕개王愷는 눈이 휘둥그레졌다. 높이 세, 네 척이나 되는 산호수珊瑚樹 여섯 일곱 개 모두가 훌륭한 물건들이었다. 이 물건들에 비하면 황제가 왕개王愷에게 준 산호수珊瑚樹는 보잘 것없는 물건에 지나지 않았다. 왕개王愷는 그저 자신의 패배를 인정하지 않을 수 없었다.

왕개王愷와 석숭石崇의 잔혹함을 드러내는 일화逸話도 알려진다. 왕개王愷가 손님을 초대하여 잔치를 벌이는데 손님들의 흥을 돋우기 위해 피리를 연주하던 여악사女樂士가 실수로 한 소절을 건너뛰었다. 이를 알아차린 왕개王愷는 즉석에서 그 여악사女樂士를 죽였다. 또 한번은 석숭石崇이 손님을 초대하여 잔치를 벌일 때, 손님들이 미녀들이 권한 술을 다 마시지 않으면 그 미녀를 죽여버렸다. 어느 때는 손님이 술을 마실 줄 몰라 세 사람의 미녀를 거듭 죽인 일도 있었다.

(4) 「흥이 나서 왔다가 흥이 다해서 돌아가려 하네雪中訪友」

『세설신어世說新語』의 「임탄任誕」 편에는 왕자유王子猷, 왕희지王羲之의 아들에 관한 여러 이야기가 실려 있다. 「임탄任誕」은 세속에 구애받지 않고 자유분방하게 지내는 방임放任과 허탄虛誕한 행동을 일삼는 것을 뜻한다. 이 중에서 「흥이 나서 왔다가 흥이 다해서 돌아가려 하네雪中訪友」는 이야기는 「눈 오는 밤에 대안도戴安道를 찾아가다雪夜訪戴」라고 말하기도 하며, 왕자유王子猷와 관련된 대표적인 일화逸話이다.

명나라明 주문정周文靖, 15세기~16세기 「설야방대雪夜訪戴」

왕자유王子猷가 산음현山陰縣에 살고 있을 때, 밤에 큰 눈이 내렸다. 잠에서 깨어나 창문을 열고 술을 가져오라 했는데, 사방은 온통 은빛에 잠겨 있고, 달은 환하게 밝기만 했다. 이때 서진西晉 시기의 시인인 좌사左思의 「초은시招隱詩」를 읊조리다가 문득 친구 대안도戴安道가 생각이 났다. 대안도戴安道는 섬계剡溪에 살고 있었다. 밤에 바로 작은 배를 타고 밤새워 가서 대안도戴安道의 집 앞에 이르렀다. 그러나 왕자유王子猷는 들어가지도 않고 되돌아 가버렸다. 어떤 이가 그 까닭을 묻자 그는 이렇게 대답하였다. “나는 본래 흥이 나서 왔다가 흥이 다해

서 돌아가려 하는 것이니, 어찌 반드시 대안도戴安道를 만나야만 하겠는가?" 雪夜訪戴

한번은 왕자유王子猷가 남의 집에 잠시 머문 적이 있었다. 그는 곧장 대나무를 심자고 해서 그의 뜻에 따라 심었다. 어떤 이가 "잠깐 머물면서 어찌하여 이렇게 번거롭게 합니까?"라고 말하자, 왕자유王子猷는 대나무를 가리키며, "어찌 하루라도 이 분此君이 없을 수 있겠소?"라고 말했다.

작은 배를 타고 밤새 친구의 집 대문 밖까지 갔다가 흥이 다했다면서 돌아가자는 것이나 대나무를 '이 분此君'이라고 지극히 존경하는 왕자유王子猷의 모습이 위진남북조魏晉南北朝 문인들에게서 흔히 볼 수 있는 태도라고 할 수 있다.

이처럼 『세설신어世說新語』에는 당시 유명 인사들에 관한 100여 자 남짓가장 긴 이야기도 300~400자를 넘지 않을 정도으로 짧고 간단한 내용으로 이야기를 흥미롭게 풀어나가고 있다. 등장인물에 얽힌 다채로운 이야기와 구어口語로 이루어진 대화형식은 인물의 성격과 특징을 생동감 있게 표현하고 있다. 이러한 특징은 이후의 소설이나 다른 문학 양식에 다양한 소재를 제공했을 뿐만 아니라 소설 양식의 변화에서도 큰 영향을 끼쳤다. 또한, 간결하게 정련되고 함축적인 언어는 훗날 성어成語와 경구警句로 널리 쓰이게 되는데, '등용문登龍門', '난형난제難兄難弟', '점입가경漸入佳境', '계군일학鷄群一鶴' 등과

명나라明 구영仇英, 1498~1552 「독락원도獨樂園圖」 ⓒ 클리블랜드미술관Cleveland Museum of Art

같은 유명한 성어成語가 모두 『세설신어世說新語』에서 비롯되었다.

(5) 『세설신어世說新語』가 후대에 미친 영향

『세설신어世說新語』가 후세에 끼친 영향은 매우 커서 이후 모방작이 끊이지 않았다. 당나라唐 때는 유숙劉肅, ?~?의 『대당신어大唐新語』, 이후李垕, ?~?의 『남북사속세설南北史續世說』, 왕방경王方慶, ?~702의 『속세설신서續世說新書』 등이 있고, 송나라宋 때는 공평중孔平仲, 1044~1111의 『속세설續世說』, 왕당王讜, ?~?의 『당어림唐語林』 등이 있다. 명나라明 때는 하양준何良俊, 1506~1573의 『하씨어림何氏語林』, 이소문李紹文, ?~?의 『명세설신어明世說新語』, 정중기鄭仲夔, ?~?의 『청언淸言』, 풍몽룡馮夢龍, 1575~1645의 『고금담개古今譚概』 등이 있다. 청나라淸 때는 오숙공吳肅公, 1626~1699의 『명어림明語林』, 장무

명나라明 구영仇英, 1498~1552 『십팔학사등영주도十八學士登瀛洲圖』 ⓒ 국립고궁박물원國立故宮博物院

공章撫功, ?~?의 『한세설漢世說』, 이청李淸, ?~?의 『여세설女世說』, 왕탁王晫, 1636~1705의 『금세설今世說』 등이 있고, 중화민국中華民國 이후에는 역종기易宗夔, 1874~1925의 『신세설新世說』이 있다.[10]

이처럼 『세설신어世說新語』는 그 당시의 문인뿐만 아니라, 이후의 여러 작가에게도 크게 영향을 미쳐 끊임없는 속작續作을 만들어냈다. 비록 이러한 속작續作은 문학성에 있어서 원작과 비교하면 그 가치와 완성도 측면에서 훨씬 미치지 못하지만, 체제와 내용, 표현기교와 묘사 방식 등을 그대로 이어받으며 『세설신어世說新語』의 문학적 특징을 여전히 유지하고 있다. 이처럼 속작續作의 큰 유행은 『세설신어世說新語』의 문학적 지위와 후대에 미친 영향을 잘 보여 주는 자료라고 할 수 있겠다.

10 김장환, 「『世說新語』 續書 硏究 : 『世說新語補』」, 『中國語文學論集』第16號, 2001년 2월, 78쪽 참고.

5장

중국 소설의 등장과 성장: 당나라唐의 전기소설傳奇小說

이상하고 기괴한 이야기는 육조六朝 시대에 성행하였다.
그러나 그것들 대부분은 전해 들은 이야기를 잘못 기록한 것이었고,
모두 일부러 상상으로 꾸며낸 말은 아니었다.
당나라唐 사람들에 이르러서야 비로소 의도적으로 기이한 것을 좋아하여 지어냈는데,
소설을 빌려 붓끝으로 창작해냈다.

- 호응린胡應麟, 1551~1602 · 『소실산방필총少室山房筆叢』 -

5장 중국 소설의 등장과 성장: 당나라唐의 전기소설傳奇小說

중국 소설이 당나라唐에 이르면 '전기소설傳奇小說'이라는 형식이 나타나는데, '전기傳奇'라는 명칭은 '기이한 이야기를 전한다傳述奇異之事'라는 뜻으로, 원래 배형裴鉶의 소설집인 『전기傳奇』의 명칭에서 비롯되었다. 이 책에 수록된 이야기는 약 30편으로 모두 신기하고 기이한 내용으로 되어 있어서 『전기傳奇』는 '기이한 이야기를 모아 놓은 책'이라는 의미를 지니게 되었다. 후대로 내려오면서 이때 만들어진 이야기들을 전기傳奇라고 부르기 시작했으며, 『전기傳奇』의 문체와 유사한 글을 '전기체傳奇體'라고 했다. 이후 명나라明 도종의陶宗儀, ?~1369의 『남촌철경록南村輟耕錄』에 '당나라唐에는 전기傳奇가 있고, 송나라宋에는 희곡戲曲, 사詞, 소설小說이 있으며, 금나라金에는 원본院本, 잡극雜劇이 있다.'라고 하여 '전기傳奇'를 당나라唐 소설 전체를 일컫는 명칭으로 사용하였다.[1] 하지만 당나라唐 시대 사람들은 이러한 기이한 이야기를 일컬어 전기傳奇라고 하지는 않았으며, 소설 혹은 다른 이름으로 불렀을 것으로 추정된다. 명나라明와 청나라淸에 이르면 '전기傳奇'라는 용어는 소설 분야뿐만 아니라, 또 다른 문학 양식을

1 전성경, 「唐代傳奇小說의 名稱考」, 『국민대학교 신문사』, 2007년 12월 12일 참고.

지칭하는 것으로 사용되기도 하였다. 주로 남방계통의 가극歌劇인 '남곡南曲'의 각본을 가리키는 말로 쓰이기도 하였으며, 송나라宋 때의 제궁조諸宮調나 원나라元 때의 잡극雜劇을 '전기傳寄'라고 부르기도 하였다. 이로 인해 이러한 희곡 양식의 명칭과 당나라唐 소설인 '전기傳寄'를 분명하게 구분하기 위해 당나라唐 전기傳寄를 '당전기唐傳寄' 혹은 '당전기소설唐傳奇小說'이라고 부르게 되었다.

위진남북조魏晉南北朝 시기의 '지괴소설志怪小說'이 귀신鬼神이나 이물異物, 괴이하거나 신령스러운 사건을 주요 묘사 대상으로 삼은 데 비해, 당나라唐의 '전기소설傳奇小說'은 인간 세상의 여러 모습을 그릴뿐만 아니라 현실에서 일어날 수 없는 기이한 사건들까지도 일부 포함하고 있다. 지괴소설志怪小說의 주요 서술 특징이 '괴이함怪'에 있다면, 전기소설傳奇小說은 바로 '기이함奇'에 있다고 볼 수 있다. '괴이함怪'은 귀신鬼神이나 신선神仙, 요괴妖怪나 영물靈物, 천상과 저승의 세계 등, 황당하거나 터무니없는 완전한 상상 속에서만 이루어질 수 있는 비현실적 내용을 그린다. 하지만 '기이함奇'은 '괴이함怪'의 요소를 일부 가지고 있지만, 주로 현실이라는 배경 속에서 일어날 수 있는 사건이나 내용으로 구성되어 있다. 즉, 이치에 완전히 어긋나거나 사리에 맞지 않는 내용을 다루는 것은 아니었다. 그렇기에 전기소설傳奇小說은 지괴소설志怪小說의 주요 특징인 '괴이함怪'이 옅어지고, 보다 현실성이 두드러진 모습을 보여 주고 있는데, 지괴소설志怪小說의 제재와 내용과 비교하면 더욱 광범위하면서 다양한 현실 세계의 측면을 반영하고 있다.

예를 들어 당나라唐 때 민중들의 가장 관심을 끈 역사적 사건은 현종玄宗과 양귀비楊貴妃의 사랑에 관한 일이다. 현종玄宗과 양귀비楊貴妃는 시아버지媤父와 며느리子婦의 관계였으므로, 둘의 사랑 이야기는 보통 연인들의 연애담이 아니라 세상을 크게 떠들썩하게 했던 매우 부도덕한 일이다. 그뿐만 아니라, 현실 속에서도 좀처럼 일어나기 힘든 '기이한奇' 사건이기도 했다. 현종玄宗이 양귀비楊貴妃의 미모에 반해 정사政事를 돌보지 않다가 결국 '안사의 난安史之亂'을 촉발했고 안동인 니리 전체를 전쟁과 혼란에 빠트렸다. 그래서 이 두 사람의 사랑 이야기는 당시 민중들에게 분노와 미움을 생기

요나라遼 작자 미상 보산요묘벽화寶山遼墓壁畫 「양귀비교앵무송경도楊貴妃教鸚鵡頌經圖」 ⓒ wikipedia

게 했지만, 동시에 두 사람의 안타까운 사랑에 대한 동정과 연민의 감정을 불러일으키기도 했다. 하지만 이후 이들의 사랑 이야기는 역사에 기록된 비판과 경고를 떠나서 여전히 민중들에게는 안타까운 사랑 이야기로 자리 잡게 되었다. 이처럼 현종玄宗과 양귀비楊貴妃의 사랑 이야기는 민중의 관심을 한 번에 끄는 내용으로 '기이함奇'에 바탕을 두고 있다. 현실 속에서 보기 드물게 일어난 사건이어서 사람들의 주목을 한꺼번에 받게 되었다. 이러한 사회 분위기에 따라 이 이야기는 사람들을 통해 널리 알려졌고, 관련 이야기에 민중들의 첨가와 수정을 거쳐 계속해서 전승되었다. 문인들 사이에서도 앞다투어 중요한 문학 제재로 다루었다.

당나라唐 시기에는 이러한 현종玄宗과 양귀비楊貴妃에 얽힌 역사적 사건을 근간으로 널리 알려진 이야기뿐만 아니라, 다양한 제재를 바탕으로 한 작품들이 대량으로 창작되었다. 예를 들면, 과거시험을 보러 시험장으로 가는 선비가 어느 기녀妓女와 만나 애틋한 사랑을 나눈 이야기, 정의로운 세 협객이 만나 의기투합意氣投合하는 과정을 흥미롭게 그린 이야기, 몽환夢幻의 형식으로 현실 속의 기쁨과 슬픔을 교묘하게 반영한 환상적 이야기 등은 현실적으로 이루어질 수 없는 기이하거나 황당한 이야기들이지만, 모두 현실 세계에 깊은 뿌리를 두고 있다. 이처럼 '당전기소설唐傳奇小說'은 희비喜悲와 애환哀歡, 희망希望과 동경憧憬, 허구虛構와 상상想像 등의 요소를 기반으로 의도적으로 창작된 이야기였기에 어떤 사실을 기록한다는 저작 태도를 보인 '지괴소설志怪小說'과는 분명히 다르다고 할 수 있겠다.

| 1 | 당전기소설唐傳奇小說의 작가와 작품

당나라唐를 대표적인 문학 양식인 시詩를 기준 삼아 시체詩體의 특징으로 시기를 나눌 때, 일반적으로 '초당初唐', '성당盛唐', '중당中唐', '만당晩唐' 등 네 시기로 구분한다. 이러한 구별은 당나라唐 시기의 문학 전반을 가르는 잣대로 확대되어 통상적으로 당나라唐 시기 문학을 나눌 때 흔히 사용하는 방식이 되었다. 당나라唐 문학의 시기 구분은 명나라明 고병高棅, 1350~1413의 『당시품휘唐詩品彙』에서 처음으로 시도하였는데, 구체적인 시대의 구분은 다음과 같다. '초당初唐'은 고조高祖의 무덕武德, 618으로부터 예종睿宗의 태극太極, 712까지 약 95년간을 말한다. '성당盛唐'은 현종玄宗의 개원開元, 713으로부터 대종代宗의 영태永泰, 765까지 약 50년간을 말한다. '중당中唐'은 대종代宗의 대력大曆, 766으로부터 경종敬宗의 보력寶曆, 820까지 약 60년간을 말한다. '만당晩唐'은 문종文宗의 태화太和, 827로부터 소선제昭宣帝의 천우天祐, 906까지 약 80년간을 말한다. 다만, 전기소설傳奇小說의 경우에는 작품의 창작 시기와 유행, 작가 및 작품 수에 따라 초당初唐 시기와 성당盛唐 시기를 하나로 묶고, 중당中唐 시기, 그리고 만당晩唐 시기로 나누는 경향이 짙다.

본격적인 전기소설傳奇小說은 '안사의 난安史之亂' 이후 중당中唐 무렵부터 시작된다. 중당中唐 시기 이후의 대표적인 전기소설傳奇小說 작가로는 「유의전柳毅傳」을 쓴 이조위李朝威, 766~820와 「침중기枕中記」와 「임씨전任氏傳」을 쓴 심기제沈旣濟, 750~800 등이 있다. 「침중기枕中記」는 도사 여옹呂翁이 한 청년의 한탄을 듣고 베개를 주면서 잠시 누우라고 했는데, 꿈속에서 온갖 부귀영화를 누리고 꿈에서 깨자 여관 주인이 마친 '기장黍'이 아직 채 익지도 않은 아주 짧은 시간이었다는 이야기다. 그리고 「임씨전任氏傳」의 여주인공인 임씨任氏는 본래 여우였다가 사람으로 변한 것인데, 남편을 출세시키기 위해 온갖 노력을 다한다. 어느 날 남편이 황제와 사냥을 하러 갔고, 여우였던 임씨任氏는 사냥개에 몰려 죽게 되는데, 자신을 희생시키면서까지 남편의 성공을 이끌어주려는 여인의 안타까움을 묘사한 이야기이다.

그리고 「이장무전李章武傳」과 「인호전人虎傳」을 쓴 이경량李景亮, ?~?, 「남가태수전南柯太守傳」과 「여강풍온전廬江馮媼傳」, 「사소아전謝小娥傳」 등을 남긴 이공좌李公佐, 770?~850?도 있다. 또한 「이와전李娃傳」을 쓴 백행간白行簡, 776~826과 천녀이혼倩女離魂의 모티브가 된 「이혼기離魂記」를 쓴 진현우陳玄祐, ?~?가 있으며, 자신을 버린 남자에 대한 원한을 표현한 「곽소옥전霍小玉傳」의 장방蔣防, ?~?, 그리고 유명한 당나라唐 현종玄宗과 양귀비楊貴妃의 사랑 이야기를 담은 「장한가전長恨歌傳」과 「동성노부전東城老父傳」을 쓴 진홍陳鴻, ?~?이 있다. 그리고 「앵앵전鶯鶯傳」인 「회진기會眞記」를 쓴 원진元稹, 779~831과 우리나라의 「홍길동전洪吉童傳」과 비슷한 주제를 가진 「규염객전虯髯客傳」을 쓴 두광정杜光庭, 850~933이 있다. 이 중에서 「규염객전虯髯客傳」 속 인물들의 모습이 다른 전기소설傳奇小說의 등장인물과 차이가 나는데, 그 형상이 동북아시아 지역 사람의 모습과 흡사하며, 중원中原을 중심으로 한 협객류 소설과 다르게 이 작품은 이국적인 배경과 분위기를 다채롭게 표현했다. 이를 통해 당나라唐 때 외부 민족과의 국방과 외교, 교역과 문

당나라唐 작자 미상 「명황행촉도明皇幸蜀圖」

화가 상당히 활발했음을 미루어 짐작할 수 있다.

이러한 전기소설傳奇小說 작품을 살펴보면, 위진남북조魏晋南北朝 시기에 풍미했던 지괴소설志怪小說의 전통을 어느 정도 이어받았음을 알 수 있고, 유사한 제재를 바탕으로 다양한 소설적 기교를 통하여 작품을 창작했음을 보여준다. 전기소설傳奇小說이 흥성했던 당시에는 정치적 목적으로 상대를 깎아내리거나 어떤 의도를 가지고 누군가를 일부러 헐뜯기 위한 내용도 다수 포함되어 있었다. 예를 들면, 작품에 등장하는 인물의 이름을 자신이 싫어하는 인사人士의 이름으로 바꾸어 표시하거나, 작품 속 인물의 형상을 자신이 싫어하는 대상에 투영하여 풍자하는 형태가 존재했었다. 또한, 이 시기 전기소설傳奇小說에는 남녀 간의 복잡하고 다양한 애정 관계나 사회에 만연되어 있던 계층 간의 모순과 불합리함을 강하게 드러내기도 하였다. 그뿐만 아니라 협객俠客이나 사회적 문제 혹은 정치적인 사건을 쟁점화하여 쓴 내용도 다수 등장했다.

그렇다면 무엇 때문에 당나라唐에 이르러서야 이러한 창의적이고 개성이 뚜렷한 소

명나라明 작자 미상 송나라宋 개봉開封의 전시殿試 © wikipedia

명나라明 구영仇英, 1498~1552 「관방도觀榜圖」 ⓒ 국립고궁박물원國立故宮博物院

설 작품이 크게 흥성했을까? 전기소설傳奇小說이 크게 발전하게 된 사회적 배경과 문학적 원인은 과연 무엇일까?

당나라唐의 전기소설傳奇小說이 발전하게 된 이유에는 '과거제도'와 '온권溫卷'이 깊은 관련이 있다. 당시 과거시험을 준비하는 서생들은 자신의 작품을 지위가 높은 관리에게 미리 보내어 추천을 바라거나, 시험문제를 채점하는 시험관에게 과거시험 전에 자신의 문학적 재능을 알려 강한 인상을 심어주기 위한 계책이 필요했다. 그래서 그들에게 재미있는 이야기를 지어서 보여주었는데, 이때 보낸 글을 '행권行卷', '온권溫卷', '투권投卷'이라고 한다. 일반적으로 처음 투고하는 것을 '행권行卷'이라 하고, 재차 투고하는 것을 '온권溫卷'이라 한다. 또는 전체를 일컬어 '투권投卷'이라고도 부른다. 이러한 '행권行卷' 등에 자주 활용되었던 글이 바로 '전기소설傳奇小說'이다. 과거시험을 준비하는 서생들은 지은 글 안에 반드시 드러내야 하는 부분이 있었는데, 바로 자신의 문학적 재능과 견해를 충분히 보여줄 수 있도록 '시詩'와 '문文'이 들어 있어야 했다. 문

명나라明 징거징張居正, 1525~1582 편찬 프랑스어 채색본 『제감도설帝鑑圖說: Recueil Historique des Principaux Traits de la Vie des Empereurs Chinois』 중 「소시현령召試縣令」 ⓒ 書格shuge

장이 정교하면서 아름답게 조화를 이루어야 했고, 모두의 관심을 충분히 집중시킬 수 있는 흥미로운 이야기를 창작해 내야 했다. 그리고 무엇보다도 중요한 것은 자신의 이름을 드러내는 것, 즉, 작품의 저자를 분명히 알려야 하는 것이었다. 이런 이유로 당나라唐의 전기소설傳奇小說에는 저자가 분명히 명시되어 있다.

이처럼 전기소설傳奇小說 작가는 시험관이나 고위관리에게 깊은 인상을 심어주고 감동을 주기 위한 하나의 방편으로 새로운 이야기를 지어낼 필요가 있었다. 이 때문에 본격적으로 허구와 상상력을 갖춘 작품들이 등장하게 되었다. 또한, 내용은 주로 현실적인 배경을 가지고 있지만, 실제 현실 속에서 일어날 수 없는 이야기를 담는 경우가 많았다. 따라서 전기소설傳奇小說에는 귀신鬼神이나 요괴妖怪 등의 비현실적인 소재의 이야기보다는 현실 기반의 이야기와 일정한 서사적 틀을 가지고 있다. 다만, 초기에는 위진남북조魏晉南北朝 시기 지괴소설志怪小說의 영향으로 귀신鬼神이나 영물靈物에 대한 환상적인 이야기가 많았고, 시간이 지날수록 기녀妓女와의 사랑, 종교적인 해탈, 협객俠客과의 의리 등, 다채로운 소재와 내용으로 지어졌다.

| 2 | 당전기소설唐傳奇小說의 시대 구분

중국 문학의 시대적 흐름을 살펴보면, 당나라唐의 문학은 대체로 초당初唐, 성당盛唐, 중당中唐, 만당晩唐의 네 시기로 나눌 수 있다. 이러한 구분은 시詩에서뿐만 아니라, 산문散文을 비롯한 다른 문학 양식의 경우에도 거의 비슷하다. 다만, 작가나 문학적 경향이 분명하게 나타나는 시詩나 산문散文과는 달리 전기소설傳奇小說의 경우에는 창작과 유행에 따라 시대적 구분과 작가의 문학적 특징이 분명하게 드러나지 않기 때문에, 흔히 초당初唐 시기와 성당盛唐 시기를 하나로 묶어 전기소설傳奇小說의 '발전기' 혹은 '성장기'라고 말하고, 중당中唐 시기는 '번영기', 만당晩唐 시기는 '쇠퇴기'라고 일컫는다. 전기소설傳奇小說의 세 시기와 주요 작품 및 특징은 당나라唐의 시대적 흐름과 문학 특성이 종합적으로 반영되어 그 특색이 구체적으로 잘 드러나고 있다.

1) 초당初唐 시기와 성당盛唐 시기

초당初唐 시기와 성당盛唐 시기는 당나라唐 초기에서부터 대종代宗의 영태永泰, 765 연간에 해당하는 기간으로 위진남북조魏晉南北朝의 지괴소설志怪小說이 당나라唐의 전기소설傳奇小說로 발전해 나가는 과도기에 해당한다고 볼 수 있다. 비록 작품 수는 많지 않지만, 지괴소설志怪小說의 모습을 일부 가지고 있으면서 새로운 소설 형태인 전기소설傳奇小說의 초기 유형을 보여 주고 있다. 대표적인 작품으로는 왕도王度, 584?~621?의 「고경기古鏡記」, 무명작가의 「보강총백원전補江總白猿傳」, 장작張鷟, 658~730의 「유선굴遊仙窟」 등이 있다.

수나라隋에서 당나라唐 초기 「서수포도문경瑞獸葡萄紋鏡」

ⓒ 국립고궁박물원國立故宮博物院

「고경기古鏡記」는 왕도王度의 저작으로 왕도王度는 수나라隋 말기에서 당나라唐 초기에 활동했던 문학가이다. 「고경기古鏡記」는 옛 거울古鏡이라는 신비로운 거울로 요괴를 퇴치하고 병을 낫게 하는 내용으로 위진남북조魏晉南北朝 지괴소설志怪小說의 흔적이 남아 있는 작품이다. 무명작가의 「보강총백원전補江總白猿傳」은 양나라梁 장수인 구양흘歐陽紇의 아내가 산속의 흰 원숭이白猿에게 잡혀가자, 구양흘歐陽紇이 병사를 이끌고 산으로 쳐들어가 흰 원숭이白

猿를 처치한 다음 아내를 구해 돌아온다. 하지만 아내는 이미 흰 원숭이白猿의 아이를 밴 상태였고, 이후 아이를 낳으니 그 아들의 생김새가 마치 원숭이처럼 생겼다고 한다. 그 아이가 바로 훗날 정치가로 크게 이름을 떨친 구양순歐陽詢이라는 내용이다.

「유선굴遊仙窟」은 장작張鷟의 저작으로 장작張鷟은 당나라唐 문학가로 뛰어난 문장으로 이름을 떨쳤다. 「유선굴遊仙窟」은 주인공이 길을 잃어 선계仙界에 들어가게 되고, 두 여인과 하룻밤을 보낸 내용이다. 황하黃河의 발원지로 가는 사신使臣이 도중에 머물게 된 선굴仙窟에서 두 미녀인 십랑十娘과 오랑五娘을 만났다. 그들은 성대한 연회를 열어 사신使臣과 서로 시詩로 화답하면서 즐겁게 하룻밤을 보냈다. 이 작품은 비교적 긴 편폭의 변려문騈儷文[2]으로 구성되어 있으며, 연정戀情을 그린 이야기를 세밀한 필치로 묘사하고 있다.

북송北宋 역원길易元吉, 1000?~1084? 「교가원괘喬柯猿掛」 ⓒ 국립고궁박물원國立故宮博物院

2 문장이 4자字, 혹은 6자字를 기본으로 한 대구로 이루어진 화려한 문체의 글

초당初唐 시기와 성당盛唐 시기의 작품을 종합하여 살펴보면, 모두 '괴이함怪'과 '기이함奇'이 바탕을 이루고 있음을 알 수 있다. 초당初唐 시기의 소설은 내용과 주제 측면에 있어서 위진남북조魏晉南北朝 시기의 지괴소설志怪小說과 비슷한 특징을 보인다. 중국 소설의 흐름에서 위진남북조魏晉南北朝 시대가 끝나고 당나라唐가 시작될 무렵, 전기소설傳奇小說은 자연스럽게 위진남북조魏晉南北朝 시기에 유행했던 지괴소설志怪小說의 영향을 받다가 이후 점차 위진남북조魏晉南北朝 소설 형태에서 벗어나는 경향을 띠게 되었다. 그렇기에 당나라唐 초기에 나타났던 전기소설傳奇小說은 비록 위진남북조魏晉南北朝 시기에 유행했던 지괴소설志怪小說의 형태를 일부 보이기는 하지만, 지괴소설志怪小說보다 문체가 더 고상하면서 수려하여 문학적 풍격이 더욱 돋보이고, 현실적이면서 실재적인 사실을 강조하는 특징을 보인다.

2) 중당中唐 시기

중당中唐 시기는 대종代宗의 대력大曆, 766으로부터 경종敬宗의 보력寶曆, 820 연간에 해당하는 기간으로 전기소설傳奇小說이 발전한 시기라고 볼 수 있다. 특히 현종玄宗이 다스린 개원開元 연간과 천보天寶 연간은 전기소설傳奇小說이 크게 번영을 이룬 황금기라고 할 수 있다. 이 시기에는 왕유王維, 이백李白, 백거이白居易 등과 같은 뛰어난 문인을 배출했고, 전기소설傳奇小說에서도 많은 작가가 출현했으며, 유명한 전기소설傳奇小說 또한 대부분 이 시기에 나왔다. 작품의 구성이 정교하며 서사 기교가 뛰어나다. 특히 등장인물에 대한 묘사가 세밀하면서 생동감 있게 표현하고 있고, 언어가 우아하며 수사 기교가 정교하여 작품의 문학성을 한 단계 상승시켰다. 내용 면에서 남녀 간의 아름다운 사랑 이야기를 세밀한 필치로 그려낸 애정류愛情類와 위진남북조魏晉南北朝 지괴소설志怪小說의 전통을 이어받은 신괴류神怪類가 있다. 애정류愛情類의 대표적인 작품으로는 백행간白行簡의 「이와전李娃傳」, 원진元稹의 「앵앵전鶯鶯傳」, 장방蔣防의 「곽소옥전霍小玉傳」 등이 있다. 신괴류神怪類의 대표적인 작품으로는 심기제沈旣濟의 「침중기枕

명나라明 구영仇英, 1498~1552 『인물고사도人物故事圖』 중 「귀비효장貴妃曉妝」 북경고궁박물원北京古宮博物院 소장 ⓒ wikimedia

中記」와 「임씨전任氏傳」, 이공좌李公佐의 「남가태수전南柯太守傳」, 이조위李朝威의 「유의전柳毅傳」 등이 있다.

(1) 애정류愛情類

애정류愛情類 소설은 남녀의 연정戀情을 주제로 한 것으로, 전기소설傳奇小說 가운데에서 문학적 성과가 가장 뛰어나다. 이러한 작품들은 시장경제의 발달과 신흥계층의 등장으로 인해 나타난 자유로운 애정관을 주요 배경으로 하고 있다. 전기소설傳奇小說에서 가장 많이 등장하는 사랑 이야기는 대부분 실제 현실 속에서는 용납될 수 없는, 사대부士大夫 문인文人과 아름다운 기녀妓女와의 사랑을 주요 제재로 하는 작품이 많은데, 작품에서는 그들이 혼인 혹은 이별에 이르기까지 겪게 되는 파란만장한 이야기들을 다채롭게 그려내고 있다. 이 중에서 「곽소옥전霍小玉傳」과 「이와전李娃傳」은 사랑의 실패와 성공을 주요 주제로 많은 대중의 긍정과 공감을 끌어내고 있다. 계층을 뛰어넘는 사랑의 이야기는 당시 사회의 혼인 제도의 악습과 전통 규범의 틀에 억압받아 제대로 펼칠 수 없었던 진실한 사랑을 우회적으로 비판하고 있다.

이러한 작품뿐만 아니라 남녀 간의 사랑과 이별을 주제로 세밀한 심리를 잘 묘사한 「앵앵전鶯鶯傳」도 아주 뛰어난 작품으로 평가받고 있다. 이 작품은 남녀 간의 왕래하는 편지나 시詩를 아름다운 필치로 훌륭하게 그려내고 있어 당나라唐 전기소설傳奇小說의 특징을 가장 잘 나타내는 표준이 되고 있다. 이후 후대의 문학 작품에도 큰 영향을 끼쳤는데, 송나라宋 때에 「상조접연화사商調蝶戀花詞」가 지어졌고, 금나라金 때에는 동해원董解元, ?~?의 「서상기제궁조西廂記諸宮調」, 원나라元 때에는 왕실보王實甫, 1260?~1336?의 『서상기西廂記』 등이 창작되었다.

① 「곽소옥전霍小玉傳」

이 작품은 장방蔣防, ?~?이 지은 전기소설傳奇小說로 곽소옥霍小玉과 이익李益의 사랑과 이별의 과정을 비극적으로 그리고 있다.

남당南唐 고굉중顧閎中, 937~975「한희재야연도韓熙載夜宴圖」 ⓒ 국립고궁박물원國立故宮博物院

남당南唐 고굉중顧閎中, 937~975「한희재야연도韓熙載夜宴圖」 ⓒ wikipedia

진사進士 이익李益과 장안長安의 기녀妓女 곽소옥霍小玉은 서로 사랑하는 사이였다. 그러나 이익李益은 곽소옥霍小玉을 버리고 다른 명문가 규수와 결혼하게 된다. 곽소옥霍小玉은 신의信義를 저버린 이익李益을 기다리다가 시름시름 앓기 시작한다. 이익李益이 곽소옥霍小玉을 배반했다는 소문이 온 장안長安에 퍼지게 되자, 많은 사람이 곽소옥霍小玉의 처지를 안타까워했다. 이때 누런 적삼을 입은 호걸豪傑이 나타나 이익李益을 강제로 끌고 와서 곽소옥霍小玉 앞에 데려다 놓는다. 그런데도 이익李益은 곽소옥霍小玉과의 만남을 이어가려 하지 않았고, 이에 마음속 깊이 배신감을 느낀 곽소옥霍小玉은 원한을 품고 죽어간다. 이후 곽소옥霍小玉의 원혼으로 이익李益 부부가 서로를 미워하게 만들어 집안이 하루도 편할 날이 없었다. 결국 이익李益은 세 번이나 아내를 바꿔 맞아들이지만 모두 행복하지 못했다.

비극의 주된 원인은 의리를 저버린 이익李益의 박정함이라고 말할 수 있지만, 이익李益이 엄격한 정치권력이나 집안의 위세 앞에서는 어찌할 수 없는 현실적인 상황도 생각해 볼 필요가 있다. 그 당시의 법전인 『당률唐律』에는 진사進士와 기녀妓女의 결혼이 허락되지 않았는데, 이는 사회적 규범으로도 강력하게 금지하고 있었다. 곽소옥霍小玉도 이러한 점을 잘 알고 있었기 때문에 이익李益에게 자신과 결혼하지 않아도 좋으니 8년간만 옆에서 같이 살아주기만을 간청했다. 8년 후에는 설령 그가 어울리는 집안의 다른 젊은 여자와 혼인한다 해도 자신은 불문佛門에 들어가는 것으로 그를 기꺼이 보내주겠다는 생각이었다. 그러나 이익李益은 이러한 그녀의 부탁조차 거절했다. 곽소옥霍小玉은 신분상의 차이를 잘 알고 있었고, 자신의 처지와 상황을 누구보다도 잘 이해하고 있었지만, 그를 끝까지 붙잡을 용기와 신념은 없었다. 곽소옥霍小玉은 자신의 마음속 모든 감정을 이익李益에게 전했지만, 이익李益의 마음을 되돌릴 수 없는 것을 알고서는 그를 그냥 보내 주었다. 이익李益은 헤어짐을 선택했고, 곽소옥霍小玉은 결국 쓸쓸히 죽음을 맞이하게 된다. 이후 이익李益은 곽소옥霍小玉이 죽었다는 소식을 듣게 되자, 그제야 마음속에 억눌려 있던 여러 감정이 복받쳐 올라 그녀를 그리워하며 크게 슬퍼했다. 심지어 그녀를 위해 상복을 입고 밤낮으로 울었다. 이를 통해 그가 결코 옛정을 완전히 저버린 것은 아니었음을 짐작할 수 있다.

이익李益이라는 인물이 비록 '배신남負心漢'의 대표적인 형상으로 비치긴 하지만, 일부지만 곽소옥霍小玉에 대한 감정은 여전히 남아 있었다. 「곽소옥전霍小玉傳」에서 이익李益은 신의信義가 약해서 쉽게 의리를 저버린 전형적인 형상으로, 곽소옥霍小玉은 자신의 사랑을 위해서 모든 것을 주고 결국에는 목숨을 다하는 특징적 인물로 그려지고 있다. 대부분 '행복한 결말happy end' 식으로 종결짓는 당시의 작품들과 달리, 「곽소옥전霍小玉傳」은 이미 상투적인 결말과 형식적인 틀에서 벗어나고 있다. 이후 명나라明 탕현조湯顯祖, 1550~1617는 「곽소옥전霍小玉傳」을 희곡인 『자소기紫簫記』와 『자차기紫釵記』로 개편하였다.

② 「앵앵전鶯鶯傳」

이 작품은 원진元稹, 779~831이 지은 전기소설傳奇小說로 「회진기會眞記」라고도 하며, 장생張生과 앵앵鶯鶯의 사랑과 이별의 과정을 아름다운 필치로 묘사하였다. 장생張生의 이름에서 '생生'은 학식은 있으나 벼슬하지 않은 사람을 이르던 말이다.

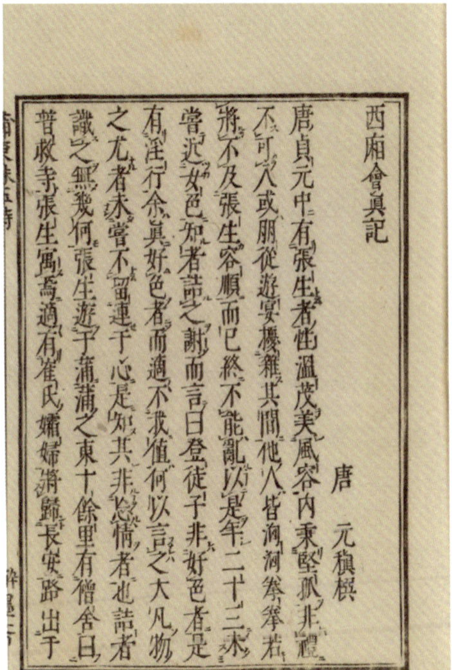
西廂會眞記
唐 元稹撰
唐貞元中有張生者性溫茂美風容內秉堅孤非禮
不可入或朋從遊宴擾雜其間他人皆洶洶拳拳若
將不及張生容順而已終不能亂以是年二十三未
嘗近女色知者詰之謝而言曰登徒子非好色者是
有淫行余眞好色者而適不我値何以言之大凡物
之尤者未嘗不留連于心是知其非忘情者也詰者
識之無幾何張生遊于蒲蒲之東十餘里有僧舍曰
普救寺張生寓焉適有崔氏孀婦將歸長安路出于

「서상회진기西廂會眞記」 ⓒ wikipedia

앵앵鶯鶯은 어머니와 단둘이서 살아가고 있었다. 어느 날 어머니와 앵앵鶯鶯이 아버지의 기일에 절에 가서 제사를 지내러 갔다. 그 당시에 포주蒲州 지역 군사軍士 중에서 군영軍營에서 도망쳐 나와 산에서 도적질을 일삼는 무리가 있었다. 이들은 지나가던 행인이나 부잣집을 약탈하거나 온갖 나쁜 짓을 서슴지 않았다. 도적 떼는 앵앵鶯鶯이 어머니와 함께 절에 가서 제사를 지낸다는 사실을 알게 되었고, 절 주위를 포위하자 앵앵鶯鶯은 집으로 돌아가 수 없는 상황에 부닥쳤다. 이때 마침 절을 지나가던 장생張生이라는 서생이 이 절에 잠시 머무르게 되었다. 장생張生은 앵앵鶯鶯이 절에서 기도드리는 모습을 우연히 보게 되었는데, 그 아름다움에 넋을 잃고 말았다. 장생張生은 앵앵鶯鶯과 결혼을 결심하고, 앵앵鶯鶯의 어머니를 찾아가 "당신의 딸과 결혼하고 싶습니다."라고 말했다. 앵앵鶯鶯의 어머니는 보잘것없는 장생張生이 마음에 들지 않았고, 도적들이 판을 치는 이 긴박한 상황에서 기지를 발휘해 "자네가 이 도적들을 다 물리친다면 나의 딸을 그대에게 시집보내겠네."라고 대답했다. 그러자 장생張生은 그것이 앵앵鶯鶯을 아내로 얻기 위해 자신이 할 수 있는 마지막 방법이라는 생각에 친구의 도움을 받아 마침내 도적들을 물리쳤다. 장생張生은 도적 떼를 물리쳤다는 생각에 앵앵鶯鶯의 어머니에게 앵앵鶯鶯과의 결혼을 허락받으려 했지만, 앵앵鶯鶯의 어머니는 "사이좋은 오누이로 지내는 것이 좋겠다."라고 말하면서 결혼을 승낙하지 않았다. 그러나 앵앵鶯鶯과 장생張生은 이미 서로를 좋아하고 있었기에 어머니는 결국 그 둘을 막을 수 없었고, 앵앵鶯鶯의 시녀 홍낭紅娘의 도움으로 장생張生과 앵앵鶯鶯은 함께 은밀하게 행복한 시간을 보낸다.

어느 날, 장생張生이 과거시험을 다시 보러 장안長安으로 가게 되었고, 앵앵鶯鶯만 남게 되었다. 장안長安으로 돌아간 장생張生은 앵앵鶯鶯을 요사스럽고 간악한 여인이라고 헐뜯으면서 그녀와의 사랑과 신의信義를 저버렸다. 앵앵鶯鶯은 몇 차례 편지를 보내어 자신의 마음을 전했지만, 장생張生은 끝까지 그녀에게로 돌아가려 하지 않았다. 이후 1년의 세월이 흘러 앵앵鶯鶯은 다른 남자에게 시집을 갔고, 장생張生 또한 다른 여인을 아내로 맞이했다. 장생張生이 우연히 앵앵鶯鶯의 집 앞을 지나다가 앵앵鶯鶯이 다시 생각났다. 그는 앵앵鶯鶯에게 우리의 옛정을 생각해서 '오누이의 신분으로 한 번 만나보는 것이 어떠한가?'하고 편지를 보냈다. 앵앵鶯鶯은 이 편지를 받고 시詩로 화답했다. '그때는 싫다고 내버리더니, 이제 와서 무슨 말을 할까요? 지난날 잠깐 나 스스로가 좋아했었지요. 그 옛날 그 마음으로 눈앞에 있는 부인에게나 사랑해주세요.' 그 이후로 두 사람은 연락하지 않았다.

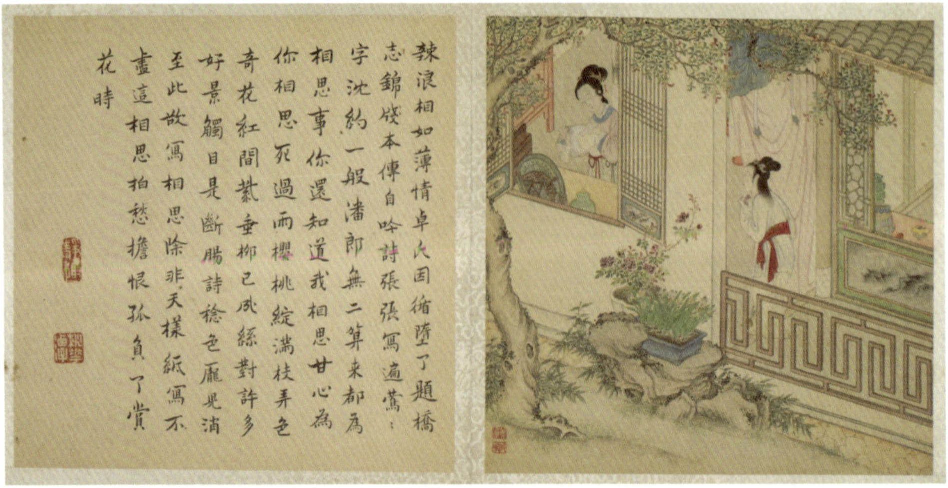

청나라清 엽포葉逋, ?~? 『서상도책西廂圖冊』 북경고궁박물원北京古宮博物院 소장 ⓒ wikimedia

장생張生과 앵앵鶯鶯은 우여곡절 끝에 자신들이 그토록 원했던 사랑을 이루었지만, 결국은 서로 헤어질 수밖에 없는 사랑이 되어버렸다. 우리는 이전 시대의 소설 작품을 통해 일률적인 '행복한 결말happy end' 식의 구조만을 익숙하게 보아왔는데, 당나라唐의 전기소설傳奇小說은 이미 이러한 고정적인 틀에서는 벗어나 '남성의 배신'과 '여성의 지조'라는 측면에서 안타깝지만 슬프지 않은 모습을 독창적으로 그리고 있다. '배반背叛'과 '절의節義'라는 주제 측면에서는 「곽소옥전霍小玉傳」과 상당히 비슷하지만, 「곽소옥전霍小玉傳」과 다른 점은 곽소옥霍小玉은 이익李益을 그리워하다가 외로이 죽음을 맞이하게 되지만, 앵앵鶯鶯은 용감하고 자주적으로 자신의 삶을 개척하고, 장생張生이 이후에 다시 만나기를 희망했을 때도 단호하게 거절하면서 자기 생각을 끝까지 지켜나간다는 것이다.

전하는 바로는 장생張生이 바로 작가인 원진元稹 이라는 설이 있다. 「앵앵전鶯鶯傳」은 원진元稹의 자전적自傳的 연애소설로 자신의 경험담을 썼다고 전해지기도 한다. 물론 이러한 견해를 안전히 확신할 수 없으나 원진元稹이 당시의 기녀妓女와 사랑에 빠졌다는 일화逸話가 전해지는 것을 보면, 이 말이 전혀 근거 없는 내용은 아니라고 보인다. 우리나라 고전소설의 대표적인 여성 인물이라고 한다면, 「장화홍련전薔花紅蓮傳」의

'장화薔花'와 '홍련紅蓮'을 자연스럽게 떠올리듯이, 중국 고전소설의 대표적인 인물이라고 하면 '최앵앵崔鶯鶯'을 쉽게 연상聯想할 수 있다. '앵앵鶯鶯'은 양반집 규수로 전해지기도 하지만, 일부 학자의 연구에 따르면 기녀妓女였을 가능성이 크다고 하기도 한다.

③「이와전李娃傳」

이 작품은 백행간白行簡, 776~826이 지은 전기소설傳奇小說로 당나라唐의 대표적인 애정 소설이다. 형양공滎陽公의 아들 생生과 장안長安의 기녀妓女 이와李娃가 주요 등장인물로 서로 사랑하는 과정에서 겪는 배신과 좌절, 그리고 성공을 다룬 작품이다. 「이와전李娃傳」의 저자는 백행간白行簡으로 백거이白居易의 동생이다. 그는 시문詩文에 아주 뛰어났는데, 그의 문장 속에 백거이白居易의 기풍이 깃들여있다고 평가받았으며 이로 인해 많은 문인이 그의 문장을 모범으로 삼았다. 「이와전李娃傳」은 전기소설傳奇小說 중에서 뛰어난 작품으로 줄거리에 있어서 「곽소옥전霍小玉傳」이나 「앵앵전鶯鶯傳」보다 훨씬 변화가 심하다.

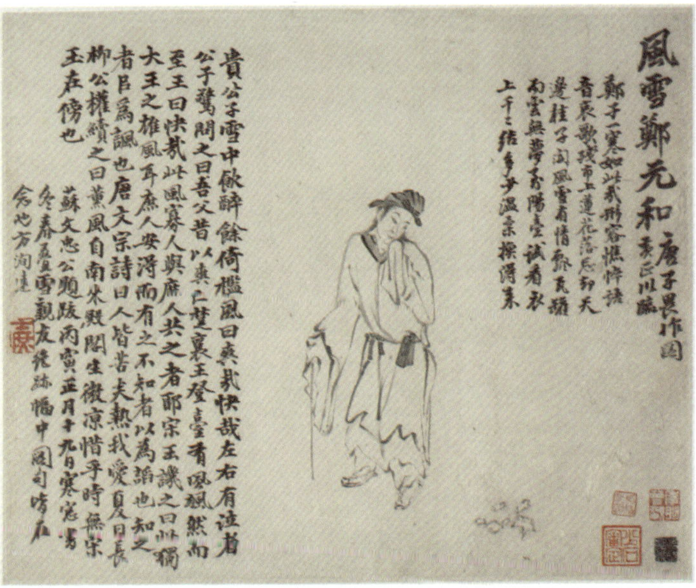

청나라清 방사서方士庶, 1692~1751 「풍설정원화風雪鄭元和」

명나라明 당인唐寅, 1470~1523
「방당인사녀倣唐人仕女」

형양공滎陽公은 나이 50세 이르러서야 겨우 아들 하나를 얻었는데, 아들의 나이가 20세가 되었다. 형양공滎陽公의 아들 생生은 매우 총명했기에 형양공滎陽公은 아들에 대한 기대가 남달랐다. 생生은 주현州縣의 추천으로 과거시험에 응시하게 되어 떠나게 되자 아버지는 성대하게 배웅하며, 많은 여비를 보내 시험을 준비하는데 부족하지 않게 하였다. 생生은 과거시험을 치르기 위해 하인과 함께 장안長安에 와서 둘러보니, 화려한 누각과 아리따운 여인들이 많아 온통 거기에 정신을 빼앗겼다. 특히 장안長安에는 이와李娃라는 유명한 기녀妓女가 있었는데 생生은 그 여인을 만나보고 싶은 마음에 직접 찾아가게 되는데, 이와李娃를 처음 본 순간 바로 그녀에게 반하게 된다. 이와李娃가 보기에 생生은 행색이 부잣집 자제처럼 보였고 외모가 준수하며 재능이 뛰어난 공자公子로 여겨져 그가 싫지 않았다. 이후 이와李娃와 생生은 함께 이와李娃의 집에서 지내게 되었는데, 거의 1년 동안 놀고먹기만 했다. 시간이 흘러 생生은 가지고 왔던 모든 여비를 탕진하게 되고, 할멈기생어미은 생生이 돈이 없다는 사실을 알고 내쫓을 궁리를 했다. 이와李娃는 생生에게 서로 같이 지낸 지 1년이 지났어도 아직 아이가 생기지 않으니 절에 가서 기도를 드리자며 설득하고, 둘은 함께 길을 떠났다.

생生과 이와李娃는 함께 길을 가다가 큰 저택 앞에 걸음을 멈추었다. 그러면서 이와李娃는 생生에게 이모님 댁이라고 말하고 잠시 들리기로 했다. 이모의 환대를 받은 후 쉬고 있는데, 갑자기 한 사람이 땀을 흘리며 달려와서 할멈이 매우 심하게 앓아누워 빨리 집으로 돌아가야 한다고 재촉했다. 이와李娃는 생生에게 "잠시 여기에 머물고 계세요. 제가 빨리 집에 가서 일을 처리하고 오겠습니다."라고 말하며 먼저 떠났다. 그리하여 생生만 그 저택에 남게 되었다. 해가 지고 주위가 어두김검했음에도 아무도 자신을 찾아오지 않자, 이모는 생生에게 급히 집으로 한번 가 보라고 일렀다. 이에 생生이 급하게 옛집에 가서 보니 문과 빗장은 단단하게 잠겨 있었다. 생生이 매우 놀라 이웃 사람에게 물어보았더니 이웃 사람은 이 집은 이미 이사했고 어디로 갔는지 모른다고 대답했다.

생生은 너무 화가 나서 새벽까지 기다렸다가 날이 밝자 이와李娃의 이모 집이라고 했던 그 저택으로 달려갔다. 생生이 한참을 부르자 한 관리가 천천히 나왔다. 생生은 급하게 그에게 이모님이 언제 돌아오는지 물었다. 그러나 저택의 관리는 이모가 누구인지를 물으면서, 이전에 여기 들렀던 사람들이 저택을 잠시 빌린 것뿐이라고 전해주었다.

생生은 마음속으로 심하게 충격을 받고, 어쩔 수 없이 옛날 살던 집으로 돌아왔다. 집주인은 그를 불쌍히 여겨 음식을 내주었다. 그러나 생生은 그녀를 원망하면서 음식을 통 먹지 못하더니 결국 중병에 걸리고 말았다. 열흘 남짓이 지나자 병이 더욱 심해졌다. 집주인은 그가 일어나지 못할 것 같아 그를 장의사葬儀社로 옮겼다. 생生이 숨이 곧 끊어질 것처럼 보이자 장의사葬儀社 사람들은 그의 처지를 안타까워하면서 서로 음식을 먹여 주었다. 사람들의 정성에 생生은 병세가 조금 나아져 지팡이를 짚고 일어날 수 있었다. 얼마 지나지 않아 생生은 건강해졌고, 이때부터 장의사葬儀社에서 하루 일거리를 받아 살아가게 되었다. 장의사葬儀社에서 매번 만가挽歌를 들을 때마다 자신의 처지를 한탄하며 흐느껴 울었다. 생生은 만가挽歌[3]를 매우 훌륭하게 따라 부르게 되었는데, 장안長安에서도 그와 견줄 만한 사람이 없었다.

장안長安에서 장례식을 다루는 장의사葬儀社가 두 군데 있는데 서로 우열을 다투었다. 동쪽의 장의사葬儀社는 장례식에 사용되는 수레와 가마가 모두 아름다워 누구도 대적하지 못했지만, 만가挽歌만은 서쪽 장의사葬儀社에 뒤처졌다. 그래서 동쪽 장의사葬儀社는 생生의 만가挽歌를 들어보니 마음을 울리는 듯 훌륭한 목소리였고 그를 고용해서 함께 일을 하기 시작했다. 두 장의사는 장례용품 및 만가挽歌의 우열을 가리기 위해 시합하기로 했다. 동쪽 장의사는 상여나 장식, 장례용 기구가 매우 화려해서 서쪽 장의사葬儀社를 압도하기에 충분했으며 사람들은 찬탄해 마지않았다. 드디어 만가挽歌로 서로 대결할 때, 서쪽 장의사葬儀社에서는 긴 수염을 드리운 노인이 거만하게 단상에 올라가 만가挽歌를 불렀다. 그가 만가挽歌를 부르자 너무 슬퍼서 사람들이 울기 시작했

3 '만가挽歌'에서 '만挽'은 '끌다', '잡아당기다'라는 뜻으로, '만가挽歌'는 수레를 끌면서 부르는 노래라는 의미이다. 즉 상여喪輿를 메고 가면서 죽은 사람을 애도하며 부르는 노래를 말한다.

고, 노인은 더욱 의기양양했다. 이어서 생生이 단상으로 올라와 만가挽歌를 부르자 무대 아래 있던 사람들이 모두 울음을 참지 못했고, 생生이 만가挽歌가 다 부르지 않았는데도 서쪽 장의사葬儀社는 지신들이 시합에서 졌다는 것을 인정했다.

조정에서는 1년에 한 번 지방관리를 도성都城으로 불러들여 보고하게 했는데, 마침 생生의 아버지가 장안長安에 왔다가 장의사葬儀社 만가挽歌 시합을 구경하게 되었다. 생生의 아버지는 만가挽歌를 부르는 청년이 자기 아들임을 알고서 너무 부끄러웠다. 그는 아들을 몰래 불러내서 채찍으로 죽도록 때렸다. 그는 쓰러진 아들을 그대로 둔 채, 매정하게 말을 타고 떠나버렸다. 생生을 뒤쫓아 온 장의사葬儀社 사람들이 생生을 거처로 옮겼는데, 맞은 곳이 문드러져 냄새가 나자 그 안에 함께 기거하던 사람들이 불평해댔다. 그러다가 어느 날 저녁 길가에다가 내다 버렸다. 생生은 아픈 몸으로 음식을 구걸

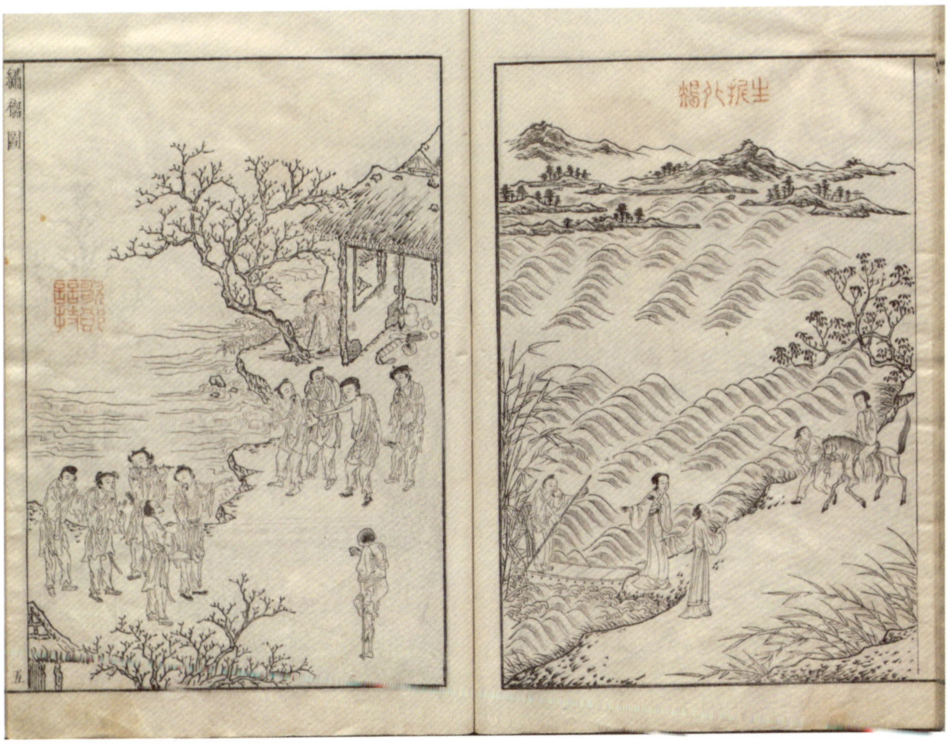

전기소설傳奇小說 『이와전李娃傳』과 남희南戲 『이아선李亞仙』을 원작으로 한 명나라明 설근연薛近兗, 1569~1621 『수유기繡襦記』의 삽화 ⓒ 書格shuge

하면서 겨우 목숨을 부지했다.

시간이 흘러 어느 눈 내리는 날에 생生은 겨우 정신을 차리고는 집마다 문을 두드리며 먹을 것을 구하기 시작했는데, 마침 생生이 찾아간 곳이 이와李娃의 집이었다. 이와李娃가 생生의 목소리를 듣고 바로 알아차리고는 그를 집안으로 들여서 정성을 다해 돌봐주기 시작했다. 할멈은 이와李娃에게 볼품없이 버려진 생生을 거두지 말라고 말하자, 이와李娃는 할멈에게 이제 자신을 풀어달라며 돈을 주고서는 생生을 데리고 나왔다. 근처에 방을 구해서 그를 보살펴주었다. 생生이 어느 정도 예전의 모습으로 돌아오자 과거시험을 보기 위해 공부를 하기 시작한다. 드디어 생生은 과거시험에 합격하게 되었고, 이와李娃와 함께 고향으로 돌아가고자 하였다. 그러나 이와李娃는 자신의 신분과 처지를 잘 알고 있기에 이를 거절하다가 결국 고향 집의 근처까지만 함께 가기로 했다. 과거에 급제하고 돌아온 아들의 모습을 보자 아버지 형양공滎陽公은 매우 기뻐하면서, 생生에게 어떻게 된 일인지를 물었다. 생生은 지금까지 이와李娃가 보살펴 준 일을 이야기하자, 형양공滎陽公은 당장 이와李娃를 집으로 데려오라고 한다. 이후 이와李娃와 생生은 결혼해서 행복하게 살았다.

「이와전李娃傳」은 다른 애정류 작품에는 볼 수 없는「곽소옥전霍小玉傳」이나 「앵앵전鶯鶯傳」과 달리, 서사 전개 가운데 장의사葬儀社의 만가挽歌 대결이라는 화소話素를 가져와서 더욱 독자의 흥미를 끌어낸다. 「이와전李娃傳」에서 생生이 이와李娃를 다시 만나게 되는 장면에서 이와李娃에 대한 분노와 기쁨이 엇갈리면서 심리적으로 크게 혼란을 겪는 부분이 매우 인상적으로 묘사되어 있다. 이뿐만 아니라 형양공滎陽公이 생生의 실패와 성공에 대해 보이는 이중적인 태도가 상당히 두드러지게 그려지고 있다. 이는 「이와전李娃傳」 속에서 체면과 위신만을 중시하는 형양공滎陽公의 이중적인 모습을 보여주는 것이지만, 그 당시 아들에게 기대한 만큼 실망을 안겨준 점에 대해 아버지가 가지는 마음속 상처가 적지 않았을 것으로 판단된다. 많은 연구자는 형양공滎陽公이 인정도 없고 개인과 집안의 명망만을 중시하는 인물이라는 점을 강조하면서 그의 모순된 태도를 비판한다. 하지만 형양공滎陽公의 입장에서 살펴본다면, 이러한 평가가 반드시 절대적이지는 않다. 「이와전李娃傳」의 결말은 '원만한 종결'로 이루어져 있는데, 이는 당시 문인文人과 기녀妓女의 결혼은 이루어질 수 없는 현실적 상황에서 작가가 허구적으로 만들어낸 요소이다.

(2) 신괴류神怪類

신괴류神怪類 소설은 비현실적인 소재와 상징적인 묘사를 통하여 전개되는 기이하고 신비로운 내용과 부귀공명과 인생에 대한 허망함과 환멸을 주제로 하고 있다. 신괴류神怪類는 위진남북조魏晉南北朝 지괴소설志怪小說의 특징을 계승하고 있는데, 주로 인간과 인간 이외의 존재와의 관계를 다루거나, 인생에 관한 성찰의 내용과 환상적 분위기를 사실적으로 표현하고 있다. 애정류愛情類 소설과 달리 작품을 구성하는 소재가 매우 다양하다. 심기제沈既濟의 「임씨전任氏傳」, 이조위李朝威의 「유의전柳毅傳」 등은 인간과 여우, 사람과 용왕, 용녀 등과의 얽힌 이야기를 다루고 있고, 심기제沈既濟의 「침중기枕中記」, 이공좌李公佐의 「남가태수전南柯太守傳」 등은 모두 몽환과 환상의 제재를 채택하고 있다.

이러한 소설 중에서 후대에까지 깊은 영향을 미치고 있는 것은 '꿈'을 소재로 한 작품들이다. 가장 대표적인 작품은 「침중기枕中記」와 「남가태수전南柯太守傳」이다.

성당盛唐 「당삼채인화침唐三彩印花枕」 ⓒ 국립고궁박물원國立故宮博物院

명나라明 여사余士, ?~?·오월吳鉞, ?~?
『서현경환적도徐顯卿宦跡圖』 중 「선혼재기旋魂再起」 ⓒwikipedia

「침중기枕中記」는 당나라唐 중기 전기소설傳奇小說의 작가이자 역사가인 심기제沈旣濟, 750?~800?의 작품이다. 한단邯鄲에 사는 노생盧生이 한 주점에서 도사 여옹呂翁을 만나 자신의 신세를 한탄하면서 그의 신기한 베개를 빌어 잠이 드는 것으로 이야기는 시작된다. 그는 꿈속에서 온갖 부귀와 영화를 다 누리다가 일생을 마치고 꿈에서 깨어난다. 그러나 잠에서 깨어보니 자신은 주점에 그대로 누워있고, 여옹呂翁은 자기의 옆에 앉아 있었으며, 주점 주인이 찌고 있던 기장黍은 아직도 다 익지도 않았다.

꿈을 소재한 또 다른 작품인 「남가태수전南柯太守傳」도 「침중기枕中記」와 비슷한 구조로 되어 있다. 꿈속에서 온갖 부귀영화를 누리고 꿈에서 깬 후에 살펴보니, 자신이 들어간 곳은 바로 개미 굴이었다는 것을 알게 된다. '황량의 꿈'黃粱一夢과 '남가의 꿈'南柯一夢으로 인생의 부질없음을 표현하고 있다. 이 두 작품은 이후 문학 작품 창작에 크게 영향을 주어 수많은 몽환류夢幻類 작품을 탄생시키는데 중요한 기초가 되었다.

① 「남가태수전南柯太守傳」

이 작품은 이공좌李公佐, 770?~850?가 지은 전기소설傳奇小說로 당나라唐의 대표적인 '몽환류夢幻類' 소설이다. 이공좌李公佐는 당대唐代의 유명한 전기소설 작가이다.

「남가태수전南柯太守傳」의 주인공은 순우분淳于棼이다. 그는 여러 지방을 돌아다니는 의협심을 가진 선비였는데, 술을 좋아하고 기질이 호방하여 사소하고 작은 일에는 신경조차 쓰지 않았다. 그는 거대한 재산을 가지고 있으면서 호탕한 인사들과 자유롭게 교류하고 있었다. 일찍이 무예武藝로 인정을 받아 관직에 있던 적이 있었으나, 술을 마시고 멋대로 놀아나다가 쫓겨나게 되었다. 그 후로 특별히 하는 일 없이 제멋대로 허송세월하고 있었다. 그의 집의 남쪽에는 크고 늙은 홰나무槐木: 회화나무 한 그루가 있었는데, 가지와 줄기는 높고 무성했다. 순우분淳于棼은 날마다 여러 친구와 함께 그 아래에서 술을 마셨다. 어느 날 그는 술을 지나치게 마셔 몸을 가눌 수도 없었다. 그때 친구 두 명이 그를 부축하여 집 동쪽의 곁채행랑에 눕혔다. 그리고 순우분淳于棼에게 말에게 여물을 먹이고 발을 씻고서 잠시 머물렀다가 갈 것이라고 말했다. 곁채에서 선잠을 자고 있던 순우분淳于棼에게 자줏빛 옷을 입은 두 명의 사자使者가 나타나 괴안국槐安國에서 모셔오라는 명을 받았다고 말한다. 이어 그를 수레에 태워 오래된 홰나무의 굴穴속으로 들어갔다.

그곳에 도착하자 모두가 나와서 그를 반겼고, 임금은 자신을 좋아하면서 부마駙馬로 삼고자 하였다. 그리하여 순우분淳于棼은 공주의 남편으로 20년 동안 남가군南柯郡의 태수가 되어 온갖 부귀영화를 누리게 되었다. 순우분淳于棼은 다섯 아들과 두 딸을 두었는데, 아들들은 가문家門에 따라 관직을 얻었고, 딸들도 왕족에게 출가하였다. 그러던 중 그의 아내인 공주가 병에 걸려서 앓다가 결국 죽게 되었다. 자신의 든든한 지지자였던 공주가 죽게 되자 점차 주변에 있던 많은 신하가 그와 왕 사이를 이간질하게 되었고, 결국 임금의 총애를 잃게 되었다. 순우분淳于棼은 인간 세상으로 돌아가게 되었는데, 두 사자使者가 그를 괴안국槐安國에 데리고 올 때와는 다르게 아주 보잘것없고 초라한 수레에 그를 태웠다. 드디어 집에 도착했고 자신의 몸은 동쪽에 있는 곁채에 누워 있었다. 그래서 감히 앞으로 다가가지 못하고 머뭇거렸는데, 두 사자使者는 큰 소리로 그의 이름을 몇 번 부르자 순우분淳于棼이 깨어났다.

잠에서 깨어나 보니 자기 집 어린 하인은 마당을 쓸고 있었고, 두 친구는 평상에 앉아서 발을 씻고 있었다. 두 친구에게 꿈속에서 겪은 이야기를 해 주니 너무 놀라며 함께 밖으로 그곳을 찾으러 나갔다. 그러다가 홰나무 밑의 한 구멍을 찾아냈다. 하인에

명나라明 장거정張居正, 1525~1582 편찬 프랑스어 채색본 『제감도설帝鑒圖說: Recueil Historique des Principaux Traits de la Vie des Empereurs Chinois』 중 「몽재양필夢齎良弼」 ⓒ 書格shuge

명나라明 말엽 진홍수陳洪綬, 1599~1652 「몽필생화夢筆生花」

게 시켜서 그 구멍을 따라 계속 파 내려가게 하니 큰 굴이 나타났는데, 그곳에서는 수많은 개미가 모여서 살고 있었다. 순우분淳于棼은 꿈속에서 20여 년의 세월을 보냈지만, 현실에서는 친구들이 발을 씻는 아주 짧은 시간에 불과한 것을 알게 되었다. 순우분淳于棼은 꿈속에서의 생활이 헛됨을 느끼고 인생이 쏜살같이 흘러간다는 것을 크게 깨달았다. 그 후 그는 술을 끊고 도가道家에 귀의하였다.

후대의 사람들은 「남가태수전南柯太守傳」을 두고 비판하곤 하는데, 그 이유는 순우분淳于棼이 인생의 허무함을 깨닫고 난 다음, 단지 도가道家로 출가한 것을 제외하고 어떠한 '반성'과 '태도'를 드러내지 않았다는 점에 있었다. 순우분淳于棼이 꿈속의 경험을 통해서 인생의 덧없음을 느끼고 난 후, 충분한 깨달음을 나타내지 않은 채 이야기가 끝난다는 점에서 이 작품은 일부 미완성의 느낌을 준다. 그럼에도 불구하고 「남가태수전南柯太守傳」은 이후의 많은 '몽환류夢幻類' 소설과 희곡 작품에 크게 영향을 미치는데, 다양한 예술 장르에서 중요한 제재로 활용하기도 하여 우리에게 이미 익숙한 '남가일몽南柯之夢', '남가몽南柯夢', '괴안몽槐安夢' 등의 고사성어故事成語를 생겨나게 했다.

3) 만당晩唐 시기

만당晩唐 시기는 문종文宗의 태화太和, 827로부터 소선제昭宣帝의 천우天祐, 906 연간에 해당하는 기간으로 전기소설傳奇小說 작품이 다량으로 창작되면서 전기소설집傳奇小說集이 더불어 출간되는 시기라고 할 수 있다. 소설 작품의 수는 많았으나, 예술적 성과는 오히려 이전의 작품들보다 떨어져, 전기소설傳奇小說이 점차 쇠퇴의 국면에 들어섰다고 볼 수 있다. 반면에 이 시기는 새로운 소재라고 볼 수 있는 협객俠客을 제재로 한 작품인 '협객류俠客類' 작품이 많이 등장하였는데, 이 작품들에는 대개 영웅 협객俠客의 무용담을 중심으로 정치적 사건과 애정 이야기를 결합한 내용이 주를 이루었다. 또한, 종교적 색채와 신선神仙이나 방술方術의 소재가 잘 엮어진 '종교류宗教類'의 작품도 나타났다.

대표적인 전기소설傳奇小說 작품집으로는 우승유牛僧孺, 779~847의 『현괴록玄怪錄』,

청나라淸 혁달자赫達資, ?~?『화려주췌수畫麗珠萃秀』중「당홍선唐紅線」ⓒ 국립고궁박물원國立故宮博物院

이복언李復言, ?~?의 『속현괴록續玄怪錄』, 배형裴鉶, ?~?의 『전기傳奇』, 원교袁郊, ?~?의 『감택요甘澤謠』, 설용약薛用弱, ?~?의 『집이기集異記』 등이 있다. 협객류俠客類의 작품으로는 두광정杜光庭의 「규염객전虯髥客傳」, 이공좌李公佐의 「사소아전謝小娥傳」, 원교袁郊의 「홍선전紅線傳」, 배형裴鉶의 「섭은낭聶隱娘」과 「곤륜노崑崙奴」, 설조薛調, 829~872의 「무쌍전無雙傳」 등이 있다. 이 중에서 두광정杜光庭의 「규염객전虯髥客傳」은 '협객류俠客類'의 가장 대표적인 작품으로 여겨진다. 또한, '종교류宗教類'의 작품 중에서 도교道教와 불교佛教의 종교적 색채를 풍부하게 담고 있고, 작품의 완성도가 상당히 높다고 평가받는 「두자춘전杜子春傳」이 있다.

① 「규염객전虯髥客傳」

이 작품은 당나라唐 말기 도사道士 두광정杜光庭, 850~933이 쓴 전기소설傳奇小說로 중국 최초의 무협 소설로 평가받는다. 규염객虯髥客, 홍불紅拂, 이정李靖의 세 협객의 형상과 그들 간의 의리와 신의에 대해서 생동감 있게 묘사하고 있다. 「규염객전虯髥客傳」은 이후 청나라淸 이르러 『검협劍俠』, 『칠협오의七俠五義』 같은 무협 소설로 크게 발전하면서 무협 소설의 발전에 기틀을 마련했다고 볼 수 있다. 「규염객전虯髥客傳」에서는 규염객虯髥客이 등장하는데, 다른 인물에 비해서 구체적인 이름이 나타나 있지 않다. '규虯'는 도롱뇽의 일종인데, 여기서는 도롱뇽의 꼬리처럼 꼬불꼬불한 형태를 나타내는 뜻으로 쓰인다. 염髥은 '구레나룻'이나 '수염鬚髥'을 말한다. 작품에서 묘사한 '적염여규赤髯如虯'는 '도마뱀의 꼬리처럼 꾸불꾸불하고, 불긋불긋한 수염을 가진' 것을 말한다. 따라서 규염객虯髥客은 곱슬곱슬하고 붉은 수염을 기르고 있는 협객이라는 의미를 지니고 있다. 다른 등장인물과는 다르게 그는 형상을 특징으로 삼아 이름 지어 부르고 있다.

규염객虯髥客의 형상을 보면, 그는 당시 중국인의 모습은 아니고 이역異域의 사람일 것이라는 추측이다. '규염객虯髥客'에 관한 이야기는 우리나라의 '연개소문淵蓋蘇文'의 역사와 비슷하여 많은 이들이 관심을 보인다. 「규염객전虯髥客傳」의 결말을 살펴보면,

청나라淸 혁달자赫達資, ?~? 『화려주췌수畵麗珠萃秀』 중 「당홍불唐紅拂」 ⓒ 국립고궁박물원國立故宮博物院

'규염객虯髥客이 반란을 일으켜 그 나라의 군주를 죽이고 스스로 왕위에 올랐으며, 그가 새로 세운 나라의 이름이 부여국夫餘國이다.'라는 내용이 보인다. 당태종唐太宗 때에 중국 동남쪽에 있는 '부여국夫餘國'에서 반란으로 새로운 권력자가 된 인물이 '연개소문淵蓋蘇文'이라는 추측에 이러한 내용의 확실성을 더하고 있다. 작품과 관련된 다양한 자료를 종합해서 살펴볼 때, 「규염객전虯髥客傳」은 '연개소문淵蓋蘇文'의 일화逸話를 바탕으로 쓴 것이라는 믿음을 가지게 한다.

「규염객전虯髥客傳」의 내용은 비교적 단조롭다. 곱슬하고 붉은 수염을 기르고 있는 호방한 규염객虯髥客이 이정李靖과 의기투합하고, 이정李靖과 홍불紅拂이 위험에 벗어날 수 있도록 도와준다. 이후 규염객虯髥客은 이정李靖의 소개로 당태종唐太宗 이세민李世民을 만나 그의 후광後光을 보고, 그가 나중에 크게 될 인물임을 알고 나라를 세우려고 했던 마음을 접는다. 그리고 그의 모든 재산을 이정李靖에게 주고 떠난다. 이후 그는 배를 타고 나라 밖으로 나가 '부여국夫餘國'의 왕이 되었다.

「규염객전虯髥客傳」은 등장인물에 있어서 다른 작품과는 다르게 주인공이 뚜렷하게 존재하는 것도 아니며, 내용 전개에서도 갖가지 우여곡절이 보이지는 않는다. 주인공으로는 양소楊素와 이정李靖, 홍불紅拂, 규염객虯髥客이라는 네 명의 인물이 등장하는데, 비중을 보면 양소楊素가 제일 작고, 이정李靖, 홍불紅拂, 규염객虯髥客이 서로 비슷하다. 양소楊素는 작품에서 가장 먼저 등장하는 인물로 사건이 진행되기 전의 인물이라고 할 수 있는데, 이야기가 본격적으로 전개되면서 그 역할은 미비해진다. 이후의 내용은 나머지 세 명의 인물을 중심으로 그려지고 있다. 그러므로 주인공을 누구라고 지정하기 어려울뿐더러 인물들이 모두 비슷한 주체성을 가지고 있다. 기타 인물에 있어서도 양소楊素를 제외하면 누구도 등장하지 않는다.

「규염객전虯髥客傳」에서 규염객虯髥客은 글의 중반부에 비로소 나타나는데, 이정李靖, 홍불紅拂과 더불어 세 사람이 여관에서 만나는 장면은 상당히 인상적이다. 규염객虯髥客이 여관에 처음 들어올 때, 홍불紅拂은 머리를 빗고 있었다. 규염객虯髥客은 홍불紅拂을 계속해서 쳐다보았다. 세 협객이 여관에서 마주하는 이 장면은 일촉즉발一觸卽

發의 상황처럼 일이 발생하기 전의 팽팽한 긴장감을 만들어 낸다. 이정李靖은 추격을 당하는 신세이므로 이런 낯선 사람의 출현이 매우 불안하면서도 신경이 쓰였다. 하지만 홍불紅拂은 한 손으로 머리카락을 빗으면서 또 다른 손으로는 등 뒤에서 이정李靖을 향하여 손을 가로저으면서 경솔하게 행동하지 말라는 신호를 보냈다. 홍불紅拂은 매우 영리한 여인으로, 규염객虯髥客을 보자마자 범상치 않은 사람임을 느끼고 규염객虯髥客과 이야기를 하기 시작한다. 자신과 성이 같다는 것을 빌미로 오누이처럼 지내자며 말하고 이정李靖도 함께 소개해 주었다. 차츰 긴장된 분위기가 누그러지기 시작하고, 이 세 명은 한자리에서 마주하게 되었다. 그때 규염객虯髥客이 자신이 이곳으로 온 이유를 말한다.

청나라清 전혜안錢慧安, 1833~1911 「풍진삼협風塵三俠」 ⓒ 국립고궁박물원國立故宮博物院

규염객虯髥客이 신비한 인물이라는 점에서 「규염객전虯髥客傳」은 독자의 흥미를 이끌기에 충분한 요소를 가지고 있다. 규염객虯髥客은 작품 속에서 느닷없이 등장하는데, 그의 이러한 출현은 순식간에 분위기를 긴장시킨다. 작품 속에 나타난 그의 호탕함과 대범함, 시대의 흐름을 잘 파악하는 감각을 통해서 미래를 예견할 수 있는 능력을 지니고 있음을 쉽게 알 수 있다. 이정李靖과 홍불紅拂이 중원中原 사람이 아닌 규염객虯髥客과 서로 마음이 통하여 왕래하는 부분은 생소함과 신선함을 주어 독자의 시선을 더욱 집중시키고 있다.

작품 속에서 이정李靖과 규염객虯髥客도 중요하지만, 그에 못지않게 홍불紅拂을 눈여겨볼 필요가 있다. 작품을 통해 홍불紅拂이라는 여성의 민첩한 기지와 강한 성격을 엿볼 수 있다. 그녀는 두 남성에게 절대 지지 않을 정도의 강한 인상을 남긴다. 홍불紅拂은 매우 독특한 여성으로 작품 속에서 그녀의 총명함과 민첩함, 침착성과 대담함의 능력이 충분히 드러내고 있다. 규염객虯髥客은 이후 다양한 고전문학과 예술문화 분야에서 독특하고 개성 있는 인물로 자주 등장하는데, 규염객虯髥客과 홍불紅拂 등의 제목으로 구성되는 경우가 많았다. 「규염객전虯髥客傳」은 비록 인물 묘사가 두드러진 작품은 아니지만, 뛰어난 협객류俠客類 전기소설傳奇小說 작품임은 틀림없다.

② 「두자춘전杜子春傳」

이 작품은 당나라唐 우승유牛僧孺, 779~847[4]의 전기소설집傳奇小說集인 『현괴록玄怪錄』에 보이는데, 송나라宋 때에 편찬한 『태평광기太平廣記』 제16권에는 이복언李復言, ?~?이 편찬한 『속현괴록續玄怪錄』에서 인용했다고 밝히고 있다. 「두자춘전杜子春傳」의 정확한 출처에 대해서는 현재로서는 분명하지 않지만, 학계에서는 『현괴록玄怪錄』과 『속현괴록續玄怪錄』에서 비롯했다는 의견으로 양분되고 있다. 또한, 「두자춘전杜子春傳」 저자에

4 우승유牛僧孺, 779~847는 당나라唐의 우이당쟁牛李黨爭을 이끈 대표자이다. 이길보李吉甫와 그 아들 이덕유李德裕와 반목하여, 재상宰相이 되자마자 이당李黨과 경쟁하여 심한 정쟁政爭을 일으켰다. 이 당쟁黨爭은 무려 40여 년간이나 지속되었고, 이후 이덕유李德裕가 사망하면서 우당牛黨이 승리하게 되면서 우이당쟁牛李黨爭은 종식되었다.

청나라清 말엽 광주화방廣州畵坊의 유럽인을 위한 그림 『각양인물도各樣人物圖』 중 도사道士 ⓒ 書格shuge

대해서도 이견異見이 많은데, 많은 당나라唐 소설집에서는 「두자춘전杜子春傳」 저자가 정환고鄭還古, ?~?라고 제시하고 있는데, 최근 연구자들에 의해 「두자춘전杜子春傳」 저자는 이복언李復言일 가능성이 크다고 언급하기도 했다.

「두자춘전杜子春傳」은 「이와전李娃傳」이나 「앵앵전鶯鶯傳」처럼 남녀 간의 절절한 사랑 이야기와 우아하고 아름나운 묘사와 예술적 수사 기교 등은 보이지 않는다. 하지만 줄거리의 전개와 구성에 있어서 상당히 완성도가 높은 작품이다. 「두자춘전杜子春傳」은 도교道教뿐만 아니라 불교佛教 등의 종교적인 색채도 담고 있다. 두자춘杜子春은 노인도사의 도움으로 자신의 방탕한 버릇을 고쳐서 노인을 도와 선약仙藥을 만든다. 그가 시공간을 넘나들면서 겪게 되는 여러 가지 고행苦行을 세밀한 필치로 묘사하고 있으며, 장면의 전환과 구성이 상당히 잘 짜여서 있으며 줄거리의 변화와 묘사가 뛰어나다.

두자춘杜子春은 북주北周에서 수나라隋 사이의 사람으로 추정되는데, 젊어서부터 호탕하여 돈 쓰기만을 좋아하면서 집안일은 전혀 돌보지 않았다. 그렇게 지내다가 가진 재산을 모두 탕진하고 친척과 오랜 친구들에게 기대고자 하였으나 모두 그를 버렸다. 때는 마침 겨울이었는데, 옷은 다 해지고 배는 굶주린 채로 장안長安을 걸어 다녔다, 그는 어디로 가야 할지 몰라 방황하면서 하늘을 우러러보며 길게 탄식했다. 그때 한 노인이 지팡이를 짚고 나타나, 두자춘杜子春에게 "어찌하여 이리 탄식하는가?"라고 물었다. 두자춘杜子春은 3만~5만 냥 정도만 있으면 살 수 있을 듯하다고 말했다. 노인은 흔쾌히 그에게 돈을 주기로 하고, 그것으로 모자랄 것이라고 말한다. 두자춘杜子春은 계속 금액을 올리더니 나중에는 300만 냥을 말하고, 노인은 그제야 그 돈을 다음날 주기로 한다. 다음날 노인은 돈 300만 냥을 주었는데, 성과 이름도 말하지 않고 가 버렸다. 두자춘杜子春은 예전의 버릇을 고치지 못하고 함부로 돈을 쓰는 바람에 1~2년 사이 돈이 바닥나 눈 깜짝할 사이에 처음처럼 빈털터리가 되었다.

두자춘杜子春이 노인이 준 돈을 모두 탕진하고서 저잣거리에서 탄식하고 있는데, 이번에도 노인이 나타나 그에게 1,000만 냥을 준다. 이 거금도 2년도 채 안 되어 다 써버려 이전보다 더욱 가난해졌다. 두자춘杜子春은 다시 저잣거리를 방황하다가 지난날 그곳에서 다시 노인을 만나게 되었다. 노인이 이번에는 3,000만 냥을 주면서, 이번에도 이 버릇을 고치지 않으면 평생 곤궁하게 살 것이라고 말했다. 두자춘杜子春은 이번에야말로 노인의 가르침을 받들어 세상에서 큰일을 하겠다고 다짐하고 결국 그 꿈을 이루게 된다.

일을 다 마치고 나서 약속한 때가 이르러 이전에 노인이 말한 곳에 가 보니, 노인은 마침 두 전나무 그늘에서 휘파람을 불고 있었다. 그와 함께 화산華山 운대봉雲臺峰으로 올라갔다. 한참을 들어가 어떤 곳에 이르렀는데, 가옥이 엄숙하고 청결한 것이 보통 사람이 사는 곳은 아닌 듯했다. 집 가운데에는 화로가 있었는데, 높이가 9척이 넘는 듯했다. 노인은 이어서 속세의 옷을 입지 않고 항색 관을 쓰고 도포를 입은 도사道士로 단장했다.

이어서 두자춘杜子春에게 온갖 귀신이나 야차夜叉, 맹수와 지옥의 사자使者들이 나

명나라明 구영仇英, 1498~1552 「군선회축도群仙會祝圖」 © 국립고궁박물원國立故宮博物院

타나 위협을 가하고, 친지와 가족이 끌려와 온갖 고초를 당하여 매우 괴롭더라도 모두가 진실이 아니라고 하면서 절대로 '말을 하지 말 것'을 당부했다. 도사道士가 가고 난 다음, 곧바로 깃발과 무기를 든 군대가 찾아와 그를 위협해도 두자춘杜子春은 말을 하지 않았다. 잠시 후 호랑이와 독사, 사자와 전갈 등 맹수가 나타나 으르렁거리며 그를 물고 할퀴려 해도 꿈적도 하지 않았다. 이어서 지옥의 사자使者가 나타나 창으로 위협하면서 그의 성과 이름을 말하라고 으르면서 협박하였다. 하지만 두자춘杜子春은 여전히 변함이 없었다. 그러자 그의 아내를 잡아 와서는 고문하였고 아내가 울면서 애원하였지만, 두자춘杜子春은 끝내 돌아보지 않았다. 이어서 두자춘杜子春은 참수당하여 지옥으로 끌려갔다. 지옥에서 불구덩이에 던져지고 끓는 물에 삶아지는 고통을 겪었지만, 두자춘杜子春은 도사道士의 말을 마음속에 새겨 두고서 앓는 소리조차 내지 않았다.

지옥에서 온갖 고통을 참아낸 두자춘杜子春은 부잣집의 딸로 환생하게 되었다. 그녀는 유복한 집의 딸로 태어났고 용모가 매우 뛰어났지만, 단지 말을 하지 못했다. 딸이 혼인할 나이가 되었지만 아무도 딸과 결혼할 사람이 나타나지 않자 딸의 부모는 걱정이 많았다. 그러던 어느 날 그 마을에서 똑똑하다고 소문난 젊은이가 찾아와 그녀와 결혼하고 싶다고 했다. 환생한 두자춘杜子春은 이 젊은이와 결혼을 하고 아들을 낳아 꿈같은 시간을 보냈다. 어느 날 아들이 두 살쯤 되었을 때, 남편은 아이를 안고 그녀와 이야기하려 했으나 대답이 없었다. 남편은 말을 못 하는 것이 아니라 자신을 무시하여 말을 안 하는 것 같다며 크게 화를 냈고, 그런데도 끝내 말을 하지 않는 그녀에게 너무 화가 난 나머지 자식이 무슨 소용이 있느냐면서 아이의 두 다리를 잡고 돌 위에다가 머리를 내려쳤다. 그때 그녀는 자기도 모르게 '악!' 하고 소리를 냈다. 그 순간 모든 환상이 걷히더니 두자춘杜子春은 이전의 모습대로 그대로 앉아 있었고, 앞에는 도사道士가 앉아 있었다. 삽자기 큰 화재가 사방에서 일어나더니 하늘로 솟구치면서 집안을 모두 태워 버렸다. 도사가 불을 끄고서 두자춘杜子春에게 모든 욕망이 다 없어졌는데, 오직 사랑愛만을 다 끊어내지 못했음을 안타까워하며 두자춘杜子春을 다시 속세로 돌아가게 했다. 두자춘杜子春은 다 타버린 집터를 살펴보니, 화로가 이미 산산조각이 나 있었다.

원나라元 육충연陸忠淵, ?~? 「오칠염라대왕도五七閻羅大王圖」 © wikipedia

원나라元 공개龔開, 1222~1307 「중산출유도中山出遊圖」 ⓒ 스미스소니언미술관Smithsonian American Art Museum

두자춘杜子春은 집에 돌아와서 마지막까지 견뎌내지 못했던 순간이 너무 후회스러워서 왔던 길을 다시 찾아갔지만, 운대봉雲臺峰에는 사람의 흔적은 하나도 없었고, 두자춘杜子春은 탄식하면서 집으로 돌아갔다.

「두자춘전杜子春傳」에서의 공간 구성과 묘사는 다소 복잡하다. 첫 번째 공간은 두자춘杜子春이 노인에게 돈을 세 차례 받은 '현실現實의 공간'에서 일어나는 이야기이고, 두 번째 공간은 '신선神仙의 공간'에서 도사의 시험을 받는 이야기이다. 세 번째 공간은 두자춘杜子春이 죽고 난 후에 여인으로 다시 태어난 '환생幻生의 공간'에서 일어나는 일로 엮여 있다. 이처럼 공간의 변화를 살펴보면, '삼三'의 구조와 깊은 연관이 있는 것을 발견할 수 있다. 노인이 두자춘에게 돈을 준 것도 세 차례이며, 두자춘杜子春이 선계仙界에서 시험을 든 것도 세 차례이다. 이처럼 「두자춘전杜子春傳」은 '삼三'이라는 구성과 조합을 효과적으로 활용하고 있다. '삼三'이 가지는 의미를 살펴보면, 내적으로는 계속 순환되면서도 외적인 큰 틀은 변하지 않는 비교적 안정적인 구조를 상징하고 있다. 중국 고전문학뿐만 아니라 중국 전통문화에서 '삼三'이 가지는 상징적 의미는 폭넓고 다양하다.

「두자춘전杜子春傳」 이야기는 인도印度의 '열사의 못烈士池' 전설에서 비롯되었으며 당나라唐 현장玄奘이 지은 『대당서역기大唐西域記』 세7권에 보인다. 「두자춘전杜子春傳」은 현장玄奘이 서역西域에 가 불경을 가져온 이야기에 기초한 것이며, 완전히 새롭게 쓰인 작품이 아니라 기존에 유사한 내용의 작품이 있었음을 알 수 있다. 본래 불교적佛教

的 색채가 매우 짙은 전설이었지만, 중국으로 유입되면서 도교적道教的 색채가 더해지면서 오히려 불교적 종교 의미는 감소하게 되었다. 「두자춘전杜子春傳」은 명나라明 풍몽룡馮夢龍의 『성세항언醒世恒言』에 개편되어 「두자춘杜子春이 장안長安에 세 번 들어가다杜子春三入長安」로 실렸는데, 「두자춘전杜子春傳」 보다 줄거리 구성과 인물 묘사에 있어서 훨씬 뛰어나다.

| 3 | 당전기소설唐傳奇小說의 특징

당전기소설唐傳奇小說은 비록 위진남북조魏晉南北朝 지괴소설志怪小說의 전통을 계승했지만, 주제의식과 서술적 배경 측면에서 지괴소설志怪小說보다 현실성이 두드러진다. 지괴소설志怪小說의 제재와 내용과 비교해보면, 전기소설傳奇小說이 현실적 제재의 범위가 더욱 넓어지면서 다양한 현실 세계의 모습을 생동감 있게 그려내고 있다. 또한, 창작 경향과 특징적 측면에서는 지괴소설志怪小說은 전해 들은 이야기를 수정하여 기록한 것이거나 문헌에 잘못 쓰인 내용을 그대로 옮겨 온 것이 많았다. 지괴소설志怪小說은 일정한 범위 안에서만 제한적으로 허구를 활용하였을 따름이었다. 하지만 전기소설傳奇小說 작가들은 기발하고 신기한 이야기를 의식적으로 기획하고 줄거리를 구성하여 창작해냈다. 비록 전기소설傳奇小說이 지괴소설志怪小說의 자양분을 밑거름으로 크게 성장했다고 할 수 있지만, 여전히 지괴소설志怪小說과는 다른 특징을 지니고 있다. 전기소설傳奇小說을 지괴소설志怪小說과 자세히 비교해보면, 이러한 특징이 더욱 뚜렷하게 나타난다.

첫째, 지괴소설志怪小說은 귀신鬼神이나 사람의 이야기를 간단하면서 소박하게 기록한 것으로 개인이 새롭게 창작한 것은 아니다. 그러나 전기소설傳奇小說은 작가의 의식적인 노력과 개성이 들어간 독창적인 창작물이다. 서로 엇비슷한 구조의 기이한 이야기를 쓰더라도 지괴소설志怪小說은 단조로운 서사 전개와 전승傳承에 중점을 두고 있고, 전기소설傳奇小說은 개인의 재능과 개성을 명확하게 드러내는 데에 더욱 초점이 맞춰져 있다.

일본 무로마치室町 시대 15세기 작자 미상 대덕사진주암장본大德寺眞珠庵藏本「백귀야행회권百鬼夜行繪卷」ⓒ 書格shuge

둘째, 지괴소설志怪小說은 괴이하거나 신령스러운 내용을 위주로 묘사하고 있지만, 전기소설傳奇小說은 괴이한 이야기를 넘어서, 실제로 일어나기 힘든 기이한 사건이나 현실적인 생활과 인간사회의 다양한 문제를 함께 다룬다. 이치에 완전히 어긋나거나 사리에 맞지 않는 내용은 멀리하고, 운용하는 주제와 제재가 넓고 복잡하며, 현실의 여러 측면을 다각적으로 반영하고 있다.

셋째, 지괴소설志怪小說은 대부분의 소설적 배경이 농촌이나 촌락, 나루터나 산골, 산속이나 외딴곳인 경우가 많고, 주요 등장인물 역시 몰락한 선비나 농민, 서민계층이 자주 등장한다. 전기소설傳奇小說은 주요 도시와 번화한 곳을 중심으로 다양한 계층이 생활하는 이야기가 생동감 있게 그려진다. 등장인물은 소박한 농민보다는 소시민의 모습으로, 대부분 저잣거리에서 살아가는 여러 계층의 인물이 주인공으로 많이 등장한다.

넷째, 지괴소설志怪小說은 다루는 제재가 신기하거나 괴이하고, 이야기 전개와 구성이 독자의 흥미를 끌어올려 관심을 집중시키는 부분에만 의존하고 있는 데 비해, 전기소설傳奇小說은 이야기의 서사 전개에 있어서 '강약'과 '완급'의 조절이 가능하고, 구성과 기교가 잘 맞춰 배치되어 있다. 즉 지괴소설志怪小說은 제재에서 기괴함을 다루어 재미를 발전시킨 반면에, 전기소설傳奇小說은 이야기의 전개나 구성으로 재미를 끌어낸다는 점이 다르다. 또한, 전기소설傳奇小說은 인물의 심리묘사가 매우 뛰어난데, 「앵앵전鶯鶯傳」를 살펴보면 앵앵鶯鶯과 장생張生의 연애 과정에서 서로 밀고 당기는 심리적 긴장 묘사가 상당히 세심하게 그려지고 있다. 또한, 「남가태수전南柯太守傳」에서 남가국南柯國의 주요 인물 간의 갈등을 보여 주는 장면도 섬세하게 잘 표현되어 있다.

다섯째, 지괴소설志怪小說의 내용은 사람과 이물이 연계되어 일어나는 '기괴함'에 바탕을 두고 있어서 흥미로운 사건의 전개와 재미를 중심으로 이야기를 풀어내고 있다. 그렇기에 민중을 올바르게 가르치고 바른길로 인도하고자 하는 훈화訓化의 작용이 미비하다. 전기소설傳奇小說은 단순히 지식인들의 견해나 민중들의 흥미를 위해서 쓰인 것이 아니며, 작가들의 여러 가지 인생 문제, 사회문제, 정치문제 등 개인의 입신양명立身揚名과 권력계층 간의 갈등과 이해를 두고 고심하였고, 의식적으로 어떤 일을 풍자

명나라明 구영仇英, 1498~1552 「청명상하도清明上河圖」 중 일부 ⓒ 국립고궁박물원國立故宮博物院

하거나 착한 일을 권장하고자 하는 관념이 드러나 있다. 이는 일종의 의도적인 교화敎化 작용으로고 볼 수 있으며, 민중을 잘 이끌어 선한 길로 가도록 해야 한다는 전통적인 '사대부 정신' 혹은 '엘리트 정신'이 담겨 있다고 할 수 있다.

이 외에도 다양한 차이점이 존재한다. 예를 들어, 지괴소설志怪小說은 단순한 사건을 기록하거나 전승傳承에 의한 구성 방식이 대부분을 차지하지만, 전기소설傳奇小說은 작가의 창작성을 갖고 의도적으로 작품을 미학적 구현했다는 점이 다르다. 또한, 지괴소설志怪小說은 주로 다른 문헌에 흩어져 있는 이야기를 옮겨 쓰는 방식을 택했지만, 전기소설傳奇小說의 경우는 이야기들을 재배치하거나 새롭게 구성하여 또 다른 주제를 드러내기도 하였고, 수사적 표현 방식에서도 아름다운 표현과 우아한 어휘를 사용하여 문학적 성과를 높이기도 했다. 그뿐만 아니라 역사적 사건에 대한 일관된 관점에서 벗어나 역사에 대한 재해석을 드러내기도 했다. 진홍陳洪, ?~?의 「장한가전長恨歌傳」의 경우도 당나라唐 현종玄宗과 양귀비楊貴妃의 사랑 이야기를 역사 기록 이외의 다양한 일화逸話를 첨가하여 새롭게 재창작하면서 작품의 예술적 성과와 수준을 한층 끌어올렸다. 이와 같은 특징은 전기소설傳奇小說이 지괴소설志怪小說과 확연히 다르다는 점을 분명하게 보여 준다고 할 수 있다.

비록 당나라唐의 전기소설傳奇小說이 위진남북조魏晉南北朝의 지괴소설志怪小說을 일부 계승하였지만, 전기소설傳奇小說이 원진元稹의 「앵앵전鶯鶯傳」이나 백행간白行簡의 「이와전李娃傳」처럼 허구적인 문학 형식을 통해서 인간세계의 다양한 현실적인 문제를 추구했다는 것은 특히 주목해볼 만하다. 지괴소설志怪小說이 단순히 사람과 요괴妖怪, 이물異物 간의 기괴한 이야기나 귀신鬼神이나 저승이나 천상天上의 일들을 주로 서술한 것에 비하면, 당나라唐의 전기소설傳奇小說은 당시 사회나 정치의 혼란스러운 국면, 인간 본성에 대한 성찰의 문제, 서정적이면서 환상적인 세계로의 경험, 남녀 간의 복잡한 애정 관계 등을 사실적으로 드러내는 내용이 더욱더 많다. 이러한 작품들은 이전에 존재하지 않았던 창의적인 작품들임에는 틀림이 없다. 대체로 현세적이면서 실리적이고 교훈적인 기능을 중요하게 여기는 중국 문학의 역사적 흐름 속에서 이러한 문학적 특징은 중국 소설의 발전에 있어서 새로운 시기를 열어 놓을 만큼 뚜렷이 구분되는 현상이라고 할 수 있다. 일반적으로 신기하고 괴이한 전설이나 기록들도 모두 소설이나 희곡의 주요한 소재가 될 수 있다. 그러나 전기소설傳奇小說은 단순히 흥미를 위해 신기한 소재를 응용하여 이야기를 만들고 전달하는 측면을 떠나서 문학의 본질적인 부분, 즉 삶의 여러 양상을 재현해내고 그것을 미학적으로 승화시키는 면에서 새로운 문학형식과 유형을 개척하고 발전시켰다고 할 수 있다. 이러한 점은 이전의 소설형식과 다른 차원의 문학임을 증명하는 것이다.

| 4 | 당전기소설唐傳奇小說의 발전과 문학사의 의의

중국 소설의 흐름을 살펴보면, 대부분의 소설 작품이 발생했던 그 시대에만 크게 흥성하다가 쇠퇴하면서 사라져버리는 것이 아니라, 후대의 작품에 주요한 주제나 제재를 제공하는 것을 쉽게 발견할 수 있다. 비록 후대의 소설형식은 당나라唐의 전기소설傳奇小說과는 상당히 다르지만, 주제나 내용, 구성과 표현에서는 여전히 깊은 연관 관계를 지니고 있다.

전기소설傳奇小說의 출현은 한편으로는 중국 소설의 성숙을 상징하면서 다른 한편으로는 중국 소설을 획기적으로 발전시킨 문학적 성과로 볼 수 있다. 중국 소설이 단순히 고대 문헌에 산재해 있던 기록들을 수집한 것에서 벗어나 새롭게 인물을 구성하고 내용을 재창작하는 과정에서 이전의 소설 작품과는 다른 문학적 수준과 예술적 측면에서 뛰어난 성과를 보여주었다. 전기소설傳奇小說이 근대 소설의 형식에 가장 가까운 형태를 가지게 되면서 이후 전기소설傳奇小說은 문언文言 단편소설의 주요한 문체와 서사 형식이 되었다.

전기소설傳奇小說은 대부분이 새로운 창작물로 볼 수 있는데, 물론 이전의 전설이나 역사적인 사실 등의 내용을 일부 담고 있기는 하만, 이것을 각색해서 꾸미는 것은 역시 문인들의 몫이었다. 그 과정에서 새로운 서사 구성이나 인물, 줄거리와 주제 등이 새롭게 지어졌다. 전기소설傳奇小說은 등장인물의 형상이 세밀하고 다채로우며, 이야기 전개와 구성에 있어서 변화와 굴곡이 크고 다양하다. 내용은 조금은 기이하면서도 환상적인 특징이 짙고, 종교적이면서 초월적인 주제가 드러나기도 한다. 표현 방식과 내용 전개에서도 서정적이면서 낭만적인 분위기가 두드러지면서도 현실적이고 통속적인 느낌이 농후하기도 한다. 언어는 간결하면서도 예술적이며, 우아하면서도 아름답다. 특히 시詩와 문文이 결합한 형태가 자주 나타나고 있는데, 이는 당시 소설 작가들의 문학적 소양이 높은 점에 기인한다고 할 수 있다. 현실적으로 과거시험을 준비했던 문인들이 자신의 글재주를 의도적으로 내비치거나, 명망名望과 성공成功을 위해 재능을 드러내고자 하는 심리가 적극적으로 반영된 것이라고도 볼 수 있다.

전기소설傳奇小說은 후대의 소설과 희곡 창작에 매우 큰 영향을 끼쳤다. 송나라宋의 화본소설話本小說이나 명明과 청나라淸의 의화본擬話本 소설과 같은 백화소설白話小說을 비롯하여 이후의 잡극雜劇과 전기傳奇 등과 같은 희곡에도 깊은 영향을 끼쳤다. 많은 전기소설傳奇小說 작품들이 후대의 소설 작가와 희곡 작가들에 의해 새롭게 인용되거나 재창작되었다. 예를 들면, 진홍陳鴻, ?~?의 「장한가전長恨歌傳」과 백거이白居易, 772~846

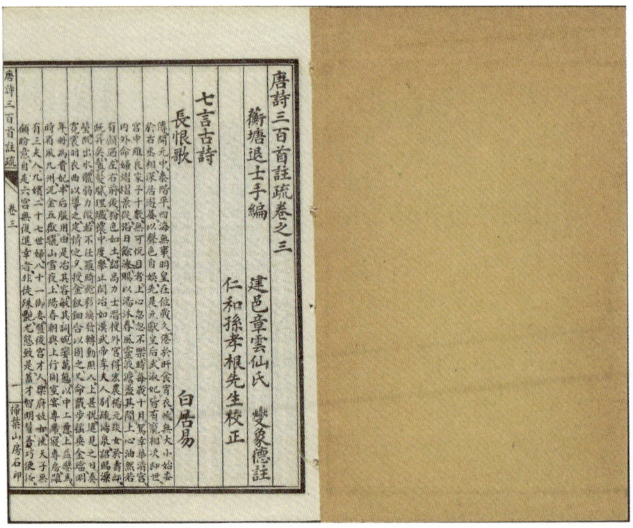

백거이白居易의 「장한가長恨歌」 ⓒ wikipedia

의 「장한가長恨歌」를 이용해 재창작한 작품이 다수 등장하였는데, 원나라元 때에는 왕백성王伯成, ?~?이 제궁조諸宮調인 「천보유사天寶遺事」를 창작했고, 백박白朴, 1226~1306은 잡극雜劇인 『오동우梧桐雨』를 썼으며, 청나라淸 때에는 홍승洪昇, 1645~1704이 장편 희곡인 『장생전長生殿』을 썼다.

명나라明의 저명한 희곡 작가인 탕현조湯顯祖, 1550~1616는 전기소설傳奇小說 중의 「곽소옥전霍小玉傳」을 『자차기紫釵記』로 재창작하였고, 「남가태수전南柯太守傳」은 『남가기南柯記』로, 「침중기枕中記」는 『한단기邯鄲記』로 개작하였다. 탕현조湯顯祖가 다시 쓴 작품들과 『모란정牡丹亭』을 합쳐서 『옥명당사몽玉茗堂四夢』 혹은 『임천사몽臨川四

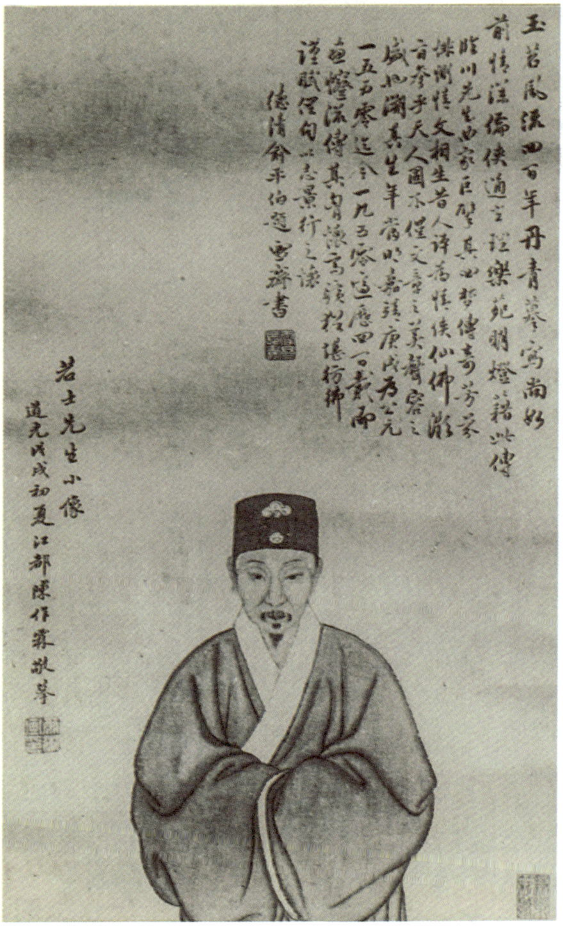

탕현조湯顯祖, 1550~1616 ⓒ wikipedia

당나라唐 염립본閻立本, 601~673「직공도職貢圖」ⓒ 국립고궁박물원國立故宮博物院

夢』이라 불렀다. 「이혼기離魂記」는 정광조鄭光祖, 1264~?에 의해서 잡극雜劇 『천녀이혼倩女離魂』으로 개편되었다. 「앵앵전鶯鶯傳」 역시 후대의 많은 작품으로 재탄생했는데, 그중에서 가장 유명한 작품은 원나라元의 왕실보王實甫, 1260~1336가 쓴 잡극雜劇 『서상기西廂記』이다. 『서상기西廂記』는 전기소설傳奇小說을 재창작한 가장 뛰어난 희곡 작품으로 평가받는다.

중국 소설의 변화 과정을 살펴보면, '문언문文言文' 소설과 '백화문白話文' 소설로 나뉘어 발전하였음을 알 수 있다. 전기소설傳奇小說을 중심으로 당나라唐를 비롯한 이전의 시기는 문언문文言文 소설이 중요한 위치를 차지하고 있고, 당나라唐 이후에는 백화문白話文 소설이 주류를 이룬다. 문언문文言文 소설 부분에서 위진남북조魏晉南北朝 지괴소설志怪小說이 다소 투박하고 간단한 서술적 특성을 보인다면, 당전기소설唐傳奇小說은 여기에서 좀 더 발전하여 우아하고 다채로운 서술적 특징을 지니고 있다고 할 수 있다. 당전기소설唐傳奇小說이 크게 흥성하고 난 이후 명나라明와 청나라淸에 이르면 문학적 특징이 더욱 풍부하고 뛰어난 작품들이 대량으로 나타난다. 하지만 이미 문언문文言文 소설에서 백화문白話文 소설로 창작의 주체뿐만 아니라 그것을 수용하는 주체도 달라졌다.

당나라唐 이후 전기소설傳奇小說이 점차 쇠퇴한 것은 송나라宋와 원나라元에 걸쳐 발달한 백화문白話文 단편소설인 '화본소설話本小說'의 흥성과 밀접한 관련이 있다. 수많은 독자 계층과 다양한 창작 계층을 확보한 '화본소설話本小說'이 문언문文言文 소설인 전기소설傳奇小說을 대체하게 되었다. 백화문白話文 단편소설은 더욱 그 외형과 영향을 확장하여 명나라明 말엽에 이르러서는 여러 회로 구성된 '장회소설章回小說'이 탄생하는 데 크게 이바지하였다. 이후 백화문白話文 소설이 크게 유행하고 문언문文言文 소설은 단지 그 명맥을 유지하는 정도에 불과했다. 그러다가 청나라淸 초기에 이르러 포송령蒲松齡의 『요재지이聊齋志異』가 등장하여 커다란 반향反響을 불러일으키게 되면서 전기소설傳奇小說과 지괴소설志怪小說에 대한 새로운 인식과 이해를 보여주었다. 하지만 이러한 문학적 성과를 지속할 수 있는 역량 있는 작가와 그 문학성을 이어받을 훌륭한 작품은 나타나지 않았다. 이후 근현대로 들어서면서 중국 고전문학에서 중요한 의미를 지녔던 문언문文言文 소설과 백화문白話文 소설은 더는 성장을 지속하지 못했고, 전기소설傳奇小說을 비롯한 고전소설은 새로운 세대에게 그 역할과 책임을 넘겨주어야 했다.

6장

중국 소설의 확장과 변화 : 송宋과 원나라元의 화본소설話本小說

그 수를 셀 수 없을 정도로 많은 설화인說話人들이 공연을 하였다.
비와 바람이나 추위와 더위도 아랑곳하지 않고
여러 공연을 보러 오는 사람들이 넘쳐났는데,
날마다 이와 같았다.

- 맹원로孟元老, ?~? · 『동경몽화록東京夢華錄』 -

6장 중국 소설의 확장과 변화: 송宋과 원나라元의 화본소설話本小說

당나라唐 이후부터 중국 고전소설은 문체에 따라 '문언문文言文' 소설과 '백화문白話文' 소설로 나뉜다. '문언문文言文'은 주로 글에서 쓰는 말인 '문어文語'로 구성된 '글말'을 말하고, '백화문白話文'은 입에서 나오는 말인 '구어口語'를 뜻하며 당시의 '입말'을 가리킨다. 이 두 가지 문체 가운데에서 '백화문白話文' 소설의 큰 유행과 발전을 가져온 것이 바로 '화본소설話本小說'이다. '화본소설話本小說'은 '설화인說話人: 이야기꾼'들의 정리된 이야기의 초고草稿라고 할 수 있는 '화본話本'에 뼈대를 세우고 살을 붙여 이야기를 완성하고, 거기에 또 전문가의 손을 거쳐 세련된 수사 기교와 언어로 완성한 작품이다. 화본소설話本小說이야말로 본격적인 중국 소설의 독서 계층이 문인에서 민간으로 옮겨진 현상을 보여 주는 문학 양식이라고 할 수 있다.

송宋과 원나라元의 통속소설通俗小說 혹은 이야기의 대강을 적은 책을 '화본話本'이라 불렀는데, '화話'는 이야기를 뜻하고, '본本'은 저서나 문헌 같은 기록물을 말한다. 그래서 '화본話本'은 이야기의 초고草稿, 즉 '저본底本'이라고 말할 수 있다. 화본話本의 제재는 역사서에서 발췌했거나, 문인문文言文 소설을 다시 통속적인 읽을거리로 재창작한 경우가 많았다. 이처럼 저본底本을 바탕으로 설화인說話人의 이야기를 공연하는 것을 '설화說話'라고 한다.[1]

1 중국 소설의 양상은 시대에 따라 변화하지만 전 시대와의 연계성을 잃지 않는다. 우리는 중국 소설의 큰 흐름 속에

명나라明 구영仇英, 1498~1552 「청명상하도清明上河圖」 중 일부 ⓒ 국립고궁박물원國立故宮博物院

'설화說話'의 연행演行은 수隋와 당나라唐 이후에 이르러서 비로소 등장했지만, 그 기원은 매우 이르다. 많은 학자는 『순자荀子』를 설창說唱의 형식으로 한 설화說話의 시작으로 여기고 있다. 『순자荀子』는 다루는 주제가 다양하고 광범위하며, 운문韻文이나 설화說話에 관한 내용도 들어있어 민간 설화를 구연口演하는 시초로 삼고 있다. 특히 「성상成相」 편篇은 민가民歌의 체재를 취하여 순자荀子의 정치사상을 서술한 것인데, 여기

서 중국 소설이 전시대의 특징을 계승하고 현시대의 특징을 어느 정도 반영하면서 점차 변해가는 현상을 어렵지 않게 발견할 수 있다. 그러므로 송宋과 원나라元, 명나라明, 청나라淸를 확연하게 구분할 경우, 자칫하면 복잡하고 다양한 현상을 '획일화'하거나 '규범화'시키는 오류에 빠지기 쉽다. 실제로 소설 작품은 그 시대뿐만 아니라 그 이전 시대와 그 이후의 시대까지 언제나 포괄하고 있기 때문이다. 송宋과 원나라元를 하나로 묶는 것은 송宋과 원나라元가 비록 시대가 다르지만, 문학사에서는 거의 같이 언급되기 때문이다. 특히 원나라元는 새로운 소설 작품이 등장하지 못하였고 송나라宋의 작품 경향을 그대로 이어받았기 때문에, 원나라元만의 문학적 특징이 뚜렷하지 않다. 특히 화본소설話本小說에서는 이러한 현상이 매우 분명한데, 송宋과 원나라元의 화본소설話本小說을 하나로 통합하여 다루는 것도 이러한 이유라고 할 수 있다. 또한 화본소설話本小說의 특성상 민간 계층에 의해서 수노되었넌 만큼 작품의 출현 혹은 공연 시기와 출판 시기가 상당히 모호한 편이다. 이 때문에 많은 중국 소설 연구자는 송宋과 원나라元의 구분이 명확하지 않아 하나의 시대로 다루는 경향이 짙다.

에 기록된 형식이 민간 설창說唱 문학의 형태를 보여 주고 있다.

『삼국지연의三國志演義』의 조진曹眞 ⓒ wikipedia

문화예술의 일종으로서 '설화說話'는 한漢과 위나라魏 시기부터 이미 구체적인 기록이 남아있다. 그 내용을 자세히 살펴보면, 서진西晉의 진수陳壽, 233~297가 쓴 『삼국지三國志』 「왕찬전王粲傳」에 남조南朝 시기 송나라宋의 배송지裵松之, 372~451가 주注를 달아 보충하면서 「오질별전吳質別傳」을 인용하여 기술하고 있다. 위나라魏 문제文帝가 조서詔書를 내려 상장군上將軍을 비롯한 고위관리 모두 오질吳質이 묵고 있는 곳에 가서 연회를 가지게 하였다. 상장군上將軍 조진曹眞은 몸이 뚱뚱하고, 중령군中領軍 주삭朱鑠은 몸이 마른 것을 본 오질吳質은 광대를 불러서 그 뚱뚱하고 마른 것에 대해 우스갯소리를 해 보게 했다. 배송지裵松之의 주注에서는 또 『위략魏略』을 인용하여, 조식曹植이 광대들의 소설 수천 마디를 암송하였다고 기록하고 있다. 수나라隋의 소화집笑話集으로 유명한 『계안록啓顔錄』을 쓴 후백侯白, ?~?은 언변言辯이 매우 뛰어났는데, 『수서隨書』의 「후백전侯白傳」에 '그는 풍자나 농담, 잡설 등을 좋아하여, 사람들은 단지 그를 가볍게 희롱하는 것을 즐겼다. 그가 있는 곳에는 구경꾼들이 많아 마치 저잣거리 같았다.'라고 기록되어 있다.[2]

당나라唐에 이르러 설화說話는 여전히 시민계층의 오락 활동으로 유행하였는데, 곽식郭湜, 700~788이 쓴 전기소설傳奇小說인 「고력사외전高力士外傳」에는 이와 관련된 묘사가 보인다. 명황明皇이 숙종肅宗에게 왕위를 물려주고 사천四川 지역으로 피난을 떠났다. 그 후 안사安史의 난亂이 끝나자 장안長安으로 돌아온 후 마음이 매우 울적했다. 그래서

2 好爲誹諧雜說, 人多愛狎之, 所在之處, 觀者如市. 『수서隨書』 「후백전侯白傳」

"매달 명황明皇과 고력사高力士는 직접 정원을 청소하고, 풀과 나무를 베었다. 강경講經이나 의논議論, 혹은 전변轉變이나 설화說話는 비록 문장의 법도에는 멀지만, 결국 명황明皇의 마음이 기쁘기를 바라는 마음에서였다."[3] 여기서 강경講經, 의론議論, 전변轉變, 설화說話 등은 모두 당나라唐의 저잣거리에서 유행한 잡다한 이야기에 해당한다고 볼 수 있다.

또한, 다른 문헌에도 설화說話에 관련된 기록이 보인다. 원진元稹의 시詩「한림학사翰林學士 백거이白居易의 서신書信을 대신하며 일백운一百韻을 지어 응답하다酬翰林白學士代書一百韻」에는 '이야기를 듣다 보니 시간이 쏜살같이 흘러가네.光陰聽話移'라는 구절이 있다. 여기서 '이야기를 듣다聽話'라는 것은 설화인說話人이 강창講唱하는 이야기를 듣는 것을 말한다. 원진元稹은 이 구절에 다시 보충설명을 하면서, '이전에 신창택新昌宅에서 일지화一枝花 이야기를 들었는데, 인寅시부터 시작해서 사巳시에 이르기까지도 이야기가 다 끝나지 않았다.自寅至巳, 猶未畢詞也'라고 하였다. '일지화一枝花'는「이와전李娃傳」을 가리키며, 인寅시는 오전 3시부터 5시까지, 사巳시는 오전 9시부터 11시까지를 말한다. 즉「이와전李娃傳」설화說話를 6~8시간 동안 강창講唱을 해도 다 끝나지 않았다는 것을 말해준다.[4] 사실, 중국 근현대에 이르기 전까지도 당나라唐 설창說唱 문학의 존재와 특징에 대해 깊이 알기 어려웠다. 그러나 1900년 돈황敦煌 막고굴莫高窟 장경동藏經洞에서 귀중한 장서藏書들이 발굴된 이후로 당나라唐 통속문학의 전반에 대해서 파악하게 되었다. 이러한 자료를 통해 당나라唐의 통속문학에는 변문變文, 속부俗賦, 화본話本, 사문詞文 등의 형식이 있다는 것을 알게 되었다. 발굴된 자료 중에서의 화본話本이 송宋과 원나라元 시기 설화인說話人이 창작했던 화본話本의 초기 형태라는 것을 짐작할 수 있다. 자연스럽게 이러한 통속문학 형식과 송宋과 원나라元 시기 설화인說話人 사이에는 매우 밀접한 관련이 있음을 알 수 있다.

---

3 每月上皇與高公, 親看掃除庭院, 芟草木, 或講經論議, 轉變說話, 雖不近文律, 終冀悅聖情. 곽식郭湜『고력사외전高力士外傳』

4 송나라宋 나엽羅燁, ?~?의『취옹담록醉翁談錄』「이아선李亞仙은 정원화鄭元和를 저버리지 않는다李亞仙不負鄭元和」에서 '이와李娃'의 자字가 아선亞仙이고, 옛 이름이 '일지화一枝花'라고 밝히고 있다. 즉, 일지화一枝花 이야기는「이와전李娃傳」을 의미한다.

돈황敦煌의 막고굴莫高窟 전경 ⓒ wikipedia

| 1 | 설화說話의 공연 형식: '설창說唱'

'설화說話'를 구연口演하는 초기에는 대부분 '강창講唱'이나 '설창說唱'의 형태로 진행되었다. '강창講唱'에서 '강講'은 경전經典이나 역사 등의 글을 통해 그 속에 포함된 주제와 의미를 해석하는 것을 말한다. '창唱'은 리듬감이 있는 음악적 형식으로 글의 내용을 표현하는 것을 의미하다. '강창講唱'은 주로 민간의 곡예曲藝, 민간의 설창說唱이라고도 하며, 동작이 가미된 강설講說과 노래唱로써 이야기를 표현하고 인물형상을 묘사하는 공연 양식이다. 주로 '강경講經', '의론議論'과 같은 종교적 교리를 설명하거나 정치 사회적 시사에 관련된 내용이 중심을 이룬다.

'설창說唱'은 허구의 내용 혹은 역사적 사건이나 소재를 빌어 일정 부분 첨삭을 가하고 음악적 효과를 덧붙인 이야기를 뜻한다. 만약 '강창講唱'이 주로 철학적 사상과 관념, 종교적 내용과 의미를 해석하는 데 있다면, '설창說唱'은 주로 이야기를 만들어내고 창의적으로 그려내는 데 있다. 하지만 '설창說唱'과 '강창講唱'의 형식과 내용은 상당히 유사하여 명확하게 경계를 나누기가 쉽지 않을뿐더러 때로는 서로가 교묘하게 연결되어 있어서 구분이 무의미한 때도 있다. 이후 이러한 구별은 더욱 모호해져 '설창說唱'과 '강창講唱'이 서로 혼용되어 같이 쓰이는 경우가 자주 나타난다.

'설창說唱'의 의미를 살펴보면, '설說'은 '말하다, 이야기하다'라는 것을 뜻하고, '창唱'은 '노래하다'라는 것을 말한다. 설창說唱의 초기 형태는 단지 말로만 이야기를 진행하는 것이 아니라, 우리나라의 판소리와 같이 노래와 이야기를 같이 엮어서 공연하는 형식이었다. 초기의 설창說唱은 설화인說話人 1인 공연의 형태이거나 여러 역을 대신하면서 공연한 것으로 보인다. 혼자서 때때로 어린아이나 노인 혹은 남성이나 여성의 역할을 하는 식이었다. 그러나 시간이 지나면서 공연하는 설화인說話人이 두 명이나, 세 명이 되기도 하는 등의 다인多人 공연 형식으로 발전하였는데, 이때는 허구의 이야기를 단지 흥미롭게 전달하는 것에서 벗어나, 무대에서 어떤 내용을 각색하고 인물을 설정하는 등의 일종의 희곡에 가까운 형태로 만들어졌다. 이러한 형식은 우리나라에서도 과거 유행했던 '만담漫談'이나 중국의 전통 문화예술의 한 형태인 '상성相聲'과도 비슷했다.

설창說唱의 시작과 성장은 불교佛教의 유입 및 전파와 밀접한 관계를 지니고 있다. 불가佛家에서 포교를 위해 사용하던 '속강俗講'에서 여러 가지 내용과 형식을 가져왔다. 불교佛教가 인도에서 중국으로 들어오게 되면서 불교佛教의 주요한 관념인 내세來世에 대한 인과응보因果應報를 널리 알리는 것을 목표로 삼았고, 이러한 교리를 대중들에게 설파하는 것을 주요 활동으로 삼았다. 그렇기에 사람들을 동화시키기 위해서는 보다 쉬운 내용으로 바꿀 필요가 있었다. 그래서 승려가 법당에서 불교佛教의 경전經典을 강독하거나 불교佛教의 이론을 대중들에게 설법說法할 때, 이해하기 쉬운 이야기로 바꾸어서 전달하거나 혹은 경전經典의 내용과 음악이 결합한 강창講唱을 통해서 지속해서 종교 활동을 이어갔다. 이후 많은 대중은 이러한 방식을 통해 불교佛教의 교리를 자연스럽게 받아들일 수 있게 되었다.

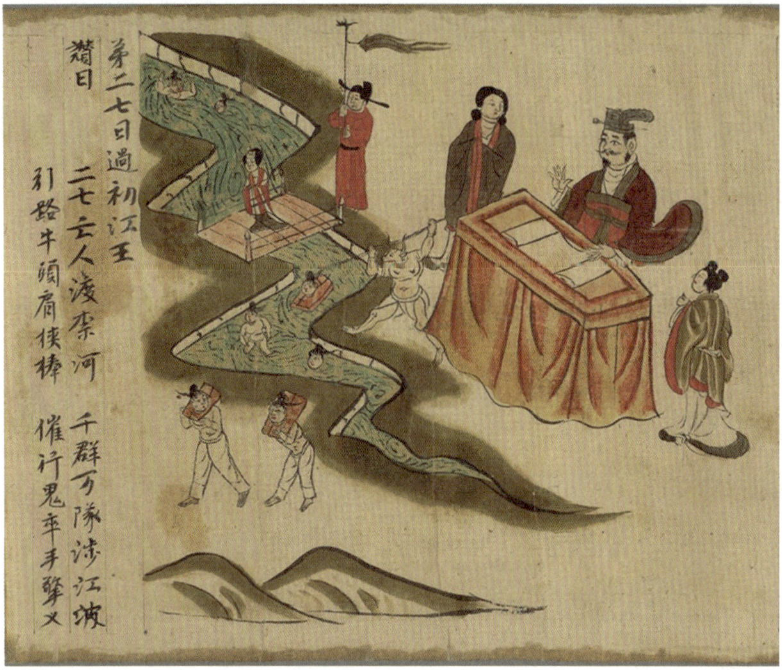

당나라唐 말엽 돈황敦煌『염라왕수기경閻羅王授記經』 또는『불설십왕경佛說十王經』 중 일부 ⓒ wikimedia

| 2 | 화본話本의 유행과 발전

송宋과 원나라元 시기에 민간에서는 '화본話本'이 크게 유행하게 되었는데, 도시의 번영과 상공업의 발전, 시민계급의 성장이 화본話本의 번영을 끌어냈다. 송나라宋에는 경제활동이 안정되고 소상공인의 상업이 발달하면서 개인적으로 부를 축적하는 일이 많아졌다. 송나라宋 이전 시기인 당나라唐의 장안長安은 거주 지역이 반듯하게 계획된 백여 개의 방坊으로 나누어지고, 방坊마다 담장이 둘러쳐져 있었고 해가 진 후부터는 성문城門, 방문坊門이 모두 폐쇄되었다. 상업 지역인 시市는 영업시간이나 판매 물품이 엄격하게 통제되었다. 그러다 보니 송나라宋 이전의 상인은 주로 황실에 물품을 납품하거나 소규모로 이루어지는 상업 활동이 위주였다. 송나라宋에 이르러서는 이러한 방

坊이 허물어지고 시市의 제한과 통제도 없어졌다. 상점들이 성안의 각지에 진출하였고 파는 물건이 많아져서 성안이 상당히 번화해졌다. 이어서 각종 물품을 전문적으로 판매하는 상점들이 출현했고, 각 분야의 상인들 조합까지도 생겨나서 이들 조직을 중심으로 상인과 수공업자들은 더욱 활발히 활동하였다.

송나라宋에 이러한 시간이나 공간의 제약, 상업 활동의 제한이 없어지면서 본격적으로 시장에서 자유롭게 물건을 사고파는 경제행위가 이루어졌다. 그 과정을 통해서 소상인들은 많거나 혹은 적은 자본을 가지고 점차 많은 돈을 벌어들이게 되었다. 또한, 황실에서도 궁중에서 필요로 하는 물건을 사들일 때 상인 간의 경쟁을 통해서 사들이기 시작했으며, 소상인들은 일반 대중뿐만 아니라 관청이나 황실에 소용되는 물건을 적재적소에 공급하고 이로 인해 판매할 대상을 다양화하고 수입을 다변화시켰다. 그로 인해 상인 중에서도 막대한 부를 누리게 되는 계층이 갈수록 늘어났다. 송나라宋에 이르러 크게 대두된 이러한 소자산 시민계층은 경제적으로 어느 정도 풍요로움을 가

송나라宋 장택단張擇端, 1085~1145 「청명역간도淸明易簡圖」 중 일부

지고 있었지만, 이것을 누릴 만한 문화예술 형태는 여전히 제한적이었고, 이들의 오락적 욕구를 충분히 충족시킬 수 있는 대중예술은 별로 없었다. 그래서 등장한 것이 바로 '설화說話'라는 민간예술이었다.

이 시기에는 도시의 번성과 경제의 발전으로 저잣거리에서 재밌게 이야기를 구연口演하는 전문 이야기꾼들이 많이 등장했다. 사람들이 많이 모이는 번화한 거리나 세시歲時와 절기節氣에 맞는 행사를 주로 하는 절이나 사당祠堂, 혹은 특별한 경사慶事나 잔칫날에 부잣집에서 설화인說話人을 직접 초청하여 공연을 부탁하곤 했다. 이러한 공연을 보고 대중들은 매우 즐거워했고, 또한 일정 정도의 관람료나 공연비용을 내기 시작하면서 이와 같은 설화인說話人의 숫자는 더욱더 늘어났다. 이후에는 항시적으로 이러한 공연을 즐길 수 있는 전문 공연장소가 등장하여 대중들은 언제든지 편하고 쉽게 자신들의 문화적인 욕구를 충족시킬 수 있게 되었다.

송나라宋에는 설화屑話가 크게 유행함에 따라 이를 담당하는 전문 설화인說話人의 수가 많아졌다. 그뿐만 아니라 담당하는 분야도 매우 다양했으며 설화說話의 기교 역시 뛰

청나라清 정관붕丁觀鵬, ?~?「태평춘시도太平春市圖」 ⓒ 국립고궁박물원國立故宮博物院

청나라清 원본院本 「청명상하도清明上河圖」 중 일부 ⓒ 국립고궁박물원國立故宮博物院

어났다.[5] 남송南宋 때 맹원로孟元老, ?~?가 쓴 『동경몽화록東京夢華錄』에서는 북송北宋의 수도인 동경東京[6]의 설화인說話人이 '셀 수 없을 정도로 많았고, 수많은 관중이 몰려와 바람이나 비, 추위나 더위도 개의치 않았고, 날마다 이와 같았다.'라고 기록하고 있다. 주밀周密, 1232~1308의 『무림구사武林舊事』에서는 실제로 그 당시의 유명한 설화인說話人의 이름이 쓰여 있는데, 남송南宋의 수도 임안臨安에 '손기孫奇', '주수朱修' 등 100여 명이 있다고 적고 있다. 이처럼 설화說話에 종사하는 많은 전문 설화인說話人과 이러한 공연을 보기 위해 수많은 관중이 도시의 곳곳에 모여들면서 각자 여가와 유흥생활을 즐겼다.

이어서 대중들에게 본격적으로 이러한 오락 형태를 보여 주는 전문 공연장소가 나타나기 시작했다. 이것이 바로 '와사瓦舍'와 '구란勾欄'이다. '와사瓦舍'는 '와자瓦子', '와

5 이야기를 잘 구성하여 관중에게 효과적으로 전달하는 민간예술의 역할을 맡은 설화인說話人은 고대 중국뿐만 아니라 동아시아 어떤 곳이든 흔히 있는 일이다. 우리나라에도 이야기를 선달하는 '설화인說話人'이 존재했고, 이를 '진기수傳奇叟'라고 불렀다. 일본은 현재에도 '설화인說話人'의 명맥을 유지하는 '라쿠고らくご'가 있다.

6 북송北宋의 수도는 동경東京이며, 민간에서는 변경汴京으로 불렸다. 지금의 하남성河南省 개봉開封 지역이다.

시瓦市', '와사瓦肆' 등으로 불리기도 하는데, '와瓦'는 기와이며, '사舍'는 집을 가리킨다. 기와 수백 장을 이어 하나의 지붕을 만들 듯이 쉽게 모였다가 흩어진다는 의미에서 '와사瓦舍'라고 하였다. 와사瓦舍 안에는 찻집, 술집, 음식점이 모여 있던 구역은 물론이고, 점을 치거나 약재나 잡화, 의복 등을 파는 구역도 있었다. 또한, 각종 기예를 전문적으로 공연하는 장소인 '구란勾欄'이 있었다. '구란勾欄'은 공연하는 무대 주위에 설치하는 난간을 뜻한다. 구란勾欄 안에는 설창說唱을 비롯해 곡예, 잡기, 씨름, 마술 등 각종 공연이 펼쳐졌다. 수천 명을 수용할 정도의 큰 공연장도 있었다고 전해진다. 남송南宋의 서몽신徐夢莘, 1126~1207이 쓴 『삼조북맹회편三朝北盟會編』에 따르면, 북송北宋의 수도 동경東京에는 잡극雜劇, 설화說話, 그림자극, 소설小說, 시가詩歌, 꼭두각시놀이, 공중제비, 악기 연주 등을 공연하는 예술단체가 150가家가 넘는다고 했다.

'와사瓦舍'에서 가장 환영받았던 것은 바로 이야기와 노래를 섞은 '설창說唱'이었다. 이야기는 한 번에 끝나는 단발성의 내용보다는 일종의 연속극처럼 끊임없이 새롭게 이어

송나라宋 장택단張擇端, 1085~1145 「청명상하도清明上河圖」 중 일부 ⓒ 국립고궁박물원國立故宮博物院

갈 수 있는 지속성이 있었기에 잡기雜技나 마술과 같은 기예보다도 더욱 인기 있었다. 찻집이나 술집, 사원과 사찰, 촌락, 저잣거리 등 곳곳에서 설화인說話人의 흔적을 발견할 수 있다. 설화인說話人이 엄청난 인기를 얻게 되자, 그들이 공연할 수 있을 만큼의 많은 대본이나 관련 이야기 자료가 필요하게 되었다. 대중들에게 제공되는 이야기가 설화인說話人의 개인 창작이나 구상에는 한계를 가질 수밖에 없었기에 설화인說話人에게 대본을 써주는 전문적인 문인 집단이 생겨나게 되었다. 이러한 문인들의 조직을 '서회書會'라고 했다. 이들은 설화인說話人을 대신하여 화본話本을 쓰거나 희극배우들을 위해서 극본을 만들었는데, 서회書會에 있는 사람을 일컬어 '서회선생書會先生' 혹은 '재인才人'이라고 불렀다.

화본話本과 그것을 저본底本으로 삼아 설창說唱하는 화본話本 작가와 설화인說話人들이 비록 상류 문인들에게는 통속적이고 볼품이 없으며 얕은 지식을 뽐내는 정도에 불과하다고 경시를 받았지만, 오히려 이들에게는 상류 문인들 못지않은 광범위한 학식과 견해가 요구되었다. 여러 문헌에 흩어져 있던 문학 작품이나 단편의 기록, 광범위한 전적典籍과 역사서, 유명인의 일화逸話와 전고典故 등을 모두 잘 알아야 했다. 그뿐만 아니라 『태평광기太平廣記』나 『이견지夷堅志』 등과 같은 지괴소설志怪小說이나 전기소설傳奇小說을 대량으로 수집한 책들도 두루 살펴야 했다. 그들은 인정人情과 세태世態의 다양한 측면과 아울러 사회적으로 만연된 각종 폐단과 모순, 문제점이나 불합리한 점도 자신만의 시각으로 재편성하여 작품 속에 한데 녹여 이야기를 창작했다.

송宋과 원나라元의 화본話本 작품의 수는 매우 많을 것으로 추측되는데, 송나라宋 나엽羅燁, ?~?의 『취옹담록醉翁談錄』, 명나라明 조율晁瑮, 1507~1560의 『보문당서목寶文堂書目』, 청나라淸 전증錢曾, 1629~1701의 『야시원서목也是園書目』을 살펴보면, 대략 140편의 단편 화본話本의 제목이 보인다. 그러나 작품 대부분은 흩어져 현재 전해지지 않는다. 화본話本의 편명은 쓰여 있지만, 구체적인 내용을 밝히고 있지 않아 어떤 사건과 주제로 이야기가 전개되는지 분명하게 알 수는 없다. 다만 작품의 제목을 통해 당시 유행했던 작품에는 어떤 것이 있으며, 대략적인 내용은 어떠한지 가늠해 볼 수 있다. 그뿐만 아니라 다양한 문헌에 흩어진 기록을 통해 실제 알려진 것 이외에도 당시에는 상당히

제작 시기 및 작자 미상 「태평성시도太平城市圖」 중 일부 ⓒ 국립중앙박물관

많은 수의 화본話本이 존재했음을 어렵지 않게 알 수 있다.

이처럼 송宋과 원나라元 화본話本의 수량이 매우 많았음에도 불구하고 현재 남아있는 작품은 학자마다 의견이 다르지만 대략 40여 편篇 정도에 불과하다. 이 가운데 절반 정도는 명나라明 시기에 다시 쓴 작품이다. 명나라明 시기에 재창작된 작품은 송宋과 원나라元의 작품을 가져와 나름대로 첨삭과 수정을 거쳐 완성한 것이다. 그러므로 송宋과 원나라元 작품의 특징을 완전하게 살펴보기에는 여전히 한계가 따른다. 결국, 현재 전해지는 작품을 통해 송宋과 원나라元 시기에 쓰인 화본話本의 대강大綱과 전체적인 내용을 살펴볼 수밖에 없고, 송宋과 원나라元 화본話本만이 가지는 근원적이면서도 기본적인 특징을 자세하게 파악하기에는 여전히 어려움이 있다.

| 3 | 화본話本의 종류와 내용: '설화사가說話四家'

송나라宋에는 사회경제가 크게 발달하면서 소상공인이나 시민계층이 확대됨에 따라 민간예술인 설화說話 또한 매우 성행하였다. 화본話本을 가지고 재밌게 이야기를 구연口演하는 것을 '설화說話'라고 했고, 이러한 일에 종사하는 전문 이야기꾼을 '설화인說話人'이라고 했다. 화본話本에는 다양한 종류가 있는데, 남송南宋 때부터 크게 유행한 네 가지 화본話本을 두고 '설화사가說話四家'라고 했다. 설화사가說話四家는 저마다 제자 양성과 전문 학습을 위해 일정한 장소를 두고, 그곳에서 해당 분야에 관한 이야기 체계와 전통을 지켜가면서 전문적인 교육을 이어나갔다.

남송南宋 시기 내득옹耐得翁, ?~?의 『도성기승都城紀勝』에 따르면, '설화說話에는 네 전문 집단이 있다. 하나는 소설小說로, 은자아銀字兒라고 부르기도 한다. 예를 들면, 연분烟粉, 영괴靈怪, 전기傳奇, 설공안說公案 등인데, 모두 박도搏刀: 불의를 참지 못하고 칼을 들어 의를 실천하는 영웅 이야기와 간봉杆棒: 봉을 잘 다룰 줄 아는 사내들의 이야기 및 발적변태發迹變泰: 미천한 신분에서 크게 성공을 이룬 이야기의 일이다. 설철기아說鐵騎兒는 병사가 군마를 타고 징과 북을 두드리며 전쟁을 하는 일을 말한다. 설경說經은 불가佛家의 경전을 연행演行하여 말하는 것이고, 설참청說參請은 손님과 주인이 참선參禪하며, 불교佛敎의 도를 깨닫는 등의 일을 말한다. 강사서講史書는 전대前代의 역사서와 문인전文人傳에서 흥성하고 없어지며 다투고 싸우는 일을 말한다.'라고 설명하고 있다.

이 이외에도 '합생合生'이 있다고 전하는데, 합생合生은 '시詩', '사詞', '곡曲'을 가지고 인정人情과 세태世態의 일을 다양하게 표현하는 기예技藝를 말한다. 당시의 세상 이야기를 위주로 하며, 편폭이 비교적 짧다. 현장 공연의 필요에 따라 노래나 춤이 가미되기도 하고, 또는 익살스러운 이야기나 재치 있는 이야기를 첨가하여 관중의 흥미를 끌어내기도 한다.

또한, 남송南宋 시기 오자목吳自牧, ?~?의 『몽량록夢粱錄』에 따르면, '설화說話를 설변舌辯이라고 하며, 비록 사가四家가 있지만, 그 집단마다 일정한 체계와 전통을 가지고 있다.說話者, 謂之「舌辯」, 雖有四家數, 各有門庭.'라고 했다. 이처럼 당시의 설화사가說話四家에 대한 기록이 여러 문헌에 흩어져 있는데, 이 '사가四家'가 정확하게 어떤 것인지는 학자마다 의견이 다르다.

비록 설화說話의 종류에서 어떤 분야가 민간대중의 주목을 받았고, 크게 발전하였는가에 대해 저마다 견해가 달랐지만, 설화說話를 대표하는 사가四家의 존재에 대해서

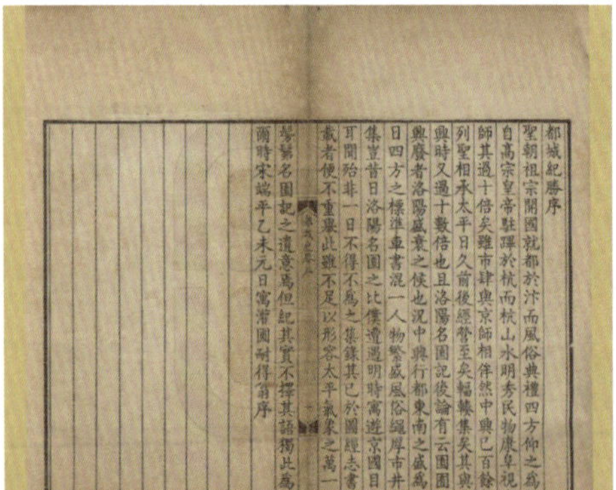

청나라清 왕지기王志沂, ?~? 『도성기승都城紀勝』

ⓒ 중국국가도서관中國國家圖書館

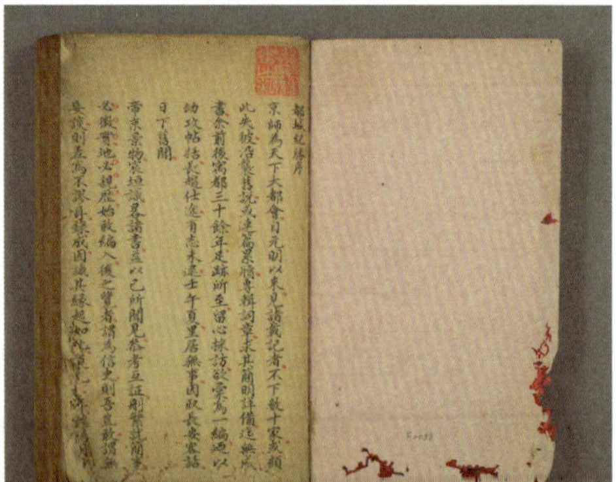

청나라清 왕지기王志沂, ?~? 『도성기승都城紀勝』

ⓒ wikipedia

는 공통으로 인식하고 있었던 듯하다. 다만, '사가四家'가 무엇을 가리키는지에 대해서 아직 분명하지 않다. 하지만 일반적으로 '사가四家'로 여겨지는 것은 '소설小說', '강사講史', '설경說經', '설철기아說鐵騎兒', '합생合生' 등이라고 할 수 있다. 송나라宋 설화사가說話四家들은 각지 영역에 맞게 한 분야를 담당하였으며 동시에 설화說話라는 큰 틀에서 함께 공존하는 양상을 보였다.

| 4 | 화본話本의 성행과 구연口演 방식: '소설小說'

설화說話에는 주로 남녀 간의 애정이나 인연因緣, 이물異物과 환상幻想, 협의俠義와 판결判決에 관련된 이야기를 다루는 '소설小說'이 있으며, 역사적 사건이나 인물에 관련된 내용을 위주로 하는 '강사講史'가 있다. 그뿐만 아니라 불교의 교리와 설법을 전파하고 운용하는 데 목적을 둔 '설경說經'과 '설참청說參請'도 있으며, 노래와 춤, 다양한 기예와 우스갯소리를 담은 종합 예술 형태인 '합생合生'도 있었다. 이 중에서 가장 인기가 있었던 분야는 '소설小說'과 '강사講史'였다. '소설小說'의 내용은 주로 현실 생활과 직접 연관이 있는 제재로 통속적인 사회 현상을 반영하며, 대중과 밀접한 인물을 등장시켜 보편적인 주제로 펼쳐지는 이야기이다. '강사講史'는 역대 제왕帝王과 제후諸侯, 재상宰相, 장군將軍, 영웅英雄 등을 주인공으로 하는 장편의 역사 이야기이다. 설화인說話人은 대부분 이와 관련된 원본 자료가 있었으며, 이 초고草稿를 필요에 따라 첨삭하여 다음 설화인說話人에게 물려주었다. 이후 이 원본原本은 문인들의 손을 거쳐 윤색되고, 다채롭게 가공되어 새로운 작품으로 탄생하기도 하였다. '소설小說'은 이후 백화白話 단편소설短篇小說로 이어지거나 장편소설長篇小說의 주요한 제재를 제공하는 등의 형태로 발전하기도 한다. '강사講史'는 장회소설章回小說로 성장하면서 『삼국지연의三國志演義』이나 『수호전水滸傳』과 같은 역사 장편소설長篇小說로 발달하게 된다.

'소설小說'은 남녀 간의 애정이나 관청의 판결 등의 제재는 일상생활 주변에서 흔히

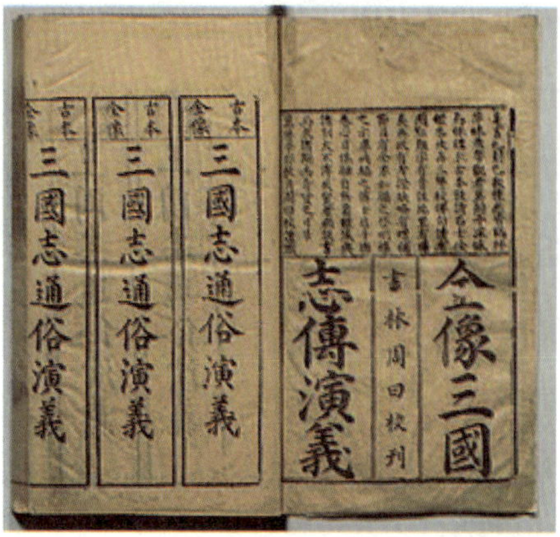

『삼국지연의三國志演義』 © wikipedia

조조曹操가 유비劉備를 초대해 매실을 안주로 천하에 영웅이라 할 만한 사람이 누가 있는지 대화하는 장면 © wikipedia

일어날 수 있는 소재였기에 현실성과 박진감이 뛰어났다. 환상적인 줄거리와 흥미로운 인물형상은 관중의 상상력을 더욱 자극하여 비현실적인 세계와 내용에 깊이 빠져들게 하였다. 더불어 줄거리의 변화는 무궁무진하여 관중을 소설小說의 세계로 끌어들이게 충분한 매력이 있었다. '강사講史'는 역사적인 제재가 풍부했기에 '소설小說'과 마찬가지로 사람들에게 인기가 많았다. 그러나 '설경說經'이나 '설참청說參請'은 불교 교리의 설파說破에 제한되었기에 관객의 취향에 따라 주제나 내용을 변화시키기에는 무리가 있었다. '합생合生'은 다른 분야에서 시도하지 못한 다양한 기예를 볼 수 있는 재미는 있었지만, 여전히 '소설小說'과 '강사講史'에 비해서 관심이 적었다. 이처럼 송宋과 원나라元 시기에 설화說話와 그 저본底本인 화본話本이 크게 유행했지만 실제로 '화본소설話本小說'을 당시의 대표적인 문학 양식으로 부르는 이유는 당시 설화說話 중에서도 '소설小說'이 가장 유행했기 때문이다.

'화본소설話本小說'은 강창講唱의 대본, 즉 '화본話本'이 그 기원이 된다. 강창講唱은 우리나라의 판소리처럼 혼자서 이야기하는 '1인극'과 비슷하다. 이전에는 소설小說의 가장 기본적인 형태는 저잣거리에서 혼자서 줄거리의 기복에 따라 목소리의 높낮이와 속도를 조절하고 감정을 이입하여 서술식으로 관중에게 설명하는 '서술형' 방식이었다. 예를 들어, '옛날에 어떤 사람이 살았는데 어떤 고난을 겪었고, 나중에는 어떤 결말을 맞이했다.' 등의 이야기를 재미있게 꾸며내는 형태였다. 이후 시간이 지남에 따라 줄거리가 더 복잡해지고 등장인물이 일부 늘어나면서 인물 간에 직접화법으로 모방하여 각기 다른 목소리로 구연口演하는 '대화식' 형태로 바뀌기 시작했다. 예를 들면, 일인이 여러 역할을 맡아 소설小說에 여인이 나오면, 높고 부드러운 여인의 목소리로 여성의 특징을 살려 말하고, 남성이 나오면 묵직하고 거친 말투로 바꾸어 이야기의 실제성과 생동감을 그대로 전달했다. 이야기를 이끌어 나가는 데에서는 여전히 한 명이 모든 인물을 담당하는 방식이었다. 그러다가 구연口演하는 설화인說話人이 두 명이나 세 명으로 증가하면서 '서술형'과 '대화형'을 병행하기도 하면서 나중에는 아예 인물 간의 대화로만 구성된 희곡戱曲과 유사한 방식으로 발전하기도 했다. 그뿐만 아니라 그때 쓰였던 화본話本을 수정해서 극劇의 대본이나 소설 작품으로 만들기도 했다. 따라서 당시 설화인說話人에게 있어서 '화본話本'은 희곡戱曲과 소설 작품의 중간적인 경계에 걸쳐 있었다고 할 수 있다. 무대 위에서 공연하는 특징에서 보면 희곡戱曲에 가깝지만, 기교적인 글이나 문장으로 다듬어 표현했다는 점에서는 소설 작품에 근사하다고 볼 수 있다.

19세기 작자 미상 「평양감사환영연도平壤監司歡迎宴圖」 중 판소리 장면 ⓒ wikipedia

'화본話本'의 구연口演 방식인 강창講唱은 강講: 이야기를 풀어내는 것과 창唱: 노래로 곁들이는 것으로 구성되어 있는데, 그중에서 '창唱'보다는 '강講'을 통한 이야기의 전달에 중점을 두었다. 노래만으로 이야기의 내용과 주제를 전달하기에는 한계가 있었기에 이야기를 풀어내면서 '창唱' 부분을 덧붙였다. 또한, 이 부분으로 인하여 관중은 일반적인 서술 형태와 다른 음악성과 리듬감으로 흥미가 증가하면서 작품에 관한 관심이 더욱 고조되는 결과를 낳았다.

| 5 | 현재 전해지는 화본소설집話本小說集: 『경본통속소설京本通俗小說』, 『청평산당화본淸平山堂話本』, 『삼언三言』

'설화說話'의 하나인 '소설小說'의 화본話本을 모아 놓은 책으로는 『경본통속소설京本通俗小說』과 『청평산당화본淸平山堂話本』이 있다. 풍몽룡馮夢龍의 『삼언三言』에도 송宋과 원나라元 화본話本이 일부 수정과 개작을 거쳐 실려 있기도 하다.

『경본통속소설京本通俗小說』은 송나라宋 사람이 간행한 최초의 소설집으로 알려져 있다. 원래 몇 권이었는지는 알 수 없으나, 청나라淸의 무전손繆荃孫, 1844~1919이 우연히 서재에서 발견하여 1915년 『연화동당소품煙畵東堂小品』 속에 수록하여 간행하였다고 전해진다. 무전손繆荃孫은 책 끝에 본문과 관련된 내용을 간략하게 적은 글인 발문跋文에 이 책은 원나라元 사람인 쓴 『경본통속소설京本通俗小說』의 「잔권殘卷」을 판각하여 완성하였다고 적고 있다. 본래 책에서는 「연옥관음碾玉觀音」, 「보살만菩薩蠻」, 「서산일굴귀西山一窟鬼」, 「지성장주관志誠張主管」, 「요상공拗相公」, 「착참최령錯斬崔寧」, 「풍옥매단원馮玉梅團圓」, 「정주삼괴定州三怪」, 「금주량황음金主亮荒淫」 등 9편을 수록했다. 그러나 「정주삼괴定州三怪」는 훼손이 매우 심하고, 「금주량황음金主亮荒淫」은 지나치게 음란하고 외설적이어서 이 두 편은 간행하지 않아, 7편만 수록하였다.

이후 시간이 흐르면서 이 작품집에 대한 진위眞僞 논의가 일기 시작했다. 작품 속에는 송나라宋의 지난 연호年號나 명나라明 문인文人의 글을 인용하고 있어서 아마도 명나라明 초기에 편집된 것으로 여겨진다. 명나라明의 지명地名과 관직명官職名도 일부 보여서 송나라宋의 그것과는 거리가 있다. 후대의 학자들은 송나라宋 원본의 내용과 문장을 명나라明 문인文人과 청나라清 문인文人이 대량으로 수정하여 진했다는 의견과 더불어 명나라明 시기에 출간된 『청평산당화본清平山堂話本』에 수록된 일부 작품을 발췌하여 수정을 가하여 재수록했다는 가설도 제기하였다. 최근 연구에 따르면 후자의 견해가 더욱 신뢰성을 얻고 있다. 비록 『경본통속소설京本通俗小說』이 송나라宋 화본의 본래 모습을 그대로 간직한 것이라 볼 수는 없지만, 그 안에 수록된 작품들은 모두 송나라宋 화본話本임에는 분명하다.

송나라宋 화본話本을 모아놓은 중요한 책으로는 『청평산당화본清平山堂話本』이 있다. 『경본통속소설京本通俗小說』이 위작僞作과 개작改作의 논의가 지속해서 제기되었기에 수록된 작품을 송나라宋 화본話本의 원형原形으로 여기기에는 여전히 무리가 따른다. 하지만 『청평산당화본清平山堂話本』은 비록 명나라明 시기에 간행되기는 하였지만, 송나라宋와 원나라元 및 명나라明 시기 화본話本의 원래 모습을 잘 보여 주고 있다. 특히 송宋과 원나라元 시기 작품의 서투른 묘사와 구성, 대화식 언어와 표현, 공연의 현장감을 보여주는 전개 등을 그대로 간직하고 있어서 화본話本의 초기 형태를 살펴보기 데 있어서 매우 중요한 자료로 여겨지고 있다.

『청평산당화본清平山堂話本』은 명나라明 가정嘉靖 연간年間에 홍편洪楩, ?~?이 간행하였다. 홍편洪楩은 문학가임과 동시에 출판出版과 장서藏書를 주요 취미로 삼았다. '청

무전손繆荃孫, 1844~1919 ⓒ wikipedia

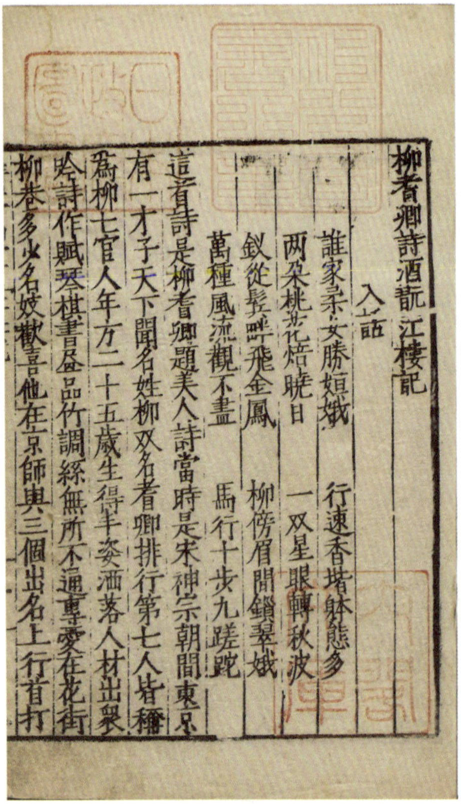

柳耆卿詩酒翫江樓記
入話
誰家柔女勝姮娥　行速香堦體態多
两朵桃花焙曉日　一双星眼轉秋波
釵從鬓畔飛金鳳　柳傍眉間鎖翠娥
萬種風流觀不盡　馬行十步九蹉跎
這首詩是柳耆卿題美人詩當時是宋神宗朝間東京
有一才子天下聞名姓柳双名耆卿排行第七人皆稱
爲柳七官人年方二十五歲生得丰姿灑落人材出衆
吟詩作賦琴棋書品竹調絲無所不通專愛在花街
柳巷多少名妓歡喜他在京師與三個出名上行首打

명나라明 홍편洪楩, ?~? 『청평산당화본淸平山堂話本』
ⓒ 書格shuge

평산당淸平山堂'은 그의 서재 이름이며, '화본話本'은 설화인說話人의 저본底本이 되는 책을 말한다. 『청평산당화본淸平山堂話本』을 『육십가소설六十家小說』이라고도 하는데, 구성이 『우창雨窓』, 『장등長燈』, 『수항隨航』, 『의침欹枕』, 『해한解閒』, 『성몽醒夢』의 6집集으로 되어있고, 각 집集은 상하 2권卷이며, 권卷마다 송宋과 원나라元 시기부터 명나라明까지 창작된 작품을 5편씩 수록하여, 모두 60편이 된다. 하지만 일부가 소실되어 현재 남아있는 작품은 29편에 불과하다. 『우창雨窓』, 『의침欹枕』 중의 잔본殘本 12편, 북경에서 발견된 잔본殘本 2편 및 일본의 내각문고內閣文庫에 15편이 남아 있다. 이후 명나라明 풍몽룡馮夢龍, 1574~1646이 간행하여 『삼언三言』으로 불리는 『유세명언喩世明言』, 『경세통언驚世通言』, 『성세항언醒世恒言』 등에서도 일부 수정되어 실려 있기도 하다.

|6| 화본소설話本小說의 구성과 설화인說話人의 기술: '입화入話', '정화正話', '편미篇尾'

화본소설話本小說은 다른 고전소설과는 다르게 독특한 형식을 가지고 있는데, 대략 본 이야기를 시작하기 전에 진행되는 '입화入話'와 본 이야기에 해당하는 '정화正話', 그리고 마지막으로 이야기를 종결하는 '편미篇尾'로 구성된다.[7] '입화入話'는 본 이야기와 연관되거나 대비되는, 혹은 전혀 상관없는 짤막한 이야기를 배치한다.[8] 어떤 경우에는 시詩와 사詞만 등장하기도 한다. 설화인說話人이 입화入話를 설정한 이유는 관객이 모일 때까지 기다렸다가 이야기를 시작하기 위함이다. 그뿐만 아니라 소란스러운 장내 분위기를 안정시키고 자리를 정리하거나 이목을 끌어 본 이야기에 집중시키려는 목적으로 쓰였다. 후대의 소설에서는 대개 시詩나 사詞 한 수로 입화入話 전체를 압축시켰다.

이 '입화入話' 가운데 '득승두회得勝頭回'가 있다.[9] 이것은 일반적으로 시詩와 사詞를 읊은 뒤, 본 이야기에 들어가기 전에 본 이야기와 관계있는 간단하고 짧은 이야기를 일컫는다. 주로 본격적으로 본 이야기에 들어가기 전에 장내의 어수선함을 정리하거나 분위기를 전환하고자 할 때 사용되기도 하였다. '득승두회得勝頭回'에서 '득승得勝'은 '전장에서 승리를 거두다.'라는 뜻이고, '두회頭回'는 '일찍 돌아오다. 먼저 돌아오다.'라는 뜻이다. '득승두회得勝頭回'는 '전장에서 승리를 거두고 먼저 돌아오다.'라는 의미이다. 이것은 말 그대로 관객들에게 "승리하고 빨리 돌아오십시오!"라는 하는 덕담德談이나 길어吉語에 해당하는데, 관객 가운데 군인들이 많았음을 알 수 있다.

'정화正話'는 본 이야기로 주인공을 중심으로 다채로운 이야기가 펼쳐진다. 내용 전개에 따라 운문韻文과 산문散文을 섞어 썼으며, 인물 간의 대화에는 직접식과 간접식

---

7 '입화入話'에도 '입화시入話詩' 혹은 개장시開場詩, '입화의론入話議論', '입화결미入話結尾' 등으로 나뉘고, '정화正話'는 '기起', '승承', '전轉', '결結'의 구성을 지니고 있고, '편미篇尾'는 '편미시篇尾詩' 혹은 '수장시收場詩' 또는 '산장시散場詩', '편미의론篇尾議論' 등으로 더욱 세분되기도 한다.

8 화본소설話本小說에서의 입화入話는 오늘날의 영화예술에서의 시작 장면인 '오프닝 시퀀스Opening Sequence'와 상당히 유사한 특징을 가지고 있다. 중국 고전소설의 입화入話가 설화인說話人이 본 이야기를 시작하기 전에 장내의 소란스러움을 정리하고, 청중들의 관심을 미리 집중시키기 위하여 마련된 대목인 것처럼, '오프닝 시퀀스Opening Sequence'는 영화의 도입부에 이미지와 음악, 소리, 자막 등으로 구성된 짧은 화면을 삽입함으로써 관객은 앞으로 전개될 줄거리의 전반적인 분위기나 내용을 연상해 볼 수 있다. 입화入話가 무대 위에서 구연口演되는 표현력과 감정에 집중되어 있다면, '오프닝 시퀀스Opening Sequence'는 시각과 청각 기반의 이미지와 감성에 집중되어 있다는 점이 다르다.

9 '득승두회得勝頭回'의 형식과 내용에 대해서 학자마다 다른 의견을 내놓고 있다. 즉, '득승두회得勝頭回'의 형식에 '시詩와 사詞가 포함되는지', 또는 '그렇지 않은지', 혹은 '입화入話 전체를 가리키는지' 등. 일반적인 견해는 '본 이야기와 유사하거나 대비되는 짧은 이야기'라는 의견이 많다. 과거에는 '득승두회得勝頭回'라는 용어에 대해서 주의 깊게 살펴보았지만, 현재는 '입화고사入話故事'라는 용어로 정리되고 있다.

청나라淸 1771년 프랑스 파리 식각 동판화「평정준갈이회부득승도平定準噶爾回部得勝圖」중「흑수위해도黑水圍解圖」

을 병행하여 줄거리 전개를 더욱 생동감 있게 진행하였다. 또한, 장면의 바뀜과 새로운 인물의 등장에서는 주로 시詩나 사詞로 그 정황을 묘사하여 문학성을 더욱 향상시켰다. '편미篇尾'는 작품을 끝맺으면서 저자 혹은 서술자가 직접 개입하는 부분으로 일정한 의론적議論的 특징을 가진 서술이나 시사詩詞 혹은 속담俗談, 격언格言 등으로 마무리한다. 이때의 시詩와 사詞 혹은 교훈 등을 '수장시收場詩' 혹은 '산장시散場詩'라고 부르기도 하였다. '편미篇尾'의 서술자는 저자 자신일 수도 있고 혹은 아닐 수도 있다. 저자 혹은 서술자는 '사건의 발단이 어떻게 시작되었고, 그 마지막은 어떻게 끝났는가?', '왜 등장인물은 그런 결과를 맞이하게 되었을까?', '이 이야기를 통해 어떤 교훈을 얻을 수 있는가?' 등, 나름대로 본 이야기에 대한 자신의 감정과 느낌, 비판批判과 의론議論 등 다양한 생각을 드러낸다.

화본소설話本小說의 이와 같은 형식은 후대의 백화소설白話小說에 의하여 계승되었는데,[10] 명나라明와 청나라淸에 이르러 화본소설話本小說을 본떠 창작된 '의화본소설擬話

10 화본소설話本小說은 '백화문白話文'으로 쓰인 단편소설短篇小說이다. 그래서 화본소설話本小說은 백화문白話

本小說'이나 '장편 장회소설章回小說'에서도 이러한 형식은 변하지 않고 그대로 이어졌다. 비록 실제로 무대 위에서 공연되는 것은 아니었지만, 체재와 구성은 계속해서 그 외형적 틀을 유지하거나 일부 변경하기도 하면서 줄곧 이어나갔는데, 화본소설話本小說의 고정적인 체계에서 완전히 벗어나지는 못했다.

또한, 설화인說話人이 이야기를 구연口演할 때, 대부분 한 번에 이야기를 다 하지 않고, 이야기의 전개 과정에서 긴장감이 절정에 달했을 때, 잠시 쉬었다가 이어서 이야기를 계속한다. 이러한 기법은 설화인說話人이 청중들의 심리를 이용하여 다음 회回를 궁금해하면서 호기심을 가지도록 자극하여 돈을 좀 더 벌자는 뜻에 있었다. 이러한 화본소설話本小說의 기법은 굳어졌고, 이후 명明과 청나라淸 시기의 장회소설章回小說에도 이어져 매회每回가 끝났을 때 설화인說話人의 구술방식을 모방하여 '다음 회回를 보시오!'라고 마무리를 짓는다. 이는 독자가 이후의 줄거리에 궁금해하는 심리를 이용하여

설화인說話人의 공연장소 중의 하나인 중국의 차관茶館 ⓒ pixabay

文 소설의 한 부류로 일컬어진다. 초기의 백화문白話文 소설은 화본소설話本小說에서 비롯되었다고 할 수 있다.

계속해서 작품을 읽도록 하고자 하는 작가의 숨은 의도를 나타낸 것이다.

| 7 | 화본소설話本小說의 대표적인 작품

1) 「옥관음玉觀音을 조각하는 사람碾玉觀音」

이 작품의 제목은 「연옥관음碾玉觀音」이라고 하는데, 『경본통속소설京本通俗小說』 10권卷에 실려 있다. 이후 풍몽룡馮夢龍 『삼언三言』의 『경세통언警世通言』에 수록되면서 제목을 「최대조崔待詔의 생사가 얽힌 원한 이야기崔待詔生死冤家」로 바뀌었다. '최대조崔待詔'에서 '최崔'는 '최녕崔寧'을 가리키고, '대조待詔'는 원래 한림원翰林院의 직명으로 경학經學이나 문사文辭, 의학醫學, 점술占術, 회화繪畫 등을 담당하는 학식이나 덕망이 높은 선비를 일컬었다. 송宋과 원나라元 시기에 이르러서는 수공업手工業을 전문으로 하는 사람을 일반적으로 가리키는 호칭으로 사용되었다. 이 작품에는 최녕崔寧과 거수수璩秀秀, 함안군왕咸安郡王, 곽립郭立 등 4명이 주요 인물로 등장한다.

함안咸安의 군왕郡王은 어느 날 봄에 교외郊外로 행차했다가 군왕부郡王府로 돌아오는 길에 어느 마을의 다리를 지나게 되었다. 마침 다리 밑에서 작은 움막을 짓고 조그마한 가게를 열고 장사를 하던 한 노인이 집 안쪽을 향해 "군왕郡王이 행차하시니 어서 나와서 좀 보아라!"하고 딸에게 말했다. 노인의 딸인 거수수璩秀秀가 가게 문을 열고 군왕郡王의 행차를 보는 순간, 군왕郡王과 거수수璩秀秀의 눈이 서로 마주쳤다. 군왕郡王은 군왕부郡王府로 돌아와서 시중에게 다리를 지나갈 때 봤던 여자아이가 누구인지 알아보라고 시켰다. 이에 군왕郡王의 명을 받든 시중은 거수수璩秀秀의 집으로 향했다. 그는 거수수璩秀秀의 아버지에게 군왕郡王이 행차할 때 당신의 딸을 보았다고 말하고, 당신의 딸이 잘하는 것이 무엇인가를 물었다. 그러자 노인은 딸의 바느질 솜씨를 자랑했고, 몸값을 치르고 거수수璩秀秀는 군왕부郡王府로 들어가 여비女婢의 생활을 하게 되었다. 거수수璩秀秀는 군왕부郡王府에서 옷을 만들거나 자수를 놓는 일을 했고 그 솜씨를 인정받아 군왕郡王의 관심을 받았다.

어느 날 황제는 군왕郡王에게 큰 옥을 하사하였는데, 군왕郡王은 이 옥 덩이를 어떻게 할지 고민하자, 주변의 식솔들은 멋진 조각품으로 만드는 것이 어떨지 제안했다. 군왕郡王이 이 옥으로 조각품을 만들 것을 결정하고 옥을 잘 세공하는 장인을 찾아볼 것을 명령했다. 저잣거리에서 옥을 세공하는 최녕崔寧이라는 청년을 불러들여 옥 덩이를 주고는 어떤 조각상이 어울릴지 살펴보게 하였다. 최녕崔寧은 옥을 이리저리 살펴보더니 관음상觀音像이 적합할 것 같다고 말하자, 군왕郡王은 바로 옥으로 관음상觀音像을 만들라고 했다. 군왕郡王은 완성된 관음상觀音像을 보고는 매우 흡족해했고, 최녕崔寧은 이후로 군왕부郡王府에 기거하면서 옥을 깎거나 세공하는 일을 주로 맡아서 했다. 군왕부郡王府에는 수백 명의 가속家屬이 있었는데, 군왕郡王은 이들을 한꺼번에 모아 가을에 국화주菊花酒를 마시며 함께 즐겁게 노는 연회宴會를 마련했다. 연회宴會 도중 군왕郡王은 거수수璩秀秀와 최녕崔寧이 함께 있는 모습을 보고는 나중에 때가 되면 혼인을 시켜주겠다고 약속했다.

어느 날 최녕崔寧이 바깥에 일이 있어서 잠시 나간 사이에 군왕부郡王府에 큰불이 났다. 최녕崔寧은 놀라 군왕부郡王府로 빨리 돌아갔고, 군왕부郡王府 안에는 모두가 우왕좌왕하면서 여기저기를 뛰어다녔다. 그 와중에 최녕崔寧은 거수수璩秀秀를 만나게 되었다. 집안의 보물을 훔쳐 달아나려고 했던 거수수璩秀秀는 어수선한 틈을 타 최녕崔寧에게 멀리 도망가서 같이 행복하게 살자고 제안했다. 하지만 최녕崔寧은 군왕郡王이 우리를 부부로 맺어 준다고 한 약속을 말하며 도망가지 않겠냐고 단호하게 거절한다. 그러나 거수수璩秀秀는 최녕崔寧에게 만약 자신과 같이 도주하지 않는다면, 사람들에게 최녕崔寧이 자신을 도망가자고 꼬드겼다고 소리쳐 말하겠다고 협박했다. 그럼 곤장을 맞고는 결국 군왕부郡王府에서 쫓겨나게 될 것이라고 겁을 주자, 최녕崔寧은 하는 수 없이 그날 밤 거수수璩秀秀와 잠자리를 같이 하게 되고 이후 멀리 도망갔다. 거수수璩秀秀와 최녕崔寧은 훔친 재물을 밑천으로 행복한 삶을 살아가고 있었다.

최녕崔寧은 저잣거리에서 옥 세공을 하면서 생계를 유지하고 있었는데, 군왕郡王의 부하 곽립郭立이 군왕郡王의 명령으로 멀리 서신書信을 전달하고 돌아오는 길에 우연히 최녕崔寧의 가게에 들어오게 되었다. 곽립郭立은 자신과 함께 군왕부郡王府에 있었던 최녕崔寧과 거수수據秀秀가 함께 있는 모습을 발견하자 상당히 놀랐고, 거수수據秀秀는 몰래 곽립郭立을 만나서 절대로 군왕郡王에게 사실을 이야기하지 말라면서 극진한 대접을 했다. 곽립郭立은 절대 말하지 않을 것을 약속했지만, 군왕부郡王府로 돌아가자마자 군왕郡王에게 이 사실을 그대로 보고했다. 군왕郡王은 화가 난 나머지 군사들을 파견해서 최녕崔寧과 거수수據秀秀를 잡아들였다. 거수수據秀秀는 후원後園으로 끌려갔고, 최녕崔寧은 곤장을 맞고는 멀리 추방당했다. 후원後園으로 끌려간 거수수據秀秀는 곤장을 맞고 풀려나자마자 먼 곳으로 떠나는 최녕崔寧을 쫓아갔다. 이후 최녕崔寧은 거수수據秀秀와 그녀의 부모와 함께 살게 되었다.

이전에 최녕崔寧이 조각했던 옥관음玉觀音이 실수로 부서지게 되자, 옥관음玉觀音을 수리하기 위해 군왕郡王은 최녕崔寧을 다시 수소문하기 시작했고 그에게 수리하도록 하려고 했다. 곽립郭立은 다시 최녕崔寧을 찾아갔는데 최녕崔寧과 거수수據秀秀가 또 함께 있는 것을 발견하고는 군왕郡王에게 와서 똑같이 이야기를 전했다. 군왕郡王은 거수수據秀秀가 후원後園으로 끌려가 곤장을 맞고 죽어서 후원後園의 뒷마당에 묻었는데 무슨 거짓소리를 하느냐고 곽립郭立을 크게 꾸짖었다. 곽립郭立은 자신의 주장을 증명하고자 거수수據秀秀를 가마에 태우고 군왕부郡王府로 돌아오는데 도중에 멈추지 않고 곧장 도착해서 가마를 살펴보니 가마 안에는 아무도 없었다. 곽립郭立은 거짓을 말한 죄로 곤장 30대를 맞고 추방을 당했다.

최녕崔寧은 얼마 전까지 자신과 함께 있었던 거수수據秀秀가 이미 죽은 사람이라는 사실을 믿지 못하고는 바로 거수수據秀秀의 친정으로 달려가 거수수據秀秀의 부모에게 이 사실을 물으려고 했다. 거수수據秀秀의 부모는 그 얘기를 듣더니 바로 밖으로 뛰쳐나가 강으로 몸을 던졌다. 주위의 이웃들에게 물어보니, 그 집 사람들이 강물에 빠져 죽은 지 이미 오래되었다는 사실을 전해주었다. 거수수據秀秀의 부모도 이미 죽은 귀신

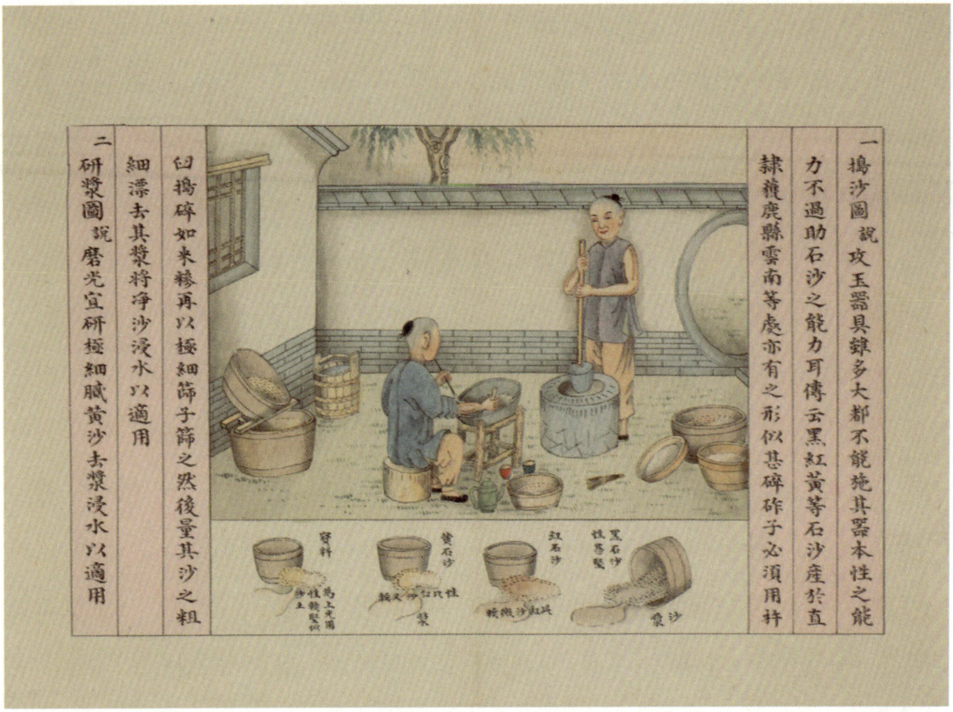

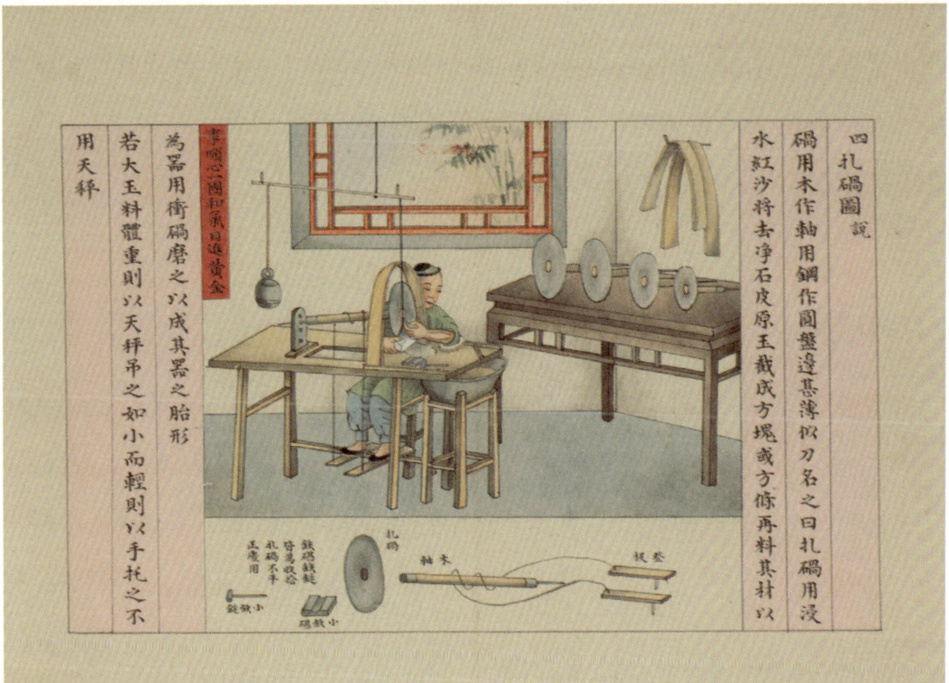

청나라清 이징연李澄淵, ?~? 1891년 『옥작도玉作圖』 중 「도사도설搗沙圖說」 © 書格shuge

이었던 것이었다. 최녕崔寧은 놀랍기도 하고 허탈하기도 하여 집으로 다시 돌아와 방문을 열자, 방 안에는 거수수璩秀秀가 앉아 있었다. 거수수璩秀秀는 자신이 이미 죽은 사람이었지만 최녕崔寧과 못다 한 사랑을 나누고 싶어서 다시 나타난 것이라며, 이왕 이렇게 되었으니 함께 저승으로 가자며 최녕崔寧을 껴안았다. 그 순간 그는 쓰러졌고, 다음날 이웃 사람이 최녕崔寧의 집 방문을 열었을 때, 그는 이미 싸늘한 주검이 되어 있었다.

이 작품은 최녕崔寧과 거수수璩秀秀의 사랑 이야기인데 제목인 「옥관음玉觀音을 조각하는 사람碾玉觀音」은 작품의 내용과 그다지 밀접한 연관을 지니고 있지 않다. 이는 영상 예술의 창작과정에서 촬영 기법의 하나인 '맥거핀macguffin'과 비슷한 효과를 가진다. '맥거핀 효과macguffin effect'라는 것은 실제로 작품의 내용과는 긴밀하게 연관되어 있지 않지만, 관중이나 독자들에게 뭔가 중요한 부분이 감춰져 있을 것 같은 암시를 주면서 독자의 호기심과 흥미를 자극해서 이야기를 지속해서 이끌어 가는 효과를 말한다. 이러한 기능이 바로 「옥관음玉觀音을 조각하는 사람碾玉觀音」에서도 등장한다. '옥관음玉觀音'은 실제 내용에서 중요한 의미를 지니는 것은 아니지만, 이를 통해서 사건이 전개되고, 배경과 장면이 미세하게 이어지면서 여러 인물이 서로 맺어지는 구조를 가지게 한다. 여기서 '옥관음玉觀音'은 마치 사건과 인물을 연결하는 고리와도 같은 역할을 하고 있다.

2) 「최녕崔寧이 잘못 죽임을 당하다錯斬崔寧」

이 작품의 제목은 「착참최녕錯斬崔寧」인데, 「최녕崔寧이 잘못 죽임을 당하다」 또는 「최녕崔寧의 목을 잘못 베다」는 뜻으로 풀이할 수 있다. 『경본통속소설京本通俗小說』에 실려 있는데, 이후 풍몽룡馮夢龍 『삼언三言』의 『성세항언醒世恒言』 33권卷에 수정하여 수록하면서 「십오관의 농담이 공교롭게 화가 되다十五貫戲言成巧禍」라는 제목으로 바뀌었다.[11]

11 「최녕崔寧이 잘못 죽임을 당하다錯斬崔寧」의 최녕崔寧이라는 인물이 「옥관음玉觀音을 조각하는 사람碾玉觀音」의 최녕崔寧과 같은 인물인지는 정확하게 알 수 없지만, 그 당시 보편적인 이름으로 널리 알려지고, 대중들 사이에서 흔하게 불렀던 이름이 아니었는지 추측해본다.

이 작품에는 최녕崔寧, 진이저陳二姐, 유귀劉貴, 유귀劉貴의 처 왕씨王氏, 정산대왕靜山大王 등이 주요 인물로 등장한다. 임안臨安의 평민인 유귀劉貴는 부인인 왕씨王氏와 첩인 진이저陳二姐가 있었다. 이들은 서로 화목했지만, 가업家業은 점차 기울어지면서 다시 일어나지 못했다. 유귀劉貴는 경세적인 능력이 없어서 하는 일마다 제대로 되는 것이 없었다. 왕씨王氏는 유귀劉貴에게 친정아버지에게 가서 돈을 좀 꾸어와 가게를 열어 생계를 마련해보자는 제의를 했다. 유귀劉貴는 장인의 생신을 축하하러 가는 핑계로 그를 찾아가 15관貫을 빌린다. 왕씨王氏는 친정에 잠시 머물고 있고, 유귀劉貴만 술이 거나하게 취해서 집으로 돌아온다. 유귀劉貴는 자신이 도착하기도 전에 졸면서 자신을 제대로 맞이하지 않은 진이저陳二姐을 보고는 기분이 상해서, "내가 너를 15관貫에 팔아버렸다."라고 거짓말을 하고는 잠이 들었다. 진이저陳二姐는 갑자기 일어난 이러한 상황 속에서 당황하면서 유귀劉貴의 짐을 보게 되었는데 그 안에는 마침 15관貫이 있었다. 그녀는 유귀劉貴가 한 말이 사실이라고 여기고 날이 밝으면 친정으로 돌아가서 이 일을 따져볼 생각이었다. 그녀는 대문을 살짝 걸어 닫아놓고서는 이웃에서 잠시 잠을 청하고 새벽에 길을 떠나려고 하였다. 다음날 일찍 일어나 친정으로 떠나는 길에 진이저陳二姐는 최녕崔寧이라는 청년 장사꾼을 만나서 같이 가게 된다.

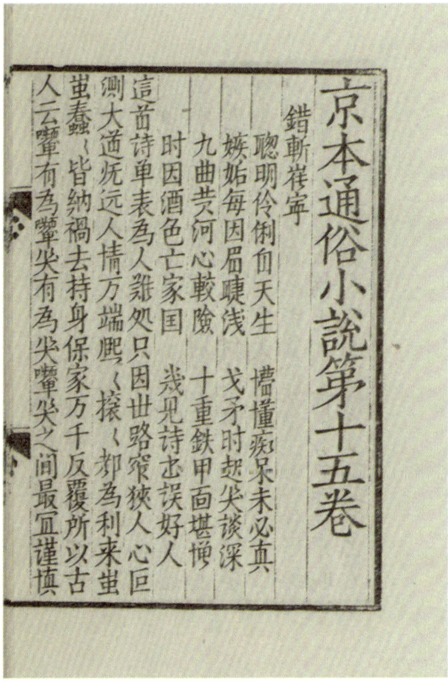
京本通俗小說第十五卷
錯斬崔寧
聰明伶俐自天生　懵懂痴呆未必真
嫉妬每因眉睫浅　戈矛时起笑談深
九曲黄河心較險　十重鉄甲面堪憎
时因酒色亡家国　幾見詩書誤好人
這首詩単表為人難処只因世路窄狭人心叵
測大道既远人情万端熙熙攘攘都為利来蚩
蚩蠢蠢皆納禍去持身保家万千反覆所以古
人云顰有為顰笑有為笑顰笑之間最宜謹慎

무전손繆_孫, 1844~1919 1915년 간행
『경본통속소설京本通俗小說』 중 「착참최녕錯斬崔寧」

유귀劉貴가 술에 취해 집으로 돌아온 날 새벽, 도둑질하러 여기저기를 기웃대던 도둑이 마침 유귀劉貴의 집 대문이 살짝 열려 있는 것을 보았다. 몰래 방으로 들어가 보니, 미리맡에 묵지한 무엇인가가 있는 것이 눈에 들어왔고 그 안에 15관貫

이라는 큰돈이 들어 있었다. 도둑은 그 돈을 훔치려고 하였으나, 유귀劉貴가 갑자기 깨어나는 바람에 얼떨결에 그를 찔러 죽이고는 도망갔다. 다음날 유귀劉貴의 집에 아무런 인기척이 없자 마을 사람들이 들어가 보니 유귀劉貴는 이미 죽어 있었고, 진이저陳二姐는 보이지 않았다. 얼마 지나지 않아 마을 사람들은 진이저陳二姐와 최녕崔寧을 뒤쫓아 왔고, 자신들이 살인 사건에 연루될까 봐 두려워 두 사람을 유귀劉貴를 죽인 범인으로 몰고는 억지로 관부官府로 끌고 왔다. 이 둘을 관아官衙로 압송당해서 심문을 받기 시작했다. 마침 최녕崔寧의 봇짐에서 장사를 마친 후 대금으로 받았던 15관貫이 들어 있었고, 두 사람이 작당해서 유귀劉貴를 죽인 것으로 판단하고는 고문으로 거짓 자백을 받아내 참수했다.

유귀劉貴의 부인 왕씨王氏는 1여 년 동안 상례를 치르고 왕씨王氏 아저씨와 함께 친정으로 돌아가다가 길에서 산적인 정산대왕靜山大王을 만나게 되었다. 왕씨王氏 아저씨는 정산대왕靜山大王에게 저항하다가 죽임을 당했다. 그녀는 기지를 발휘하여 위험에서 벗어났고, 정산대왕靜山大王에게 시집을 가 몇 년을 함께 살게 되었다. 왕씨王氏의 권유로 정산대왕靜山大王이 개과천선改過遷善하였고, 왕씨王氏에게 이전에 자신이 저지른 죄를 고백하였다. 알고 보니 그가 죽인 사람은 바로 자신의 남편이었던 유귀劉貴였고, 최녕崔寧과 진이저陳二姐는 억울하게 누명을 쓰고 죽었다는 사실을 알게 되었다. 왕씨王氏는 관아官衙에 가서 신고하였고, 정산대왕靜山大王은 그에 합당한 처벌을 받았다. 이로 인해 이전에 최녕崔寧과 진이저陳二姐을 심문해서 억지로 자백을 받아냈던 현령縣令은 파직되었다. 이 작품은 법의 부조리와 당시 관리들의 우둔함과 무능함, 무고한 백성을 심문하고 처벌하는 폐단 등을 낱낱이 파헤친 작품이라고 할 수 있다.

3)「거짓편지를 보낸 승려簡帖和尙」

이 작품은 송나라宋 화본소설話本小說로 명나라明 조율晁瑮의 『보문당서목寶文堂書目』과 청나라淸 전증錢曾의 『야시원서목也是園書目』에 그 편명篇名이 기록되어 있다. 풍몽룡馮

夢龍 『삼언三言』의 『유세명언喩世明言』 35권卷에는 「중이 가짜 편지를 보내 교묘하게 황보皇甫의 아내를 속이다簡帖僧巧騙皇甫妻」라는 제목으로 실려 있고, 약간의 개작의 흔적이 보인다. 이후에 송나라宋 잡극雜劇과 금나라金의 원본院本에서도 이와 관련된 제목이 보이는데, 아마도 이 이야기를 각색한 것으로 추정된다.

명나라明 일본법정대학도서관장본日本法政大學圖書館藏本 『고금소설古今小說』 중 「간첩승교편황보처簡帖僧巧騙皇甫妻」 삽화 ⓒ 書格shuge

동경東京의 개봉부開封府에 황보송皇甫松이라는 한 관리가 있었다. 관직은 좌반전직左班殿直이며, 나이는 26세였다. 양씨楊氏라는 처가 있으며, 나이는 24세였다. 13살 시중드는 어린아이가 하나 있는데 영아迎兒라고 불렀다. 단지 이 세 식구가 전부이며 다른 일가친척은 없었다. 당시, 황보송皇甫松은 공무로 의복을 변방邊方으로 호송[12]하러 갔다가 돌아왔다. 어느 승려가 가락지 한 쌍과 짧은 금비녀 두 개, 그리고 짤막한 편지 한 통을 싸서 황보송皇甫松 집에 건네주었다. 어린 시녀가 편지를 들고 부인에게 주려던 찰나에 황보송皇甫松의 눈에 띄게 된다. 황보송皇甫松은 시녀에게 그것이 무엇인지를 물었는데, 시녀는 어떤 사람이 부인에게 보낸 편지라고 대답했다. 황보송皇甫松은 종이 꾸러미를 재빨리 낚아채서 안을 살펴보니, 안에는 몇 가지 장신구와 짤막한 편지 한 통이 들어 있었다. 황보송皇甫松은 자신이 공무로 외지로 가 있는 동안 부인이 외간

12 북송北宋 시대에 변방에 주둔하는 군사의 겨울 의복을 모두 경도京都에서 운송하였는데 이때 관원을 파견하여 호송하도록 하였다.

남자와 정을 통했다고 생각하고 부인을 심하게 추궁했지만, 부인은 자신과는 상관없는 편지임을 끝까지 주장했다. 그런데도 황보송皇甫松은 믿지 않았고, 결국, 자백을 받아낼 수 없게 되자 그녀를 관청에 데리고 갔다. 관리는 계속해서 부인을 심문했으나 죄가 없는 부인은 자신과는 정말 상관없는 일임을 일관되게 주장하자, 현령縣令은 황보송皇甫松에게 부인을 어떻게 하면 좋겠냐고 물었다. 그는 이혼을 시켜 달라고 말했고, 황보송皇甫松과 부인은 결국 이혼을 하게 되었다. 양씨楊氏는 이혼을 당하고 너무 억울한 나머지 더는 살아갈 의지가 없어서 강에 몸을 던져 목숨을 끊으려고 하였다. 강에 뛰어들려고 하는 순간, 한 노파가 나타나 무슨 일인지를 물었다. 노파는 양씨楊氏의 사정을 듣고 그녀를 달래면서 좋은 남자를 소개해 줄 테니 그 남자와 함께 행복하게 살아가라고 위로했다.

양씨楊氏와 그 승려와 함께 살다가 대상국사大相國寺에 가서 기도하게 되었고, 그곳에서 전남편인 황보송皇甫松을 마주하게 되었다. 황보송皇甫松은 모질게 아내를 내쳤지만, 아내를 사랑하는 마음은 여전히 남아 있었고, 부인 역시 억울한 마음은 있었으나 황보송皇甫松을 그리워하는 마음이 가득했다. 승려와 양씨楊氏는 집으로 돌아왔고, 승려는 전남편과 눈빛을 주고받는 그녀의 모습을 보고 두 사람이 아직도 서로 감정이 있는 것인지를 묻자, 양씨楊氏는 아무 말도 할 수가 없었다. 승려는 그녀를 차지하기 위해 거짓편지를 보낸 사람이 바로 자신이었음을 밝혔다. 이 사실을 안 양씨楊氏는 그를 부여잡고 크게 울부짖었다. 말다툼 끝에 화가 난 승려는 양씨楊氏를 죽이려고 했다. 그 순간, 낮에 전 부인을 만나고 계속해서 애틋함을 느꼈던 황보송皇甫松이 그녀를 뒤따라와 살피던 차에 집 안에서 큰소리가 나자 바로 뛰어 들어와 그 사내를 제압했다. 황보송皇甫松은 자신에게 거짓편지를 보내어 부인을 의심하도록 했던 사실을 비로소 알게 되었다. 이후 그 승려는 죽을 때까지 태형으로 다스리게 했고, 노파는 거짓으로 양씨楊氏의 고모 행세를 하면서 승려와 공모를 한 죄로 이웃 주현州縣으로 추방당했다. 황보송皇甫松은 그녀를 다시 아내로 맞아들여 함께 행복하게 살았다. 이 작품은 억울하게 누명을 쓰고 헤어지게 된 부부가 나중에는 그 억울함을 풀고 다시 결합한다는 줄거리를 지니고 있다. 어떤 사회적 부조리나 정치적 목적 및 사상적 경향을 분명하게 드러내지는 않고, 등장인물의 개인적 경험과 사연에 집중하여 묘사하고 있다. 작품 속 두 사람의 사랑과 이별 과정에서 비록 생사生死와 고락苦樂을 넘나드는 여러 우여곡절이 있었지만, 나중에는 행복한 결말에 이르게 되는 전형적인 줄거리를 갖고 있다.

4) 「번루樊樓를 떠들썩하게 만든 정 많은 주승선周勝仙鬧樊樓多情周勝仙」

이 작품은 풍몽룡馮夢龍 『삼언三言』의 『성세항언醒世恒言』 14권卷에 「번루樊樓를 떠들썩하게 만든 정 많은 주승선鬧樊樓多情周勝仙」이라는 제목으로 실려 있다. 글 속에 묘사된 당시의 거리, 풍경, 사회, 풍습, 언어 등을 살펴볼 때, 송宋과 원나라元 시기 화본소설話本小說에 해당한다고 볼 수 있다. 이 작품의 제목을 살펴보면, '뇨鬧'는 '떠들썩하게 하다'라는 뜻이다. '번루樊樓'는 북송北宋 때 술집과 찻집으로 유명한 장소이다. 제목을 그대로 풀이해 보면, '번루樊樓를 떠들썩하게 했던 정 많은 주승선周勝仙'이라는

남송南宋 유송년劉松年, ?~? 「명원도시茗園賭市」 ⓒ 국립고궁박물원國立故宮博物院

의미가 적절하겠다. 이 작품에는 범이랑範二郎과 주승선周勝仙이 주인공으로 등장한다.

송나라宋 휘종徽宗 때, 동경東京의 어느 초여름, 주승선周勝仙은 금명지金明池를 감상하다가 날이 더워 잠시 번루樊樓에 들른다. 그곳에서 번루樊樓의 주인 범대랑範大郎의 친동생인 범이랑範二郎을 보게 되는데, 두 사람은 서로에게 호감을 느끼게 되지만 어떻게 표현해야 할지 모른다. '내가 만약 저런 청년에게 시집간다면 얼마나 좋을까?', '어떻게 그에게 말을 건넬까?', '아내가 있는지 물어볼까?' 마음속이 복잡했던 주승선周勝仙은 마침 밖에서 당수糖水 장수의 소리를 듣게 되고, 바로 그를 번루樊樓 안으로 불러들인다. 당수糖水 장수에게 단물 한 사발을 달라고 하여 한 모금을 마시더니, 그릇을 던져버리며 당수糖水 장수를 향해 크게 소리친다. "당신, 일부러 나에게 음흉한 수작을 걸다니! 내가 누군지 아느냐?", "나는 누구의 딸이며, 이름은 무엇이고, 나이는 몇 살이고, 시집도 가지 않았다!" 그녀는 고의로 범이랑範二郎이 들을 수 있도록 자신의 내력을 분명하게 말한다. 범이랑範二郎도 그녀의 의도를 눈치를 채고, 바로 당수糖水 장수에게 자신에게도 당수糖水 한 그릇을 달라고 한다. 그는 한 모금 마시고는 그릇을 던져버리며, 당수糖水 장수에게 호통을 친다. "이놈, 나를 해코지하려고 하다니! 내가 누군지 아느냐?", "나는 누구의 동생이며, 이름은 무엇이고, 나이는 몇이며, 활과 악기를 잘 다룬다. 아직 결혼도 하지 않았다!" 주승선周勝仙은 그의 내력을 듣고서 속으로 아주 기뻐했다. 둘 사이에는 알 수 없는 기쁨의 전율이 흐르는 순간, 애꿎은 당수糖水 장수는 당수糖水도 팔지 못하고 점원에게 쫓겨난다. 깨진 당수糖水 그릇만큼이나 운이 안 좋은 당수糖水 장수에게는 슬픈 일이지만, 사랑하는 두 남녀에게는 그의 고생으로 인해 사랑을 이룰 수 있는 절호의 기회를 제공한 것이다. 하지만 당수糖水 장수의 고난은 여기서 끝나지 않는다. 주승선周勝仙이 번루樊樓를 나가면서 그에게 마지막 일격을 가한다. "당신, 감히 나를 따라올 생각인가요?" 이 황당한 질문에 당수糖水 장수는 뭐라고 대답할지 고민할 사이도 없이 그녀는 나가버린다. 이 말을 들은 범이랑範二郎은 그녀의 의도를 알고 몰래 그녀의 집 앞에까지 따라간다.

이 일로 두 사람은 서로에 대해서 알게 되었고, 서로 좋아하는 마음을 확인하게 되

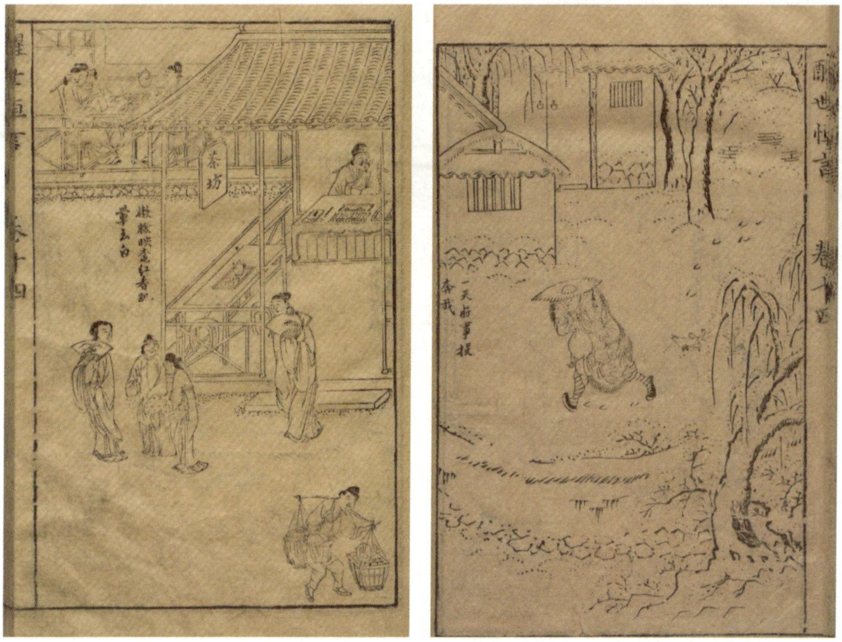

명나라明 말엽 금창엽경지간본金閶葉敬池刊本『성세항언醒世恒言』중 「요번루다정주승선鬧樊樓多情周勝仙」삽화 ⓒ 書格shuge

었다. 집으로 돌아가서 범이랑範二郎은 매파를 통해서 주승선周勝仙과 혼인을 맺으려 했다. 주승선周勝仙의 아버지는 돈이 매우 많은 상인이었는데, 마침 외지에 장사하러 갔던 터라 집에는 주승선周勝仙과 어머니만 남아 있었다. 어머니는 주승선周勝仙이 범이랑範二郎을 좋아하므로 그에게 시집을 보내야겠다고 다짐하고 남편 몰래 서로 약혼을 시키려고 한다. 그러나 며칠 후에 돌아온 주승선周勝仙의 아버지는 범이랑範二郎이 맘에 들지 않아 혼인을 심하게 반대한다. 주승선周勝仙은 아버지의 반대에 부딪히자 기가 막혀 그 자리에 쓰러져 죽게 되었다. 주승선周勝仙의 어머니는 하나밖에 없는 딸을 잃은 슬픔에 비통해했고, 이어서 남편의 박정함을 원망했다. 주승선周勝仙의 무덤을 쓴 후에 아버지는 화가 나서 시집갈 때 주려고 했던 온갖 혼례품을 같이 묻어 주었다. 범이랑範二郎은 주승선周勝仙이 죽었다는 소식을 듣고 슬픔에 겨워 몇 달을 앓아누웠다.

마침 마을에는 전문 도굴꾼인 주진朱眞이 있었는데, 주승선周勝仙의 부장품이 대단하다는 소식을 듣게 되었고, 추운 겨울밤 그곳을 도굴하러 무덤을 찾아간다. 하인들이 주승선周勝仙의 무덤을 지키고 있었으나 그들 몰래 무덤 안으로 들어와 물건을 훔치려 하였는데, 주승선周勝仙의 주검이 누워있는 것을 보고는 나쁜 마음이 일어 그녀를 겁탈하고 만다. 그러자 그 순간 기가 통한 주승선周勝仙이 벌떡 깨어난다. 일어나자마자 주진朱眞에게 범이랑範二郎에게 데려가 달라고 간곡히 부탁한다. 주진朱眞은 일단 주승선周勝仙을 업고 집으로 가서 곳간에 가두어 두고는 보내주지 않는다. 마침 주진朱眞의 이웃집이 불이 나 소란한 틈을 타서 주승선周勝仙은 탈출하고 바로 번루樊樓로 달려간다. 범이랑範二郎은 몸을 겨우 회복하였으나, 주승선周勝仙의 죽음에 마음은 여전히 시름에 빠져 있었다. 그때 자신의 눈앞에 주승선周勝仙이 나타나자, 귀신이 보인다는 사실에 놀란 나머지 의자 위에 있는 국그릇을 그녀에게 던진다. 국그릇이 그녀의 관자놀이에 정통으로 맞아 이번에는 그녀가 진짜로 죽어 버렸다. 범이랑範二郎은 살인죄로 관아官衙에 잡혀가게 되고, 그곳에서 경솔했던 자신의 행동에 대해 깊이 후회한다. 그때 주승선周勝仙이 다시 나타나서 오도장군五道將軍의 허락으로 3일 동안 범이랑範二郎과 이승에서 사랑을 나누도록 허락받았다고 말한다. 범이랑範二郎은 감옥에서 꿈과 현실을 오가며 그녀와 진정한 사랑을 나누다가 3일 후에 주승선周勝仙은 사라진다. 이후 도굴꾼이었던 주진朱眞은 잡혀서 사형을 당하고, 범이랑範二郎은 오도장군五道將軍[13]의 도움으로 풀려나게 된다. 이 작품은 서로 사랑하는 남녀가 생사生死를 초월하여 사랑을 나누는 이야기로 여러 화소話素가 조화롭게 안배되어 있어서 읽는 재미를 더하고 있다. 범이랑範二郎과 주승선周勝仙이 처음으로 만나는 장면이나 마지막 감옥에서 사람과 귀혼鬼魂이 사랑을 나누는 장면은 현실적인 서사와 비현실적 서사가 구체적으로 잘 드러나 있어서 많은 이들의 흥미와 관심과 받고 있다.

13 '오도장군五道將軍'은 '오도대신五道大神'으로 불리는데, 당나라唐에서 오대五代 시기에 이르기까지 민간신앙에서 널리 퍼졌던 명계冥界의 신이다. 일반적으로 중국 고대의 태산부군泰山府君, 불교佛敎의 염라대왕閻羅大王과 비슷한 일을 하고 있으며, 지옥地獄과 귀졸鬼卒 등을 다스린다. 인간의 생사生死를 주관한다고 알려져 있다.

5)「말솜씨가 뛰어난 이취련李翠蓮 이야기快嘴李翠蓮記」

이 작품은 명나라明 홍편洪楩이 편집한 『청평산당화본清平山堂話本』에서 실려 있다. 「말솜씨가 뛰어난 이취련李翠蓮 이야기快嘴李翠蓮記」에서 '쾌취快嘴'는 '입이 빠르다'라는 뜻을 지니고 있는데, 작품의 내용을 살펴보면, 주인공이 윗사람의 말을 듣고 조용히 자기 생각을 다듬어 말하지 않고 재빨리 응대하여 대답하는 행동에서 비롯된 듯하다. 그래서 '쾌취快嘴'는 조용히 고민해서 답하지 않고 남의 말을 듣고 이것저것 생각하지 않고 바로 말을 내뱉는 것, 즉 '말대꾸를 잘하는 것을 의미한다.'라고 할 수 있다. 나아가 '쾌취快嘴'의 의미를 좀 더 확대해서 말하면, '입담이 좋다', '입심이 좋다' 등으로 해석할 수도 있을 것이다.

이 작품은 다른 화본소설話本小說 작품과는 달리, 오늘날 강창講唱 문학의 일종인 '딱딱이快板'의 가사와 비슷하게 구성되어 있다. 작품의 주인공인 이취련李翠蓮의 말은 모두 운문韻文 형태의 가사로 되어 있는데, 이는 그녀의 뛰어난 입담을 직접 표현하기 위한 것으로 보인다. 작품에서 이취련李翠蓮은 대담하고 임기응변에 뛰어난 언변言辯을 드러내고 있으며 어떤 질문을 하더라도 논리적으로 대답하며, 말솜씨 또한 거침이 없고 유창하다. 더불어 이 작품의 줄거리는 상당히 간단하게 이루어져 있는데, 대부분의 서술과정이 '이취련李翠蓮이 어떤 상황에 부딪혔을 때 어떻게 응대하여 대답하는가'에 초점이 맞춰져 있

18세기 후반 「쾌판快板을 연주하는 여인」 ⓒ 메트로폴리탄미술관 Metropolitan Museum of Art

다. 다른 화본소설話本小說처럼 주인공이 여러 우여곡절을 겪고서 마침내 원만하게 해결되는 전개는 보이지 않는다.

이취련李翠蓮은 평상시에 가부장 제도나 전통사회의 구습舊習에 대한 불만을 느끼고 있었고, 그녀는 아버지나 어머니, 오빠나 새언니가 혼인에 관해 이야기할 때마다 자신의 주장을 내세워 하나하나 말대꾸하곤 했다. 그러다가 혼인을 하게 되었는데 혼례를 주관하는 사람이나 혼인을 주선했던 매파를 비롯하여 시댁 식구에게 바로 말대꾸를 하다가 모두의 미움을 받게 되었다. 그녀에게 유일하게 좋은 감정이 있던 남편도 어쩔 수 없는 상황에서 그녀를 도와주지 못하고, 그녀는 그 누구에게도 환영받지 못한 채 결국에는 속세를 떠나 불문佛門에 들어가게 된다.

만약 그 당시 남성이 이취련李翠蓮과 같이 말을 매우 잘한다면 크게 성공할 가능성이 컸겠지만, 전통사회에서는 여성이 말을 잘하는 것에 대해서는 대단히 금기시하고 깎아내렸다. 전통사회에서 여성은 말을 아끼고, 말을 하더라도 조용하고 차분하게 말하며, 몸가짐은 신중하면서 조심스럽게 있는 것이 아름다움으로 여겨졌다. 이취련李翠蓮의 이러한 행동은 전통적으로 추앙받는 여인상과는 거리가 멀었다. 비록 그녀가 아무리 말솜씨가 뛰어나고 재능이 탁월하다고 할지라도 당연히 배척당할 수밖에 없었다. 이 작품을 통해 여성이 자신들의 주장이나 생각을 말하거나 제대로 표현하지 못했던 당시의 억압된 사회 분위기와 상황을 엿볼 수 있다.

「말솜씨가 뛰어난 이취련李翠蓮 이야기快嘴李翠蓮記」는 다른 송宋과 원나라元 시기 화본소설話本小說과는 다른 독특한 특징을 가지고 있다. 현존하는 대부분의 화본소설話本小說은 대개 송宋과 원나라元 이후 많은 민간 작가와 문인의 수정을 거쳐서 초기 화본소설話本小說의 형태를 그대로 가지고 있다고 보기 힘들다. 설령 초기 화본소설話本小說의 모습을 가지고 있다고 해도 문인들에 의해 거칠고 상투적 묘사를 우아한 표현과 세밀한 묘사로 고치고, 간소하고 투박한 내용을 세련되고 아름답게 미화하는 경우가 매우 많았다.

하지만 「말솜씨가 뛰어난 이취련李翠蓮 이야기快嘴李翠蓮記」는 당시 화본소설話本小說

의 모습을 그대로 간직하고 있다. 「말솜씨가 뛰어난 이취련李翠蓮 이야기快嘴李翠蓮記」에는 이취련李翠蓮과 어머니, 아버지, 오빠와 새언니, 중매 노파와 혼례를 주관하는 이, 시집을 간 후에는 남편과 시부모 등이 등장한다. 다른 등장인물을 제외하고 이취련李翠蓮의 대사에는 모두 운韻이 있으며 리듬과 장단이 갖추어져 있는데, '딱딱이快板'의 박자에 노래하듯 대사를 읊조린다. 민간 문예의 공연 형태가 소설 작품에 그대로 남아있기 때문에 송宋과 원나라元 시기의 강창講唱 문학의 초보적이면서 통속적인 형태를 잘 알 수 있는 작품이라고 할 수 있다.

이렇듯 「말솜씨가 뛰어난 이취련李翠蓮 이야기快嘴李翠蓮記」는 형식적으로는 화본소설話本小說의 초기 형태를 그대로 간직하고 있지만, 주제에 있어서는 다른 화본소설話本小說 작품보다는 뛰어난 시대적 정신을 내포하고 있다. 이 작품의 주제는 다른 화본소설話本小說 작품과는 사뭇 다르다. 화본소설話本小說의 작품은 대부분 남녀연애나 사회문제, 권선징악勸善懲惡과 인과응보因果應報 등에 관한 주제가 대부분을 차지한다. 하

송나라宋 장택단張擇端, 1085~1145 「청명역간도淸明易簡圖」 중 일부 ⓒ 국립고궁박물원國立故宮博物院

지만 이 작품은 한 어린 소녀가 예전부터 내려오는 낡은 풍습에 반기를 들면서 외롭게 자신의 주장을 펼치고, 전통적 굴레를 벗어나기 위해 고군분투孤軍奮鬪하는 도전적 정신을 사실적으로 그렸다고 할 수 있다. 이러한 이유로 「말솜씨가 뛰어난 이취련李翠蓮 이야기快嘴李翠蓮記」는 송宋과 원나라元 시기 화본소설話本小說 중에서 특색있고 의미 있게 다뤄지는 작품이라고 할 수 있다.

송宋과 원나라元 시기 화본소설話本小說은 민간 문예에서 유행했던 가장 대표적인 예술 분야 가운데 하나로 꼽을 수 있다. 전통 시기 저잣거리에서 일반 대중을 대상으로 공연하는 가면 놀이, 인형극, 곡예, 무술, 씨름 등의 종합적 성격의 민간문예가 매우 많았는데, 이런 민간예술 가운데 가장 오랫동안 유행했고 대중의 관심을 끌었던 것이 '화본話本'이었다. 화본話本이 이후에까지 영향을 미치는 이유는 다른 민간예술은 일회성으로 끝나 대중의 흥미를 끌기에는 충분했지만, 이러한 관심을 지속해서 이끌기 위해 매번 새로운 내용을 개발하거나 첨가하기가 상당히 제한적이었다.

반면에 화본話本은 이야기 전개상 한 번에 끝나는 경우가 드물고, 다음 회에 다시 이어지는 형식을 띠기 때문에 대중들의 흥미를 지속해서 유지할 수 있었다. 또한, 다른 민간문예들은 그 형태를 자세히 묘사하거나 전체적인 내용을 기록하기 힘들었지만, 화본話本의 경우에는 글로 남겨지고, 이것을 후대의 설화인說話人에게 전승되었기 때문에 이후에도 그 명맥을 계속해서 이어나갈 수 있었다. 「말솜씨가 뛰어난 이취련李翠蓮 이야기快嘴李翠蓮記」는 송宋과 원나라元 화본話本의 공연 형태와 소설적 특징을 그대로 간직하고 있는 가장 대표적인 작품으로 여겨진다. 더불어 당시 화본소설話本小說의 구성 체계와 구연口演 방식을 자세하게 살펴볼 수 있는 중요한 자료로 평가받고 있다.

| 8 | 화본소설話本小說의 특징과 영향

설화說話의 내용과 구연口演 방식은 스승과 제자가 대대로 이어가는 식으로 전해졌기 때문에, 설화說話의 대본인 화본話本 역시 여러 작가를 거쳐서 계속해서 수정과 보완, 윤색의 과정이 진행되었다. 이러한 전승傳承 방식을 '도제식徒弟式'이라고 부르기도 하는데, 스승이 특정 제자에게만 직접 전수하는 방식을 말한다. 화본話本의 소유가 생계 수단이었기 때문에 아무에게나 함부로 전해줄 수 없었다. 그렇기에 많은 설화인說話人은 자신이 직접 스승으로부터 전해 들었던 이야기나 항간에 떠도는 많은 이야기에 스스로 윤색하거나 수정을 덧붙여서 화본話本을 만들어 냈다. 화본話本은 여러 시간과 세대를 거치면서 누적된 일종의 집체창작이다. 처음에는 자신만의 서술 특징을 잘 보여 주는 독창적인 작품이었지만, 여러 문인의 손을 거치면서 점차 개성적인 부분은 사라지고 누구나 공감할 수 있는 일반적인 구술방식과 내용으로 변화되었다. 시간이 지남에 따라서 필요 없는 부분은 가감하게 삭제하고, 일반 대중들이 받아들일 수 있는 내용으로 고쳐 나갔다. 결과적으로 화본話本은 초기에는 다듬어지지 않은 원석原石과 같은 형태였다가, 시간이 지나면서 작가 자신만의 형태로 바뀌었고, 이후 화본話本의 구성적 특징이 고정되면서 관중이나 독자들이 이해할 수 있는 전형적인 형태로 탈바꿈하게 된 것이었다. 화본話本을 바탕으로 형성된 화본소설話本小說은 그 예술적인 측면에서 다양한 특징을 가지고 있었고, 이후 백화소설白話小說의 형성과 발전 그리고 중국 소설의 창작創作과 전승傳承에 대해서 모두 심원한 영향을 끼쳤다.

1) 다양한 계층의 등장인물

화본소설話本小說 속에 등장하는 인물에는 황제皇帝, 재상宰相, 장군將軍, 재사才士, 가인佳人과 같은 황실이나 높은 벼슬의 인물, 명문가의 자제子弟나 여인, 당시 유명한 문인이나 지식인도 포함되었다. 그뿐만 아니라 수공업자, 점원, 상인 등 저잣거리의 다양한 분야에서 생활하는 계층이 등장하고 이들은 주변에서 흔히 볼 수 있는 인물들이었다. 또한, 회본소설話本小說 속에는 고전 문헌이나 역사서에 전면적으로 나타날 수 없었던 기녀妓女나 하인, 농민, 천민 등의 계층이 드러나기도 하였다. 구연口演에서 시작하여 저작著作으로 전환되는 과정에서 관중과 독자의 직접적인 요구와 희망을 적절하게 반영하였기에 그들의 바람과 이상에 걸맞은 인물을 다양하고 폭넓게 등장시켰다.

2) 통속적이고 풍부한 내용을 갖춘 줄거리

화본소설話本小說은 일반 민중들이 쉽게 이해하기 위해서 흥미로운 내용과 구체적이고 분명한 주제, 빠른 전개 방식을 선택하다 보니 대체로 통속적인 내용을 다루고 있다.[14] 줄거리에는 반드시 도입과 결말이 순차적으로 드러나야 했으며, 사건의 발생과 전개, 결말이 체계적으로 이루어져야 했다. 줄거리의 인과因果 관계와 주제의 구현 과정이 또한 정확하게 묘사되어야 했다. 이에 설화인說話人은 줄거리 전개에 있어서 필요 없는 부분은 없애거나 축소하였고, 인물의 심리보다는 사건의 전개에 좀 더 큰 노력을 기울였다. 화본소설話本小說은 직접 청중과 대면하면서 그들의 수요와 평가를 적절하게 반영하였으므로 작품의 내용에 대중의 희로애락喜怒哀樂을 실감 나게 그려낼 수 있었고 그들의 바람과 이상을 사실적으로 담아냈다. 그렇기에 화본소설話本小說은 대중의 삶의 단면과 여러 모습을 표현하는 다양한 줄거리와 통속적이면서 쉽게 재미를 느낄 수 있는 소재와 내용으로 많은 이들의 관심을 받았다.

3) 설화인說話人의 뛰어난 서사 표현 기술

설화인說話人이 청중들을 자신들의 이야기에 끌어들이기 위해서는 다양한 요소를 갖추어야 했다. 예를 들면, 풍부한 감정을 담은 내용과 쉽고 빠른 이야기 전개, 선악善惡 구분이 선명한 주제와 직접적인 비유와 풍자를 드러내는 구성, 고도의 표현 예술과

14 일반적인 독서의 과정을 살펴보면, 책을 읽으면 내용과 사건, 인물과 주제 등을 독자의 마음속으로 그려가면서 내면화하는 과정이 이루어지고, 이미 지나온 부분을 다시 돌아가 되새기며 정독하거나 기억하는 과정이 오랜 시간 동안 진행된다. 그러나 이야기의 내용을 실제로 공연했을 때는 상황이 달라진다. 책에 기술된 내용을 모두 무대 위에서 공연하기 힘들고, 줄거리 전개에서도 복잡하게 표현하기보다는 간략하게 재구성하여 공연해야 하므로 줄거리의 전개가 상당히 빠르게 진행되어야 한다.

정련된 수사 기교, 시기적절한 시사성과 임기응변에 맞는 구사 능력, 관중의 반응을 제대로 파악할 수 있는 예리함과 감성을 흔드는 목소리의 높낮이 등, 관객들은 독자가 그러하듯 손에 책을 쥐고 반복적으로 음미하며 느끼고 감상하는 것과는 달랐기 때문에, 설화인說話人은 반드시 관객들에게 이야기의 전후 관계나 인물의 경력을 명확하게 처리해야 했다. 따라서 갈등을 조성하는 인물과 갈등에 직면하는 인물이 선명하게 그려져야 했으며, 선한 측과 악한 측의 구분 역시 분명하고 확실해야 했다. 그뿐만 아니라 당시의 역사적인 사건이나 사회의 여러 문제, 일상생활에 관한 다양하고 폭넓은 제재와 인식, 감성을 진지하게 표현할 수 있는 감정 요소와 익살스러움까지 동시에 포함되어 있어야 했다. 이러한 표현 기술이 제대로 발휘된 화본소설話本小說은 관중이나 독자들로부터 크게 환영을 받았다.

4) 이해하기 쉬운 백화체白話體의 사용

화본소설話本小說은 문화 수준이 높지 않은 민중들이 듣고 이해할 수 있어야 했으므로 통속적이고 이해하기 쉬운 '백화체白話體'로 쓰였다. 등장인물의 출신 지역과 신분에 맞게 해당 지역의 방언方言이나 속어俗語 등이 많이 쓰였으며, 어투 또한 지역이나 특정 신분의 특징을 분명하게 구현하는 형태로 묘사되었다. 또한, '백화체白話體'이기 때문에 한층 빈틈없는 묘사와 생동하는 인물들의 성격을 드러내기에 편리했다. 이는 우아하고 간결한 '문언체文言體'에서는 이루어내기 힘든 결과이다. 그뿐만 아니라, '백화체白話體'로 쓰였기 때문에 사람들의 일반적인 생활이나 생계 묘사를 그대로 드러낼 수 있어서 표현이 자연스럽고 유창하다고 할 수 있다.

화본소설話本小說은 당시 관중독자들이 쉽게 이해하고 주제를 분명하게 파악할 수 있도록 백화체白話體를 기본으로 하면서, 여기에 시詩와 사詞 등을 적절히 활용하였다. 비록 화본소설話本小說은 백화체白話體로 쓰였지만, 즉흥적이고 통속적인 표현에만 치중한 것이 아니라, 세련되고 아름답게 표현하기도 하였다. 또한, 화본소설話本小說은 그 당시 실제로 공연되었던 내용을 그대로 옮겨온 경우가 많았다. 이러한 민간 문화예술을 바탕으로 창작되었기에 당시 민중들의 구어口語와 어투, 표현과 언어 습관 등을 충실하게 재현하였는데, 이는 소설 작품에 생활을 표현하고 인물을 묘사하는 기술이 크게 향상되었음을 보여 주는 것이다. 그뿐만 아니라 다양한 계층과 그들의 바람과 이상이 구체적으로 드러나고 있으며, 각종 희비喜悲와 애환哀歡을 갖춘 줄거리와 풍부한 주제는 백화소설白話小說을 한층 성숙한 위치에 자리 잡게 했다. 이처럼 여러 가지 측면에서 살펴볼 때, 백화소설白話小說은 이전의 소설 작품보다 훨씬 발전했고, 예술적 특징도 더욱 뛰어나다고 할 수 있다.

화본話本이 송宋과 원나라元 시기에 크게 유행하면서 명나라明에 이르러서는 다른 소설 작품이나 잡극雜劇에도 영향을 미치게 되었다. 특히 '강사講史'와 '설경說經'은 이후에 『삼국지연의三國志演義』, 『수호전水滸傳』, 『서유기西遊記』 등의 창작에 중요한 원형原形을 제공하기도 했다. 예를 들면, 송나라宋 '강사講史'의 화본話本인 『신편오대사평화新編五代史平話』는 이후 발전하여 명나라明 말엽 출판된 『삼국지연의三國志演義』의 주요 내용과 구성을 이루었다. 『대송선화유사大宋宣和遺事』는 『수호전水滸傳』의 초기 내용에 해당한다. 『대송선화유사大宋宣和遺事』에는 36인의 영웅호걸이 등장하는데, 이 영웅들의 이야기는 『수호전水滸傳』을 창작되면서 108명으로 늘어났는데, 이야기 구성도

북경北京 이화원頤和園 장랑長廊에 그려져 있는 『서유기西遊記』 ⓒ wikipedia

다소 복잡해졌고 줄거리 전개도 다양하게 펼쳐졌다. '설경說經'인 『대당삼장취경시화大唐三藏取經詩話』는 『서유기西遊記』의 기초를 이루고 있다. 『대당삼장취경시화大唐三藏取經詩話』는 당나라唐 때 현장玄奘이 19년의 세월을 거쳐 인도에 가서 불경佛經을 가지고 돌아왔던 사건에 민간의 문인들이 허구의 내용을 덧붙인 작품인데, 이후 계속해서 수정한 결과 지금의 『서유기西遊記』가 완성되었다. 이러한 점을 미루어 볼 때, 송宋과 원나라元 시기에 창작된 화본話本은 이후 여러 장편 장회소설章回小說의 탄생에도 큰 영향을 미쳤다고 볼 수 있다.

7장

중국 소설의 발전과 흥성: 명나라明의 장회소설章回小說과 의화본소설擬話本小說

지금의 이야기꾼들이 사람들 앞에서 이야기를 묘사하는 것을 살펴보면, 사람을 기쁘게도, 놀라게도 하고, 슬퍼하게도, 눈물 흘리게도, 노래하게도, 춤을 추게도 만든다. 사람들에게 칼을 들게도 만들고, 다시 절하고 싶게도 만들고, 목을 치고 싶게도 만들고, 기꺼이 돈을 내고 싶게도 만든다. 겁이 많은 자는 용감하게 만들고, 음탕한 자는 정숙하게 만들고, 인정이 박정한 자는 돈독하게 만들고, 미련한 자는 부끄러워하게 만든다. 『효경孝經』과 『논어論語』가 비록 사람을 감동하게 한다 해도 어찌 이런 이야기처럼 빠르고 깊을 수 있겠는가!

- 풍몽룡馮夢龍, 1574~1646 · 『유세명언喻世明言』 -

7장 중국 소설의 발전과 흥성: 명나라明의 장회소설章回小說과 의화본소설擬話本小說

송나라宋 시기에는 경제활동이 활발해지면서 시민계층이 등장하고, 민간 예술가들이 크게 활동하면서 민간 문예 방면에서 이전과는 다른 성장과 발전이 이루어졌다. 특히 문학 작품을 창작하는 측면에서 과거시험이나 관료 진출이 좌절된 문인들이나 저잣거리에서 생계유지를 목적으로 하는 하층 지식인들은 대중의 호기심을 자극하는 글을 쓰거나 지나간 이야기를 수정하여 책을 편찬했다. 그뿐만 아니라 공연 예술을 위한 이야기의 저본底本을 만들어 자신의 글재주를 뽐내는 일을 했다. 대중의 관심과 흥미가 증가함에 따라 이런 창작과 편찬의 일에 전문적으로 종사하는 문인들의 단체인 '서회書會'도 등장하게 되었다. 이러한 상황 속에서 송나라宋의 문인과 하층의 지식인들은 시민계층이 좋아하는 소재나 주제에 맞춰 글을 창작할 수밖에 없었다.

그러나 명나라明 시기를 거치면서 전문적으로 소설을 창작하는 문인들이 시민계층의 통속문학 작품을 참고하여 모방해서 짓거나 통속문학을 윤색하여 작품을 창작하는 경향이 보이기 시작했다. 이러한 동향은 문화의 전파와 흐름의 과정에서 흔히 나타나는 '위에서 아래로 내려오는 형태'와는 다르게, '아래에서 위로 거슬러 올라가는 형태'를 드러낸다고 할 수 있다. 이들 문인은 어느 정도 학식이나 글재주를 가지고 있었고, 무엇보다도 전통문학의 정형화된 가치관과 의미에 대해서 불만과 의문을 품고 있었다. 그들은 당시 이름 있는 문인들이었지만 시민계층이나 일반 백성들의 문학적 의식과 경향을 문학 창작에 적용하기 시작했고, 실제로 이러한 흐름을 반영하여 문학 작품을 직접 창작하거나 편찬하기도 했다.

능몽초凌濛初 © wikipedia

이처럼 소설 문학의 가치에 대해서 긍정적으로 인식하고 소설 문학이 가지는 의미를 적극적으로 고취하려고 했던 대표적인 작가로는 풍몽룡馮夢龍, 1574~1646과 능몽초凌濛初, 1580~1644가 있다. 이들은 소설의 문학성과 사회적 공용성의 인식을 새롭게 제시했으며, 통속문학과 소설의 가치를 크게 인정하는 등 선구적인 문학관을 가진 문인이었다. 이들뿐만 아니라 사상적으로 통속문학의 가치를 드러내고 소설 작품 창작에 있어서 큰 영향을 미쳤던 이지李贄, 1527~1602와 원굉도袁宏道, 1568~1610 등도 있다.

| 1 | 명나라明 소설의 성장 배경과 소설에 대한 새로운 인식

명나라明 소설의 성장은 사상적인 부분에서 새로운 문학 가치관을 주장한 사상가들의 등장 이외에도 경제 체제와 사회 문화의 변화 역시 이러한 성장의 발판을 마련하였다. 특히 시장경제의 변화와 출판업의 성장은 소설 창작에 큰 영향을 미쳤다. 소주蘇州와 항주杭州 일대에 분포해 있던 많은 전통적 농업촌락은 상공업 위주의 변화한 도시로 변모하였고, 상품 경제의 발전에 따라 시민계층이 빠르게 성장하였다. 특히 소주蘇州나 항주杭州에는 출판업이 크게 발달했는데 그 이면에는 남쪽의 경제 중심지라는 지역적 이점과 수로 및 운하運河의 확대, 인근 지역의 생산사 내항 유입 등과 밀집한 관련이 있다.

소주蘇州와 항주杭州는 전통적으로 질 좋은 비단을 생산하기로 유명하다. 비단은 뽕나무를 재배하고 누에를 치는 잠상蠶桑에서부터 시작된다. 비단의 원사인 누에고치에서 실켜기를 하여 제사製絲하고, 뽕나무를 크게 재배하기 위해서는 온화한 기후와 풍부한 수자원이 필요하다. 또한, 생산된 비단을 내륙 지역으로 판매하거나 쉽게 이동시키기 위해서는 거미줄처럼 넓고 길게 펼쳐진 물길이 큰 역할을 한다. 이런 여러 가지 이유로 소주蘇州와 항주杭州는 상업 경제의 중심지로 환영받았다. 소주蘇州와 항주杭州는 이처럼 상업 경제의 중심지로 크게 부富를 축적한 곳으로 대중들의 문화예술을 누리고자 하는 다양한 기호와 취향이 나타났다. 이에 따라 이러한 문화 예술적 욕구를 충족시키기 위한 민간 문예나 도서 출판업이 크게 발달하게 되었다.

출판업이 크게 발전하기 위해서는 종이의 생산과 운반이 쉬운 환경이 매우 중요하므로 출판업이 발달한 곳은 모두 수자원이 풍부하다는 특징을 갖는다. 그러므로 강남江南의 대표적인 지역으로 여겨지는 소주蘇州와 항주杭州는 종이를 생산하고 책을 대량으로 출판하는 자연적 환경이 조성되었고, 강남江南 지역의 경제 및 상업의 중심지로서 도서의 대량 소비를 촉진하게 되었다. 더불어 출판된 도서는 물길을 통해 내륙

명나라明 구영仇英, 1498~1552 「청명상하도清明上河圖」 중 서방書坊 ⓒ 국립고궁박물원國立故宮博物院

의 깊은 지역까지 쉽고 빠르게 운반되어 각 지역의 여러 종류의 책을 판매하는 서방書坊을 비롯한 다양한 독자들에게 공급되었다. 그로 인해 소주蘇州와 항주杭州에는 출판사가 많이 포진해 있었고 언제든지 책을 인쇄하여 수로뿐만 아니라 육로로도 빠르게 공급할 수 있었다. 명나라明 말에 이르러서는 이러한 인쇄 및 출판업이 특히 발달했고, 그 결과 많은 도서가 폭발적으로 쏟아져 나왔다. 일부 문인은 저술과 창작을 하면서도 출판업을 동시에 겸하기도 했다. 일부 저명한 작가들은 집안 대대로 출판업을 가업家業으로 이어받아 자연스럽게 다양한 저술 창작과 도서 출판에 종사하기도 하였다.

이러한 문인 중에서 대표적 인물이 풍몽룡馮夢龍이다. 그는 출판업과 신문업을 겸하였고, 출판업 발달과 그에 따른 백화문白話文 통속문학이 흥성하는 분위기에서 그는 출판업 시장을 주도했다. 그는 독자 취향을 잘 파악하여 독자의 요구에 맞추어 다양한 책을 출간했다. 심지어 도박 전문 교과서를 출판하기도 했다고 알려져 있다. 그뿐만 아니라 그는 북경北京의 각종 정보를 수집하여 지금의 신문과 같은 형태로 만들어 널리 배포하기도 했다. 그와 동시 대에 활약했던 능몽초凌濛初는 문예를 중시한 가정환경 아래 그 당시 번창하던 강남江南 출판업의 영향을 크게 받았다. 문학적 재능이 뛰어나 여러 차례 과거시험을 치렀지만, 매번 뜻을 이루지 못했다. 그는 과거시험에 대한 열정을 가업家業인 출판업에 쏟아부었으며 각종 도서의 창작과 출판에 매진하였다. 가장 뛰어난 업적을 보인 분야는 소설小說과 희곡戲曲과 같은 통속문학이었다.

이지李贄와 원굉도袁宏道, 탕현조湯顯祖, 1550~1617 등과 같은 사상가이자 작가들은 소설을 비롯한 여러 민간문학의 지위를 높여야 한다고 주장했다. 그들은 소설이 단순히 오락의 기능만을 담당하는 것이 아니라 교훈적 의미와 예술적 가치를 갖고 있다고 생각했다. 이들과 달리 전통적 관념에만 몰입했던 문인들은 소설이나 희곡과 같은 통속문학을 깎아내렸다. 그 이유는 소설이나 희곡은 서술과 묘사에 있어서 사실적이지 않고 허구성을 갖고 있고, 문체가 백화체白話體여서 풍치가 있는 고상한 글과는 거리가 멀다고 여겼다. 내용은 즉흥적이고 오락적인 면이 강해서 독자의 감각적 요구에만 빠르게 반영하고, 주제나 의식을 드러내는 데에 있어서 세속적인 도덕관이나 가치관을 그대로 드러낸다는 등의 문제점을 갖고 있다고 보았다. 그 가운데에서도 가장 비난을 받았던 부분은 남녀 간의 애정을 거리낌 없이 함부로 노골적으로 그리는 장면으로 이에 대한 거부감이 매우 강했다.

그러나 명나라明 후기에 이르러서 저명한 사상가들 사이에서는 '정情'이라는 정서를 더는 감추거나 업신여길 필요가 없다는 인식이 생겨나면서 그것의 가치를 제대로 인정해야 한다는 주장을 펼치기 시작했다. 선진적 사상가들이나 문인들이 주장한 '정情'에는 부모와 자식 간의 사랑이나 남녀 간의 애정 등 다양한 형태와 종류를 포함하고 있다고 보았다. 그중에서 남녀 간의 애정을 '정情'의 범위 안에 넣었는데, 이 점이 전통적 사상가들과 첨예한 대립을 일으켰다. 선진적 사상가들과 문인들은 도리에 어긋나고 육욕肉慾만을 중요하게 생각하는 애정愛情은 마땅히 배척해야 하는 부분이지만, 남녀 간의 진실한 '정情'은 잘 살펴야 한다고 주장했다. 더불어 이러한 '정情'이야말로 사람들을 감동하게 하는 부분이라고 생각했다. 비록 이러한 사상을 주장하거나 영향을 받은 문인들이 정작 글을 쓸 때는 과거의 전통적 관념이나 가치를 그대로 보여 주는 경우가 더러 있어서 그들의 문학 창작과 관념에 있어서 생각과 행동의 불일치한 부분이 보이기도 한다. 하지만 '정情'을 새롭게 인식하고 긍정적으로 검토했다는 것만으로 그들이 문학사에서의 공헌은 매우 크다고 할 수 있다.

당시 선진적 사상가들은 '소설小說'과 '희곡戲曲'을 정통문학과 대등한 입장에서 언급했다. 이때부터 소설小說과 희곡戲曲이 더는 하류계층만이 즐기는 예술적 가치가 없는 하찮은 문학이 아니라 그 안에 의미 있는 부분을 충분히 배워 익힐 수 있는 문학이라는 주장이 일어났다. 소설은 상류계층의 멸시와 압박에도 굴하지 않고 시민계층의 예술적 요구와 문학적 수요 속에서 왕성하게 발전하였는데, 특히 명나라明 장편 장회소설章回小說의 성과는 매우 뛰어났다. 이와는 반대로 상류계층의 전유물이었던 문언문文言文 소설은 형식과 내용, 문체와 수사, 교훈과 주제 등이 가지는 한계성으로 인해 수요층이 점차 줄어들면서 쇠퇴의 길을 걷기 시작했다.

| 2 | 명나라明 장회소설章回小說의 발생과 발전

백화문白話文 소설의 성장 과정을 살펴보면, 송宋과 원나라元에 설화인說話人의 대본인 화본話本이나 일회성인 단편적인 이야기가 주를 이루었으나 명나라明에 이르러 내용이 점차 길어져서 여러 '회回'로 나누어 진행되었다. 중국의 4대 기서奇書로 알려진 『삼국지연의三國志演義』, 『수호전水滸傳』, 『서유기西遊記』, 『금병매金甁梅』 등은 기본적으로 100회가 넘는 장편 장회소설章回小說이고 모두 명나라明에 이르러 완성된다. 이러한 장편 장회소설章回小說의 매회每回 마지막에는 항상 '그다음 이야기를 알고 싶으면 다음 회를 보시오.'와 같은 구절로 마무리하고 있다. 그뿐만 아니라 소설 작품의 중간에는 '말하자면', '여러분', '살펴보자면' 등 실제 공연 형태의 문구가 등장하는데, 이것은 장편 장회소설章回小說이 화본소설話本小說로부터 발전했다는 사실을 방증傍證하는 것이라고 볼 수 있다. 명나라明의 장회소설章回小說은 비록 무대 위에서 연행演行하기 위한 대본에서부터 시작되었지만, 이후 수정과 재창작 과정을 거쳐 공연이 아니라 본격적으로 읽기 위한 독서물로 변화되었다고 할 수 있다.

명나라明에는 『삼국지연의三國志演義』, 『수호전水滸傳』, 『서유기西遊記』, 『금병매金甁梅』, 『평요전平妖傳』 등의 장회소설章回小說[15]이 발전하였다. 『서유기西遊記』나 『수호전水滸傳』, 『삼국지연의三國志演義』 등의 장회소설章回小說은 한 번에 모두 만들어진 것이 아니라, 오랫동안 다양한 장소에서 구연口演이 되면서 여러 전문 예인藝人이나 작가들에 의해서 수집 또는 수정되어 나중에 장편소설長篇小說인 장회소설章回小說로 완성되었다. 그 예로 『수호전水滸傳』에 등장하는 인물을 살펴보면, 『수호전水滸傳』에 보이는 영웅 인물은 108명이다. 그러나 송宋과 원나라元에 민간에서 유행했던 '수호水滸 이야기'에 나타나는 영웅 인물들은 이보다 훨씬 적다. 화본話本인 『대송선화유사大宋宣和遺事』에는 『수호전水滸傳』의 대략적인 줄거리, 인물의 윤곽이 갖추어져 있는데, 『수호전水滸傳』의

15 장회소설章回小說은 '장章' 또는 '회回'로 나누어 서술한 중국의 통속 장편소설長篇小說을 말한다. 이러한 형식은 송나라宋 이야기꾼인 설화인說話人이 장편의 역사 이야기인 '강사講史'를 몇 회로 나누어 구연口演할 때에 이용한 방식에서 비롯되었다. 이후 송宋과 원나라元와 명나라明를 거치면서 고정된 형식으로 발전하였다.

중심인물인 송강宋江을 비롯하여 36인이 등장한다.[16] 여러 영웅 인물이 양산박梁山泊에 모이는 과정을 비교적 굵직한 사건을 중심으로 이야기가 구성되어 있다. 그리고 원나라元 시기에는 희곡戲曲이 성행하게 되어 많은 작가가 양산박梁山泊의 '수호水滸 이야기'를 제재로 극본劇本을 창작하였다. 당시 양산박梁山泊의 영웅들을 제재로 한 극본劇本만도 33종이나 되었던 것으로 알려졌다. 하지만 지금은 모두 사라져 극본劇本의 제목만 남아 있다. 그러다가 명나라明 시기에 일부 단편적으로 전해지거나 희곡戲曲으로 창작되었던 '수호水滸 이야기'는 시내암施耐庵에 의해 120회의 장편소설로 재창작되면서 세밀한 묘사와 다양한 사건이 삽입되어 오늘날의 『수호전水滸傳』으로 탄생하게 되었다.

| 3 | 명나라明 의화본擬話本 단편소설短篇小說의 등장

명나라明의 의화본소설擬話本小說은 송宋과 원나라元의 화본소설話本小說이 점차 읽기 위한 문학 작품으로 발전하였음을 보여준다. 일반 대중이 독서물에 대한 요구와 의식의 반영, 그리고 출판과 인쇄업의 발달은 송宋과 원나라元 화본소설話本小說을 모방하여 백화문白話文 단편소설을 창작하게 만드는데 크게 기여했다. 명나라明 시기에는 화본소설話本小說을 모방한 작품이 등장하게 되었는데, 이것을 두고 '의화본擬話本' 또는 '모방화본模倣話本'이라고 부른다. 이 시기는 『삼국지연의三國志演義』, 『수호전水滸傳』, 『서유기西遊記』, 『금병매金瓶梅』 등과 같은 장편 장회소설章回小說이 나타나기도 했지만, 단편 화본소설話本小說도 대단히 유행했기에 이 시기는 장편소설長篇小說과 단편소설短篇小說이 모두 발전하게 되면서 대중들로부터 환영을 받았다.

'의화본소설擬話本小說'은 송宋과 원나라元 화본소설話本小說의 주요 특징이라고 할 수 있는 줄거리의 굴곡에 치중하여 전개되는 점, 언어가 통속적이고 생동감 있는 점,

16 『수호전水滸傳』의 송강宋江을 비롯한 36인에 대한 기록은 『송사宋史』의 『후몽전侯蒙傳』에 간략하게 기재되어 있다. '송강宋江은 36인과 함께 제齊와 위魏 지역을 횡행하였다. 관군 수만이 감히 맞서지 못했으며, 그 재주는 보통 사람을 반드시 뛰어넘었다.宋江以三十六人橫行齊魏, 官軍數萬, 無敢抗者, 其才必過人.'라고 하였다.

중국 고대 고관영첨考官靈簽 목판영첨靈簽: 길흉을 점치는 괘를 뽑는 것 ⓒ pixabay

주제나 사상이 비교적 선명하고 단순한 점, 인물의 형상과 행동 묘사가 뛰어난 점 등을 두루 받아들였다. 대표적인 작품으로는 풍몽룡馮夢龍의 『삼언三言』과 능몽초凌濛初의 『이박二拍』 등이 있다. 『삼언三言』은 『유세명언喩世明言』, 『경세통언警世通言』, 『성세항언醒世恒言』을 통틀어 가리키는 말이며, 『이박二拍』은 『박안경기拍案驚奇』, 『이각박안경기二刻拍案驚奇』를 일컫는다. 명나라明 소설은 송宋과 원나라元 소설의 전통을 그대로 이어받았는데, 전문적인 문인들의 손을 거쳐 이전의 작품보다 훨씬 세밀한 구성과 다양한 표현 기교로 더욱 세련되고 완성된 작품의 형태를 보여 주고 있다. 하지만 송

宋과 원나라元 소설이 가지고 있던 진솔하고 소박한 특징이 사라졌다는 점에서는 여전히 아쉬움이 남는다.

| 4 | 장편 장회소설章回小說의 대표적인 작품

1) 역사연의歷史演義 소설: 『삼국지연의三國志演義』

『삼국지연의三國志演義』는 '『삼국지연의三國志演義』를 세 번 읽은 사람과는 상대하지 말라三國看三遍, 此人不可交.'는 말이 있을 정도로 동양 최고의 고전으로 평가받는 소설 작품이다. 『삼국지연의三國志演義』는 『삼국지통속연의三國志通俗演義』가 원래 명칭이며, 이를 『삼국연의三國演義』 혹은 『삼국지연의三國志演義』라고도 부른다. 진나라晉 진수陳壽, 233~297의 『삼국지三國志』[17]에 위진남북조魏晉南北朝 시대 송나라宋의 배송지裵松之가 주註[18]를 달아 보충한 내용을 기초로 하고, 이전부터 전해 내려온 역사 이야기와 다양한 자료를 바탕으로 하고 있다. 위魏, 촉蜀, 오吳 세 나라가 천하의 패권覇權을 둘러싸고 서로 대립하던 시대를 배경으로 원나라元 후기에서 명나라明 초기 즈음에 나관중羅貫中이 장회소설章回小說의 형식으로 창작한 장편 역사소설이다. '정사正史'는 '정확한 사실의 역사 기록'이며 '연의演義'는 '사실事實을 부연敷衍하여 재미있게 설명한 책이나 극의 형태'를 말한다. 『삼국지연의三國志演義』는 소설이기 때문에 '위魏, 촉蜀, 오吳의 역사적 사실을 근거로 재미있게 쓴 역사소설'을 일컫는다. 그러므로 『삼국지三國志』는 사

---

17 중국의 위魏, 촉蜀, 오吳 3국의 정사正史로 진나라晉의 진수陳壽, 233~297가 편찬하였다. 자료의 인용이 세밀하고 서술이 분명하고 뚜렷하게 기록되어 있다. 나관중羅貫中의 『삼국지연의三國志演義』는 이 책을 바탕으로 해서 만들어졌다.

18 배송지裵松之, 372~451는 위진남북조魏晉南北朝 시기의 역사가로 진수陳壽의 『삼국지三國志』에 주석註釋을 덧붙었다. 배송지裵松之는 본문의 말뜻을 해석하기보다는 누락된 사실을 수록하는 데 힘을 기울이며, 각종 자료를 널리 수집하여 진수陳壽의 결점을 보완하였다. 진수陳壽의 『삼국지三國志』에 오류나 이설異說이 있는 경우에는 적극적으로 자신의 의견을 드러냈고, 그런 사실을 주석註釋에 포함하였다. 배송지裵松之가 『삼국지三國志』를 풀이하면서 인용한 기록은 대략 50여 종에 이른다.

실 기록에 근거하여 저술한 '역사서'이고, 『삼국지연의三國志演義』는 일부 사실의 기록을 배경으로 작가의 허구와 창작을 더한 '소설'이라는 차이점이 있다.

『삼국지연의三國志演義』 이전에도 '삼국三國 이야기'는 사람들에게 전승되어 항간에서는 인기가 많았다. 많은 설화인說話人이 이것을 소재로 이야기로 만들어 대중에게 강술講述하기도 하였는데, 이런 설화인說話人의 대본을 묶은 것이 바로 '강사講史' 화본話本인 『삼국지평화三國志平話』이다. 원나라元 지치至治 연간에 간행한 책으로 모두 3권으로 구성되어있는데, 독자의 시각적 흥미를 유발하면서 보는 재미를 더하기 위해 그림과 글이 위와 아래로 나뉘어 배치되어 있다. 『삼국지평화三國志平話』는 민담民譚의 성격이 강했는데, 분량은 『삼국지연의三國志演義』의 10분의 1 정도에 지나지 않았다. 문장은 품위가 있거나 우아하지는 않았고, 허황하고 거짓된 내용이 다수 보이며 역사적 사실과도 상당한 거리가 있었다. 그러나 『삼국지연의三國志演義』의 형성과 발전 과정을 체계적으로 살펴볼 수 있는 중요한 자료이다.

청나라淸의 유명한 역사학자인 장학성章學誠, 1738~1801은 『병진찰기丙辰札記』에서 '『삼국연의三國演義』는 7할은 역사적인 사실로 이루어져 있고, 3할은 허구적인 내용을 담고 있다.'라며 '칠실삼허七實三虛'를 주장했다. 후대의 많은 학자는 그의 견해를 참고하여 『삼국지연의三國志演義』를 평가하였고, 이후 '칠실삼허七實三虛'는 중국소설을 규

북경北京 이화원頤和園 장랑長廊에 그려져 있는 『삼국지연의三國志演義』 ⓒ wikipedia

정하는 하나의 기준이 되었다. 중국소설의 범위와 개념을 정의 내릴 때, '사실'과 '허구'의 구성이 어떻게 되는지를 살펴보면, 대부분 '칠실삼허七實三虛'로 소설의 구성을 나누기도 한다. 이는 『삼국지연의三國志演義』가 전혀 사실이 아닌 허구로만 채워진 것이 아니며, 그렇다고 완전히 작가의 상상에서 비롯된 거짓으로만 이루어진 작품도 아니라는 사실을 말해준다. 일반적으로 중국소설의 '사실'과 '허구'의 구성 비율에서 『삼국지연의三國志演義』 만큼 사실에 근거해서 창작된 작품은 그리 많지 않다. 대부분은 약간의 '사실'과 대부분의 '허구'로 이루어져 있다. 이처럼 『삼국지연의三國志演義』는 중국 고전소설을 특징지을 때 역사적 사실을 인용하는 부분과 작가가 새롭게 구상하는 부분의 배분을 언급한 구체적인 작품이고, 이후 고전소설을 정의하고 평가하는 표준이 되는 중요한 작품이라고 할 수 있다.

『수호전水滸傳』이나 『서유기西遊記』 등의 작품은 일부 역사적인 사건을 배경으로 하고 있지만, 그 정도가 약하고 대부분이 작가의 창의적 허구에서 만들어진 것이다. 『수호전水滸傳』의 경우 『송사宋史』에 이와 관련된 사건이 비교적 간략하게 기록되어 있다. 그 내용을 살펴보면, '송강宋江이 36인의 도적을 거느리고 황하 북쪽의 하삭河朔에서 횡포한 짓을 일삼았다. 그들은 회남淮南의 여러 지방을 휩쓸고 10개 군郡을 노략질하자 관군官軍이 감히 그들을 당해내지 못하였다. 장숙야張叔夜가 계략을 세워 그들을 공격하여 결국 항복시켰다.' 북송北宋 때 송강宋江이 봉기를 일으켜 당시 사회를 크게 뒤흔든 이 사건은 역사서에는 이처럼 간단하게 언급되어 있지만, 이 사건이 대중들에게 널리 알려지게 되면서 여러 가지 이야기가 덧붙여지고 크게 확대되어 원본보다 훨씬 복잡하고 웅장한 이야기로 바뀌었다. 이러한 역사적 사건을 배경으로 창작된 작품이 바로 『수호전水滸傳』이다.

또한, 당나라唐 때에 승려 현장玄奘이 19년에 걸쳐 서역西域에 가서 불경佛經을 구해 온 사건이 있었다. 이 '취경取經' 과정을 기록한 책이 바로 『대당서역기大唐西域記』이다. 일종의 견문록인 『대당서역기大唐西域記』에는 현장玄奘이 오랫동안 직접 보았거나 들은 다양한 지역을 기록하고 있으며, 각 나라의 풍습, 산물, 정치, 전설 등을 전하고 있고, 불사佛寺, 불승佛僧, 불탑 등의 유래 등이 기술되어 있다. 이 사건 이후 현장玄奘의 '취경取經'에 관련된 다양한 지식과 경험, 기문奇聞이나 일화逸話를 재미있게 가공한 이야기가 사람들에게 크게 관심을 받게 되었다. 이를 바탕으로 하여 탄생한 작품이 바로 『서유기西遊記』이다.

이처럼 중국의 고전소설은 일부 작품을 제외하고 완전히 작가의 상상만으로 만들어진 것은 아니고, 소재를 제공하는 역사적 사건, 기이한 이야기, 혹은 문헌에 기록된 다양한 자료와 내용 등을 소재를 가공하여 창작되는 경향이 짙다.

(1) 『삼국지연의三國志演義』가 만들어진 과정

위魏, 촉蜀, 오吳 3국의 역사에 대해서 이미 서진西晋 시기 진수陳壽에 의해 역사서인 『삼국지三國志』가 편찬되었고, 위진남북조魏晉南北朝 시기의 배송지裴松之는 다양한 자료를 인용하여 이 『삼국지三國志』에 상세한 주석註釋을 달았다. 위진남북조魏晉南北朝 시기부터 이미 민간에서는 '삼국三國 이야기'가 널리 퍼져 있었다. 당시의 필기소설筆記小說[19]을 살펴보면, 배계裴啓, ?~?의 『어림語林』이나 유의경劉義慶, 403~444의 『세설신어世說新語』에 '삼국三國 이야기'가 다수 실려 있다.

수나라隨와 당나라唐에는 민간에서 '삼국三國 인물'에 관한 잡극雜劇이나 인형극 같은 극이 유행하기도 했다. 당나라唐 시인인 이상은李商隱, 813?~858?의 「교아시驕兒詩」를 살펴보면, 시에는 장난기 많은 아이의 모습을 그리고 있는데, '장비張飛같이 기른 수염이라고 놀리고, 등애鄧艾처럼 더듬는다고 비웃는다.'라는 시구가 있다. 장비張飛와 등애鄧艾는 모두 『삼국지연의三國志演義』에 등장하는 인물이다. 장비張飛는 『삼국지연의三國志演義』의 주요 인물 중의 하나이고, 등애鄧艾는 거의 언급이 되지 않았지만, 역사

19 필기소설筆記小說은 고전 문언문文言文 소설의 한 부류이다. 특정한 격식에 얽매이지 않고 자유롭게 써 내려가는 수필형식의 소설을 말한다. 주로 작가의 개인적 경험이나 감정 등을 기록한 것인데, 서술이 자유롭고 형식의 제한을 받지 않는 '필기筆記'의 특성과 사건과 인물, 줄거리가 잘 짜여 있는 '소설小說'의 특성을 가지고 있다. 그러므로 '필기소설筆記小說'은 '필기筆記'와 '소설小說'의 형식을 모두 가지고 있다고 할 수 있다.

조선朝鮮 시대 작자 미상 「삼국지도三國志圖」 ⓒ 서울역사박물관

서에는 오히려 활약이 대단한 장수로 기록되어 있다.

송宋과 원나라元 시기에는 삼국三國의 역사 인물에 관한 이야기가 본격적으로 설화說話나 강창講唱, 잡극雜劇으로 널리 공연되기 시작하였다. '설화說話'는 삼국三國 역사에서 전승傳承되어 온 다양한 인물과 전설, 민담 등을 재구성하였다. '강창講唱'은 노래와 대사가 같이 있는 것으로 저잣거리에서 쉽게 공연할 수 있는 문화예술이었다. '삼국三國 이야기'에 등장하는 인물과 사건에 관한 내용이 강창講唱의 주를 이루었다. 그 내용을 살펴보면, 이미 '유비를 옹호하고 조조를 깎아내리는尊劉貶曹' 경향이 형성되어 있었음을 알 수 있다. 원나라元의 잡극雜劇 중에는 많은 '삼국희三國戲'가 나타나는데, 원나라元 700여 종이나 되는 잡극雜劇 제목에는 '삼국三國'과 관련된 제목이 거의 50여 종이나 된다. 원나라元의 유명한 극작가 중에서 많은 이들이 '삼국三國 이야기'를 소재로 잡극雜劇을 창작하였다.

『삼국지연의三國志演義』를 살펴보면 두 진영陣營이 대립하는 과정에서 조조曹操와 유비劉備의 형상이 뚜렷하게 드러나는데, 유비劉備는 현명하면서 어질며 의리를 중시하고 인재 등용에 뛰어난 인물로 묘사되고 있고, 조조曹操는 간사하면서 지략이 뛰어나며 때로는 냉혹하면서 권모술수權謀術數에 뛰어난 인물로 그려지고 있다. 하지만 소설이 아니라 역사서나 문학사의 시각에서 보면, 조조曹操는 중국 문학의 발전에 뛰어난 성과를 보여준 인물이라고 말할 수 있다. 그는 문인들을 우대하고 중국 문학의 기틀을 바로 세워 중국 문학사에서 큰 업적을 이룬 사람으로 평가받는다. 중국 문학의 흐름에서 조씨曹氏 삼부자조조曹操, 조비曹丕, 조식曹植는 문학을 제창하여 많은 작가를 배출하면서 문학의 부흥을 이끌었는데, 이는 중국 문학 속 조조曹操, 155~220의 성과를 구체적으로 보여 주는 부분이라고 할 수 있다. 그러나 『삼국지연의三國志演義』에서는 조조曹操를 깎아내리고, 유비劉備를 높이 세워주는 경향을 볼 수 있는데, 이것은 진수陳壽의 『삼국지三國志』에 주석註釋을 단 배송지裴松之의 서술 관점이 크게 작용한 듯하다. 그는 유비劉備를 옹호하고 조조曹操를 헐뜯는 이른바 '존유폄조尊劉貶曹'를 시각으로 역사서 『삼국지三國志』에 주석註釋을 달았다.

소설 작품에서 이야기의 극적인 전개를 위해서 영웅英雄과 그와는 상반되는 악인惡人이 항상 존재하기 마련이다. 특히 고전문학의 경우에는 선善과 악惡이 분명하게 갈라서는 '양극화'의 경향이 뚜렷하다. 선善과 악惡을 명확하게 구분하여 악인惡人을 물리치고 영웅英雄이 승리하는 내용은 지금에 와서도 그다지 낯설지 않은데, 전통시대 소설 작품에는 선善과 악惡이 모호하게 섞여 있는 것보다 확연하게 구분되는 구성이 많은 이들의 호응을 받았다. 이러한 경향으로 인해 『삼국지연의三國志演義』에서도 악역惡役을 담당하는 인물이 필요했는데, 그 주인공이 바로 조조曹操였다.

원나라元에 들어서면서 '삼국三國 이야기'를 제재로 쓴 화본話本인 『삼국지평화三國志平話』가 등장했다. 『삼국지평화三國志平話』는 민간문학 색채가 농후하며, 유비劉備를 존중하고 조조曹操를 깎아내리는 경향은 더욱 뚜렷했다. '평화平話'가 유행한 원나라元 초기는 잡극雜劇에서 소설로 넘어가는 시기였기에, 『삼국지평화三國志平話』는 강사講史 화본話本에서 장편 장회소설章回小說로 발전하는 과정을 보여 주는 중요한 자료이다.

원나라元에서 명나라明로 넘어가는 시기에 나관중이 진수陳壽의 『삼국지三國志』와 배송지裴松之가 주석한 역사 자료를 바탕으로 하면서, 민간에서 전승되어 온 화본話本과 잡극雜劇을 근거로 새롭게 『삼국지연의三國志演義』를 창작하였다. 『삼국지연의三國志演義』는 역사서의 자료를 대량으로 인용하였기에 문언문文言文의 흔적이 많이 보이며, 동시에 강사講史 화본話本의 영향으로 백화문白話文의 사용도 빈번하다. 또한 설화인說話人의 상투어나 강술講述 형태의 서술, 장회章回로 나누는 이야기 전개 등이 나타나기도 한다. 그렇지만 여전히 다른 장편 장회소설章回小說보다 문언문文言文의 사용이 농후한 편이다. 『삼국지연의三國志演義』는 중국 고전소설에서 가장 뛰어난 역사소설歷史小說이며, 최초의 장편소설長篇小說로 평가받고 있다.

(2) 『삼국지연의三國志演義』의 저자

『삼국지연의三國志演義』의 저자는 나관중羅貫中으로 알려져 있다. 그의 출생과 사망

연대는 정확하지 않으며, 대략 원나라元 중·후기에 생존하다가 명나라明 초기에 사망한 것으로 보인다. 나관중羅貫中 이름은 본本이고 자字는 관중貫中, 별호別號는 호해산인湖海散人이다. 그가 출생한 지역은 태원太原이라 하기도 하며, 동원東原이라는 의견도 있는데 정확한 출생지는 알 수 없다.

나관중羅貫中은 잡극雜劇과 소설小說 등의 창작에 종사했다고 알려졌다. 그가 지었다고 하는 잡극雜劇은 3종이 있다고 한다. 하지만 현재로서는 『조태조용호풍운회趙太祖龍虎風雲會』만이 전해지고 있다. 소설小說로는 『삼국지연의三國志演義』를 비롯하여 『수당양조지전隋唐兩朝志傳』, 『잔당오대사연의殘唐五代史演義』, 『삼수평요전三遂平妖傳』, 『소진왕사화小秦王詞話』 등이 있다. 이 중에서 일부 작품은 후세 사람들이 그의 이름을 빌려 창작한 작품으로 여겨지기도 한다.

나관중羅貫中은 역사와 사회에 관심이 많아서 이와 관련되는 많은 문학 작품을 창작하거나 편찬하기도 하였다. 후대의 일부 학자들은 나관중羅貫中이 『수호전水滸傳』의 편찬 작업에도 참여했다고 주장하기도 했는데, 실제로 과거에는 나관중羅貫中이 『삼국지연의三國志演義』와 『수호전水滸傳』 두 작품 모두 창작했다고 믿기도 했다. 또는 『수호전水滸傳』을 시내암施耐庵이 70회까지 썼고 이후는 나관중羅貫中이 보충하여 세상에 내놓았다는 설을 제기하기도 했다. 하지만 이것은 가설假說에 불과하고 정확한 사실은 아니다.

나관중羅貫中은 역사서와 당시 민간에서 유행했던 삼국三國에 관련된 여러 전설과 잡극雜劇을 바탕으로 『삼국지연의三國志演義』를 창작했고, 시내암施耐庵의 『수호전水滸傳』 편찬에 약간의 도움을 주었다고 볼 수 있다. 『수호전水滸傳』의 작자는 시내암施耐庵으로, 나관중羅貫中과는 동시대에 같이 활약했던 인물로 서로 어느 정도 교류가 있었던 듯하다.[20] 나관중羅貫中이 『수호전水滸傳』의 편찬 작업에 어느 정도로 참여했는지는 지금으로서는 정확하게 알 수 없지만, 일정 부분 도움을 주었을 것으로 판단된다.

20 나관중羅貫中, 1330?~1400?과 시내암施耐庵, 1296?~1370?은 비슷한 시기에 활동했던 작가로, 이 둘은 서로의 작품을 훑어보며 의견을 교류했을 것으로 추측된다.

(3) 『삼국지연의三國志演義』의 완성과 서사적 특징

『삼국지연의三國志演義』가 이루어진 과정은 1,000여 년이 넘는데, 이 과정에서 수많은 작가와 민간 문인들의 수정과 보완 및 가공의 작업을 거쳤다. 『삼국지연의三國志演義』의 제재가 삼국三國의 역사를 기초로 하고 있어서 국가 간의 정치와 명분名分, 그리고 민족 감정과 사회 대립을 중요시하면서 유가儒家의 역사 관념과 윤리 관념이 작품 속에 강하게 스며들어 있다. 특히 작품 속 주요 인물에 대한 묘사를 살펴보면 이러한 특징을 잘 알 수 있다.

작품에는 조조曹操를 깎아내리는 시각이 구체적이면서 명확하게 드러난다. 이것은 작품의 이야기 전개 과정에서 인물 설정의 필요성에 의해서 조성된 것이기도 하지만, 유가儒家의 이념과도 밀접한 관련이 있기도 하다. 작품 속에서 주요 인물인 조조曹操는 살아 있을 때 제왕帝王이 아닌 재상宰相의 직위였다. 제왕帝王의 통치와 권력을 뒤로하고 재상宰相이 나라의 전권專權을 틀어쥐며 앞으로 거침없이 나아가는 이러한 모습은 얼핏 보면 왕을 무시하면서 자신의 발아래 두는 것처럼 보인다. 이러한 조조曹操의 형상은 대의大義와 명분名分, 유가儒家의 국가 이념을 충실하게 반영하고 있는 『삼국지연의三國志演義』 속에서 비판을 받아 마땅한 인물로 그려질 수밖에 없었다.

조선朝鮮 시대 1695년 작자 미상 「제갈무후도諸葛武侯圖」

© 국립중앙박물관

조조曹操 이외에도 작품의 주요 인

물로는 제갈량諸葛亮이 있는데, 제갈량諸葛亮은 작품에서 거의 신神의 능력을 지닌 현인賢人처럼 등장하곤 한다. 하지만 이러한 인물은 현실적으로 존재하지는 않는다. 그의 현명하고 지혜로운 모습을 통해서 유가儒家의 도덕관념이 잘 드러나도록 작품의 분위기와 특징을 구성했다고 볼 수 있다. 『삼국지연의三國志演義』는 이처럼 역사서를 기본으로 하고 있기에 유가儒家의 사상이나 국가 이념을 그대로 담을 수밖에 없었다.

『삼국지연의三國志演義』가 기본적으로 역사서를 중시하면서 사실을 그대로 반영하기도 했지만, 때로는 역사적 사건에 허구와 상상을 추가하여 과장되게 묘사하기도 하

19~20세기 초 「삼국지연의도三國志演義圖」 병풍 ⓒ 국립고궁박물관

였다. 우리에게도 익히 잘 알려진 '삼고초려三顧草廬'의 이야기를 살펴보면, 유비劉備가 제갈량諸葛亮을 군사軍師로 삼기 위하여 세 번을 무시당하면서도 초막에 가서 제갈량諸葛亮의 지혜를 구하는 장면이 있다. 이 부분은 역사서에는 매우 간략하게 기록되어 있지만, 『삼국지연의三國志演義』에는 유비劉備가 좋은 인재를 얻기 위해 많은 수고를 아끼지 않았음을 강조하면서 미려한 수사 기교를 동원하여 자세하게 묘사하고 있다.

『삼국지연의三國志演義』는 전쟁에 대한 묘사와 인물에 대한 묘사가 매우 탁월할 뿐만 아니라, 중요한 장면에 대한 묘사도 뛰어나다. 『삼국지연의三國志演義』 속의 명장면들은 대부분 민간에 전승된 이야기에 깊은 뿌리를 두고 있다. 삼국三國과 관련된 민간전설은 비록 역사서를 기초로 하여 저잣거리에서 떠돌아다니는 이야기로 실제 사실과는 사뭇 다르다. 하지만 『삼국지연의三國志演義』는 이렇게 사소한 이야기를 지나칠 정도로 정교하게 꾸미고 다듬었으며, 산만하게 흩어진 이야기를 정리하여 흥미로운 내용과 뛰어난 묘사로 훌륭하게 만들어냈다.

(4) 『삼국지연의三國志演義』의 전쟁 묘사

『삼국지연의三國志演義』의 전쟁 묘사는 상당히 뛰어나다. 『삼국지연의三國志演義』는 중국 고대 역사서에서 전쟁에 관련된 서술 부분에서 자주 사용했던 전통적인 수법을 이어받았다. 인물의 개성과 전쟁의 장면을 연결 지어 전쟁의 특징이 구체적으로 드러나도록 묘사했다. 이러한 전쟁 묘사에서 가장 탁월한 장면이 바로 '적벽대전赤壁大戰'이다. 이 싸움은 손권孫權과 유비劉備가 연합하여 공동으로 조조曹操에 대항한 전쟁이다. 조조曹操와 비교하면 약세였던 손권孫權과 유비劉備가 힘을 합쳐서 조조曹操의 막강한 군대를 화공火攻을 이용하여 무찌른다. 불로 조조曹操의 군대에 엄청난 타격을 입히고, 이에 조조曹操는 주춤하며 후퇴한다. 쌍방의 역량은 초반에 큰 차이가 있었지만, 전쟁의 결과는 연합군의 승리로 돌아갔다. 조조曹操의 군대와 손권孫權과 유비劉備의 군대가 맞서서 지모智謀와 계책計策을 동원하여 대립하는 과정과 사건의 구성이 매우 치밀하게 배치되어 있다. 특히 서로 간에 속임수를 써서 함정에 빠뜨리는 장면은 독자들에게 마치 눈앞에서 일어난 듯한 생동감과 극적인 긴장감을 불러일으킨다.

'적벽대전赤壁大戰'에서는 뛰어난 전쟁 묘사뿐만 아니라 인물 간의 첨예한 심리 갈등도 보이는데, 그중 인물 간의 대립이 잘 그려진 장면이 주유周瑜와 제갈량諸葛亮이 10만 개의 화살을 마련하는 것을 내기하는 부분이다. 제갈량諸葛亮은 주유周瑜가 언급한 10일의 기한을 훨씬 단축하여 3일 만에 화살 10만 개를 마련할 것을 자신한다. 주유周瑜는 제갈량諸葛亮에게 만약 화살 10만 개를 얻지 못하면 어떻게 하겠냐는 물음에 제갈량諸葛亮은 자신의 목을 내놓겠다고 대답한다. 제갈량諸葛亮의 계책計策으로 사흘 안에 10만 개의 화살을 조조曹操의 진영陣營으로부터 빼앗아오면서 그와 주유周瑜의 내기에서 이기게 된다. 이처럼 '적벽대전赤壁大戰'에서는 서로 간의 자존심과 지혜의 대결 등을 아주 긴박하게 묘사하고 있다. 이야기의 긴장과 이완의 적절한 조절 속에서 그 전개 과정을 자세히 묘사함으로써 작품 서술의 다양한 변화와 생동적인 서사를 한층 두드러지게 한다.

(5) 『삼국지연의三國志演義』의 인물묘사

청나라淸 때 모종강毛宗崗, ?~?은 나관중羅貫中의 『삼국지연의三國志演義』에서 다소 읽기 불편했던 부분을 과감하게 생략하고 새로운 부분을 첨가하여 일반 대중이 좀 더 쉽게 읽을 수 있는 『삼국지연의三國志演義』로 개편했다. 모종강毛宗崗은 「독삼국지법讀三國志法」에서 "나는 『삼국지연의三國志演義』에는 세 가지 기이함이 있다고 생각하는데, 이것을 '삼절三絶: 뛰어난 재주를 가진 세 사람'이라고 부를 수 있겠다. 제갈공명諸葛孔明이 일절一絶이고, 관운장關雲長이 일절一絶이며, 조조曹操가 일절一絶이다."라고 지적한 바 있다. 여기에서 '삼절三絶'은 '지절智絶', '의절義絶', '간절奸絶'이라고 할 수 있다. '지절智絶'은 지혜를 대표하는 '제갈공명諸葛孔明'을 가리키며, '의절義絶'은 의리를 나타내는 '관운장關雲長'을 일컫는다. '간절奸絶'은 간사함을 상징하는 '조조曹操'를 의미한다.

명나라明 장거정張居正, 1525~1582 편찬 프랑스어 채색본『제감도설帝鑒圖說: Recueil Historique des Principaux Traits de la Vie des Empereurs Chinois』중「군신어수君臣魚水」 ⓒ 書格shuge

제갈량諸葛亮은 제갈공명諸葛孔明이라고도 하며, 신의 경지에 가까운 선견지명先見之明과 풍부한 지혜와 치밀한 계책, 정확한 지휘와 적절한 배치 등 정치가나 지략가로서의 포부와 도량을 아낌없이 드러내고 있다. 제갈량諸葛亮은 유비劉備 진영陣營의 핵심적인 군사君師라고 할 수 있으며『삼국지연의三國志演義』에서 가장 뛰어난 전략가로 꼽힌다.

관우關羽는 자字가 운장雲長이어서 '관운장關雲長'이라고도 하는데, 의義를 지키고, 충성을 다하는 인물로 대표된다. 관우關羽는 의義를 대단히 중요시하여 온갖 어려움을 겪으면서도 끝까지 배반하지 않는 인물이다. 그러나 이러한 행동은 오히려 이후에 자신의 발목을 잡는 일을 만들어내기도 했다. 조조曹操가 '적벽대전赤壁大戰'에 패배해 후퇴하다가 화용도貨容道에서 관우關羽에게 붙잡았을 때, 관우關羽는 그를 죽일 수 있음에도 불구하고 옛 은혜에 보답하기 위해 조조曹操를 풀어준다. 이 장면은 전쟁의 승리도 중요하지만, 개인적인 의義를 더욱 중시했던 관우關羽의 모습을 그대로 보여 주고 있다.

조조曹操의 형상은 다중적이면서 상당히 복잡한 성격을 지니고 있다. 중국 고전문학에서 이처럼 각양각색의 다양한 개성을 보여 주는 인물은 많지 않다. 대부분 인물의 특징이 선善이나 악惡의 어느 한 부분을 담당하는 경우가 대부분이다. 하지만 조조曹操는 선한 면과 악한 면을 동시에 가지고 있는 인물이다. 때로는 부하 장수를 아끼고 재능 있는 인재를 발굴하며, 의리와 용기를 가지고 있는 인물로 묘사되지만, 때로는 아주 간사한 계책으로 상대를 속이고, 자신의 이익을 위해서는 어떠한 것도 마다하지 않는 잔혹한 인물로 그려지기도 한다. 이러한 모순적 특징을 가진 조조曹操는 작품 속에 등장하는 그 어떤 인물보다도 독자의 흥미를 끌 충분한 매력을 가지고 있다.[21]

관우關羽가 적과의 결투 장면에서 가장 뛰어난 부분은 '술을 데우는 사이 화웅華雄의 목을 베다.'라는 부분이다. 이 부분은 중국 고전소설 가운데 가장 뛰어난 장면으로 꼽힐 만큼 묘사가 뛰어나다. 화웅華雄은 동탁董卓의 용맹한 장수로 동탁董卓을 토벌하러 온 연합군과 싸우고 있었다. 연합군의 여러 장수가 화웅華雄을 상대로 도전장을 내밀고 그를 처단하여 적 군대의 사기를 꺾으려고 했다. 하지만 모두 화웅華雄에게 패배하고 만다. 작품에서는 화웅華雄이 어떠한 과정을 통해 연합군 장수의 목을 베었는지 상세히 묘사하고 있다. 첫 번째 장수에 이어, 두 번째 장수의 목도 처참히 떨어져 나갔다. 세 번째로 관우關羽가 등장했는데, 관우關羽는 출정하기 전에 술을 데워달라는 부

21 조조曹操의 모습은 오늘날 우리의 생활 속에서 흔히 나타날 수 있는 일반적인 형상이라고도 볼 수 있다. 자신의 이익을 위해 철저하게 기회를 도착하는 태도는 현대 사회를 살아가는 우리가 가지고 있는, 나아가 인간의 본성에 내재해 있는 성격의 단면일 수도 있다. 이에 비해 유비劉備의 모습은 처음부터 끝까지 언제나 어질고 현명한 모습만 보이는 인물로 묘사된다. 관우關羽 역시 처음부터 끝까지 충성스러운 모습으로 나타나며, 오로지 한 사람을 위해서 의를 다하는 인물로 그려진다. 역사서에는 유비劉備나 관우關羽 등과 같은 인물은 숭상하지만, 조조曹操와 같이 선善과 악惡의 특징이 뚜렷하게 구분되지 않은 인물은 깎아내렸다. 그러나 최근에는 기업의 처세술이나 경영 책략에 있어서 조조曹操의 가치관이 다시 주목받기 시작했는데, 이것은 그에 대한 시각이 이전과는 달라졌음을 보여 주는 것이기도 하다.

명나라明 상희商喜, ?~? 「관우금장도關羽擒將圖」 북경고궁박물원北京古宮博物院 소장 ⓒ wikimedia

탁하면서 "이 술이 식기 전에 화웅의 목을 가져오겠다."라고 말하고 바로 달려 나간다. 그리고는 바로 관우關羽가 화웅華雄의 목을 들고 돌아오는 승리의 장면으로 교차된다.

작가는 관우關羽가 출전하기 전에 상세히 묘사해오던 결투 장면을 완전히 생략하고, 관우關羽라는 보잘것없는 장수가 적진의 용맹한 장수인 화웅華雄의 목을 벤 것이 얼마나 신속하고 수월하였는지는 보여 주고 있는데, 그 정도가 '술에 아직도 온기가 남아 있다.'라는 간단한 표현을 통해 세밀한 묘사를 대신하고 있다. 화웅華雄은 관우關羽와 결투하기 전에 많은 장수를 만나 어떻게 싸우고 상대를 해치우는지 상세히 묘사했지만, 정작 관우關羽와 싸우는 장면에서는 오히려 간단히 언급하는 정도만으로 관우關羽가 어떻게 적의 수장을 쉽게 제압하는지 그의 뛰어난 싸움 기술을 강조했다.

술이 채 식기도 전에 관우關羽가 승리하고 돌아오는 장면은 독자에게 관우關羽와 화웅華雄의 결투를 주동적으로 추측하도록 하면서 작품 감상에 더욱 몰입하도록 만들었다. 관우關羽의 뛰어난 싸움 기술을 기대했던 독자들은 적을 제압해 가는 관우關羽의 모습을 극도의 축약縮約을 통해서 이전의 상세한 묘사 방식과는 다른 서사 표현에 맞닥뜨리게 된다. 이를 통해 독자는 오히려 작품에 대해 생경함을 불러일으키는 것과 함께 극적인 효과를 느끼게 된다. 줄거리의 전개 과정에서 이야기가 절정에 이르러 독자들에게 최고의 궁금증을 유발할 즈음에 그 궁금증을 바로 해결하지 않고 도리어 해당 부분을 생략함으로써 이미 조성된 긴장감을 늦춰 독자가 심각한 허탈감과 공허감을 느끼도록 한다. 이런 과정에서 독자는 상당히 낯선 느낌이 들게 되는데, 이러한 의외성의 묘사가 점차 작품의 흥미를 상승시키는 효과를 만드는 요소로 작용한다.[22]

『삼국지연의三國志演義』는 중국 역사소설歷史小說 중 최고의 작품이라는 평가를 받는다. 이후에 수많은 역사소설歷史小說에 큰 영향을 끼쳐 유사한 제재의 소설을 창작하는 데 있어서 중요한 저서로 자리매김하였다. 등장하는 인물과 세부적 내용이 풍부하고 자세하며, 서술의 풍격과 필치가 웅장하고 예리하다. 과장과 생략의 수법을 교대로 적용하여 예술적 성과를 크게 향상시켰고, 서사 기교와 방식을 치밀하게 구성하여 작품의 완성도를 끌어 올렸다. 이처럼 뛰어난 특징으로 오랜 시간이 흘러도 『삼국지연의三國志演義』는 세대와 지역을 초월하여 여전히 독자들의 사랑을 받고 있다.

2) 영웅전기英雄傳奇 소설: 『수호전水滸傳』

『수호전水滸傳』은 실제 북송北宋 말엽에 일어난 '송강宋江의 반란'을 주요 배경으로 하고 있다. 중국의 이십사사二十四史 가운데 하나인 『송사宋史』에는 송강宋江의 반란에 대해서 다음과 같이 기록하고 있다.

송강宋江이 거느리는 반란군은 황하黃河 북쪽의 하삭河朔에서 크게 일어나, 회남淮南의 여러 지방을 휩쓸고 10개 군郡을 침략했다. 그 기세가 대단하여 관군官軍이 감히 그

22 새로운 서사 내용이나 서사 방식을 독자가 수용하는 데 있어서 낯섦과 익숙함을 선택 혹은 조정하는 과정을 고찰하는 이론을 '중간 불일치 효과Moderately Incongruity Effect'라고 한다.

들을 당해내지 못했다. 송강宋江의 거침없는 침략을 두려워한 북송北宋 조정은 후몽侯蒙의 건의에 따라 송강宋江을 사면하고 방랍方臘을 토벌하게 하려고 하였지만, 후몽侯蒙의 죽음으로 그 뜻을 이루지 못했다. 이후 지주知州 장숙야張叔夜가 죽음을 각오하고 뛰어들 군사가 1,000명을 모아서 성城 근처에 매복시키고, 소수의 병력을 보내어 미리 매복해 있던 군사들과 협공하였다. 송강宋江의 반란군은 관군官軍의 승세에 기세가 눌렸고, 부두목까지 사로잡히자, 송강宋江은 더는 싸울 뜻이 없어져 항복하고 말았다.

송강宋江의 반란은 당시 사회를 크게 뒤흔든 일대의 사건이었다. 민중들에게는 송강宋江이 조정에 반기反旗를 든 사건이 시간이 흘러도 희미해지지 않고 오히려 다양한 내용이 첨가되어 확대되면서 계속 전승傳承되었다. 이후 이 '수호水滸 이야기'에 조정에 대한 민중의 불만과 사상을 대변하는 의미를 부여하기도 했다. 비록 송강宋江의 반란은 성공하지는 못했지만, 그들이 남긴 역사적 일화逸話나 정신은 시정市井의 저잣거리에 널리 퍼졌고, 당시 민중들은 송강宋江의 반란을 통해 폐해弊害로 가득 찬 당시 조정과 시대에 대한 불만을 직접 투영하는 계기로 삼았다. 송강宋江의 반란 사건이 민간에서 크게 유행하게 되자 이 역사적 사건에 다양한 이야기와 인물을 첨가하여 소설 작품으로 창작하게 되었다. 남송南宋 때에 이르러서는 이미 송강宋江의 반란 사건을 소재로 한 초보적 단계의 이야기가 만들어졌다.

(1) 『수호전水滸傳』이 만들어진 과정

송나라宋 나엽羅燁의 『취옹담록醉翁談錄』에는 송宋과 원나라元 화본소설話本小說이 수록되어 있다. 『취옹담록醉翁談錄』 갑집甲集 1권卷 『설경서인舌耕敍引』에는 「소설인자小說引子」와 「소설개벽小說開闢」의 두 편의 글이 실려 있다. 이 두 편의 문장은 『취옹담록醉翁談錄』에서 가장 가치 있는 부분으로 여겨지고 있다. 여기에 설화인說話人들이 구연口演 기술뿐만 아니라 역사와 사회를 비롯한 다양한 지식을 갖추어야 함을 상세하게 기술하고 있다. 「소설인자小說引子」에는 설화인說話人이 이야기를 시작하기 전의 첫머리에 관해 설명하고 있으며, 주로 7언言의 시구를 사용하였음을 말하고 있다. 「소설개벽小說開闢」은 설화인說話人의 설화說話 기술을 지도하는 이론적 내용으로 구성되어 있다. 여기에는 구술口述의 기예에 대해서 체계적으로 서술하고 있으며, 설화인說話人은 폭넓은 지식을 갖추어야 함을 강조하고 있다.

또한 「소설개벽小說開闢」에는 소설을 영괴靈怪, 연분煙粉, 전기傳奇, 공안公案, 박도朴刀, 간봉杆棒, 요술妖術, 신선神仙 등 여덟 가지로 분류하고, 각 부류 아래에 관련 화본話本의 제목을 열거하고 있다. 이것으로 미루어보아 당시 소설의 분류에 대한 명확한 개

일본 에도江戶 시대 우타가와 쿠니요시歌川国芳, 1797~1861
『수호전水滸傳』의 양지楊志 ⓒ wikipedia

념을 가지고 있었고, 화본話本에 포함된 내용을 비교적 명확하게 이해하고 있었음을 알 수 있다. 「소설개벽小說開闢」에 열거된 107종의 화본소설話本小說 제목은 송宋과 원나라元 시기 화본소설話本小說의 유형과 유행했던 작품을 유추하는데 중요한 자료가 된다.

107종의 서명書名 목록 중에서 박도朴刀에는 「청면수青面獸」, 「무행자武行者」, 「화화상花和尚」 등의 제목이 보이는데, 이 제목은 『수호전水滸傳』에 등장하는 인물들의 별호別號이다. '청면수青面獸'는 '양지楊志'를 가리키고, '무행자武行者'는 '무송武松', '화화상花和尚'은 '노지심魯智深'을 일컫는다. 작품의 서명書名을 통해 당시에 이미 『수호전水滸傳』의 초기 형태 작품이 존재했음을 알 수 있다. 다만 여기에는 작품의 제목만 기록되어 있어서 구체적인 내용이나 세부적인 묘사, 공연이나 구연口演 형태 및 관중의 반응 등이 어떠했는지는 자세히 알 수 없다. 하지만 당시에 이러한 작품들이 크게 유행했으며 많은 독자나 관중이 이와 같은 문학예술을 열정적으로 즐겼다는 사실은 분명하다.

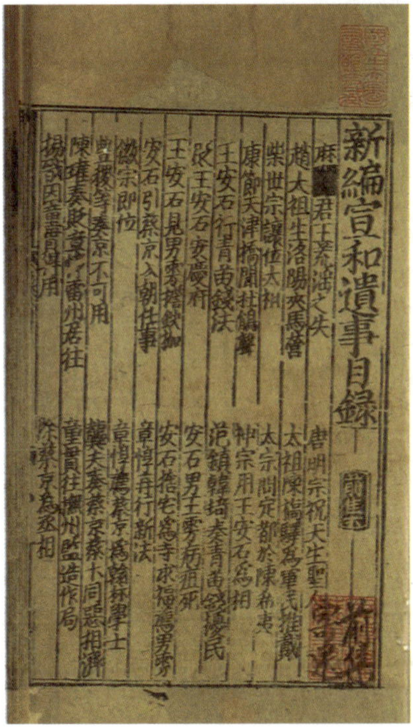

송나라宋 작자 미상 『신편선화유사新編宣和遺事』

ⓒ wikimedia

송나라宋와 원나라元 교체기에 주밀周密, 1232~1308이 편찬한 『계신잡식癸辛雜識』에 공개龔開, 1221~1305가 쓴 「송강삼십육인찬宋江三十六人贊」이 실려 있다. 이 글에는 송강宋江을 비롯한 36명의 이름과 별칭別稱이 완전하게 기록되어 있다. 송강宋江과 그 무리의 인명이 등장하는 것으로 봐서 송강宋江의 역사적인 사건을 바탕으로 한 초기 형태의 '수호水滸 이야기'가 민중들에게 이미 익숙한 내용이었음을 짐작할 수 있다.

또한, 이 무렵에 나온 강사講史 화본話本 소설집인 『대송선화유사大宋宣和遺事』에는 설화인說話人의 화본話本 소설 작품을 다수 수록하고 있다. 이 책에 수록된 『양산박취의

본말梁山泊聚義本末』은 『수호전水滸傳』 이전에 볼 수 있는 가장 완전한 '수호水滸 이야기'라고 할 수 있다.

이러한 여러 자료를 통해 '수호水滸 이야기'가 그 당시 항간에 크게 유행하고 있었음을 어렵지 않게 추측해 볼 수 있다. 이를 통해 살펴보면, 송宋과 원나라元 시기 이미 송강宋江과 여러 인물의 이야기는 민중들 사이에서 넓게 전해졌고, 그 당시 민중들이 즐겨 들었던 '수호水滸 이야기'는 오늘날의 우리가 볼 수 있는 완전한 『수호전水滸傳』이 아닌 인물 위주로 창작된 초기 형태라는 것을 알 수 있다. 그 후로 많은 작가와 설화인說話人의 수정과 첨삭을 거쳐 오늘날의 『수호전水滸傳』이 완성되었다.

'수호水滸 이야기'는 시간이 갈수록 더 풍성하고 큰 반응을 얻었다. 역사서에는 송강宋江과 관련된 간단한 기록이 전부이지만, 민중들의 풍부한 상상력이 더해져 하나의 작품으로 탄생하게 되었다. 송宋과 원나라元 화본話本에 36인이었던 등장인물이 명나라明를 거치면서 108명으로 늘어났고, 인물의 형상은 더욱 다양화되면서 다채롭게 표현되었다. 그뿐만 아니라 서사 내용과 수사 기교는 생동감이 더해져 현실감과 재미를 더했다. 줄거리 구성과 전개는 단조롭지 않고 한층 굴곡이 많아졌고 논리적인 서사 진

청나라清 작자 미상 「오채수호인물도반五彩水滸人物圖盤」

행으로 발전하였다.

(2) '수호水滸' 명칭의 유래와 다양한 의미

『수호전水滸傳』의 명칭에 대해서 살펴보면, 글자 그대로의 의미로는 '수水'는 물을 말하고, '호滸'는 물가를 뜻한다. '수호水滸'는 '물이 있는 곳의 가장자리'라는 의미이다. '전傳'은 개인이나 집단의 행적을 적은 기록을 말한다. 즉 '물가에서 일어난 영웅들의 이야기'라는 뜻을 담은 『수호전水滸傳』은 강과 호수, 습지로 둘러싸인 요새인 '양산박梁山泊'을 배경으로 펼쳐지는 이야기이다.

'수호水滸'는 단어적 의미 이외에 다양한 의미로 풀어내기도 한다. 먼저, '수호水滸'의 어원적 의미를 살펴보면, '수호水滸'라는 말은 가장 먼저 『시경詩經』의 「대아大雅」에 나타난다. '주나라周의 시조始祖인 고공단보古公亶父가 어느 날 아침에 말을 몰아서 서쪽 물가를 따라 기산岐山 아래에 이르렀다네.'[23] 이 시구의 배경을 살펴보면, 상나라商가 중흥中興 단계에 이르렀을 때, 서북西北의 황토고원에 주周부족이 있었다. 다른 부족들은 틈만 나면 찾아와 그들에게 트집을 잡고 위협했으며, 또한 그곳에는 이러다 할 곡식도 재배하지 못하는 척박한 땅이었다. 주나라周 사람들은 주변의 위협과 식량의 부족으로 많은 고통을 겪었다. 주나라周의 시조始祖인 고공단보古公亶父는 온 가족을 데리고 기산岐山의 주원周原으로 왔는데, 이곳은 토지가 비옥할 뿐만 아니라, 그들을 괴롭히는 부족도 없어서 주周부족 사람들은 평안하게 그 자리에 뿌리를 내렸다. 이후 여러 세대에 걸쳐 상나라商를 무너뜨리고 주나라周를 세운 것은 모두 주원周原에 뿌리를 둔 덕택이었다. 『시경詩經』에서의 '수호水滸'는 '주원周原'을 지칭하는 것으로, 이곳은 사람이 살기에 적합하며, 이후 삶의 활로와 안식처를 대신한다고 볼 수 있다.

다음으로, '수호水滸'가 '산채山寨의 명칭'에서 유래되었다고 보는 견해이다. '산채山寨'는 산에 돌이나 목책 따위를 둘러 만든 요새 같은 곳을 의미하는데, 주로 산적들의

23 古公亶父, 來朝走馬, 率西水滸, 至於岐下. 『시경詩經』 「대아大雅」

소굴이나 근거지를 말한다. 『수호전水滸傳』의 영웅들이 하나둘씩 모여들었던 곳이 '양산박梁山泊'인데, 이곳의 산채山寨를 '수호水滸'라고 불렀다. 『수호전水滸傳』에도 '이 행자는 경양강景陽岡에서 호랑이를 잡았으니, 수호채水滸寨에서 가장 뛰어난 영웅이다.'[24] 라는 표현이 있다.

'수호水滸'라는 어휘와 어원, 명칭의 유래 이외에도 '수호水滸'는 다양한 의미를 지니고 있다. 그중에서 '중심'과 '주변'이라는 개념을 통해 살펴보면, 중국의 전통적인 지리 관념은 땅은 사방으로 난 네모 형태를 가지고 있고, 하늘은 넓고 둥글다고 여겼다. 이 네모의 땅끝에 물이 있는데, 이를 '수호水滸'라고 한다. '땅'은 통치 권력의 영향이 미치는 곳을 의미하는 '중심' 지역으로 생각해 볼 수 있고, '수호水滸'는 땅 바깥에 있는 '물가'를 일컫는 것으로, 조정의 통치 권력이 미치지 못하는 '주변' 지역으로 이해할 수 있다. '수호水滸'에 사는 사람들은 기존 권력 집단의 통치에서 벗어나 주위를 맴도는 '주변의 집단'이라고 말할 수 있는데, 현실을 견디지 못하고 떠날 수밖에 없는 영웅들의 모습을 나타낸 것이라고 할 수 있다. 그들을 다룬 이야기가 바로 『수호전水滸傳』이라고 보는 것이다.

(3) 『수호전水滸傳』의 저자에 대한 견해

『수호전水滸傳』은 『송사宋史』에 전해지는 간략한 기록에 오랫동안 설화인說話人에 의해서 윤색되고 가공되어 '송강宋江의 반란' 이야기가 만들어졌다. 『수호전水滸傳』은 이전의 풍부한 민간 설화와 강설講說 자료를 바탕으로 명나라明 초쯤에 시내암施耐庵에 의해서 소설로 꾸며졌다. 처음에는 사본 형태로 전해지다가 다시 정리되어 명나라明 가정嘉靖 연간1522~1566에 『충의수호전忠義水滸傳』 100회 본으로 간행되었다가 명나라明 말엽에는 일부 내용이 추가되어 120회 본으로 출간되기도 했다.[25]

---

24 這行者景陽岡曾打虎, 水滸寨最英雄. 『수호전水滸傳』

25 『수호전水滸傳』의 판본은 역대로 출판된 소설 가운데 가장 복잡하다고 할 수 있다. 조본祖本, 번본繁本, 간본簡本 등으로 나누어지고, 그 종류만도 수백 종 이상이라고 알려져 있다. 일반적으로 통용되는 판본으로는 70회 본, 100회

『수호전水滸傳』의 작가에 대해서는 시내암施耐庵이라는 설과 나관중羅貫中이라는 설 그리고 나관중羅貫中과 시내암施耐庵의 함께 창작했다는 설 등 여러 가지가 존재하지만, 일반적으로는 시내암施耐庵이 저자라고 여겨지고 있다. 나관중羅貫中, 1330?~1400?과 시내암施耐庵, 1296?~1370?은 비슷한 시기에 활동했던 작가로, 이 둘은 서로의 작품에 대해서 수정과 첨삭 과정을 어느 정도 함께 했을 것으로 추측된다. 시내암施耐庵과 나관중羅貫中이 합작했다는 가설假說은 바로 이러한 과정에서 나왔을 것이다. 나관중羅貫中과 시내암施耐庵은 『삼국지연의三國志演義』와 『수호전水滸傳』이라는 아주 뛰어난 역사소설과 영웅소설을 완성하였다. 이들이 친분이 매우 두터웠는지는 정확하게 알 수 없지만, 서로 동료의식을 갖고 작품 창작과 편찬에 도움을 주었음은 분명해 보인다.

『삼국지연의三國志演義』의 창작에서 사실과 허구의 비율이 7할과 3할이라고 하는 데 비해서, 『수호전水滸傳』은 허구의 비율이 훨씬 더 높다. 송강宋江이 비록 실존했던 인물이었지만, 송강宋江 집단의 봉기는 조정에 반기反旗를 드는 일대의 사건이었기에 실제로 그 궐기와 진압 과정이 정확하게 기술되지 않았을 가능성이 크다. 『삼국지연의三國志演義』의 조조曹操나 유비劉備, 관우關羽, 장비張飛 같은 인물은 정치 지배 세력의 범위에 속해있기 때문에 역사 속에서도 관련된 기록과 자료가 많이 보인다. 하지만 송강宋江은 반역자를 상징하고 있기에 역사 속에서 정당하게 기록될 수는 없었을 것이다. 실제로 남아있는 자료를 통해 유추해 보면 송강宋江은 그 당시 민중의 의식과 행동을 대변했고, 통치 권력 집단에 크게 위협을 준 인물로 보인다. 『수호전水滸傳』에서 그의 이러한 모습이 과장되면서 매우 두드러져 세상을 바꾸는 영웅 형상으로 그려지고 있다.

본, 120회 본 등이 있다. 과거 우리나라에서 출판된 『수호전水滸傳』 관련 책들은 대부분 일본의 책을 번역하거나 혹은 원전原典을 바탕으로 편역한 것이 많았다. 따라서 『수호전水滸傳』 원전原典에 가깝다고 보기에는 힘들었다. 1990년에 이르러 중국 연변대학교의 『수호전水滸傳』 번역위원회에서 우리말로 번역한 『수호전水滸傳』을 우리나라 청년사에서 출판했다. 우리말로 번역한 『수호전水滸傳』 중에서 최초의 완역본이라고 할 수 있다. 원전原典을 충실하게 번역하다가 보니, 일부 내용과 서술, 단어와 어투 등에서 우리의 실정과는 맞지 않는 부분이 발견되기도 하지만 현재까지 『수호전水滸傳』을 번역한 책 중에서 가장 원전原典에 가까우면서 완성도가 높다고 할 수 있겠다.

(4)『수호전水滸傳』의 주제 사상

『수호전水滸傳』의 전체 내용을 아우르고 매회每回 이야기를 통과하는 주제 사상은 '관리가 핍박하니 백성이 반항한다官逼民反'이다. 이 말은 조정에서 백성들에게 위협과 폭력을 일삼으니 민중이 어쩔 수 없이 반란을 일으킨다는 의미이다. '관핍민반官逼民反'의 주제는『수호전水滸傳』의 전체 내용을 아우르고『수호전水滸傳』의 사상적 특징을 정한다고 볼 수 있다.『수호전水滸傳』에 등장하는 인물들은 간사한 이들의 불의不義와 조정의 부패腐敗에 적극적으로 맞서는 영웅들이고, 또한 자기 뜻을 펼치기 위해 기꺼이 목숨을 걸고 관군官軍과 결연히 대항하는 호걸들이다. 이러한 정신精神과 기개氣概는 삶의 마지막 단계에 이르러 발휘되는 절실함과 간절함이 드러난 행동으로 볼 수 있다. 또한, 피할 수 없는 상황에서 대의大義를 위해서 개인을 희생하는 고결한 정신을 보여 주고 있다.

『수호전水滸傳』에 등장하는 많은 영웅은 양산박梁山泊에 하나둘씩 모여서 영웅집단을 구성한다. 본래『수호전水滸傳』에 등장하는 108명은 모두 선량한 사람들이었다. 그러나 당시의 부패한 정치 집단은 이러한 사람을 그대로 놔두지 않고 억압하고 위협했다. 그들은 원치 않게 자신들의 터전을 떠나서 양산박梁山泊을 기점으로 영웅집단에 합류하게 되었다. 108명의 영웅은 겉으로는 스스로 영웅집단에 합류하는 것처럼 보이지만, 그 이면에는 관의 핍박을 견디지 못해 어쩔 수 없이 참여하거나 관에 대한 깊은 반항으로 양산박梁山泊 집단에 가담했다고 할 수 있다. 그러므로『수호전水滸傳』의 전개 과정에서 '관핍민반官逼民反'이라는 주제는 여러 장면 묘사나 인물의 행동에서 분명하게 드러나고 있다.

『수호전水滸傳』은 영웅들이 부패한 권력에 의해서 양산박梁山泊에 모이게 되고, 어쩔 수 없이 관군官軍에 맞서는 과정을 자세하게 묘사하고 있는데, 이러한 서사 전개에는 허구와 환상적인 내용이 매우 적고 대부분 사실적인 내용으로 채워지고 있다. 전반부에는 영웅 인물에 대한 전기적 기술 방식을 택하고 있고, 영웅 인물들이 양산박梁山泊에 모인 이후에는 개인의 전력이나 경험보다는 양산박梁山泊 집단의 반란 활동과 조정으로 귀순, 이민족을 토벌하는 등 집단 전체의 활동 묘사가 주를 이룬다. 주제를 드러내는 과정에서 서술 방식은 대단히 현실적이며 직접적인 서사 기법을 택하고 있다. 그러나 특이한 점은 『수호전水滸傳』의 도입부에 나타나는데, 1~2회에 등장하는 신화神話와 같은 환상적인 내용은 작품의 전체적인 서술 경향과는 상당히 다르다. 이는 『수호전水滸傳』의 인물형상을 그리는 데 있어서 신성성神聖性과 당위성當爲性을 부여하고자 하는 의도에서 계획된 것으로 보이는데, 청나라淸 장편소설長篇小說인 『홍루몽紅樓夢』을 비롯한 일부 작품에서도 종종 나타나고 있다.

『수호전水滸傳』의 도입부를 살펴보면, 북송北宋 때 인종仁宗은 나라에 역병이 돌자 태위太尉 홍신洪信에게 장진인張眞人를 찾아가 역병을 물리치도록 기도를 부탁하게 한다. 홍신洪信이 도착했을 때 장진인張眞人은 때마침 없었고, 그는 실수로 '복마전伏魔殿'에 가두어 둔 36명의 천강성天罡星과 72명의 지살성地煞星인 108명의 마성魔星을 풀어주게 된다. 봉인에서 깨어난 108명의 마성魔星은 세상으로 흩어져 버린다. 시간이 흘러 세상이 혼란해지고 황제는 무능하며 간신들은 폭정을 일삼았다. 이에 과거에 풀려났던 108명의 마성魔星이 현세에 108명의 호걸로 강림하여 양산박梁山泊을 본거지로 삼아 반란을 일으켜 관군官軍을 괴롭히는 사건이 일어났다.

『수호전水滸傳』 속에 등장하는 108명 인물은 하급관리, 무관, 문인, 농어민, 상인, 도박꾼, 도둑 등으로 상당히 복잡하고 다양하다. 이들은 각각 조정의 핍박을 받아왔고 여러 가지 혐의를 덧씌워져 한 명씩 양산박梁山泊에 모이게 된다. 『수호전水滸傳』에 등장하는 인물들이 평범한 인물처럼 보이지만, 사실은 마성魔星의 기운을 타고난 특별한 인물이다. 이처럼 남다른 정기를 가지고 태어난 108명의 영웅이 양산박梁山泊에 모여서 반역을 꾀하지만, 결국에는 조정의 회유懷柔를 받아들이게 되며, 마지막에는 죽거나 흩어져 비극적인 결말을 맞게 된다.

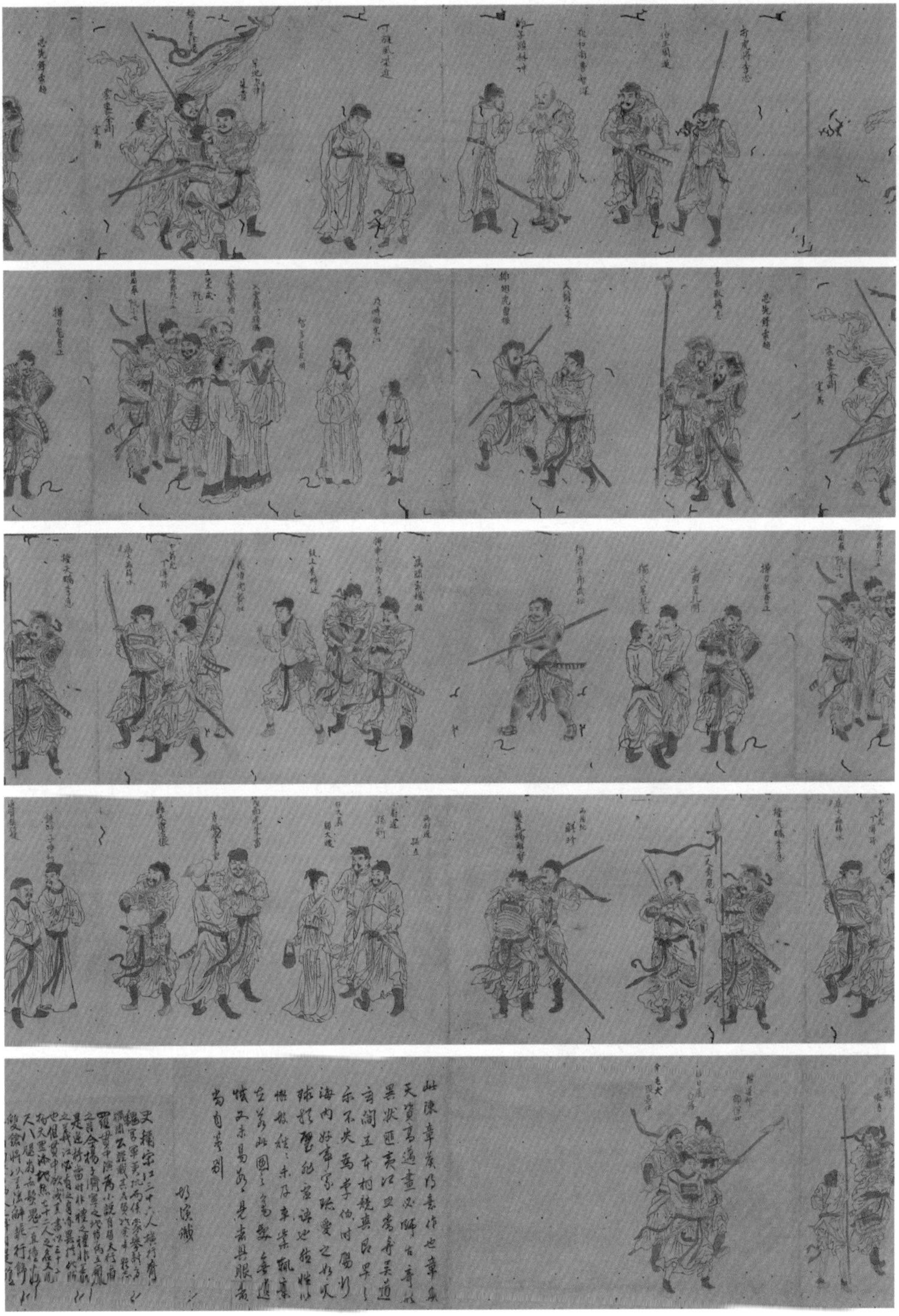

명나라明 말엽 진홍수陳洪綬, 1599~1652 「수호백팔인화상임본水滸白八人畫像臨本」 ⓒ wikimedia

(5) 『수호전水滸傳』의 인물 묘사

① 주제 사상과 깊이 관련된 인물: 임충林沖

『수호전水滸傳』에서 등장하는 여러 인물 가운데 중요한 특징을 가진 인물은 표범의 머리란 뜻의 '표자두豹子頭' 별호別號를 가지고 있는 임충林沖이다. 그는 80만萬 금군禁軍의 교두敎頭이다. '금군교두禁軍敎頭'는 무관武官으로 송나라宋 황궁의 수비를 책임지고 있었다. 그는 창술과 봉술에서 양산박梁山泊 제일의 실력을 지니고 있었다.

『수호전水滸傳』의 첫머리에는 악인惡人으로 대표되는 인물이 출현하는데, 바로 고구高俅이다. 고구高俅는 그 당시 황제의 신임을 받는 고관高官으로 『수호전水滸傳』에서 가장 먼저 등장하는 인물이다. 그는 북송北宋 때 시정市井의 건달 출신으로 축국蹴鞠을 잘하여 단왕端王에 눈에 들었다. 단왕端王이 이후 휘종徽宗으로 즉위하자, 군대의 수장이라고 할 수 있는 태위太尉가 되었다. 고구高俅에게는 고아내高衙內라는 양아들이 있었는데, 고아내高衙內는 양아버지인 고구高俅의 권력에 의지하여 온갖 파렴치한 짓과 부정부패를 저질렀다.

일본 츠키오카 요시토시月岡芳年, 1839~1892 「표자두임충어산신묘전살육우후豹子頭林沖於山神廟前殺陸虞候」 © 일본국립국회도서관日本國立國會圖書館

어느 날 고아내高衙內는 절에 향을 피우러 가던 임충林沖과 그의 아내를 보게 되었다. 고아내高衙內는 임충林沖 아내의 미모에 반해 끊임없이 그녀에게 수작을 건다. 임충林沖은 처음에는 적극적으로 나서서 아내를 지키려고 하였지만, 나중에 고아내高衙內가 고구高俅의 양아들임을 알고 더는 어찌하지 못한 채 고아내高衙內가 한 행동을 덮어 주기로 마음먹는다. 고아내高衙內는 임충林沖이 자신에게 모욕

감을 줬다고 여겨서 임충林冲에 대해 강한 불만을 품고서 이 일을 고구高俅에게 일러바친다. 고구高俅의 모함으로 임충林冲은 창주滄州로 유배를 가게 된다. 고구高俅는 부하에게 지시를 내려 호송 도중에 임충林冲을 몰래 죽이라고 했고, 임충林冲이 죽게 되는 위기의 순간에 때마침 임충林冲과 의형제를 맺었던 노지심魯智深이 나타나 임충林冲은 겨우 목숨을 건진다. 임충林冲은 유배지에 도착해서도 다시 복귀할 희망을 품고 성실하게 복역했지만, 자신을 죽이기 위해 유배지까지 쫓아 온 친구인 육겸陸謙의 의도를 알게 된다. 임충林冲은 결국 그를 죽이고서는 유배지에서 도망친다. 임충林冲은 현재의 지위와 평범한 삶을 지키기 위해 상관인 고구高俅와 조정에 반항하는 것을 절대로 원치 않았지만, 현실적으로 불가능하다는 것을 알고 부득이하게 양산박梁山泊 집단에 가담하게 된다. 임충林冲의 이야기가 『수호전水滸傳』에서 가장 먼저 나오는 이유는 바로 『수호전水滸傳』의 주제와 매우 밀접하게 관련되어 있기 때문이다. '관리가 핍박하니 백성이 반항한다.'라는 『수호전水滸傳』의 큰 주제와 직접 맞닿아 있는 부분이 바로 임충林冲이 양산박梁山泊에 합류하는 과정을 그린 내용이다.

② 용감하고 호탕한 성격의 영웅적 인물: 무송武松

무송武松은 『수호전水滸傳』에서 중요한 인물 중의 한 명이다. 『수호전水滸傳』의 배경과 영향, 등장인물과 서술묘사를 살펴보면, 무송武松은 『수호전水滸傳』 속의 여러 이야기와 깊이 연결되어 있다.

첫째, 『금병매金瓶梅』 서사의 발단 배경 인물

무송武松은 『금병매金瓶梅』의 주인공인 반금련潘金蓮과 밀접한 관련이 있다. 『수호전水滸傳』에서 무송武松이 등장하는 '무송武松이 형수를 죽이다'라는 짧은 이야기가 이후 확대되면서 크게 발전하여 100회에 달하는 『금병매金瓶梅』로 완성된다. 『금병매金瓶梅』에는 반금련潘金蓮과 무송武松, 서문경西門慶 등이 등장하는데, 무송武松은 힘과 주먹질을 잘 써서 장사壯士의 기질을 타고난 인물로 그려지고 있다. 그에게는 '무대랑武

일본 에도江戸 시대 우타가와 쿠니요시歌川国芳, 1797~1861
『수호전水滸傳』의 「행자무송行者武松」 © 영국박물관The British Museum

大郎'이라는 형이 있었다.[26] 무대랑武大郎은 무송武松과는 외모와 성격 면에서 뚜렷하게 차이가 나는 인물로 묘사된다.

무대랑武大郎은 어린 시절 부모님을 일찍 여의고 어린 동생 무송武松을 돌보며 지냈다. 어린 나이에 동생을 위해 헌신하다 보니, 키가 작아 무송武松과 비교가 되었다. 무송武松은 그런 형에게 항상 고마움과 미안함을 느끼고 있었다. 무송武松은 키가 훤칠하

26 '대랑大郎'이라는 것은 항렬이 첫째라는 것으로 맏이, 맏아들을 뜻할 뿐 별다른 의미는 없다. 『금병매金甁梅』의 무대랑武大郎은 무씨武氏 집안의 큰아들 정도로 이해할 수 있겠다.

며 이목구비가 분명한 건장한 남자인 데 반해서 무대랑武大郎은 키도 작고 못생겼으며, 어리숙한 행색으로 그야말로 남자로서의 매력이 단 하나도 없는 인물이었다. 그러나 무대랑武大郎은 당시 매우 아름다운 여인이었던 반금련潘金蓮과 결혼을 하게 되었다. 반금련潘金蓮이 무대랑武大郎과 결혼하게 된 이유는 그녀가 시녀로 있었던 장대인張大人이 그녀를 추행하자 그녀는 장대인張大人의 부인 여씨余氏에게 이 사실을 일러바쳤다. 크게 화가 난 여씨余氏는 장대인張大人이 보란 듯이 반금련潘金蓮을 키도 작고 못생긴 데다가 가진 재주도 없어 마을에서 늘 멸시받았던 노총각 무대랑武大郎과 강제로 결혼시킨 것이다. 무대랑武大郎은 취병炊餅 장사를 하면서 반금련潘金蓮을 위해 살아가려고 애썼고, 또한 아내를 정성껏 대했다. 그러다 무대랑武大郎은 양곡현陽谷縣에 정착하여 동생 무송武松과 만나게 되면서 함께 살게 된다.

무대랑武大郎의 아내인 반금련潘金蓮은 무송武松의 외모에 반하여 여러 차례 그를 유혹하지만 강직한 무송武松은 단호하게 거절하면서 받아들이지 않았다. 반금련潘金蓮은 이어서 무송武松이 자신을 유혹했다고 무대랑武大郎에게 거짓으로 일러바치지만, 무송武松과 무대랑武大郎의 우애가 깊어 무대랑武大郎은 그녀의 거짓말에 넘어가지 않았다. 무송武松은 반금련潘金蓮을 피해 관사官舍로 거처를 옮긴다. 한편 무송武松이 현령縣令의 명으로 다른 곳으로 심부름을 떠난 사이에 반금련潘金蓮은 서문경西門慶과 정을 통하고, 그 사실을 무대랑武大郎에게 들키고 만다.

이때 서문경西門慶에게 맞아서 다친 무대랑武大郎이 무송武松이 돌아오면 가만 안 두겠다고 말하자 겁이 난 서문경西門慶은 무대랑武大郎을 독살할 계획을 세우고 결국 그를 살해한다. 집으로 돌아온 무송武松은 형의 죽음을 슬퍼하면서 한편으로는 그의 갑작스러운 죽음을 의심한다. 형이 억울하게 죽었음을 느낀 무송武松은 반금련潘金蓮을 추궁하면서 그들의 모의謀議를 더욱 확신하게 되었고, 이어서 반금련潘金蓮과 서문경西門慶을 처참하게 죽이고는 자수한다.

무대랑武大郎과 반금련潘金蓮이 관련된 이 이야기에서 분기점을 만들어져 반금련潘金蓮과 서문경西門慶이 살아남고, 무송武松은 귀양을 갔다가 다시 돌아온다는 이야기로 발전하게 되는 것이 바로 『금병매金甁梅』이다. 무송武松이 도두都頭 벼슬을 박탈당하고 형벌을 받아 유배지로 끌려가게 되는데, 이 과정에서 여러 차례 자신을 죽이려는 시도로 인해 무송武松 또한 어쩔 수 없이 양산박梁山泊에 가담하게 되는 것이 『수호전水滸傳』의 내용이다.

둘째, 스스로 영웅으로 여긴 자존감自尊感 높은 인물

무송武松은 용감하고 대담한 성격을 갖고 있다. 노지심魯智深과 비슷한 성격을 보이지만, 무송武松은 노지심魯智深과 비교하면 조금 더 차분하고 침착한 면을 드러낸다. 무송武松은 자존감自尊感이 매우 높아서 자신이 영웅임을 한시도 잊지 않았다. 이는 송강宋江과 의형제를 맺는 장면과 경양강景陽岡을 술에 취해 혼자서 넘는 과정에서 잘 드러나 있다.

무송武松은 이전에 청하현淸河縣에서 술에 취해 한 관리와 싸움질을 하다가 그 관리를 때려 기절시켰다. 무송武松은 그 관리가 죽은 줄 알고 시진柴進의 집으로 피신해 1년 가까이 조용히 머물렀다. 시진柴進의 집에서도 술만 마시면 사람들에게 행패를 부리고 주먹질을 해서 다들 그를 싫어했다. 주위의 사람들이 시진柴進에게 그의 됨됨이를 알렸지만, 시진柴進은 아랑곳하지 않고 무송武松에게 예를 다해서 대했다. 무송武松은 나중에 그가 때린 관리가 죽지 않고 기절했음을 알게 되었는데, 때마침 학질에 걸리는 바람에 청하현淸河縣으로 돌아가지 못하고 기력을 회복하기 위해 휴양하고 있었다. 이 무렵 송강宋江이 시진柴進의 집에 들르게 되었고, 술에 취한 송강宋江이 우연히 무송武松의 옆에 있는 화로를 차게 되었는데, 무송武松이 벌떡 일어나 시비를 걸며 그와 싸우려고 하였다. 시진柴進이 무송武松을 책망하며 송강宋江을 소개해주자 송강宋江의 명성을 알고 그 자리에서 사과하면서 그와 의형제를 맺는다. 송강宋江은 무송武松의 영웅다운 모습이 마음에 들어 자신의 재물을 덜어 무송武松에게 나누어 주었다. 무송武松은 몸이 나아져 예전처럼 건장한 모습으로 돌아왔고, 시진柴進의 집을 떠나 고향으로 돌아가기 위해 길을 나선다.

무송武松이 고향인 청하현淸河縣으로 돌아가는 과정에 경양강景陽岡에 이른다. 경양강景陽岡 고개 아래의 주막에서 허기진 배를 채우게 되는데, 주막의 주인은 경양강景陽

岡 고개에 식인 호랑이가 자주 출몰하여 당한 이가 많다고 하면서 관청에서도 방문榜文을 붙여 혼자서 고개를 넘는 것을 경고하고 있다고 말했다. 게다가 이 주점에서 파는 술은 너무 독해서 '석 잔을 마시면 고개를 넘을 수 없다.'라고 하여 '삼완불과강三碗不過崗'이라고 하는데, 이 술을 거나하게 마시고 혼자서 고개를 넘는다는 것은 더욱 위험한 일이라고 말렸다. 주막의 주인은 진심으로 그에게 술을 더는 마시지 말라고 권했지만, 무송武松은 과감하게 그의 충고를 무시하고 취하도록 맘껏 마셨고, 이어서 혼자서 경양강景陽岡 고개로 올라갔다. 무송武松이 올라가다 보니 주막 주인의 말대로 식인 호랑이를 조심하고, 무리를 지어 고개를 넘으라는 방문榜文이 붙어 있는 것을 발견할 수 있었다. 하지만 무송武松은 다시 주막으로 내려간다면 영웅의 체면이 서지 않아 비웃음을 당할까 싶어 그대로 계속해서 경양강景陽岡 고개를 넘는다.

셋째, 호랑이를 주먹으로 때려잡은 영웅호걸英雄豪傑

무송武松은 경양강景陽岡 아래 주막 주인의 만류에도 불구하고 술에 취해 홀로 경양강景陽岡 고개를 넘는다. 이때 경양강景陽岡에서 식인 호랑이와 맞닥뜨리게 되는데, 호랑이와의 결투 장면은 『수호전水滸傳』에서 가장 뛰어난 묘사로 여겨지고 있다. 다음은 무송武松이 호랑이를 주먹으로 때려잡은 장면을 묘사한 것이다.

> 호랑이는 주리기도 하고 목도 말랐던지라 두 앞발로 사뿐 땅바닥을 짚더니 나는 듯이 허공에 뛰어올랐다가 내려오며 덮쳐든다. 하도 놀란 무송은 몸에 배었던 술이 다 식은땀으로 변하여 흘러나왔다. 그야말로 아슬아슬한 순간이었다. 호랑이가 덮치자 무송은 몸을 날려 얼핏 그놈의 뒤로 피했다. 호랑이가 제일 싫어하는 것은 사람이 뒤에 있는 것인지라 그놈은 앞발로 땅바닥을 짚고 궁둥이를 쳐들며 뒷발질을 한다. 무송은 또 날쌔게 한쪽 옆으로 피했다. 뒷발질했어도 그를 차지 못하자 호랑이는 "어흥" 소리를 지르는데 마치도 허공에서 울리는 뇌성같이 산골짜기를 드렁드렁 울렸다. 그러자 이번에는 꼬리를 쇠뭉치처럼 빳빳이 세워서 휙 후려친다. 무송은 또 한 번 몸을 피했다. 본시 호랑이란 놈이 사람을 해칠 때에는 한 번은 덮치고 한 번은 차고 또 한 번은 후려치는 법인데 그 세 가지로 다 안 됐을 때는 풀이 절반쯤은 꺾이게 된다. 그런데 이놈은 또다시 꼬리로 후려쳤다. 이번에도 제대로 갈기지 못한 그놈은 재차 '어흥' 소리를 지르면서 홱 돌아선다.

호랑이와 마주 서게 된 무송은 몽치를 두 손으로 쳐들었다가 있는 힘을 다해서 한 대 내리갈겼다. 와지끈하는 소리와 함께 나뭇가지와 잎새들이 우수수 떨어졌다. 다시 본즉 엉겁결에 내리친다는 것이 호랑이는 맞히지 못하고 마른 나무를 후려갈겨 손에 든 몽치가 두 토막이 나서 절반은 날아가고 절반만 손에 남았다.

호랑이가 연해 소리를 지르면 재차 덮치니 무송은 이번에도 몸을 날려서 십여 보 밖으로 나섰다. 호랑이가 다시 덮쳐와 그놈의 앞발이 발부리 앞을 짚을 때 무송은 동강이 난 몽치를 내던지고 두 손으로 호랑이의 대가리를 움켜쥐고 내리눌렀다. 호랑이는 용을 쓸 대로 썼으나 무송이 있는 힘껏 내리눌러서 빠져날 수 없었다. 무송은 손으로 내리누르는 한편 발길로 호랑이의 이마빼기와 눈통을 연신 걷어찼다. 호랑이가 고함을 지르며 앞발로 긁어 치는 바람에 땅에 구덩이가 생겼다. 이때라고 생각한 무송은 호랑이의 주둥이를 그 구덩이에다 눌러 박았다. 호랑이는 무송한테 눌려서 맥이 어지간히 빠졌다. 무송은 왼손으로 호랑이의 정수리를 움켜쥐고 단단히 누르고 오른손을 빼 쇠망치 같은 주먹으로 있는 힘을 다해서 마구 내리쳤다. 육, 칠십 번이나 내리치자 호랑이는 눈과 입과 코와 귀로 피가 터져 나왔다. 무송은 평생의 위력과 있는 무예를 다 써서 잠시간에 호랑이를 때려눕혔는데 마치 큰 비단 부대를 엎드려 놓은 것 같았다. 『신역新譯 수호지水滸誌』[27]

『수호전水滸傳』에서는 전투와 싸움에 대한 묘사도 있고, 인물 간의 갈등과 복잡한 심리 묘사도 있다. 전쟁 묘사에 있어서는 서술적 기교와 성취가 『삼국지연의三國志演義』보다 떨어지는 듯하고, 인물 묘사에 있어서도 『금병매金甁梅』나 『홍루몽紅樓夢』에 비해 뛰어나다고 말하기 어렵다. 하지만 『수호전水滸傳』에는 전쟁 묘사와 인물 묘사가 적절하게 잘 어우러져 있어 예술적 성과가 뛰어나다. 『수호전水滸傳』에서 가장 생동감이 있는 장면이라고 하면, '무송武松이 호랑이를 주먹으로 때려잡은武松打虎' 광경이라고 할 수 있다. 이 장면은 『수호전水滸傳』의 120회回 가운데 가장 뛰어난 묘사로 평가받고 있으며, 후대에도 계속해서 사람들에게 회자膾炙되는 부분이기도 하다.

27 시내암施耐庵 著, 연변대학 『수호전水滸傳』 번역위원회 譯, 『신역新譯 수호지水滸誌』, 서울: 청년사, 1990년.

조선朝鮮 시대 윤덕희尹德熙, 1685~1776 「격호도擊虎圖」 명나라明 소설집 『성세항언醒世恒言』의 삽화를 참고

③ 의義와 충忠의 갈등 그리고 초안招安: 송강宋江

'초안招安'이라는 말은 '불러서 위로하거나 회유懷柔하다.'라는 뜻이다. 즉, 백성이나 야인野人들을 불러 나라에 복종시켜 난리를 꾸미지 못하게 안심시킨다는 의미를 지니고 있다. 조정에 대해 반기反旗를 든 송강宋江이 관군官軍과 첨예하게 대치하게 되었는데, 관군官軍은 송강宋江의 신출귀몰한 전술에 매번 당하기만 했다. 송강宋江을 비롯한 수많은 영웅호걸英雄豪傑이 포진해 있는 양산박梁山泊은 천혜의 요새였으며, 양산박梁山泊에 모여 있는 108명의 영웅 가운데에는 수전水戰에 강한 이들도 많았다. 그러다 보니 조정에서 수군水軍을 파견해도 매번 실패할 수밖에 없었고, 병력도 대거 잃게 되었다. 이렇게 계속해서 승리하는 상황에서 양산박梁山泊의 영웅들을 이끄는 송강宋江은 언제까지 조정을 상대로 대립을 할 수 없음을 잘 알고 있었다. 양산박梁山泊의 우두머리인 송강宋江은 황제인 휘종徽宗이 양산박梁山泊의 영웅들을 인정하고 그들의 능력을 제대로 써 주기기를 바랐다. 송강宋江은 출중한 외모와 뛰어난 언술을 가진 연청燕青을 시켜 휘종徽宗의 여인인 기녀妓女 이사사李師師와 한번 만날 수 있는 자리를 마련하도록 하였다. 그는 연청燕青을 통해 이사사李師師에게 접근했고, 마침내 휘종徽宗이 송강宋江을 회유懷柔하게 되었다.

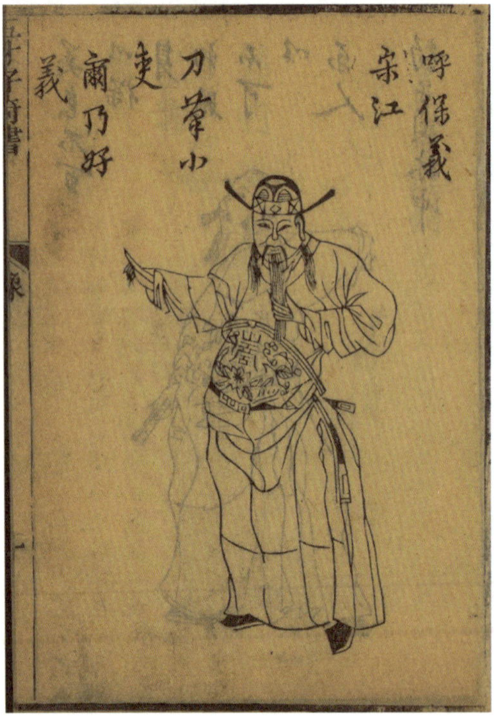

『수호전水滸傳』의 송강宋江 ⓒ wikipedia

송강宋江은 조정의 초안招安에 대해서 그대로 받아들여야 할지, 아니면 자신들의 원래 목표대로 계속 싸워나가야 할지를 고민했다. 송강宋江은 원래 지주地主의 자제로 국가에 충성하고 부모님께 효도하는 이른바 유교적儒教的 도덕규범을 오랫동안 교육받아온 인물이었으며, 지방 관아官衙의 하급관리로 조정의 벼슬도 맡고 있었다. 이러한 사상적 배경을 가진 송강宋江은 양산박梁山泊의 수령首領으로 정해지자마자 회의 장소인 '취의청聚義廳'을 '충의당忠義堂'으로 바꾼다. 더불어 '하늘을 대신해 도를 행하고 나라를 도우며 백성을 편안히 한다.'라는 기치旗幟를 내걸게 된다. 비록 '충의당忠義堂'의 현판에는 '충忠'과 '의義'를 같이 내세우고 있는 듯하지만, 사실은 송강宋江의 정신이 '의義'보다는 '충忠'에 상당히 치우쳐져 있음을 상징적으로 보여 주고 있다. 이는 송강宋江의 마음속에는 수많은 영웅이 어쩔 수 없이 양산박梁山泊에 모이게 되고 대의大義를 도모하면서 조정에 반기를 들게 되었지만, 도적이나 반역反逆의 무리로 여겨지는 것을 원하지 않는다는 의식이 자리 잡고 있음을 알 수 있다. 만약 조정의 초안招安을 받는다면 언제든지 충忠을 실현할 수 있는 사상적 경향을 품고 있었던 것이다.

『수호전水滸傳』의 오용吳用 ⓒ wikipedia

그렇기에 그는 황제의 회유안懷柔案을 받고서 조정에 귀순하기로 한다. 조정의 회유懷柔 정책으로 초기에는 양산박梁山泊의 영웅들에게도 관직이 주어졌다. 그러던 중에 북쪽에서 오랑캐들이 침범해오자 조정에서는 이러한 영웅들을 전장戰場에 배치해 시 직접 오랑캐와 싸우도록 했다. 먼저 요遼나라를 정벌하고 반란을 일으킨 전호田虎와 왕경王慶을 토벌한다. 이어서 남쪽에서 방랍方臘이 반란을 일으켜 천자天子를 자징하자, 양산박梁山泊 영웅들은 그를 정벌하러 나서고, 이 과정에서 수많은 영웅호걸英雄豪傑이 죽음을 맞이하게 된다. 그리고 병으로 죽거나 출가하는 이들도 생겨나면서 남겨진 영웅들이 몇 명 되지 않았다.

송강宋江은 방랍方臘의 난을 평정한 공로로 무덕대부武德大夫에 봉해지고 동시에 초주楚州 안무사安撫使 겸 병마도총관兵馬都總管에 임명된다. 그러나 고구高俅, 채경蔡京, 동관童貫, 양전楊戩 등 송강宋江과 양산박梁山泊 영웅들을 미워하던 간신배들은 어떻게든 그들을 해코지하려고 온갖 모함과 궁리를 했다. 그들은 노준의盧俊義를 불러 술과 음식에 독毒을 타서 먹이고, 임지任地로 귀환하던 중에 물에 빠뜨려 죽게 만든다. 그리고 송강宋江에게도 독주毒酒를 보내는데, 송강宋江은 독주毒酒인 것을 알면서도 이규李逵가 반란을 일으킬 것을 염려해서 그와 함께 독주毒酒를 마시고 생을 마감한다. 오용吳用과 화영花榮은 송강宋江의 죽음을 알고 양산박梁山泊에 있는 묘에 찾아와 오열嗚咽하는데, 그 슬픔을 견디지 못해 결국 목을 매고 자살한다. 『수호전水滸傳』의 영웅호걸英雄豪傑들은 조정의 초안招安을 받아들여 평탄하고 안락한 삶을 보장받을 것으로 여겨졌지만 나중에는 모두 비참하게 생을 마감한다. 결과적으로 이들의 정해진 운명은 그렇게 쉽게 바뀌지 않았다.

(6) 『수호전水滸傳』의 예술적 특징

『수호전水滸傳』에는 108명의 영웅이 등장하는데, 이 108명의 인물은 저마다 다른 성격과 기질을 갖고 있으며, 모두 서로 다른 행동과 목소리를 내고 있다. 『수호전水滸傳』을 연구하는 학자들도 108명의 영웅 형상이 모두 같지 않다는 주장을 한다. 비록 108명의 인물이 서로 다른 개성을 갖고 있다고는 하지만, 작품 속에서 이러한 면을 표현하는 과정에서는 어느 정도 한계가 따른다. 그러므로 인물마다 독특한 형상이 분명히 드러난다고 하기에는 여전히 어려움이 존재한다. 특히 무송武松이나 임충林沖, 노지심魯智深의 경우에는 서로 비슷한 형상과 성격을 지니고 있어서 자주 혼동을 일으키기도 한다. 작품 속에 등장하는 인물 간에 유사한 성격으로 인해 때때로 인물 간의 구별이 쉽지 않지만, 『수호전水滸傳』의 영웅 인물은 그 어떤 고전소설 작품 속의 인물보다 형상이 다채롭고 뚜렷하며, 개성이 분명하고 참신하다.

『수호전水滸傳』의 또 다른 특징은 언어가 매우 직설적이고 생동감이 있다는 점이다. 『수호전水滸傳』에 등장하는 대부분 인물은 조정의 대신이나 고위관리가 아닌, 지방 관리나 군인 등과 같은 하급관리나 상인이나 어부 혹은 농민, 소작인과 같은 평민이었기 때문에 이들이 사용하는 언어는 그 당시 실제로 사용하는 구어체로 작품 속에서 현실감 있게 구현하고 있다. 『수호전水滸傳』 속에 사용된 언어는 간결하고 실제적이며, 인물의 성격과 개성에 잘 부합한다. 『삼국지연의三國志演義』, 『수호전水滸傳』, 『서유기西遊記』, 『금병매金瓶梅』 네 작품 가운데 『수호전水滸傳』의 언어가 가장 소박하고 진솔하며, 인물형상의 신분과 지위에 잘 어울리는 언어로 구성되어 있다고 평가받는다. 『수호전水滸傳』의 초기 작품이라고 할 수 있는 화본話本에서의 언어는 당시 입말을 기초로 하고 있는데, 설화인說話人에 의해 계속해서 수정 과정을 거쳤으므로 현실 속에 등장하는 인물의 특징에 들어맞는 언어를 배치하고 있다. 화본話本을 바탕으로 이루어진 『수호전水滸傳』은 이러한 영향으로 고루하거나 어색한 말투 및 인물과 부조화를 이루는 대화 표현은 전혀 보이지 않는다.

『수호전水滸傳』의 108명 영웅에게는 각각 자신의 특징을 잘 드러낼 수 있는 별호別號가 있다. 등장인물의 개성을 한번에 표현하고, 인물 간의 차이를 구분하고자 했던 작가의 의도를 반영된 것으로 보인다. 예를 들면, 호보의呼保義 또는 급시우及時雨 송강宋江, 옥기린玉麒麟 노준의盧俊義, 시나성智多星 오용吳用, 표자두豹子頭 임충林冲, 소선풍小旋風 시진柴進, 화화상花和尚 노지심魯智深, 행자行子 무송武松, 청면수靑面獸 양지楊志, 흑선풍黑旋風 이규李逵, 구문룡九紋龍 사진史進, 활염라活閻羅 완소칠阮小七, 낭자浪子 연청燕靑 등이 있다. 대표적으로 송강宋江의 별호別號를 살펴보면, 먼저 호보의呼保義가 있다. '보의保義'는 당시 돈으로 쉽게 살 수 있는 말단 벼슬자리를 말한다. 송나라宋에는 보의랑保義郞이라고 하는 부자들이 많았는데, 보의랑保義郞은 '돈으로 벼슬을 산 부자 나리'

라는 의미로 쓰였다. 호보의呼保義는 '보의保義를 부른다'는 말로 '어이, 나리', '여보게, 부자 양반'이라는 뜻을 지니고 있다. 그러나 『수호전水滸傳』에서 송강宋江의 직위는 '보의랑保義郎'이 아니라 '압사押司'로 관아에서 문서를 다루는 하급관리에 해당한다. 송강宋江의 별호別號를 호보의呼保義로 한 것은 송강宋江의 사회적으로 비교적 낮은 신분과 위치를 드러내면서 누구나 돈만 있다면 쉽게 살 수 있는 벼슬로 사람들에게 전혀 낯설지 않은 친근한 느낌을 주기 위한 것으로 보인다.

다음으로는 '급시우及時雨'가 있다. '급시우及時雨'는 '가뭄에 때맞추어 내리는 비'라는 뜻이다. 이는 송강宋江의 어질고 의로운 성품과 인성을 보여 주는 별칭別稱으로 작품에서 주로 사용되고 있다. 『수호전水滸傳』에서는 다른 별호인 '호보의呼保義'보다 '급시우及時雨'가 더 많이 쓰인다.

이처럼 『수호전水滸傳』은 그 당시 '영웅전기英雄傳奇 소설'의 시작이자 완성이라고 높이 평가받았다. 『삼국지연의三國志演義』가 국가와 민족 간의 이념理念이나 정치政治, 전쟁戰爭과 지략智略, 권력權力과 명분名分 등을 주로 묘사하고, 그 안에서 움직이는 인물들의 다양한 행동을 드러내고 있다면, 『수호전水滸傳』은 인물의 활동과 역할에 집중하여 그것을 작품 전면에 배치하고, 이어서 그들이 움직이며 일어나는 다양한 사건을 살펴보았다는 점이 다르다. 그렇기에 『수호전水滸傳』은 『삼국지연의三國志演義』와 달리, '개인 일생의 사적인 기록'이라고 볼 수 있는 '전기傳記'의 특징이 고스란히 남아 있다. 일반적으로 『삼국지연의三國志演義』를 '역사소설歷史小說' 혹은 '역사연의歷史演義 소설'이라고 부르고, 『수호전水滸傳』을 '영웅소설英雄小說', '역사영웅歷史英雄 소설', 혹은 '영웅전기英雄傳奇 소설'이라고 일컫는 이유도 이러한 특징에서 비롯했기 때문이다.

3) 신마소설神魔小說: 『서유기西遊記』

『서유기西遊記』는 신마소설神魔小說의 대표적인 작품으로 실제 역사적인 사건을 배경으로 창작되었다. 『서유기西遊記』는 당나라唐 승려인 현장玄奘, 600~664이 실제로 인

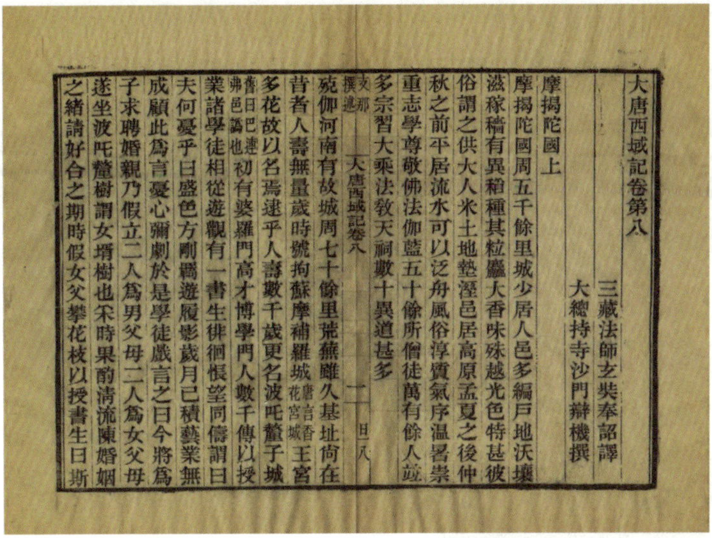
大唐西域記卷第八
三藏法師玄奘奉詔譯
大總持寺沙門辯機撰
摩揭陀國上
摩揭陀國周五千餘里城少居人邑多編戶地沃壤
滋稼穡有異稻種其粒麤大香味殊越光色特甚彼
俗謂之供大人米土地墊溼邑居高原孟夏之後仲
秋之前平居流水可以泛舟風俗淳質氣序溫暑崇
重志學尊敬佛法伽藍五十餘所僧徒萬有餘人並
多宗習大乘法教天祠數十異道甚多
支那撰述　大唐西域記卷八　一　日八
殑伽河南有故城周七十餘里荒蕪雖久基址尚在
昔者人壽無量歲時號拘蘇摩補羅城唐言香花宮城王宮
多花故以名焉逮乎人壽數千歲更名波吒釐子城
舊曰巴連弗邑訛也初有婆羅門高才博學門人數千傳以授
業諸學徒相從遊觀有一書生徘徊悵望同儔謂曰
夫何憂乎曰盛色方剛羈遊履影歲月已積藝業無
成顧此爲言憂心彌劇於是學徒戲言之曰今將爲
子求聘婚親乃假立二人爲男父母二人爲女父母
遂坐波吒釐樹謂女壻樹也采時果酌清流陳婚姻
之緒請好合之期時假女父攀花枝以授書生曰斯

『대당서역기大唐西域記』 © wikipedia

도印度와 서역西域에 가서 불경佛經을 구해 돌아온 뒤 자신이 행적과 경험을 기록한 책인 『대당서역기大唐西域記』를 바탕으로 한다. 『대당서역기大唐西域記』는 모두 12권卷으로 구성되어 있으며, 제자인 변기辯機, 619~?가 646년에 편찬하였다. 이 책은 현장玄奘이 627년에 장안長安을 출발하여 인도印度와 그 주변 지역을 탐방하고 645년 다시 장안長安으로 돌아오기까지 직접 보거나 전해 들은 138개국의 불교 발생과 유적, 기후와 풍토, 전설과 문화 등을 폭넓게 기록한 여행기이다. 이후의 많은 이들이 『대당서역기大唐西域記』를 비롯하여 현장玄奘이 경전을 얻는 과정에서 겪은 다양한 사건에 신화나 종교적 색채를 더하거나 환상적인 수법으로 과장한 이야기를 민간에 크게 유행시켰다. 이러한 수정과 창작의 과정을 거쳐서 완성된 작품이 『서유기西遊記』이다.

(1) 『서유기西遊記』가 만들어진 과정

『서유기西遊記』의 다양한 이야기는 현장玄奘의 서역西域 기행기에서 비롯되었다. 당나라唐 정관貞觀 연간627~649에 현장玄奘은 인도印度로 불경佛經을 구하러 떠났다. 현장

玄奘은 627년 8월에 장안長安을 떠나 629년 1월에 인도印度에 도착했다. 인도印度에 머무르면서 여러 고승高僧으로부터 불교佛教 경전經典을 직접 배우고, 불교佛教와 관련된 여러 문헌을 수집하고 유적을 탐방하기도 하였다. 643년 1월에 인도印度에서 출발해서 645년 1월에 장안長安에 도착한다. 현장玄奘은 약 19년에 걸쳐 인도印度에서 불경佛經을 익히고 자신이 수집한 불경佛經 657부部를 가지고 돌아온다. 장안長安에서 떠났을 당시 현장玄奘의 나이는 28세였지만, 장안長安으로 돌아왔을 때는 이미 45세가 넘는 나이가 되었다. 그는 귀국 후 입적入寂할 때까지 자신이 가지고 돌아온 불교 경전經典의 번역에 매진하였다. 당나라唐 태종太宗은 현장玄奘에게 인도印度에서 보고 들은 내용을 책으로 편찬하라고 명했지만, 현장玄奘은 오랫동안 여행과 고생으로 몸이 쇠약해져 책을 집필할 여력이 없었다. 그래서 자신이 구술한 내용을 제자가 대신 옮겨 적도록 하였다. 현장玄奘이 인도印度에서 불경佛經을 구한 행적을 기록한 견문록인 『대당서역기大唐西域記』가 이렇게 탄생하였다.

일본 가마쿠라鎌倉 시대 14세기
작자 미상 「현장삼장상玄奘三藏像」
ⓒ 도쿄국립박물관東京國立博物館

19년에 걸친 여정 중에 현장玄奘은 도둑을 만나거나 이민족에게 납치되는 등의 수많은 우여곡절을 겪는다. 한 가지 일화逸話를 살펴보면, 현장玄奘이 인도에 도착해서 각 지역에 있는 스님을 찾아다니며 가르침을 청하러 가던 중이었을 때, 어떤 스님을 찾아가려고 강을 건너고 있었다. 그러다가 인도印度의 한 이민족에게 납치를 당하게 된다. 그 부족은 예로부터 살아있는 사람을 죽여 제사를 지내는 풍습을 갖고 있었는데, 산 사람을 제물로 바치게 되면 나중에는 자신의 부족이 무사태평無事泰平해진다는 미신을 굳게 믿고 있었다. 현장玄奘의 설득과 애원에도 불구하고 그들은 불교佛教의 교리를 이해하지 못한 채 현장玄奘을 죽이려고 하던 순간, 현장玄奘이 기도를 하니 갑자기 매서운 바람이 한바탕 불어 닥쳤다. 미신을 따르던 부족 사람들은 이러한 기이한 현상에 몹시 두려워하며 모두 엎드려 절하며 현장玄奘을 놓아 주었다고 한다. 또한, 그 이후에 이 부족에는 산사람을 죽여서 제사를 지내는 풍습도 사라졌다고 한다. 이 사건으로 인해 당나라唐에서 온 승려인 현장玄奘의 능력이 대단하다는 소문이 인도印度 각지로 퍼졌다고 한다.

현장玄奘이 인도印度로 떠나기 전에도 여러 우여곡절을 겪었다고 알려져 있다. 당나라唐는 불교佛教를 숭상하였다. 특히 황실에서는 불교佛教를 황실의 보호 수단으로 여겼으며, 또한 정신적인 지주支柱로 여겼다. 그 당시에는 불교의 교리나 사상을 제대로 설명한 책이 많이 없어서 젊은 현장玄奘은 직접 인도印度로 가서 불경을 가져와야겠다는 신념으로 기행단을 꾸리게 된다. 젊고 열정적인 현장玄奘의 노력으로 많은 귀족과 관리들이 저마다 필요한 경비를 냈고, 현장玄奘은 필요한 인원과 물품 및 운송 수단, 그리고 후송 부대 등을 마련했다. 불경佛經을 구하러 가는 무리가 서역西域으로 떠나기 전 황제의 승낙을 받기 위해 알현謁見을 하게 된다. 황제 앞에서 인도印度로 가서 불경을 구해오겠다는 자신의 포부를 당당히 밝히지만, 결국 허락을 얻지 못한다. 현장玄奘은 그 많던 후원자들과 함께 마련한 물품들은 모두 돌려주고, 같이 떠나려고 했던 사람들은 흩어졌다. 현장玄奘은 최소한의 인원만을 데리고 인도印度로 떠나게 된다. 19년 동안 현장玄奘은 온갖 어려움을 이겨내고 장안長安으로 돌아오자, 그 당시 사람들은 현장玄奘의 노력과 정신에 감탄하면서 그의 업적을 칭송한다. 현장玄奘이 인도印度에서 불경을 가져온 과정을 제자인 변기辯機에 의해 646년 『대당서역기大唐西域記』가 완성된다.

이어서 688년에는 현장玄奘의 제자인 혜립慧立과 언종彦悰에 의해 『대당대자은사삼장법사전大唐大慈恩寺三藏法師傳』이 출판된다. 이 책은 대자은사大慈恩寺의 승려 혜립慧立이 현장玄奘의 출생부터 인도印度에서 귀국한 때까지의 이야기를 5권卷으로 저술했

벽에 조각된 중국 고대 불상 © pixabay

일본 헤이안平安 시대 12세기 작자 미상『대당서역기大唐西域記』 ⓒ 도쿄국립박물관東京國立博物館

지만 출간하지 못하고 입적하고 말았다. 그 후 언종彦悰이 혜립慧立의 기록을 토대로 그 뒤의 일까지 보충해서 모두 10권卷으로 완성하였다. 혜립慧立과 언종彦悰은 현장玄奘 가까이에서 보고 들은 내용을 상세히 기록하고 있는데, 현장玄奘의 인도印度 순례 과정에서 겪었던 여러 일화逸話에 대한 기록은『대당서역기大唐西域記』와 더불어 귀중한 자료로 인정받고 있다.

현장玄奘이 인도印度에서 불경佛經을 가져온 이야기가 항간에 크게 유행하게 되자 많은 이들이 이 이야기를 바탕으로 여러 신화적인 요소와 종교적인 색채를 가미하여 신비롭고 환상적인 이야기를 만들어냈다. 송나라宋에 이르면 현장玄奘 법사가 서역西域에 이르기 전에 다다른 수많은 나라와 그곳의 풍습, 이국적인 풍토와 문화, 요괴妖怪와 주술呪術이 혼합되어 하나의 이야기로 나타나게 되었다. 이러한 이야기는 설화인說話人이 주요한 소재가 되면서 '불경佛經을 가져오는' '취경取經' 이야기가 더욱 다양한 내용으로 확장되어 '불교 진리를 구하는' '구법求法' 이야기로 변화되었다.

송나라宋에는 화본話本인『대당삼장취경시화大唐三藏取經詩話』가 창작되는데, 이 작품에서 후행자猴行者가 등장하기 시작했으며, 그가 삼장법사三藏法師를 도와 불경佛經을 가져오는 과정에서 온갖 요괴를 물리친다는 내용이 포함되어 있다. 이 책에서는 현장玄奘의 '불경佛經을 가져오는取經' 역사가 이미 종교 신화로 변모하였고, 이야기의 주인공도 승려인 삼장법사三藏法師에서 손오공孫悟空으로 바뀌었다. 또한 사화상沙和尙의 전신前身이라고 할 수 있는 '심사신深沙神'도 나타나고 있다. 여러 인물의 출현과 내용의 변화를 통해 『서유기西遊記』 중의 일부 줄거리의 윤곽이 구체적으로 드러났다. 이러한 이야기가 원나라元에 이르러서는 『서유기평화西遊記平話』로 발전하게 된다.

『서유기평화西遊記平話』는 현재 단편적인 자료로만 존재하는데, 조선朝鮮 시대 역관譯官들의 중국어 교과서인 『박통사언해朴通事諺解』에 『서유기평화西遊記平話』의 한 대목이 실려 있다. 이 자료를 통해 알 수 있는 사실은 '천궁天宮을 크게 소란스럽게 하다大鬧天宮'의 내용이 이미 하나의 독립된 이야기로 발전했고, 한 승려와 세 명의 제자가 모인 '불경佛經을 가져오는取經' 무리의 윤곽이 분명해지면서 이 여정旅程

중국 심양고궁瀋陽故宮 봉황루鳳凰樓 지붕 『서유기西遊記』 잡상 ⓒ 국립민속박물관

에 포함된 인물이 이미 정형화되었음을 알 수 있다. 또한 '저팔계朱八戒'가 처음으로 출현하고 있고, 불경佛經을 구하러 가는 기본 구성에 다양한 이야기가 추가로 삽입되면서 서사 구조가 상당히 복잡하게 바뀌었다. 『서유기평화西遊記平話』는 초보적이나마 어느 정도 『서유기西遊記』의 규모와 윤곽이 갖추어졌음을 보여준다.

불경佛經을 구하러 가는 이야기는 송宋과 원나라元를 거치면서 다양한 희곡 작품으로도 만들어졌는데, 송宋과 원나라元의 남희南戲, 금金나라의 원본院本, 원나라元의 잡극雜劇 등에서 이것을 제재로 삼은 극 제목이 보인다. 이것으로 보아 그 당시 불경佛經을 구하러 가는 이야기를 소재로 하는 희곡戲曲 작품이 대량으로 창작되어 무대 위에 공연되었음을 어렵지 않게 추측할 수 있다.

이후 명나라明에 이르러 오승은吳承恩은 이미 항간에 크게 유행하고 있는 민간전설과 『서유기평화西遊記平話』를 비롯한 '불경佛經을 가져오는取經' 과정 중에서 겪은 81가지 고난의 이야기, 그리고 이와 관련된 여러 희곡戲曲 작품을 참고하여 마침내 100회로 이루어진 『서유기西遊記』를 완성하였다. 『서유기西遊記』에는 오승은吳承恩의 문학적 예술성과 성과가 그대로 녹아있다.

(2) 『서유기西遊記』의 인물 묘사

① 재미있고 유쾌하며, 도전적이고 충동적인 인물: 손오공孫悟空

중국의 문학 작품에서 손오공孫悟空만큼 독특하고 개성 있는 인물도 드물다. 손오공孫悟空은 재주 많고 공격적이며 제멋대로 날뛰는 성격의 소유자인데, 어떤 일에는 단순하고 과격하며, 심지어 집요하거나 고집을 부리는 면도 보인다. 그는 얌전하고 우아하며, 착하고 성실한 것과는 거리가 멀며, 즉흥적이고 충동적으로 행동하는 인물이다. 또한, 손오공孫悟空은 낙관적이고 해학적인 정신을 지니고 있으며, 자유분방함과 유연한 사고를 잃지 않으면서도 언제나 민첩한 행동을 보여준다. 손오공孫悟空은 우리가 표현할 수 있는 다양한 특징을 모두 갖추고 있는 매우 특별한 인물이다. 또한, 손오공孫悟空

은 삼장법사三藏法師에게 언제나 불평과 불만을 품고 있다. 삼장법사三藏法師는 철저한 박애주의博愛主義 정신을 가진 인물로 요괴妖怪 또한 죽여서는 안 된다고 늘 주장한다. 하지만 손오공孫悟空은 요괴妖怪에 대해서는 상당한 적대감을 가지고 요괴妖怪를 보면 바로 퇴치하고자 한다. 이런 생각의 차이로 손오공孫悟空과 삼장법사三藏法師는 사사건건 부딪친다. 이 둘이 대립할 때, 저팔계豬八戒는 둘 사이를 이간질하여 이들의 심리적 갈등이 극도로 치닫게 만든다.

『서유기西遊記』의 대표적인 이야기에 해당하는 '천궁天宮을 크게 소란스럽게 하다大鬧天宮'에서 손오공孫悟空은 전통적 질서에 저항하는 도전적이면서도 자유분방한 성격을 보여 주고 있다. 더불어 손오공孫悟空에 비친 일반 민중의 반항 심리도 엿볼 수 있다. 그는 천궁天宮에서 천 년마다 열리는 복숭아 연회에 가서 난장판을 만들어 버리고, 하늘의 복숭아를 훔쳐 먹고 크게 소란을 일으키다가 지상으로 추방을

일본 츠키오카 요시토시月岡芳年, 1839~1892 「오공취모悟空吹毛」 ⓒ 일본국립국회도서관日本國立國會圖書館

당하게 된다. 옥황상제玉皇上帝에게 제멋대로 행동하고 마음속에 담고 있는 말을 그대로 내뱉는 등의 행동을 하는 이는 오직 손오공孫悟空밖에 없었다. 손오공孫悟空의 성격은 천진무구하고 거리낌이 없는 자유로운 개성을 가지고 있다고 말할 수 있지만, 또 한편으로는 버릇없고 제멋대로 행동하고 규율 없이 함부로 움직이는 인물로 묘사되기도 한다. 천궁天宮은 그 당시의 현실 세계의 황실을 그대로 투영한 것으로 옥황상제玉皇上帝는 지상의 황제를 비유한다고 볼 수 있다. 최고의 통치자인 황제에게 바른말을 하고 마음대로 장난을 치는 것은 현실적으로 불가능한 일이다. 손오공孫悟空의 언행을 통해서 그 당시 일반 민중이 통치자에 대해 가지고 있는 불만의 감정이나 비판 정신을 그대로 보여준다고 할 수 있다. 또한, 전통적 규범이나 질서의 틀에서 벗어나 일탈의 해방감을 느끼면서 자유를 사랑하고 개성을 추구하고자 하는 욕구와 의지를 충분히 반영한 것으로도 볼 수 있다.

손오공孫悟空은 격식이나 관습에 얽매이지 않고 자유롭게 행동하는 낙관적인 성격을 지니고 있지만, 다른 한편으로는 요괴를 찾고자 하는 집요함과 요괴를 만나면 싸워서 반드시 해치우려고 하는 강한 적의敵意를 가지고 있다. 그는 삼장법사三藏法師의 일행과 인도印度로 불경佛經을 구하러 가는 일 자체가 자신에게는 재능을 마음껏 발휘할 좋은 기회라고 여겼다. 그의 내면에 숨겨져 있는 전투 정신을 일깨우고 용기를 북돋게 하는 동력은 불경佛經의 구하러 간다는 숭고한 종교적 목적보다는 요괴를 물리치면서 자신의 재능을 드러내고, 뛰어난 힘을 인정받고 존중받는 데에 있었다. 그는 불경佛經을 가지러 간다는 것보다는 오직 요괴를 물리쳐서 자신의 능력을 인정받고 싶다는 생각으로 삼장법사三藏法師 일행과 길을 떠난다. 때론 삼장법사三藏法師와 의견이 충돌하거나 서로 대립하는 것도 이러한 이유에서 비롯되었다. 하지만 삼장법사三藏法師 일행과 함께 81가지 난관難關을 겪으며 모든 시련을 정복해 가는 과정에서 공명功名만을 추구하는 인물에서 불교 정신을 받드는 영웅적 인물로 변화하였다.

손오공孫悟空의 이러한 형상은 중국 고대의 신화 전설에서 그 근원을 찾아볼 수 있다. 중국 고대에는 '신비한 원숭이'나 '신성한 동물'에 관한 전설이 상당히 많다. 중국 고대 신화의 집대성이라고 할 수 있는 『산해경山海經』에는 원숭이와 관련된 이야기들이 여럿 있다. 위진남북조魏晉南北朝 지괴소설志怪小說인 『수신기搜神記』에도 영험한 능력을 지닌 신물神物의 형태나 인간처럼 가해자에게 복수하는 원숭이가 등장한다. 동물의 신령스러움과 인간보다 월등한 공감 능력을 그대로 구현한 이야기에서 동물에 대한 인간의 신비로운 환상과 무한한 상상력을 볼 수 있다.

손오공孫悟空과 가장 비슷한 형상이 출현하는 작품으로 당나라唐의 전기소설인 「보강총백원전補江總白猿傳」을 들 수 있다. 이 작품의 저자는 알 수 없고, 창작 의도와 목적에 대해서 다양한 의견이 존재하지만 분명하게 밝혀진 것은 아직 없다. 내용을 살펴보면, 양나라梁 무제武帝 때 장수인 구양흘歐陽紇은 적진敵陣까지 쳐들어가 여러 부락을 평정하면서 험한 산중으로 깊숙이 들어갔다. 그는 마침 아내를 동반하고 있었는데, 매우 아름다웠다. 나중에 산중에 신통한 능력을 지닌 흰 원숭이가 부인을 납치하게 되는데, 구양흘歐陽紇은 우여곡절을 겪으며 결국 아내를 구해낸다는 이야기이다.

손오공孫悟空의 원형에 대해서는 고대 인도의 '라마 왕의 일대기'라는 서사시 「라마야나Ramayana」 가운데 원숭이 신 '하누만Hanuman'의 영향을 받은 것이라 여겨진다. 이를 두고 다른 의견도 있지만, 그의 탄생과 형상, 자비로움과 신통력 등은 『서유기西遊記』의 손오공孫悟空의 특징과 상당히 비슷하다. 손오공孫悟空의 형상은 인도印度에서 불경佛經을 가져올 때 같이 유입된 것으로 보이는데, '하누만'은 손오공孫悟空의 인물 형성에 어느 정도 영향을 끼쳤을 것으로 보인다.

인도印度의 하누만Hanuman 부조 © wikipedia

인도印度의 하누만Hanuman 회화 © wikipedia

② 타협과 포기, 지나친 욕심의 이기적 인물: 저팔계豬八戒

저팔계豬八戒는 『서유기西遊記』에서 가장 희극적인 인물이다. 전생의 저팔계豬八戒는 천계天界의 수군水軍을 이끄는 수신水神인 천봉원수天蓬元帥였다. 어느 날 그는 달나라의 항아嫦娥를 희롱하여 옥황상제玉皇上帝의 노여움으로 인간 세상으로 쫓겨난다. 인간 세상으로 내려오면서 그만 암돼지의 뱃속으로 잘못 들어가 돼지의 모습으로 태어난다. 복릉산福陵山 운잔동雲棧洞에서 지나가는 나그네를 잡아먹으며 살아간다. 그러다가 관세음보살觀世音菩薩을 만나 '저오능猪悟能'이라는 법명法名을 받고 불경佛經을 가지러 가는 길에 동참하기로 한다. 또한 불가佛家에서 금지된 다섯 가지 음식과 도가道家에서 금하는 세 가지 음식을 끊고 채식을 시작한다. 그래서 돼지 '저猪'에 '여덟 가지 음식을 금한다.'라는 뜻의 '팔계八戒'를 붙여 '저팔계猪八戒'라고 부른다.

저팔계猪八戒는 식욕食慾에 있어서 먹는 양이 대단했고 색욕色慾도 왕성하여 외부세계의 유혹을 쉽게 지나친 적이 없다. 삼장법사三藏法師 일행의 고난은 이러한 저팔계豬八戒의 욕심으로부터 생겨났다고 해도 과언이 아니다. 음식과 여자를 탐하기 때문에 삼장법사三藏法師 일행 전체가 위험에 처한 경우가 많았으며, 일이 힘들거나 어려움을 만났을 때 쉽게 포기하는 성격 탓에 불경佛經을 구하러 가는 일 자체를 그만두고자 하는 경우도 많았다. 공짜를 좋아하고 거짓말을 일삼으며, 잔꾀를 잘 부리며 이기적인 면모도 보인다. 또한, 그는 불경佛經을 가지러 가는 일에 난관이 닥치면 언제나 뒤로 빠져 불평과 불만을 내뱉으면서 삼장법사三藏法師 일행의 결속력을 흔들어 놓는다. 하지만 그는 고로장高老莊의 땅과 아내를 그리워하며 이 임무를 마치고 고향으로 돌아가기를 간절히 희망한다. 이러한 그의 성격은 나중에 삼장법사三藏法師가 불경佛經을 무사히 구한 이후에 불교佛教 신앙으로 깨달음을 얻은 손오공孫悟空과는 다르지만, 이전의 식욕食慾과 색욕色慾, 명예와 재물에 대한 욕심이 어느 정도 흐려졌다. 저팔계豬八戒는 거칠고 우둔함 뒤에 감춰진 단순하고 충직한 면이 보이고, 자신의 잘못을 쉽게 인정하고 깊은 생각을 드러내는 모습을 나타내기도 한다. 활발하면서도 성실하고 낙관적인 면도 지니고 있다.

③ 성실하고 진실한 불교佛教 신앙의 소유자: 삼장법사三藏法師

『서유기西遊記』에서 '당승唐僧'은 실제로 당나라唐의 현장玄奘을 가리킨다. 당승唐僧을 '삼장법사三藏法師'라고 하며 줄여서 '당삼장唐三藏'이라고도 한다. 불교佛教에서 '삼장三藏'은 불경의 '경장經藏', '율장律藏', '논장論藏'을 모두 통달한 사람을 일컫는 말이다. '삼장법사三藏法師'는 유가儒家의 도리를 지키는 '유생儒生'과 불가佛家의 법률을 지향하는 '불도佛徒'의 결합체로, 규율을 엄격하게 지키면서 그것을 방해하는 것에 대해서는 매우 단호한 모습을 보인다. 속세의 유혹에 조금도 동요하지 않으며 옳고 그름의 경계가 분명하다. 그러나 『서유기西遊記』 속 가장 유약한 모습을 보이는 이도 삼장법사三藏法師이다. 요괴가 나타나면 가장 먼저 두려움에 떨며 나약한 모습을 내비치지만, 불교佛教 신앙을 숭배하는 데 있어서는 강한 면모를 보인다.

삼장법사三藏法師는 불경佛經을 구하러 인도印度로 가던 중에 석가여래釋迦如來와의 법력 대결에서 져서 오행산五行山에 500년 동안이나 눌려있었던 손오공孫悟空의 형벌을 면해주고, 손오공孫悟空에게 '긴고아緊箍兒'를 머리에 씌워서 그를 통제한다. 매번 요괴를 만날 때마다 손오공孫悟空의 활약으로 크게 무찌르고 위기를 모면한다. 그러나 요괴에 대해서 조금도 연민의 정을 느끼지 않고 마음대로 해치워 버리는 손오공孫悟空

과 자주 충돌을 일으키며 갈등을 빚기도 한다.

④ 조용하고 침착하지만, 방관적이며 무관심한 인물: 사오정沙悟淨

사오정沙悟淨은 '사화상沙和尙' 또는 '사승沙僧'이라고도 불리며, 『서유기西遊記』에서 존재감이 크지는 않지만, 충직하고 조용한 성격을 지니고 있으며 결코 나서서 일을 도모하지는 않는다. 그는 언제나 묵묵히 삼장법사三藏法師를 보필하고 손오공孫悟空과 저팔계豬八戒 사이에서 중재자 역할은 한다. 작품 중의 묘사를 살펴보면, 요괴와의 싸움에서 손오공孫悟空은 앞서 나가서 공격하고, 저팔계豬八戒는 손오공孫悟空을 도와서 요괴를 물리친다. 사오정沙悟淨은 주로 뒤에 남아 삼장법사三藏法師와 짐들을 지킨다. 사오정沙悟淨은 본래 천계天界의 권렴대장捲簾大將으로 옥황상제玉皇上帝를 호위하던 무관武官이었지만, 복숭아 연회 때 실수로 술잔을 깨뜨리는 바람에 미움을 사서 지상으로 추방당했다. 지상에 쫓겨 온 그는 유사하流沙河를 지키며 그 강을 건너려는 사람들을 잡아먹으며 산다. 그러다가 관세음보살觀世音菩薩을 만나 불자佛子가 되고 사오정沙悟淨이라는 법명法名을 받는다. 이후 삼장법사三藏法師의 계도啓導를 받아서 함께 서역西域으로 불경佛經을 구하러 떠난다.

『서유기西遊記』에 등장하는 네 명의 주요 인물을 통해서 각자 다른 성격과 개성을 파악할 수 있는데, 먼저, 삼장법사三藏法師는 불교佛教 교리를 따라야 한다는 집념이 투철하여 계율戒律을 지키려고 노력하지만, 내면적인 부분에서는 유약함에서 비롯된 두려움과 다른 인물 간의 갈등을 일으키는 인물이다. 자신을 매번 어려움에서 구해주었던 손오공孫悟空도 도적을 요괴로 오인誤認하여 죽였다는 이유로 무리에서 내쫓아 버린다. 그는 조금이라도 불교佛教 교리에 어긋한 행동에 대해서 용서하지 않는 고집스러운 성격의 인물이기도 하다. 손오공孫悟空은 무슨 일이든지 앞뒤를 가리지 않고 저돌적으로 맞닥뜨려 처리하며, 대범하며 공격적이고 개성이 강한 성격을 지니고 있다. 저팔계豬八戒는 여자와 음식에 대한 욕심이 지독하며, 우유부단하고 일을 하는 데 있어서 끈기가 부족하고, 어려움에 직면하면 쉽게 포기하고 마음을 바꾸는 모습을 보인다.

사오정沙悟淨은 어떠한 일에도 적극적으로 나서서 동조하지는 않지만, 그렇다고 무관심으로 일관하지도 않는다. 그는 크게 일을 도모하지는 않으며 항상 뒤에서 남의 의견을 따라가는 성격을 지니고 있다. 조용하게 상황을 바라보지만 냉철하게 판단을 하며 다른 세 명의 인물 사이에서 어느 한쪽으로 치우치지 않고 중립을 지키려고 노력한다. 이렇듯 성격과 가치관이 서로 다르고 개성이 제각각인 네 명의 인물을 한 작품 안에서 볼 수 있는 것은 『서유기西遊記』에서만 가능하다.

『서유기西遊記』 속 네 명의 인물은 마치 인간의 다양한 모습을 투영한 듯하다. 손오공孫悟空처럼 재미있고 유쾌하며, 도전적이고 충동적인 모습과 저팔계豬八戒처럼 이기적이고 얄팍한 속임수와 타협을 잘하고, 식탐食貪과 육욕肉慾이 지나친 모습, 삼장법사三藏法師처럼 진실하면서 성실하고, 약속이나 신뢰를 중시하는 모습, 그리고 사오정沙悟淨처럼 조용하면서 침착하고, 방관적이고 무관심한 모습은 마치 인간 내면과 외면의 여러 측면을 함축적으로 보여 주는 듯하다. 이렇게 네 명의 인물이 함께 불경佛經을 구하러 서역西域에 가게 되고, 여러 우여곡절을 겪으며 서로 불신하고 오해하면서 다양한 갈등을 일으킨다. 심지어 기행단紀行團이 해체되기도 다시 합쳐지기도 하는데, 이 또한 인간 사회의 다양한 모습을 그대로 비춰주는 것이라고 할 수 있다.

(3) 『서유기西遊記』의 장면 묘사

『서유기西遊記』에는 서사 전개와 인물 묘사가 뛰어난 장면이 매우 많은데, 그중에서 진짜와 가짜 손오공孫悟空이 서로 싸우는 부분은 『서유기西遊記』 중에서 인물과 형상, 서사 구성과 내용에 있어서 탁월한 수사 기교를 발휘한 부분이라고 할 수 있다. 이 장면은 삼장법사三藏法師 일행이 큰 시련과 어려움에 맞닥뜨려 어떻게 헤쳐 나가는지를 자세하게 보여준다. 그뿐만 아니라 서술의 전개와 묘사가 매우 생동적이고 자세하며, 서사 운용의 방식과 기술이 상당히 풍부하다. 또한, 『서유기西遊記』의 주제 사상을 포괄적으로 암시하고 있어서 『서유기西遊記』의 서사 전개 과정에 있어서 매우 중요한 의미를 지니고 있다.

『서유기西遊記』의 67회回와 68회回에는 가짜 손오공孫悟空이 등장한다. 이야기의 발단은 다음과 같은데, 삼장법사三藏法師 일행이 길을 가다가 도적을 만나게 되었다. 그 당시에 대부분 요괴는 도적으로 변장해서 인간을 해치는 경우가 많았다. 손오공孫悟空은 이전에 요괴가 도적으로 등장했던 순간을 떠올리며 도적을 요괴라고 생각하고 삼장법사三藏法師의 만류에도 불구하고 인간인 산적을 때려죽인다. 이에 삼장법사三藏法師는 크게 화를 내며 손오공孫悟空을 나무란다. 손오공孫悟空은 다시는 잘못을 저지르지 않을 것이라고 하면서 같이 있게 해달라고 애걸한다. 하지만 삼장법사三藏法師는 손오공孫悟空이 떠나지 않으면, '긴고아緊箍兒'를 죌 '긴고주緊箍呪'를 욀 것이라고 위협하여 결국 손오공孫悟空을 쫓아버린다. 이 사건으로 손오공孫悟空과 삼장법사三藏法師는 갈등을 빚었고, 화가 난 손오공孫悟空은 결국 무리를 떠나 버린다.

그 결과 삼장법사三藏法師와 저팔계豬八戒, 사오정沙悟淨, 용마龍馬만이 길을 떠나게 되었다. 무리의 맏이였던 손오공孫悟空이 없어지자 먹을 음식을 구해 올 사람이 없었고, 배가 고프고 목이 말랐던 삼장법사三藏法師는 사막의 가운데에 주저앉자, 저팔계豬八戒가 나서서 음식과 물을 구하러 떠난다. 한참이 지나도록 저팔계豬八戒가 돌아오지 않자 사오정沙悟淨이 저팔계豬八戒를 찾아 떠난다. 이때 가짜 손오공孫悟空이 나타나 두 손에 물이 든 잔을 들고 삼장법사三藏法師에게 주려고 하자, 삼장법사三藏法師는 화를 내면서 손오공孫悟空을 나무한다. 가짜 손오공孫悟空은 화가 나서 삼장법사三藏法師를 때려 기절시키고 그의 봇짐을 갖고 떠나 버린다. 저팔계豬八戒가 음식을 얻어오던 중에 사오정沙悟淨을 만나서 같이 돌아오는데, 삼장법사三藏法師가 쓰러진 것을 보고 죽은 줄 알았으나, 잠시 후 삼장법사三藏法師가 깨어난다. 그리고 손오공孫悟空이 자신을 때려 기절시켰고 봇짐을 가져갔다고 말한다.

사오정沙悟淨이 3일 밤낮으로 달려서 화과산花果山으로 가서 가짜 손오공孫悟空을 찾아갔지만, 가짜 손오공孫悟空은 그를 알아보지 못한다. 사오정沙悟淨은 그곳에서 가짜 삼장법사三藏法師, 저팔계豬八戒, 사오정沙悟淨, 용마龍馬를 발견한다. 사오정沙悟淨이 원숭이 요괴妖怪들에게 포위당하자 도망쳐서 관세음보살觀世音菩薩에게로 간다. 사오정沙悟淨은 관세음보살觀世音菩薩을 만나 가짜 손오공孫悟空의 일을 이야기하고, 진짜 손오공孫悟空은 사오정沙悟淨과 함께 가짜 손오공孫悟空을 없애러 화과산花果山으로 간다.

진짜 손오공孫悟空과 가짜 손오공孫悟空은 격렬하게 싸우고 서로 실력이 비등해서 우열을 가리기 힘들고, 누가 진짜인지도 알 수 없었다. 진짜와 가짜 손오공孫悟空은 싸우면서 서로가 진짜라고 말하고 진위眞僞를 가리고자 하였다. 진짜 손오공孫悟空과 가짜 손오공孫悟空을 구별하기 힘들어 관세음보살觀世音菩薩, 하늘의 여러 신, 옥황상제玉皇上帝 등에게 진짜와 가짜를 가려달라고 부탁하지만, 아무도 밝혀낼 수 없었다. 마지막으로 석가모니釋迦牟尼에게 가서야 비로소 그 진실을 알게 된다. 석가모니釋迦牟尼는 가짜 손오공孫悟空이 '육이후六耳猴'가 변신한 것이라고 말하고, 가짜 손오공孫悟空은 석가모니釋迦牟尼가 자신의 정체를 알게 되자, 벌로 변신하여 도망가고자 하였다. 그 순간 석가모니釋迦牟尼가 발우鉢盂로 잡아서 육이후六耳猴임을 밝히고, 진짜 손오공孫悟空은 가짜 손오공孫悟空 머리를 내리쳐 죽여 버린다.

가짜 손오공孫悟空의 등장과 가짜 손오공孫悟空을 진면모를 밝혀내는 과정은 많은 의미를 내포하고 있다. 이러한 과정을 진짜와 가짜의 대결을 애써 인간 내부의 '두 마음二心'이 서로 다투는 것으로 '두 마음二心'이 '한 마음一心'으로 통일되지 못했을 때 일어나는 번뇌로 보는 시각도 있다. 하지만 다른 측면으로 보면, '두 마음二心'이 '한 마음一心'의 두 가지 측면이 아니라, '각각 존재하는 두 마음二心'으로도 볼 수도 있다. 외형적 대립을 일으키는 진짜와 가짜는 평행선의 양 끝점을 의미한다. 이 둘 사이에는 어떠한 타협이나 설득의 접점이 없이, 어느 한쪽을 철저하게 제압하거나 파괴하는 것만 있을 뿐이다. 그러므로 작품에서 손오공孫悟空은 오직 실력으로만 진위眞僞를 가려내려 한다. 진짜 손오공孫悟空은 어떻게 해서든 가짜를 파괴하려고 하지만, 무력으로는 저지할 수 없다. 가짜를 밝혀내는 가장 중요한 방법은 힘으로 제압하는 것이 아니라, 바로 가짜의 본색을 밝혀내는 것이다. 손오공孫悟空은 오직 외형적인 부분에 의한 진위眞僞에만 치중하였고, 내재적인 부분에 의한 진가眞假는 지나쳤던 것이다. 이것은 손오공孫悟空의 허실虛實을 가리기 위해 나섰던 여러 신도 마찬가지이다. 결국에는 석가모니釋迦牟尼에게 가서 진실을 밝혀내는데, 이때 석가모니釋迦牟尼는 무한한 힘으로 가짜를 억누르는 것이 아니라 가짜의 진면모를 드러내게 하여 그 힘을 잃게 만든다.

(4) 『서유기西遊記』의 사상적 의의

『서유기西遊記』라는 신마소설神魔小說 속에는 작자의 인생과 사회에 대한 깊은 관찰과 사고가 응집되어 있다. 『서유기西遊記』 속에 묘사된 하늘과 저승, 물속의 세계는 비록 상상 속의 공간이지만, 결국 이곳은 인간 세상의 모습을 그대로 투영하고 있는 셈이다. 또한, 전통사회에 대한 성찰과 비판은 작품 속의 다양한 인물을 통해서 분명하게 보여주고 있다. 특히 '황제란 돌아가면서 하는 것이고, 내년에는 내가 할 차례다.'라고 외쳤던 손오공孫悟空의 말은 손오공孫悟空의 생각이 얼마나 독창적이고 개방적인가를 보여주는 대목이다. 이를 두고 후대의 학자들은 반란이나 농민봉기의 의도로 해석하기도 하지만 이러한 부차적副次的인 의미를 떠나서 작품만으로 생각해 본다면, 그 당시 일반 민중들이 입 밖으로 말하고 싶으나 말할 수 없었던 것에 대해 『서유기西遊記』의 작가는 작품 속의 인물을 빌려 직접적이면서도 대담하게 표현하고 있다고 할 수 있다. 전통사

중국 사천四川 그림자극 『서유기西遊記』 포르투갈동양박물관Museu do Oriente - Lisbon, Portugal 소장 ⓒ wikimedia

회 속에서는 감히 생각해 볼 수도 없던 이러한 생각을 손오공孫悟空을 통해 여과 없이 드러내고 있고, 더불어 낡은 것을 옹호하며, 유지하고자 하는 과정에서의 억압과 통제에 대해서도 진보적인 사상으로 일관하고 있어 해방감과 통쾌함을 동시에 느끼게 한다.

4) 세정소설世情小說: 『금병매金甁梅』

『금병매金甁梅』는 『수호전水滸傳』에 등장하는 반금련潘金蓮과 서문경西門慶에 관련된 이야기를 바탕으로 만들어졌다. 『수호전水滸傳』에는 무송武松이 형인 무대랑武大郞의 독살에 대한 복수로 반금련潘金蓮과 서문경西門慶을 죽이고 자수하여 추방당하는 장면이 간략하게 묘사되어 있다. 『금병매金甁梅』는 여기에 각종 인물 간의 갈등과 다양한 줄거리를 첨가하여 100회 본本으로 만들었다. 『수호전水滸傳』의 이야기에서 출발하여 반금련潘金蓮과 서문경西門慶이 살아남고, 무송武松은 귀양을 갔다가 다시 돌아온다는 내용

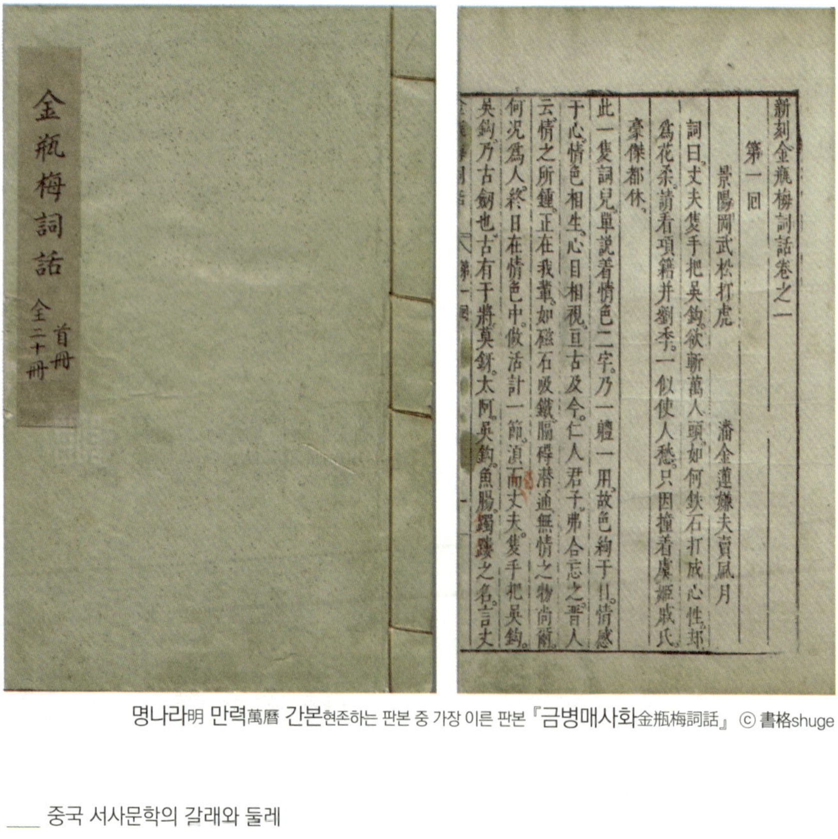

명나라明 만력萬曆 간본현존하는 판본 중 가장 이른 판본『금병매사화金甁梅詞話』 ⓒ 書格shuge

으로 『금병매金甁梅』의 이야기가 시작된다.

『금병매金甁梅』의 저자는 '난릉소소생蘭陵笑笑生'으로 알려져 있는데, '난릉蘭陵'은 당시 지명이고, '소소생笑笑生'은 필명일 것으로 추정되는데, 그가 누구인지는 정확히 알 수 없다. 저자로 추측되는 사람들로는 명나라明 중기에 활약했던 왕세정王世貞, 1526~1590, 가삼근賈三近, 1534~1592, 도륭屠隆, 1543~1605, 이개선李開先, 1502~1568, 서위徐渭, 1521~1593, 왕치등王稚登, 1535~1614, 탕현조湯顯祖, 1550~1616, 풍몽룡馮夢龍, 1574~1646 등이 있고, 그 외에 『금병매金甁梅』의 저자로 지목되는 문인까지 포함하면 거의 60명이 넘는다. 이렇게 『금병매金甁梅』의 저자가 스스로 자신의 이름을 정확하게 밝히지 못했던 이유는 『금병매金甁梅』가 자신의 이름을 전면에 내걸 수 없을 정도로 과도한 성적인 내용을 다루고 있기 때문이기도 하다. 『금병매金甁梅』는 전통사회에서 금기시되었던 인간의 내면적 욕구인 '성性'에 대한 부분을 자세하면서도 구체적으로 드러낸 작품으로 유명하다.

(1) 『금병매金甁梅』의 주요 인물

『금병매金甁梅』라는 책 제목은 작품 속 여주인공들인 '반금련潘金蓮,' '이병아李甁兒', '춘매春梅'에서 한 글자를 가져와서 만들어졌다. 『금병매金甁梅』는 서문경西門慶과 세 명의 여자 주인공을 중심으로 한 가정의 흥망성쇠興亡盛衰를 통해서 벌어지는 비극적 이야기를 묘사했다.

『금병매金甁梅』에 출연하는 주요 인물인 서문경西門慶은 그 당시 생약재상을 하는 상인이다. 그는 고리대금업高利貸金業도 하면서 온갖 수단을 동원하여 돈을 모아 몇 개의 가게를 운영했다. 나중에는 관가官家와 결탁하여 부富를 축적하고 권력을 얻었다. 서문경西門慶의 곁에는 여러 여인이 있었는데, 그중에서 반금련潘金蓮, 이병아李甁兒, 춘매春梅가 대표적인 인물로 이야기의 중심을 이룬다. 반금련潘金蓮은 무송武松의 형수이고, 춘매는 반금련潘金蓮의 시녀侍女로 있다가 이후 서문경西門慶 첩妾이 된다. 이병아

청나라淸 『옹친왕제서당심거도병雍親王題書堂深居圖屛』 중 「염주관묘捻珠觀貓」: 『금병매金甁梅』의 반금련潘金蓮 형상과 유사 북경고궁박물원北京故宮博物院 소장

ⓒ wikimedia

李甁兒는 서문경西門慶의 이웃집 여인으로 남편이 요절하자 많은 재산과 함께 서문경西門慶에게 시집왔다.

『금병매金甁梅』의 인물 가운데 가장 악독한 여인을 꼽으라면 반금련潘金蓮을, 가장 선한 인물로는 이병아李甁兒를 꼽을 수 있다. 이병아李甁兒는 서문경西門慶에게 시집오고 난 다음 그의 아들을 낳았는데 이를 질투한 반금련潘金蓮이 자신이 키우는 고양이를 훈련하여 이병아李甁兒의 어린 아들을 놀라게 해서 죽게 만든다. 아들을 잃은 이병아李甁兒는 상심이 너무 커서 결국 죽게 된다. 반금련潘金蓮은 서문경西門慶에 대한 음욕淫慾을 절제하지 못하고 그에게 춘약春藥을 과다하게 먹여 서문경西門慶도 죽게 만든다. 이후 반금련潘金蓮과 춘매春梅는 팔려 가는 비참한 처지가 된다.

(2) 『금병매金甁梅』의 문학적 의의

중국의 전통적인 유교 관념에서는 인간의 가장 기본적인 본능에 대해서 밖으로 대놓고 드러내는 것을 계속해서 억눌러 왔다. 특히 명나라明의 학자들은 이러한 관념을 더욱 공고히 했는데, 사람의 정情을 남녀 사이에 일어나는 성적 본능에 의한 애욕愛慾으로 간주하고 억압해야 하는 것으로 여겼다. 그러나 남녀 간의 정情에 대한 것은 결코 금기시하고 비판받아야 할 것이 아니며, 자연스러운 성정性情으로 인식하는 시각이 새롭게 나타나기 시작했다. 『금병매金甁梅』는 이러한 시대적 분위기 속에서 '성性'에 대해 직접 말할 수 없는 생각을 글로 표현한 최초의 작품이라는 점에서 의의가 있다. 중국의 고전문학 작품에는 때때로 남녀 간의 성애性愛나 욕정欲情을 나누는 장면이 담겨 있기는 했지만, 모호하고 함축적으로 묘사로 그것을 갈음하는 경우가 많았다. 그러나 『금병매金甁梅』는 그러한 부분을 오히려 더욱 구체적이고 자세하게 표현하였다. 이런 점 때문에 당시 유학자儒學者들의 배척排斥과 멸시蔑視를 받긴 했지만, 독자들에게 오히려 더 크게 환영을 받았다. 『금병매金甁梅』는 인간의 가장 원초적인 욕망欲望을 과감한 표현과 뛰어난 묘사로 훌륭하게 그려낸 작품이라고 할 수 있다.

청나라淸 작자 미상 『금병매삽도金瓶梅插圖』 ⓒ wikimedia

『금병매金甁梅』가 전통 문인들에게 폄하貶下를 받는 작품임에도 불구하고 명나라明의 '사대기서四大奇書' 반열班列에 올라간 이유를 생각해 보면, 『금병매金甁梅』가 이전 시기부터 수면 아래에 감추어왔던 인간의 성性을 전면적으로 수면 위로 끌어올리며 그 문학적 성과를 인정했기 때문일 것이다. 일상적인 인물들의 내면 이야기를 여과 없이 드러내고 있으며, 인간의 성性에 대해 옳고 그름이나 이념의 구속과 통제, 억압의 당위 여부를 생각하지 않고 자연스러운 모습을 긍정적으로 그려내고 있는 데에 큰 의의가 있다. 비록 『금병매金甁梅』의 비극은 지나친 욕정欲情과 그것에 얽힌 여러 문제점에서 비롯된 것이기는 하지만, 이러한 낡은 관념이나 사상, 편협한 교화와 절제의 곁가지를 없애고 성性에 대한 진정한 묘사와 정직한 표현만으로 살펴본다면, 『금병매金甁梅』는 중국 문학이 '성性'과 '정情'에 대한 전통적 억압과 굴레에서 벗어날 수 있는 기초를 마련했다고 볼 수 있다.

| 5 | 의화본소설擬話本小說

송나라宋의 '설화사가說話四家'는 그 당시 설화인說話人이 주로 공연하던 이야기 부류를 의미한다. '사가四家'는 '소설小說', '강사講史', '설경說經', 그리고 '설참청說參請', '설철기아說鐵騎兒', '합생合生' 중의 하나라고 본다. 이 가운데 가장 인기 있었던 부분은 '소설小說'이다. 명나라明로 넘어오면서 간단한 줄거리를 가졌던 '소설小說'은 풍몽룡馮夢龍, 1574~1646이나 능몽초凌濛初, 1580~1644 같은 전문 문인의 손을 거쳐 뛰어난 단편소설로 발전하였다. '강사講史'는 역사연의歷史演義 소설로 발전하였고, '합생合生'은 기예技藝의 특징이 강하여 이후 다양한 무대예술로 변화하였다. 송宋과 원나라元의 단편 백화소설白話小說을 '화본소설話本小說'이라고 칭하는데, 짧은 이야기와 생동감 있는 묘사로 대중들의 환영을 받았다. '화본소설話本小說'은 설화인說話人의 대본인 화본話本을 저본底本으로 하는데, 노래인 가창歌唱보다는 강설講說에 집중하여 이야기를 진달하였다.

명나라明에 이르러 송宋과 원나라元에서 발전하기 시작한 개인 수공업과 상공업이 더욱 발달하면서 서민들의 사회 진출과 참여가 두드러졌다. 문학 작품 속에도 개방적인 의식과 사유를 적극적으로 반영하고자 하는 분위기가 자연스럽게 생겨났다. 이러한 시대적 배경 아래 수많은 이야기가 '의화본소설擬話本小說'로 만들어지게 되었다. 이 시기의 단편소설 작품들을 통하여 전통사회의 오래된 관습과 사상에 반항하면서 개인의 자유와 감정을 중요하게 여기게 되는 의식이 크게 형성되었다.

'의화본소설擬話本小說'은 '모방화본模倣話本'이라고도 하는데, 송宋과 원나라元 화본話本의 주요 특징이라고 할 수 있는 줄거리 전개에 치중하면서 언어가 통속적이며 서술적 리듬이 비교적 빠르고, 인물과 장면의 묘사가 뛰어난 점 등의 특징을 모두 받아들였다. 대표적인 작품집으로는 풍몽룡馮夢龍의 『삼언三言』과 능몽초凌濛初의 『이박二拍』이 있다. 『삼언三言』은 『유세명언喩世明言』『고금소설古今小說』, 『경세통언驚世通言』, 『성세항언醒世恒言』을 가리키며, 『이박二拍』은 『박안경기拍案驚奇』, 『이각박안경기二刻拍案驚奇』를 일컫는다. 『박안경기拍案驚奇』를 『이각박안경기二刻拍案驚奇』와 구분하고자 『초각박안경기初刻拍案驚奇』라고도 한다. 풍몽룡馮夢龍의 『삼언三言』과 능몽초凌濛初의 『이박二拍』을 합쳐서 『삼언이박三言二拍』이라고 말하기도 한다. 『삼언三言』과 『이박二拍』은 그 문학적 가치와 예술성이 뛰어나 당시 수많은 민중에게 큰 호응을 얻었다. 이 작품의 영향으로 이후에도 계속해서 모방작이 나타나 청나라清 말기까지 수십 종의 단편소설집이 출현하게 되었다.

1) 풍몽룡馮夢龍의 『삼언三言』

풍몽룡馮夢龍, 1575~1645은 어렸을 때부터 재능이 뛰어났고, 이탁오李卓吾의 학문을 크게 숭상하였다. 기량이 출중하고, 학식과 견문이 매우 넓어 동년배들의 존경을 한몸에 받았다. 또한, 사람됨이 호탕하고 격식에 구애받지 않아 일찍이 문진맹文震孟, 1574~1636, 요희맹姚希孟, 1579~1636, 전겸익錢謙益, 1582~1664 등의 유명 인사와 단체를 만들어 글을 짓기도 하였다. 과거에 급제하지 못하고 실의에 빠져 한동안 방황하다가 이후 학생을 열심히 가르치며 생활했다. 1626년 간신奸臣 위충현魏忠賢, 1568~1627을 옹호하는 무리인 엄당閹黨[28]이 충신忠臣 주순창周順昌, 1584~1626을 체포하자 풍몽룡馮夢龍도 박해를 받게 되었다. 풍몽룡馮夢龍은 마음속에 늘 억눌림이 있어 그 마음으로 책을 저술하여 『유세명언喻世明言』, 『경세통언驚世通言』, 『성세항언醒世恒言』을 편찬하였다. 『삼언三言』은 이 세 작품집을 통틀어 칭하는 명칭이다. 『삼언三言』은 소설집별로 40편씩 총 120편이며, 송宋과 원나라元, 그리고 명나라明 화본소설話本小說의 뛰어난 예술 작품으로 독자들에게 찬사를 받아왔다.

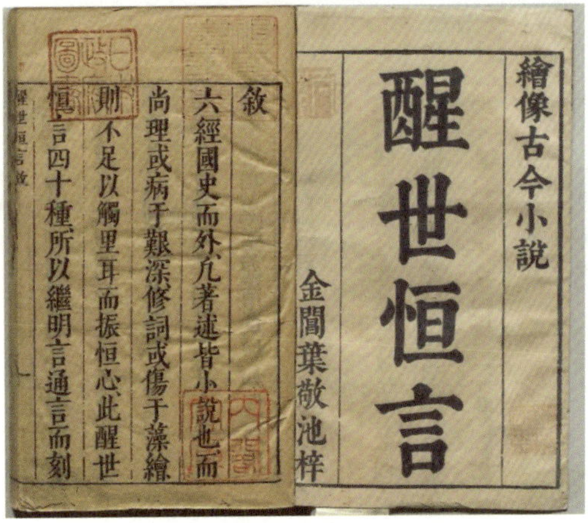

풍몽룡馮夢龍의 『성세항언醒世恒言』 ⓒ wikipedia

『삼언三言』의 각 편은 풍몽룡馮夢龍이 일반 대중을 교화하고 도움을 주고자 하는 의도로 고전의 통속소설 중에서 선별하여 엮은 것이다. 『삼언三言』에 실린 대부분 작품은 이전의 문헌이나 기록에서 부분을 취해 수록하거나 편집했고, 또는 수정과 재창작을 거치면서 원본을 새롭게 각색하기도 했는데, 일부 작품은 풍몽룡馮夢龍이 직접 창작하기도 했다. 풍몽룡馮夢龍은 원래 『고금소설古今小說』을 전체 책명으로 삼을 계획이었다. 그의 첫 책인 『유세명언喻世明言』의 초판에는 『고금소설古今小說』이라는 제목으로 출간하였다. 목차 앞에도 '『고금소설古今小說』 초판'이라는 글자가 있어 『고금소설古今小說』이 애초 몇 권의 소설집의 총서로 계획되었음을 알 수 있다. 그러나 이 책에 이어 출간된 두 번째, 세 번째 책은 각각 『경세통언驚世通言』과 『성세항언醒世恒言』이라는 명칭이 붙었다. 첫 번째 소설집인 『고금소설古今小說』을 재출판할 때, 『유세명언喻世明言』

28 명나라明 환관宦官의 권세에 빌붙은 관료들이 결성한 무리

으로 서명書名을 바꾸었다. 그 후 포옹노인抱甕老人이 『삼언이박三言二拍』 중에서 40편의 이야기를 골라서 『금고기관今古奇觀』으로 다시 엮었다.

2) 『삼언三言』의 대표적인 작품

(1) 「두십랑杜十娘이 분노하며 온갖 보물상자를 강에 던지다杜十娘怒沉百寶箱」

이 작품은 『삼언三言』의 『경세통언驚世通言』 32권卷에 수록되어 있는데, 주인공은 두십랑杜十娘과 이갑李甲, 그리고 손부孫富 등이다. 과거시험을 준비하던 이갑李甲은 기녀 두십랑杜十娘을 만나 사랑에 빠져 같이 살게 되지만, 얼마 지나지 않아 가지고 있는 돈을 모두 다 써버리자 고향으로 돌아갈 길이 막막해진다. 이때 친구의 도움으로 두십랑杜十娘은 기적妓籍에서 벗어나고, 이갑李甲과 두십랑杜十娘은 함께 이갑李甲의 고향으로 돌아간다. 도중에 상인인 손부孫富를 만나고, 손부孫富의 계책으로 이갑李甲은 그에게 두십랑杜十娘을 넘겨 버린다. 두십랑杜十娘은 이갑李甲 앞에서 가지고 있던 보물상자에서 모든 보물을 꺼내어 강물에 던져버리고 자신도 강에 뛰어들어 죽고 만다. 이후 이갑李甲은 불행한 삶을 살게 된다는 줄거리를 가지고 있다. 좀 더 자세한 내용을 살펴보면 다음과 같다.

이갑李甲은 과거시험을 준비하고 있던 가운데 부모님의 권유로 국자감國子監에 들어가고자 북경北京으로 상경한다. 북경北京에 도착한 이갑李甲은 당시 유명한 기녀妓女인 두십랑杜十娘을 만나고 첫눈에 반해 사랑에 빠진다. 그는 두십랑杜十娘과 함께 지내다가, 가지고 있던 돈을 다 탕진해버린다.

돈이 없었던 이갑李甲을 못마땅하게 여긴 기생 어미는 이갑李甲을 쫓아낼 궁리를 한다. 기적妓籍에서 벗어나 이갑李甲과 결혼하고 싶었던 두십랑杜十娘은 기생 어미에게 자신을 풀어달라고 부탁한다. 기생 어미는 은자銀子 300냥을 가져오면 풀어주겠다고 약속하면서도 한편으로는 돈이 하나도 없는 이갑李甲이 절대 이 돈을 가져오지 못할 것이라고 믿었다. 열흘의 시간을 주었는데 이갑李甲은 돈을 마련하지 못했고, 이갑李甲을 진심으로 사랑했던 두십랑杜十娘은 모아둔 150냥을 주며 나머지를 구해오라 말한다. 이갑李甲은 친구인 유우춘柳遇春에게 찾아가 사정을 이야기하고, 그들의 사정을 듣고 감동을 한 유우춘柳遇春은 나머지 돈을 빌려준다.

기생 어미에게서 빠져나온 이갑李甲과 두십랑杜十娘은 고향으로 돌아가고자 배를 타러 간다. 그곳에서 손부孫富라는 부자 상인이 우연히 두십랑杜十娘의 노래를 듣게 된다. 노래를 들은 손부孫富는 두십랑杜十娘의 미모 또한 뛰어날 것으로 생각하고 일부러 이갑李甲과 만남을 계획한다. 둘은 함께 술을 마시면서 이야기를 나누었는데, 손부孫富는 현재 이갑李甲의 처지를 듣고서는 자신에게 두십랑杜十娘을 보내면 은자銀子 1천 냥을 주겠다고 제안을 했고 이갑李甲은 고민 끝에 그 제안에 받아들인다. 이갑李甲은 배로 돌아와 두십랑杜十娘에게 이 사실을 말하고, 두십랑杜十娘은 이 이야기를 듣고서는 슬퍼

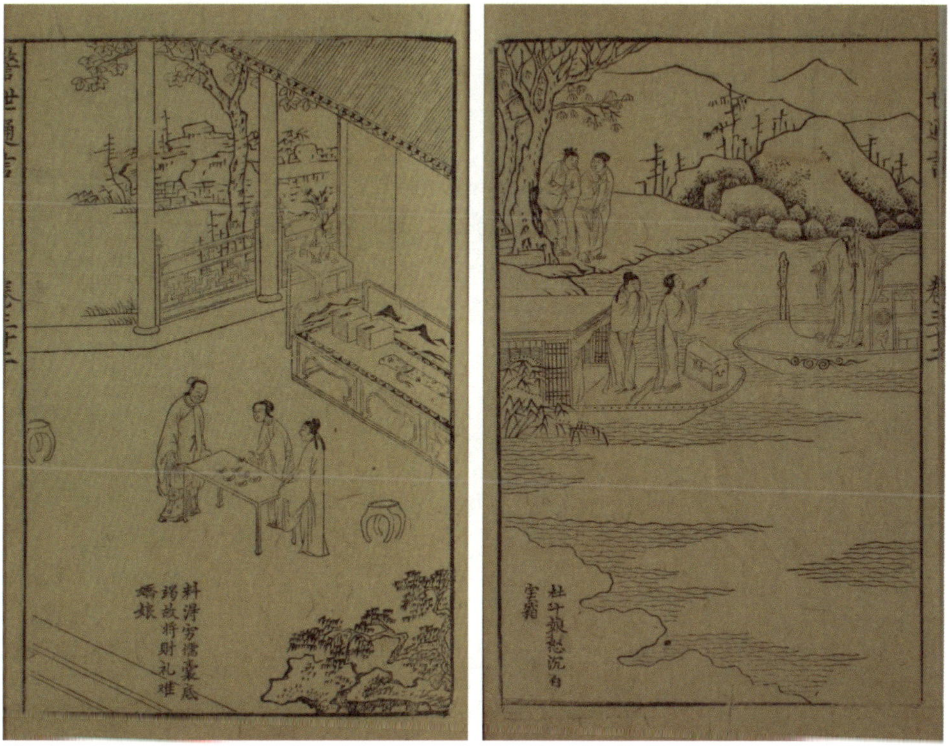

명나라明 말엽 천계사년서간본天啓四年序刊本 『경세통언警世通言』 중
「두십낭노침백보상杜十娘怒沉百寶箱」 삽화 ⓒ 書格shuge

서 울거나 이갑李甲에게 애처롭게 매달리는 모습은 보이지도 않고, 오히려 허탈해한다. 그녀는 새벽에 일어나 가장 아름다운 모습으로 치장한다.

날이 밝아 손부孫富의 배로 건너가기 전에 손부孫富의 하인에게 자신의 보물상자를 징표로 먼저 건넨다. 이후 그녀는 이갑李甲과 손부孫富가 보는 앞에서 자신의 보물상자의 서랍을 하나하나 열어 보였다. 그 안에는 그동안 남몰래 모아두었던 진주와 은자銀子, 비취 등의 온갖 보물이 가득 들어있었다. 두십랑杜十娘은 이갑李甲의 배신감과 박정함에 대한 상심으로 이갑李甲을 나무라고 손부孫富의 비루한 행동을 꼬집어 질책했다. 그리고 사랑보다 돈을 중히 여기는 사람을 평생의 낭군으로 여겼던 자신의 어리석음에 대해 실망과 울분을 토해냈다. 두십랑杜十娘은 그 보물들을 모두 강에 던져버렸고, 이갑李甲의 변심에 크게 좌절한 그녀 또한 그 보물상자를 안고 강물에 뛰어들었다. 이후 이갑李甲은 고향으로 돌아가서 오랫동안 병을 앓으면서 힘들게 살아갔고, 손부孫富는 병을 얻어 죽었다. 두십랑杜十娘은 그들의 사랑에 기꺼이 나서서 도와주었던 유우춘柳遇春의 꿈에 나타나 은혜를 갚는다.

(2) 「장흥가蔣興哥가 진주적삼珍珠赤衫을 다시 찾다蔣興哥重會珍珠衫」

이 작품은 『삼언三言』의 『유세명언喩世明言』 1권卷에 실려 있는데, 주인공은 장흥가蔣興哥와 왕삼교아王三巧兒, 진상陳商 등이다. 상인인 장흥가蔣興哥가 타지에 나간 사이에 부인 왕삼교아王三巧兒가 외간 남자인 진상陳商과 정을 통한다. 나중에 이 일을 알게 된 장흥가蔣興哥는 왕삼교아王三巧兒와 헤어지지만, 우여곡절을 겪은 후에 왕삼교아王三巧兒가 다시 장흥가蔣興哥의 첩妾으로 들어와 그와 함께 살게 되는 이야기이다. 좀 더 자세한 내용을 살펴보면 다음과 같다.

장흥가蔣興哥와 왕삼교아王三巧兒는 결혼한 지 얼마 되지 않았고 부부간의 정이 매우 두터웠다. 어느 날 장흥가蔣興哥는 장사를 위해 다른 지방으로 떠나게 되었다. 부인인 왕삼교아王三巧兒는 아름다운 외모를 갖고 있었다. 왕삼교아王三巧兒는 혹시라도 다른 남자가 자신을 보게 되면 무슨 일이 생길까 염려스러워 절대 문밖으로 나가지 않았다. 그러다 집안에만 있는 것이 답답하여 어느 날 창문을 열고 발 너머로 거리를 구경했다. 그 후로 남편이 돌아오기를 기다리면서 하루에도 몇 차례씩 창밖을 바라보았다. 그러다 어느 날 창밖을 보다가 멀리서 남편이 돌아오는 것을 보고 발을 걷어 젖히고는 자세히 보았다. 한편, 이 사내는 고개를 들어 바라보니 위층에서 어떤 젊은 여인이 자신을 뚫어지게 쳐다보고 있는 것이 보였다. 그는 이 여인이 자신에게 호감이 있는 것으로 잘못 알고 그녀에게 눈짓을 보냈다. 그러나 두 사람은 모두 잘못 알아본 것이었다.

이 사내의 이름은 진상陳商이었는데, 진상陳商은 왕삼교아王三巧兒를 보자마자 그 비모에 반해 어떻게 해서든 자신의 아내로 맞이해야겠다는 다짐을 한다. 그는 매파를 통해서 끊임없이 그녀의 마음을 사려고 했다. 왕삼교아王三巧兒는 매파의 꼬임에 빠져서 남편이 없는 동안 진상陳商과 함께 지낸다. 진상陳商은 왕삼교아王三巧兒가 자신을 사랑하는 증표를 하나 달라고 하였고, 왕삼교아王三巧兒는 장흥가蔣興哥 집안에 대대로 내려오는 보물인 진주적삼珍珠赤衫을 건네준다. 진상陳商도 진주적삼珍珠赤衫을 받고는 장사를 하러 길을 떠났다.

명나라明 일본법정대학도서관장본日本法政大學圖書館藏本 『고금소설古今小說』 중 「장흥가중회진주삼蔣興哥重會珍珠衫」 삽화 ⓒ 書格shuge

장흥가蔣興哥는 장사를 마무리

하고 돌아오는 도중에 한 여관에서 묵게 되었는데 그날은 여관에 남은 방이 없어 어쩔 수 없이 다른 상인들과 같이 자리를 하게 되었다. 그때 진상陳商과 이야기를 나누게 되었고, 그는 자신이 만난 여인과 나눈 사랑 이야기를 들려주면서 그 여인이 자신에게 준 사랑의 선물을 꺼내 보여 주었다. 그 선물은 바로 진주적삼珍珠赤衫이었다. 그것을 본 장흥가蔣興哥는 집안의 보물임을 한눈에 알아보았지만 아무런 말도 하지 않고 진상陳商과 헤어져 곧바로 집으로 돌아왔다. 장흥가蔣興哥는 왕삼교아王三巧兒에게 진주적삼珍珠赤衫을 누구에게 주었는지 캐묻기 시작했다. 어떤 변명도 할 수 없었던 왕삼교아王三巧兒의 모습을 보고 장흥가蔣興哥는 관가官家에 고하여 그녀와 정식으로 이혼할 것을 요구했다. 장흥가蔣興哥와 왕삼교아王三巧兒는 결국 헤어지게 되었다.

시간이 지나 외로웠던 장흥가蔣興哥는 매파를 통해서 다시 결혼하게 되었다. 나중에 알고 보니 장흥가蔣興哥가 결혼한 사람은 바로 진상陳商의 부인인 평씨平氏였다. 진상陳商은 나그네로 살다가 병이 들어 죽게 되었고, 과부가 된 진상陳商의 아내가 장흥가蔣興哥에게 시집을 오게 되었던 것이다. 왕삼교아王三巧兒 또한 이혼 후에 현령縣令인 오걸吳傑의 아내가 되었다.

어느 날 장흥가蔣興哥가 살인 사건에 연루되어 재판을 받게 되었다. 오걸吳傑이 소장訴狀을 살펴보고 있었는데, 우연히 이를 지켜보고 있던 왕삼교아王三巧兒가 눈물을 흘렸다. 이어서 오걸吳傑은 둘의 관계를 물었고, 왕삼교아王三巧兒는 장흥가蔣興哥가 자신의 전남편이었음을 말한다. 장흥가蔣興哥가 재판을 받는 과정에서 둘의 애절한 눈빛을 살핀 오걸吳傑은 왕삼교아王三巧兒를 장흥가蔣興哥에게 돌려 보내 준다. 장흥가蔣興哥의 마음속에도 왕삼교아王三巧兒에 대한 사랑이 남아 있었기에 왕삼교아王三巧兒를 첩妾으로 받아들이게 되었고, 왕삼교아王三巧兒와 장흥가蔣興哥, 평씨平氏가 함께 행복하게 살았다.

3) 능몽초凌濛初의 『이박二拍』

능몽초凌濛初, 1580~1644는 명나라明 말기의 문학가로 조상 대대로 벼슬을 했고, 유명한 이들이 많았다. 그의 아버지 때부터 판각板刻하여 책을 출판하는 일을 시작했고, 당시 꽤 명성이 있는 서각가書刻家로 알려졌다. 그는 12세부터 과거시험을 준비했지만, 그 과정이 순탄치 않아 매번 낙방하였다. 이후 그는 과거시험을 그만두고 저술 작업에만 매진하였다. 능몽초凌濛初는 평생 지은 서작이 매우 풍부했는데, 그중에서 가장 큰 공헌은 『이박二拍』과 같은 통속소설 창작에 있다고 할 수 있다. 능몽초凌濛初가 쓴 단편소설은 『태평광기太平廣記』와 『이견지夷堅志』 등 옛 책에서 소재를 많이 가져왔지만, 작가의 각색과 창작의 능력을 발휘하여 옛이야기에 새로운 생명을 불어넣었다. 원본原本에서 열 자를 채 넘지 않고, 별다른 의미 없이 전해 내려오는 이야기라고 하더라도 능몽초凌濛初의 손을 거쳐 수천 자가 되는 작품이 되었다. 서정적인 필치와 세밀한 묘사, 굴곡진 이야기 전개로 많은 이들에게 사랑을 받았다.

작품집에 수록된 내용은 역사歷史, 연애戀愛, 신괴神怪 등 매우 광범위하며, 등장하는 인물들도 문인文人, 상인商人, 하인下人, 도적 등 다양하다. 남녀의 자유로운 연애, 정치적 부패의 폭로, 상인들의 경제생활 등을 생동적으로 그려내고 있어 당시 사회상과 민중의 가치관과 알기에 매우 적합하다. 이후의 문학 작품 창작에도 『이박二拍』의 제재와 주제, 표현과 기교는 큰 영향을 미쳤다. 그러나 능몽초凌濛初의 작품은 사회와 인생에 대한 묘사에 깊이가 없고, 또한, 귀신鬼神이나 미신迷信, 윤회輪廻 사상이나 인과응보因果應報의 내용 등이 지나치게 많다는 단점이 있다. 게다가 색정色情에만 치우친 묘사가 매우 많다는 평가를 받고 있기도 하다. 하지만 그가 창작한 『이박二拍』은 명나라明의화본소설擬話本小說에서 여전히 뛰어난 문학적 성과를 보여 주고 있다.

『이박二拍』은 『박안경기拍案驚奇』와 『이각박안경기二刻拍案驚奇』를 통틀어 칭하는 명칭이다. 『박안경기拍案驚奇』는 『이각박안경기二刻拍案驚奇』와의 구별을 위해 『초각박안경기初刻拍案驚奇』라고 한다. '박안경기拍案驚奇'에서 '박拍'은 치다, '안案'은 관리가 공무를 처리하는 책상이라는 뜻이다. '경기驚奇'는 놀랍고 기이한 일이라는 말이다. 즉 '박안경기拍案驚奇'는 '책상을 치며 경탄할 만큼 재밌는 이야기'라는 의미이다. 『초각박안경기初刻拍案驚奇』는 1627년에 완성되었으며, 이듬해 상우당尚友堂에서 간행했다.

모두 40권卷 분량의 독립 이야기로 구성되어 있다. 그러나 원본原本은 이미 소실되었고, 현재 가장 이르고 완전한 판본은 일본日本 내각문고內閣文庫에 소장된 상우당尙友堂 판본이다. 전체가 39권卷으로 되어있고, 23권卷이 일부 결실缺失되어 있다. 『초각박안경기初刻拍案驚奇』의 23권은 『이각박안경기二刻拍案驚奇』의 23권과 같다. 전체 40권 중 이야기의 배경이 당나라唐 9편, 송나라宋 7편, 원나라元 6편, 명나라明 13편, 시대가 불확실한 작품 5편이다.

페테르 파울 루벤스Peter Paul Rubens, 1577~1640 1617년 「명나라 상인 이퐁Yppong: 興浦」 [원제: '한복 입은 상인']
ⓒ J.폴게티미술관J. Paul Getty Museum

『이각박안경기二刻拍案驚奇』는 『초각박안경기初刻拍案驚奇』가 출판되고 난 4년 뒤인 1632년에 초판이 간행되었고, 총 40권卷의 독립된 이야기로 구성되어 있다. 이야기의 배경은 춘추春秋 시대 1편, 송나라宋 14편, 원나라元 3편, 명나라明 19편, 시대가 불확실한 작품 2편, 또 다른 1편은 잡극雜劇이다. 『이각박안경기二刻拍案驚奇』의 23권卷은 『초각박안경기初刻拍案驚奇』와 중복되는 작품이고, 잡극雜劇 1편을 제외하면, 『이각박안경기二刻拍案驚奇』는 모두 38편의 이야기가 실려 있는 셈이다. 『이박二拍』에 실린 이야기는 주로 『태평광기太平廣記』, 『이견지夷堅志』, 『전등신화剪燈新話』,

『전등여화剪燈餘話』 등의 책에서 소재를 가져온 것으로, 대부분 명나라明 사회상을 보여주는 '자유혼인自由婚姻'과 '인과응보因果應報' 등의 사상을 구체적으로 반영하고 있다.

능몽초凌濛初는 풍몽룡馮夢龍의 영향을 많이 받았는데, 『초각박안경기初刻拍案驚奇』의 서문序文에서, '풍몽룡馮夢龍이 편집한 『유세명언喩世明言』 등과 같은 책은 매우 고상한 도를 가지고 있으며, 시대에 맞는 좋은 규범을 드러내고 지금의 오래된 구습을 한 번에 부순다.'라고 하였다. 이러한 영향으로 『이박二拍』의 체재와 내용이 『삼언三言』과 상당히 유사하다. 하지만 일부 다른 점도 보인다. 『삼언三言』이 주로 인정세태人情世態의 다양한 면을 다루고 있다면, 『이박二拍』은 상업과 경제생활에 관련된 내용이 많고, 주인공 역시 상인이나 상업 활동과 관련된 인물이 다수 등장한다. 『삼언三言』이 이야기 전개와 구성이 다채롭고 풍부한 데 비해서 『이박二拍』은 이야기의 전개와 구성이 획일적이며, 정형화되어 있다. 또한, 『삼언三言』에는 문체가 통일되지 않아 작품 간의 일관성이 떨어지는 부분이 많다. 어떤 작품은 표현이 상당히 소박하고 직설적이면서, 대화체로 이루어진 장면이 많은 반면에, 어떤 작품은 우아하고 세련된 느낌을 주며, 아름답고 정교한 수사 기교를 발휘하는 장면도 있다. 이에 비해서 『이박二拍』은 문체와 수사 기교 방면에서 일정한 경향을 띠고 있어서 고른 특징을 보인다. 하지만 일체성을 지나치게 강조한 나머지, 서사가 고루하고 밋밋한 느낌을 준다. 작품의 제목에서는 『삼언三言』의 경우 하나의 구句로 이루어졌지만, 『이박二拍』은 두 개의 구句가 서로 대구를 이루고 있어서 작품 내용에 대한 보다 자세한 설명과 개요를 제시하고 있는 점이 서로 다르다고 할 수 있다.

4) 『이박二拍』의 대표적인 작품

(1) 「운이 바뀐 사내가 때마침 동정홍洞庭紅을 사고, 페르시아 상인이 타룡鼉龍의 껍질을 알아보다轉運漢遇巧洞庭紅 波斯胡指破鼉龍殼」

이 작품은 『초각박안경기初刻拍案驚奇』 1권卷에 실려 있고, 주인공은 문약허文若虛이다. 그는 하는 일마다 운이 없어서 물려준 재산을 모두 다 써버린다. 장사를 위해 해상 무역상을 따라 긴 선단船團에 오르기 전에 아무런 생각 없이 값싸게 산 과일인 동정홍洞庭紅이 1천 냥에 팔리고, 우연히 주운 거북껍질이 귀한 보물임을 알아본 페르시아 상인에게 5만 냥에 팔아 이윤을 챙긴다. 나중에는 이것을 자본으로 거부巨富가 되었다는 이야기이다. 좀 더 자세한 내용을 살펴보면 다음과 같다.

명나라明 성화成化 연간에 소주蘇州 사람인 문약허文若虛는 가세가 기울면서 물려준 재산을 모두 써버리자, 장사를 통해 생계를 도모할 수밖에 없었다. 그는 하는 일마다 모두 실패를 해서 가진 재산을 다 들어먹었을 뿐더러 동료들까지 끌어들여 파산하게 만들어 사람들은 그를 '재수 없는 사내'라고 불렀다. 문약허文若在는 집안이 몰락하여 더는 볼품없던 시기에 우연히 해외를 왕래하며 물건을 파는 장승운張运運을 만나게 되면서 해외에 한 번 나가려고 생각하게 되었다. 그는 친구 몇 명에게 은자銀子 한두 냥 남짓을 빌려서 가장 싼 동정홍洞庭紅 귤 백여 근을 사서 배에 실었다. 동행하는 상인들은 모두 그를 비웃었다.

배가 삼사일 후에 길령국吉零國, 지금의 스리랑카와 미얀마 부근에 도착했다. 그 나라에서

윌리엄 다니엘William Daniell, 1769~1837 「광동의 유럽 공장 전경A View of the European Factories at Canton」
© 그리니치국립해양박물관National Maritime Museum, Greenwich, London.

중국 18세기 후반 「광주선박도廣州船舶圖」 © 국립고궁박물원國立故宮博物院

는 귤이 보기 드문 진기한 과일로 문약허文若虛는 시험 삼아 비싼 값을 제시했다. 그 나라 사람들이 서로 앞다투면서 샀는데, 사람들은 모두 경쟁하면서 몇 냥의 은자銀子로 귤 하나를 사 갔다. 문약허文若虛는 단번에 거의 1천 냥이나 되는 은자銀子를 벌었다. 배는 돌아오는 길에 폭풍우를 만나 황량한 섬으로 떠내려가서 바람을 피했다. 문약허文若虛는 뭍으로 올라와 한가롭게 거닐다가 작은 배와 같은 큰 거북 껍데기를 보았고, 호기심이 생겨 그것을 배로 가져 왔다. 사람들이 그것을 보고 모두 그가 버려진 물건을 가지고 와서 진귀한 보물로 삼았다고 비웃었지만, 그는 전혀 개의치 않았다. 배가 복건福建 지역에 도착하자 페르시아 상인 마보하瑪寶哈가 배에 올라 물건을 받았는데, 한눈에 이 거북껍질이 타용鼉龍이라는 것을 알아차렸다. 스물네 개의 갈비뼈마다 모두 값을 매길 수 없는 보물인 야광주가 박혀있어, 매우 놀라면서 은 5만 냥에 사 갔다. 문약허文若虛는 이때부터 고생 끝에 낙이 오듯이 그곳에서 터전을 잡아 아내를 맞이하고 가업家業을 일으켜 세웠다. 자손 대대로 크게 번성하였으며 집안이 더욱 부유해졌다.

(2)「귀신 같은 도둑이 일지매一枝梅로 흥을 돋우고, 협객의 도둑은 자주 삼매경의 재미에 빠져들다神偸寄興一枝梅 俠盜慣行三昧戲」

이 작품은 『이각박안경기二刻拍案驚奇』 39권卷에 실려 있는데, 주인공은 나룡懶龍이라는 도둑으로 귀신처럼 훔치는 기술을 가졌는데, 재물을 도둑질하고 나서 벽에다 매화가지 하나를 그려놓고 떠났다. 그래서 사람들이 그를 '일지매一枝梅'라고 불렀다. 하지만 그는 가난한 백성을 돕고 나쁜 관리를 혼을 내는 대담하면서 신의信義가 있는 도적이었다. 이 작품은 그런 의로운 행동을 한 도둑 일지매一枝梅 이야기이다. 좀 더 자세한 내용을 살펴보면 다음과 같다.

명나라明 가정嘉靖 연간 소주蘇州 현묘관玄妙觀 근처에 귀신같이 물건을 잘 훔치는 도둑이 있었는데, 스스로 나룡懶龍이라고 불렀다. 그는 몸집이 작고 약삭빨랐으며, 담력

명나라明 숭정崇禎 상우당간본尙友堂刊本 『이각박안경기二刻拍案驚奇』 중
「신투기흥일지매 협도관행삼매희神偸寄興一枝梅 俠盜慣行三昧戲」 삽화 ⓒ 書格shuge

이 큰 데다가 행동이 민첩하고 기개가 있었다. 신을 신고 벽을 걸을 수 있었으며, 며칠 밤낮을 먹지도 않고 잠을 자지도 않을 수도 있었다. 낮에는 그 그림자만 보일 뿐 형체가 보이지 않을 정도였고, 밤에는 부잣집에 몰래 들어가 잠자리를 찾다가 범행 후 벽에 매화 한 송이를 그렸다. 그래서 사람들이 그를 '일지매一支梅'라고 불렀다.

나룡懶龍은 일찍이 구리거울을 하나 얻었는데, 이것으로 밤에 불을 밝히는 데 사용할 수 있어서 그 이후로 일을 벌이기가 훨씬 수월해졌다. 그는 비록 도둑이었지만 나름대로 의로움을 가지고 있었는데, 부녀자를 해치지 않았고, 선량한 사람들이나 어려움을 겪는 집안의 물건은 훔치지 않았다. 말을 하고 나면 신의信義를 반드시 지켰고, 의義를 행하면서도 재물을 아끼지 않아 그 명성이 자자했다. 관청에서도 그를 사방으로 체포하려 했지만, 물증이 없어 죄를 다스리기 어려웠다.

무석無錫에 탐욕스러운 현령縣令이 있었는데, 백성들의 증오심이 극에 달했다. 나룡懶龍은 그것을 알고 황금 2백 냥이 들어있는 상자 하나를 훔쳤다. 현령縣令은 화가 머리끝까지 나서 소주蘇州에 사람을 보내 그를 잡으려고 했다. 그러자 그는 몰래 무석無錫에 들어가 현령縣令의 첩妾 머리카락을 베어 현령縣令의 상자 속에 넣어 두었다. 이것은 언제든지 사람을 죽이고 마음대로 인장印章을 가져갈 수 있음을 경고한 것이었다. 이때부터 현령縣令은 두려워 다시는 그를 쫓지 않았다. 짓궂은 장난으로 보이는 이런 행동들은 악인惡人과 간신奸臣을 징벌하며, 바른 사람과 착한 사람을 돕는 작용을 하여 그 이야기가 곳곳으로 퍼져 나갔다.

참고도서

[고전자료]

古本小說集成編委會編,『古木小說集成』, 上海古籍, 1990年.

劉世德·陳慶浩等主編,『古本小說叢刊』, 北京: 中華書局, 1991年.

馮夢龍編, 徐文助校注, 繆天華校閱,『喻世明言』, 臺北: 三民書局, 1998年.

馮夢龍編, 徐文助校訂, 繆天華校閱,『警世通言』, 臺北: 三民書局, 1992年.

馮夢龍編, 廖吉郎校訂, 繆天華校閱,『醒世桓言』, 臺北: 三民書局, 1995年.

凌濛初著, 徐文助校訂, 繆天華校閱,『拍案驚奇』, 臺北: 三民書局, 1995年.

凌濛初著, 徐文助校訂, 繆天華校閱,『二刻拍案驚奇』, 臺北: 三民書局, 1993年.

洪楩編輯, 石昌渝校點,『清平山堂話本』, 江蘇古籍出版社, 1994年.

熊龍峰等刊行, 石昌渝校點,『熊龍峰刊行小說四種』, 江蘇古籍出版社, 1994年.

周輯著, 陳美林校點,『西湖二集』, 江蘇古籍出版社, 1994年.

西湖漁隱主人編輯, 周有德等校點,『歡喜寃家』, 沈陽: 春風文藝出版社, 1989年.

天然癡叟著, 弦聲校點,『石點頭』, 江蘇古籍出版社, 1994年.

陸人龍著, 陳慶浩校點,『型世言』, 北京: 新華出版社, 1999年.

周輯著, 陳美林校點,『西湖二集』, 江蘇古籍出版社, 1994年.

金木散人著, 劉葳校點,『鼓掌絕塵』, 江蘇古籍出版社, 1994年.

酌玄亭主人編輯, 徐中偉等校點,『照世杯』, 江蘇古籍出版社, 1994年.

艾納居士編輯, 張道勤校點,『豆棚閑話』, 江蘇古籍出版社, 1994年.

東魯狂生編輯, 程有慶校點,『醉醒石』, 江蘇古籍出版社, 1994年.

陸雲龍著, 李漢必·陸林校點,『清夜鐘』, 江蘇古籍出版社, 1994年.

[국내저서]

시내암施耐庵 著, 연변대학『수호전水滸傳』번역위원회 譯,『신역新譯 수호지水滸誌』, 서울: 청년사, 1990년.

에리히 프롬Erich Fromm 著, 黃文秀 譯, 『인간의 마음』, 서울: 문예출판사, 1994년.
앙리 마스페로Henri Maspero 著, 김선민 譯, 『고대중국』, 서울: 까치, 1995년.
전재경, 『복수와 형벌의 사회사』, 서울: 웅진출판, 1996년.
임종욱, 『동양문학비평용어사진-중국편』, 서울: 범우사, 1997년.
김춘진, 『스페인 피카레스크 소설』, 서울: 아르케, 1999년.
이어령, 『공간의 기호학』, 서울: 민음사, 2000년.
E. M. 포스터 著, 李珹鎬 譯, 『小說의 理解』, 서울: 文藝出版社, 2000년.
고광필, 『자아의 탐색』, 서울: UBF출판부, 2001년.
우르슐라 리히터Ursula Richter 著, 손영미 譯, 『여자의 복수』, 서울: 다른 우리, 2002년.
가스통 바슐라르Gaston Bachelard 지음, 곽광수 옮김, 『공간의 시학』, 서울: 동문선, 2003년.
김상구외, 『타자의 타자성과 그 담론적 전략들』, 부산대학교 출판부, 2004년.
한국문학평론가협회, 『문학비평용어사전』, 고양: 국학자료원, 2006년.
앤서니 엘리엇 지음, 김정훈 옮김, 『자아란 무엇인가』, 서울: 도서출판 삼인, 2007년.
이-푸 투안Yi-Fu Tuan , 『공간과 장소』, 서울: 도서출판 대윤, 2007년.
김용수, 『자크 라캉』, 서울: 살림출판사, 2008년.
지식을 만드는 지식, 『고전 해설』, 서울: 커뮤니케이션북스, 2009년.
철학사전편찬위원회, 『철학사전』, 서울: 중원문화, 2009년.
김진숙, 『샤머니즘과 예술치료』, 서울: 학지사, 2010년.
이수웅, 『역사 따라 배우는 중국문학사』, 서울: 다락원, 2010년.
『한국민족문화대백과사전_인터넷』, 서울: 한국학중앙연구원, 2010년.
『doopedia 두산백과_인터넷』, 서울: 두산백과, 2010년.
張國風 지음, 이등연·정영호 편역, 『중국고전소설사의 이해』, 전남대학교 출판부, 2011년.

[국외저서]

鄭振鐸, 『鄭振鐸古典文學論文集』, 上海古籍出版社, 1984年.
譚正璧, 『三言兩拍資料』, 上海古籍出版社, 1985年.
劉再復, 『性格組合論』, 上海文藝出版社, 1986年.

金健人,『小說結構美學』, 臺北: 木鐸出版社, 1988年.
魯迅,『漢文學史綱』·『中國小說的曆史變遷』, 臺北: 風雲時代出版社, 1990年.
周先愼,『古典小說鑑賞』, 北京大學出版社, 1992年.
周啟志, 羊列容, 謝昕,『中國通俗小說理論綱要』, 臺北: 文津出版社有限公司, 1992年.
吳康 ,『中國古代夢幻』, 湖南文藝出版社 , 1992年.
魯迅,『中國小說史略』, 臺北: 風雲時代出版社, 1992年.
繆咏禾,『馮夢龍和三言』, 臺北: 萬卷樓, 1993年.
宗憲 ,『宋代民間的幽冥世界觀』, 臺北: 千華圖書出版公司 , 1993年.
馬書田 ,『華夏諸神--鬼神卷』, 臺北: 雲龍出版社 , 1993年.
李忠昌,『古代小說續書漫話』, 遼寧教育出版社, 1993年.
陳永正,『三言二拍的世界』, 臺北: 遠流出版事業股份有限公司, 1994年.
楊國樞·余安邦編 ,『中國人的心理與行為 : 文化·教化及病理篇 (一九九二) 』, 臺北: 桂冠圖書有限公司 , 1994年.
歐陽代發,『話本小說史』, 武漢出版社 , 1994年.
佛斯特著, 李文彬譯,『小說面面觀』, 臺北: 志文出版社, 1995年.
黃應貴主編 ,『空間·力與社會』, 臺北: 中央研究院民族研究所 , 1995年.
成偉鈞, 唐仲揚, 向宏業 主編,『修辭通鑑』, 臺北: 建宏出版社, 1996年.
石育良,『怪異世界的建構』, 臺北: 文津出版社, 1996年.
浦安迪 ,『中國敘事學』, 北京大學出版社 , 1996年.
楊昌年,『聊齋志異研究』, 臺北: 里仁書局, 1996年.
張振軍,『傳統小說與中國文化』, 廣西師範大學出版社, 1996年.
肯內斯·克拉瑪著, 方蕙玲譯,『宗教的死亡哲學』, 臺北: 東大圖書有限公司 , 1997年.
Patrick Hanan 著, 王青平·曾虹 譯,『中國短篇小說』, 臺北: 國立編譯館, 1997年.
錢穆,『中國近三百年學術史』, 臺北: 聯經出版事業公司, 1998年.
劉世劍,『小說敍事藝術』, 吉林大學出版社, 1999年.
郭 建,『中國法文化漫筆』, 上海: 東方出版中心, 1999年.
程毅中輯注,『宋元小說家話本集』, 濟南: 齊魯書社, 2000年.
馬振方,『小說藝術論』, 北京大學出版社, 2000年.
駱冬青 ,『道成肉身--明清小說美學導論』, 安徽文藝出版社 , 2000年.

賈二強 ,『神界鬼域--唐代民間信仰透視』, 陝西人民教育出版社 , 2000年.

蒲松齡著, 任篤行輯校,『聊齋誌異』, 濟南: 齊魯書社, 2000年.

黃慶萱,『修辭學』, 臺北: 三民書局, 2000年.

李清筠 ,『時空情景中的自我影像--以阮籍·陸機·陶淵明詩為例』, 臺北 : 文津出版社 , 2000年.

李忠明,『中國古代小說的主題與敍事結構』, 合肥: 安徽文藝出版社, 2000年.

楊鶴皐,『宋元明清法律思想研究』, 北京大學出版社, 2001年.

孫遜, 孫菊園,『中國古典小說美學資料匯粹』, 臺北: 大安出版社, 2002年.

金明求,『虛實空間的移轉與流動--宋元話本小說的空間探討』, 臺北: 大安出版社, 2002年.

王平,『中國古代小說敍事研究』, 河北人民出版社, 2003年.

樂蘅軍,『意志與命運--中國古典小說世界觀綜論』, 臺北: 大安出版社, 2003年.

汪玢玲,『鬼狐風情:『聊齋志異』與民俗文化』, 黑龍江人民出版社, 2003年.

黃大宏,『唐代小說重寫研究』, 重慶出版社, 2004年.

金明求,『虛實空間的移轉與流動--宋元話本小說的空間探討』, 臺北: 大安出版社 , 2004年.

溫孟孚,『"三言"話本與擬話本研究』, 北京: 中國社會科學出版社, 2005年.

王昱,『人性說明書--馮夢龍警世三言裡的人性眞相』, 臺北: 智言館文化有限公司, 2006年.

馬書田,『中國鬼神』, 北京: 團結出版社, 2007年.

郭建勳 注譯, 黃俊郎 校閱,『新譯易經讀本』, 臺北: 三民書局, 2007年.

金明求,『宋元明話本小說「入話」之敍事研究』, 臺北: 大安出版社, 2009年.

蔣玉斌,『『聊齋志異』的清代衍生作品研究』, 中國社會科學出版社, 2012年.

金明求,『修辭與敘事: 宋元話本小說的修飾書寫』, 臺北: 秀威資訊, 2020年.

金明求,『反思「死亡」:『三言』的死亡故事與主題研究』, 臺北: 秀威資訊, 2021年.

[국내 학위논문]

김은혜,『話本小說에 나타난 宋代 庶民의 政治文化 研究』, 숙명여자대학교 석사학위논문, 2010년 2월.

이진우,『唐 傳奇를 '새창작'한『三言』의 '통속화' 연구』, 명지대학교 교육대학원 석사학위논문, 2010년 2월.

고윤숙, 『『周易』 感應哲學 연구』, 성균관대학교 석사학위논문, 2020년 4월.

[국외 학위논문]

卜亞麗, 『中國古代鬼觀念與戲劇的雙向滲透』, 河南大學 碩士學位論文, 2004年.
胥向明, 『"幻魅"的現代想像--論中國現代作家筆下的"鬼"』, 中山大學 博士學位論文, 2006年.
韓曉, 『中國古代小說空間論』, 上海復旦大學 博士學位論文, 2006年.
劉富偉, 『『聊齋誌異』文本改編研究--以白話小說和說唱藝術爲中心』, 華東師範大學 博士學位論文, 2007年.
梁衛華, 『『醒夢駢言』研究』, 北京師範大學 碩士學位論文, 2007年.
燕斌, 『『醒世奇言』代詞研究』, 曲阜師範大學 碩士學位論文, 2012年.
郭小麗, 『『醒夢駢言』考論』, 南京大學 碩士學位論文, 2013年.

[국내 단편논문]

김열규, 「李朝小說에 있어서의 惡人型의 檢討」, 『古典文學研究』, 1971년 제1권.
조영규, 「『三言』故事의 淵源 및 影響考」, 『中國學報』第21輯, 1980년.
라인정, 「人鬼交媾說話 연구」, 『語文研究』제24집, 1993년 10월.
라인정, 「人鬼交媾 說話의 敍事文學的 展開」, 『語文研究』제26집, 1995년 5월.
김혜경, 「『聊齋志異』에 나타난 蒲松齡의 作家意識--人鬼交婚小說을 中心으로」, 『中國學報』제35집, 1995년.
서동욱, 「주체의 근본 구조와 타자--레비나스와 들뢰즈의 타자에 대하여」, 『세계의 문학』제79호, 민음사, 1996년 봄.
윤일수, 「「맹진사댁 경사」에 나타난 바꿔치기 혼인 설화의 계승 양상」, 『語文研究』 24集, 1996년.
김귀석, 「古小說에 登場한 補助人物 研究-門客, 侍婢 等을 중심으로-」, 『人文科學研究』第19輯, 1997년.
강재철, 「고진소설의 주제 '권선징악'의 의의」, 『국어국문학』제99권, 1998년 6월.
서경호, 「소설적 서사의 형성과정에 대한 검토- 귀신과 저승을 중심으로」, 『中國語文論叢』第15輯, 1998년 12월.

우찬제, 「한국현대소설에 나타난 '타자'의 서사적 기능과 의미 연구--염상섭의 『삼대』를 중심으로」, 『현대소설연구』제8집, 1998년.
강종임, 「中國 古代 꿈 觀念과 唐代 꿈 小說」, 『中國語文學誌』제5권, 1998년.
정재량, 「『醒世姻緣傳』人物 硏究」, 『中國學論叢』第8輯, 1999년.
성홍기, 「현존재의 존재세계」, 『철학논총』第17輯, 1999년.
신원기, 「鬼神談에 나타난 人鬼의 關係 樣相과 意味--『於於野談』과 『青邱野談』을 중심으로」, 『어문학교육』제21집, 1999년 11월.
배인수, 「魯迅 『鑄劍』의 復讐精神 硏究--東・西方復讐母題傳說의 비교를 중심으로」, 『中國現代文學』第18號, 2000년 6월.
유세종, 「루쉰의 귀신과 민중--『태평시대의 귀신노래』를 읽기 위하여」, 『中國現代文學』第19號, 2000년 12월.
김종호, 「'귀신'모티브와 '영원' 상징 체계--서정주 시를 중심으로」, 『한국문예비평연구』第7輯, 2000년.
김태준, 「동아시아에서의 神의 존재--「死生鬼神論」의 향방을 중심으로」, 『東洋學』第31輯, 2001년 6월.
김장환, 「『世說新語』 續書 硏究 : 『世說新語補』 」, 『中國語文學論集』第16號, 2001년 2월.
신태수, 「귀신등장소설의 본질과 그 변모과정」, 『語文學』제76집, 2002년 6월.
신태수, 「군담소설에 나타난 공간과 영웅의 관계」, 『국어국문학』131호, 2002년 9월.
강경구, 「중국현대소설에 나타난 악인연구--老舍의 『四世同堂』과 巴金의 『家』를 중심으로」, 『中國現代文學』第23號, 2002년.
강재철, 「古小說의 懲惡樣相과 意義」, 『東洋學』第33輯, 2003년2월.
조현설, 「조선 전기 귀신이야기에 나타난 新異 인식의 의미」, 『古典文學硏究』第23輯, 2003년 6월.
김재용, 「귀신 이야기의 기호학」, 『한국학논집』제30권, 2003년 12월.
최기숙, 「귀신의 처소, 소멸의 존재론--『금오신화』의 '환상성'을 중심으로」, 『돈암어문학』제16집, 2003년 12월.
신은경, 「자아탐구의 旅程으로서의 『山中新曲』과 「漁父四時詞」 : 공간의식을 중심으로」, 『한국문학이론과 비평』제21집, 2003년 12월.
조희웅, 「귀신의 정체」, 『한국학논집』제30권, 2003년 12월.

김한식, 「1970년대 후반 '악한 소설'의 성격 연구」, 『상허학보』第10卷, 2003년.

김종주, 「귀신의 정신분석--라깡 정신분석학적 입장」, 『한국학논집』제30집, 2003년.

김열규, 「도깨비와 귀신: 한국의 남과 여」, 『한국학논집』제30집, 2003년.

최진아, 「唐代 傳奇의 여성과 환상--선녀, 혹은 귀신, 요괴와의 연애」, 『中國語文學』제43집, 2004년 6월.

이등연 李騰淵, 정해리 丁海里 역주, 「소설과 대중사회의 관계를 논함 論小說與群治之關係」, 『中國小說研究會報』제57호, 한국중국소설학회, 2004년 3월.

옥태권, 「한국 현대 해양소설의 공간연구」, 『동남어문집』제18집, 2004년 12월.

함은선, 「화본소설에 나타난 女神 · 女鬼 · 女妖怪의 형상」, 『中語中文學』第37輯, 2005년 12월.

김선하, 「자아와 타자의 만남--해석학적 자기 이해」, 『해석학연구』제15집, 2005년.

박진, 「공포영화 속의 타자들: 정신질환과 귀신이 만나는 두 가지 방식」, 『우리어문연구』제25집, 2005년.

송치만, 「복수의 기호학적 분석--영화 '올드보이'를 중심으로」, 『프랑스학연구』第37輯, 2006년 8월.

박경열, 「가정소설에 나타난 악인의 유형과 악의 의미」, 『문학치료연구』제5집, 2006년 8월.

조현우, 「「謝氏南征記」의 惡女 형상과 그 소설사적 의미」, 『한국고전여성문학연구』제13집, 2006년 11월.

선정규, 「中國人의 靈魂觀」, 『중국학논총』第20輯, 2006년.

서유경, 「아렌트 정치--윤리학적 관점에서 본 레비나스 '타자 the Other' 개념의 문제」, 『정치사상연구』제13집, 2007년.

이정원, 「해학적 악인 캐릭터 디자인을 위한 서사적 접근」, 『古小說研究』제23집, 2007년.

조현우, 「古小說의 惡과 惡人 형상에 대한 문화사적 접근-초기소설과 영웅소설을 중심으로-」, 『우리말 글』第41卷, 2007년.

조재현, 「古典小說에 나타나는 저승계 研究--閻羅大王의 地獄과 后土夫人의 冥司界를 중심으로」, 『語文研究』제35권 제2호, 2007년 여름.

전성경, 「唐代傳奇小說의 名稱考」, 『국민대학교 신문사』, 2007년 12월 12일.

박경열, 「가정소설에 나타난 악인 惡人 의 형성조건과 그 의미」, 『겨레어문학』제39집, 2007년 12월.

이시찬, 「전기소설과 화본소설 비교연구--문체와 인물형상을 중심으로」, 『中國語文論譯叢刊』

第28輯, 2011년 1월.
조혜란, 「『옥루몽』황소저의 성격 변화 --악인형 인물의 개과천선 과정 서술과 관련하여」, 『한국고전여성문학연구』제22집, 2011년.
정호웅, 「한국 소설 속의 자기 처벌사」, 『구보학보』제7집, 2012년.
김수연, 「『창선감의록』의 '개과천선'과 악녀 惡女 무후 無後 」, 『한국고전여성문학연구』제25집, 2012년.
박미애, 「『太平廣記』 未來豫知譚에 나타난 중국 전통시기의 가치관념」, 『한문고전연구』26권, 2013년 6월.
박길희, 「『창선감의록』에 나타난 심씨의 형상과 사회적 현실」, 『남도문화연구』제25권, 2013년 12월.
박종혁, 「『周易』 恒卦의 意味와 象徵」, 『中國學論叢』第30輯, 2014년 2월.
장준영, 「선진先秦 우언寓言의 스토리텔링 미학에 관한 몇 가지 단상」, 『중국학연구』제69집, 2014년 8월.
이인경, 「혼인과 관련된 漢字에 투사된 고대 중국의 혼인 풍속」, 『中國學硏究』第73輯, 2015년 8월.
조우진, 「공감에 대한 역학적 고찰--함괘 咸卦 를 중심으로」, 『孔子學』제37호, 2019년 2월.

[국외 단편논문]

李公綽, 「只緣舊譜翻新聲--關于呂劇『姊妹易嫁』的改編」, 『人民戲劇』, 1979年 第4期.
隋武, 「對「姊妹出嫁」的一點異議」, 『上海戲劇』, 1981年 第2期.
劍鋒, 「從矛盾衝突中刻畫人物性格--再論『三國演義』的藝術成就」, 『海南大學學報 社會科學版』, 1983年 第1期.
陳永昊, 「在比較中鑒別--評馮夢龍的短篇小說『莊子休鼓盆成大道』」, 『嘉興師專學報』, 1983年 2期.
叢琛, 「「姊妹易嫁」本事考證」, 『齊魯學刊』, 1986年 第3期.
朱繼琢, 何煥群, 「論"混帳衆人"西門慶的形象」, 『廣東民族學院學報 社會科學版』, 1991年 第1期.

何梅琴,「儆戒愚頑 勸善懲惡--『聊齋志異』中的民俗描寫」,『平頂山師專學報 哲學社會科學版』, 1994年 第3期.

石育良,「死亡與鬼魂形象之文化學闡釋--『聊齋誌異』散論」,『中山大學學報 社會科學版』, 1995年 第2期.

吳燕娜,「『俗話傾談』中的"橫紋柴"與『聊齋誌異』中的"珊瑚"之比較」,『蒲松齡研究』, 1995年 第3期.

金榮華,「馮夢龍「莊子休鼓盆成大道」故事試探」,『黃淮學刊 哲學社會科學版』, 1996年 第2期.

鞏武威,「論舞台劇聊齋戲的改編」,『蒲松齡研究』, 1996年 第3期.

史禮心,「論中國古代小說中"陰曹地府"的描寫」,『北方工業大學學報』第8卷第2期, 1996年 6月.

常輔相,「淺談『紅樓夢』人物性格的對照方式」,『學術交流』, 1996年 第4期.

王富聰,「改編『聊齋』戲評二則」,『蒲松齡研究』, 1997年 第1期.

張光興,「蒲松齡與中國的"孝"文化傳統」,『聊齋志異研究』, 1997年 第1期.

王恒展,「淺論『聊齋志異』與話本小說的關係」,『蒲松齡研究』, 1997年 第2期.

孫生,「鬼道 · 談風 · 女鬼--魏晉六朝志怪小說女鬼形象獨秀原因探析」,『西北民族學院學報 哲社科版』, 1997年 第2期.

陳泳超,「『醒夢駢言』摹襲『聊齋志異』考」,『明淸小說硏究』, 1997年 第3期.

程邦雄,「"鬼"字形義,淺探」,『華中理工大學學報 社會科學版』, 1997年 第3期.

顧靑,「『醒夢駢言』二考」,『文學遺産』, 1997年 第6期.

丁謙,「西方文學中的伴生對偶原型」,『內蒙古大學學報 人文社會科學版』, 1998年 第5期.

褚燕,「中國古典通俗小說"人物對"現象文化心理分析」,『荊門職業技術學院學報』, 1999年 第1期.

李光, 陳宗榮,「論『聊齋志異』人物塑造中的對照意識」,『蒲松齡研究』, 1999年 第3期.

丁曉昌,「試論『醒夢駢言』取材於『聊齋志異』」,『南京師大學報』, 1999年 第3期.

李光, 陳宗榮,「論『聊齋志異』人物塑造中的對照意識 續」,『蒲松齡研究』, 2000年 第1期.

周佳欣,「"勸善懲惡"與"苦盡甘來"--談韓國古典小說的主題思想及情節結構」,『山東師大外國語學院學報』, 2000年 第1期.

王立,「從複仇文學主題看複仇動機的傳奇質素」,『山西大學學報』, 2000年 第2期.

兪曉紅,「古代哲學'鬼魂'意象的文化索解」,『湖南農業大學學報』第1卷第2期, 2000年 6月.

廖玉蕙，「從生眷屬到死冤家--談宋話本中的人鬼婚戀故事」，『聯合文學』第16卷第10期，2000年 8月.
閔虹,「中國古典小說塑造人物的運作方法」,『殷都學刊』, 2001年.
楊彩翔,「古典小說塑造人物的幾種方法」,『語文學刊』, 2001年 第2期.
梅斌,「略論中國古典小說人物形象的塑造」,『學術交流』, 2001年 11月.
杜建華,「『聊齋志異』轉化爲戲曲的十種方式--以傳統川劇爲例」,『戲劇 中央戲劇學院學報』, 2003年 第1期.
陳茹,「『孔雀東南飛』人物性格衝突及劉蘭芝性格二重性」,『蕪湖職業技術學院學報』, 2003年 第2期.
陳美玲，「中國古典小說中的人鬼關係」，『弘光通識學報』第2期，2003年 5月.
陳忻,「從女鬼複仇類作品看作者勸善懲惡的矛盾心態」,『涪陵師範學院學報』, 2003年 第3期.
王香蘭,「明清小說序跋中的"勸善懲惡"說」,『麗水師範專科學校學報』, 2003年 第6期.
程國賦,「三言二拍選本與原作的比較研究」,『明清小說研究』, 2004年 第2期.
廖全京,「在戲劇與文學之間尋找精神張力--『聊齋志異』與川劇聊齋戲』簡評」,『四川戲劇』, 2004年 第5期.
唐雪薇,「鑽入聊齋戲十年成大作--杜建華『『聊齋志異』與川劇聊齋戲』問世」,『學子』, 2004年 第9期.
周峰, 李偉,「說書人的審美觀與"宋四公"」,『江西教育學院學報』第25卷第6期, 2004年 12月.
蔣宗福,「『躋春臺』三種整理本勘誤舉例」,『方言』, 2005年 第1期.
高梓梅，「解讀古代文學作品中的鬼魂托夢」，『河南社會科學』第13卷第2期，2005年 3月.
應錦囊，「中國鬼神文化與小說」，『福建商業高等專科學校學報』，2005年 第2期.
肖燕憐,「人物隨世運 無日不趨新--『快嘴李翠蓮記』言語衝突淺析」,『新疆財經學院學報』, 2005年 第3期.
徐文軍,「守朴翁是不是蒲松齡--『醒夢駢言』作家初探」,『蒲松齡研究』, 2005年 第4期.
劉富偉,「關於"仿聊齋派"的理論思考」,『齊魯學刊』, 2005年 第6期.
王晶紅,「解析『聊齋志異』中的"異類婚"口承敘事原型」,『上海大學學報 社會科學版』, 2006年 5月
霍美麗,「論傳統鬼故事中的魂鬼與魄鬼」,『太原師範學院學報』第5卷第4期, 2006年 7月
劉苑如,「形見與冥報: 六朝志怪中鬼怪敍述的諷喩--一個'導異爲常'模式的考察」,『中國文

哲研究集刊』第29期, 2006年 9月.
金明求, 「明淸話本小說中鬼魂形象與顯現之修辭藝術」, 『修辭論叢』第7輯, 2006年 10月.
李艷, 易文勇, 「唐傳奇中復仇女性類型淺析」, 『語文學刊』第9期, 2006年.
肖俊卿, 「論『歧路燈』中的人物形象--夏鼎」, 『鄭州航空工業管理學院學報 社會科學版』, 2007年 第2期.
趙修霈, 「論馮夢龍“三言”中的“鬧”」, 『臺中教育大學學報 人文藝術類』21卷1期, 2007年 6月.
方兆平, 「略論『醒夢駢言』對『聊齋志異』的改編」, 『語文學刊』, 2008年 1月.
蔣輝, 「論小說人物多重性格對形式邏輯排中律的反撥」, 『西華師範大學學報 哲學社會科學版』, 2008年 第1期.
王瑞宏, 「隱微幽蔽的女性身影--解讀『京本通俗小說』與『淸平山堂話本』中的女性妖魅形象之意涵」, 『東方人文學誌』第7卷第2期, 2008年 6月.
劉利俠, 「孫氏“正訛”與『姐妹易嫁』再評價」, 『西安外事學院學報』, 2008年 6月.
蔡維芳, 「矛盾衝突與人物性格」, 『文学教育』, 2008年 第10期.
鄒宗良, 「『醒夢駢言』與吳方言--兼論蒲松齡不是該書的作者」, 『蒲松齡研究』, 2009年 第2期.
蒲澤, 「『醒世姻緣傳』中晁源的原型人物考」, 『蒲松齡研究』, 2009年 第3期.
黎必信, 「對應敍述與經典重釋--論「莊子休鼓盆成大道」的主題建構」, 『現代語文 文學研究版』, 2009年 第4期.
劉尚雲, 「『聊齋誌異』“異史氏曰”敘事藝術論略」, 『山東師範大學學報 社會科學版』, 2009年 第6期.
張國風, 「古代小說·戲曲對輔助人物的利用」, 『文史知識』, 2009年 第12期.
辛穎, 「論文學作品中的人物性格對照的三種方式及其作用」, 『職大學報』, 2010年 第1期.
李軍鋒, 「試論宋元話本小說對『聊齋志異』的影響」, 『西昌學院學報 社會科學版』, 2010年 3月.
孫桂平, 「論『牡丹亭』的人物格局和矛盾衝突設置」, 『溫州大學學報 社會科學版』, 2010年 第2期.
師林, 「“好人變壞”與“壞人變好”--對中國現當代小說中情節模式的一種考察」, 『名作欣賞』, 2010年 6月.
張華, 「在矛盾衝突中展示人物性格」, 『文學教育』, 2010年 第3期.

劉富偉,「從馳騁幻域到描繪世情--論話本小說對『聊齋誌異』的題材選擇」,『明清小說研究』, 2010年 第3期.
褚半農,「亦談『醒夢骈言』與吳方言--兼論蒲松齡不可能是該書作者」,『蒲松齡研究』, 2010年 第3期.
陳文新,「從宋元話本到『聊齋志異』--論講唱文學對文言小說滲透」,『學術交流』, 2010年 7月.
吳甸起,「典型人物的多態性及性格嬗變的時空動態結構」,『青年教師』, 2011年 第2期.
弓衛紅,「淺論關漢卿劇作的戲劇衝突與人物性格」,『大舞臺』, 2011年 第6期.
方兆平,「試論呂劇『姊妹易嫁』對同名小說的改編」,『安徽文學』, 2012年 第1期.
宋家庚,「一部根據『聊齋志異』故事改寫的評話小說集--『醒夢駢言』簡介」,『蒲松齡研究』, 2012年 第2期.
李樹民,「從"同在性"到"連續性"--試論明淸長篇小說人物性格呈現方式的嬗變」,『甘肅社會科學』, 2012年 第6期.
李停停, 劉世仁,「『躋春臺』研究現狀及展望」,『四川文理學院學報』, 2013年 第4期.
張怡微,「論"三言"中的"集體共用型"敘事模式--以『莊子休鼓盆成大道』爲例」,『漢語言文學研究』, 2014年 1期.
潘晨,「『聊齋志異』中的死而復生現象探究」,『文教資料』, 2014年 第8期.
井玉貴,「婚姻喜劇與寒士心態--漫話『姊妹易嫁』」,『文史知識』, 2014年 第11期.
吳學忠, 楊兆貴, 趙殷尙,「馮夢龍輯錄話本小說集的編纂方式及其寄意試探--以『古今小說』爲主」,『中國語文論叢』第61輯, 2014年 2月.
雷丹,「論『醒夢駢言』中的神靈信仰」,『九江學院學報 社會科學版』, 2017年 第3期.
劉富偉,「從文言文心到俗話俗情--論話本小說對『聊齋誌異』的語體變更」,『齊魯學刊』, 2017年 第4期.
楊瑩瑩,「『醒夢駢言』的版本與成書考辨」,『蒲松齡研究』, 2018年 第1期.
馬振方,「從『醒夢駢言』想到白話譯『聊齋』」,『蒲松齡研究』, 2019年 第4期.

저자소개

김명구金明求

부산대학교 중어중문학과를 졸업하고, 국립대만정치대학교國立臺灣政治大學에서 중국문학으로 석사학위, 국립대만사범대학교國立臺灣師範大學에서 박사학위를 취득했다. 지금은 명지대학교 중어중문학과 교수로 재직 중이며, 현재 한국중국소설학회 회장을 맡고 있다. 중국소설과 문화 관련 연구와 저술 활동을 하고 있으며, 문학 관련 저서를 우리말로 옮기는 일을 하고 있다. 주요 국외 저서로는 『虛實空間的移轉流動--宋元話本說的空間探討』臺灣, 大安出版社, 2004, 『宋元明話本說「入話」之敘事研究』臺灣, 大安出版社, 2009, 『修辭與敘事 : 宋元話本小說的修飾書寫』臺灣, 秀威出版社, 2020, 『反思「死亡」:《三言》的死亡故事與主題研究』臺灣, 秀威出版社, 2021 등이 있고, 국내 저서로는 『접속과 단절 – 중국 화본소설의 인간과 귀혼』학고방, 2016, 『인물과 서사 – 중국 화본소설의 인물 관계와 인물 변화』학고방, 2018 등이 있다. 번역서로는 『외롭고 쓸쓸한 사람 가운데』문학동네, 2019가 있고, 국내 공저로는 『중화미각』문학동네, 2019, 『중화명승』소소의책, 2021, 『부산미각』문학동네, 2024 등이 있다.